本成果受到中国人民大学中央高校建设世界一流大学（学科）和特色发展引导专项资金支持

辽代皇储名号的特征》四篇文章发表。当时我还曾想顺手对金代的皇位继承加以考察，但由于学力不足，未能发现有价值的议题而作罢，直到毕业后在研读史料时，注意到苗耀《神麓记》对金太宗朝储嗣之争及"元谋叛辽十弟兄"的记载，才终于找到一个切入点，写成《"元谋叛辽十弟兄"与金初皇位继承——兼论勃极烈辅政群体之构成》一文。今将这五篇文章编为一个专题组，以反映我对辽金皇位继承问题的持续关注和思考。

第二编收录八篇杂文，内容涉及辽金政治、制度与军事方面的议题。其中，除《辽道宗"寿隆"年号探源——金代避讳之新证》撰写于博士生四年级之外，其余七篇均是毕业工作后的研究成果，但有些问题的生发亦可追溯到北大求学期间。例如，关于女真"完颜"姓氏的含义与来源，我曾与刘老师有所讨论，当时我提出的想法比较幼稚，遭到了刘老师的批评，至今想来仍记忆犹新。上学时拜读过邓广铭先生《有关"拐子马"的诸问题的考释》一文，我曾想尝试做些相关研究，然力有不逮，直至近年方由"拐子马"联想到北方民族普遍采用的两翼战法及其行军组织方式，或可推进邓先生的研究，于是就写了《从两翼分兵到东西分治——论金初女真军的两翼战法及其对华北统治方式之影响》一文。又如有关辽朝北、南面官制的思考，也始于学生时期的读书积累。

在这一组文章中，亦可体现出刘老师对我等学生研究辽金史的两点基本要求。其一，辽金史研究应该兼治辽史和金史、契丹史和女真史。2007—2013 年，我们的学习和研究任务主要围绕《辽史》修订工作展开，所以对辽史比较熟悉，已具备了独立研究能力，但却对金史十分生疏。因鉴于此，刘老师决定仿照《辽史》修订的工作体例，开始集体研读《金史》。当时我的博士学位论文初稿已基本完成，于是刘老师就命我做两卷《金史》校注样稿出来，拿到读书课上讨论，[1] 并叮嘱我毕业之后要先花几年时间做金史研究，且要把辽史与金史之间贯通起来。因此，我自博士生四年级以后就把研究重心转向金史，同时兼顾辽史。故此次选录的这组文章，便以金史研究论文居多，又如《辽金韩知古家族新证——元至元六年〈故宣武大将军韩公墓志〉考释》《"上畔"解——辽金之际的语义衍化与统治变迁》等篇还有意识地做了打通辽、金的考察，算是真正跨进了辽金史研究的门槛。

其二，辽金史研究应该充分利用契丹、女真语言文字资料。辽金史研究历来以史料匮乏著称，而契丹大小字及女真文字资料对于研治辽金史十分重要，掌握运用这些资料的能力被刘老师称为"预流"。[2] 不过，刘老师并不要求每个学生都能直接解读契丹、女真文字，但至少要能够充分利用已释读的研究成果进行相关研究。在我选录的这组文章中，《辽金韩知古家族新证——元至元六年〈故宣武大将军韩公墓志〉考释》《说"完颜"——关于女真族的历史记忆与姓氏辨说》两文可以算是我学习利用契丹、女真语言文字资料研究辽金史的习作。

第三编是缅怀刘浦江老师的专栏，共有六篇纪念文章。《刘浦江先生的学术历程与治学思想》一文旨在总结刘老师一生的学术成就和思想结晶。《一部倾注生命的〈辽史〉——记刘浦江教授的〈辽史〉修订工作》《〈辽史〉修订本有哪些学术推进》《略谈"二十四史"修订的工作方法和校勘尺度——以〈辽史〉修订为例》三篇文章则是介绍刘老师主持《辽史》修订项目的工作方法和心路历程。《北大中古史中心的计算机室与刘老师的读书课》《燕归巢，学

1　参见邱靖嘉《〈金史〉纂修考》"后记"，北京：中华书局，2017 年，第 385—386 页。

2　刘浦江：《穷尽·旁通·预流：辽金史研究的困厄与出路》，《历史研究》2009 年第 6 期，第 28 页。

以思——北大文研院驻访随感》是我毕业后重回北大的一些感念和随想。

第四编收录两篇札记和三篇书评。《〈辽史·耶律鲁不古传〉辨误》《释〈金史·太祖纪〉所见之"品达鲁古"》这两篇札记虽不起眼，但却是我分别开始从事辽史研究和金史研究时所写的第一篇考证文章，有特殊意义。刘老师指导学生，十分注重基础的文献学、考据学训练，要求先从解决具体的小问题、写考证札记开始，讲究文从字顺、逻辑清晰、明白晓畅，过关后才能尝试长篇论文的写作。这一史学训练传统永不过时，我是严格按照刘老师的教导来做的，这两篇札记就是我学术历程的起点。三篇书评分别评论陈述先生的经典之作《辽史补注》以及我的两位同门新著——苗润博《〈辽史〉探源》、陈晓伟《〈金史〉丛考》。这三部书对于清理辽金史研究的基础文献史料、开辟新的研究路径具有重要价值，我因全程参与了《辽史》修订工作，且又做过《金史》纂修研究，所以对这三部书所涉及的内容和议题都比较熟悉，可以对它们的学术贡献及其存在的问题作一相对客观的评价。

总之，以上四编收录了我自研究生阶段至近年来撰写的各类文章共计二十四篇，都与辽金史研究或纪念刘老师相关。这些文章由于创作时间跨度较大，文风或有差异，特别是学生时代所写的文字不免有些稚嫩，这也是我个人学术成长的一种记录。这些文章此前均已发表，其中不少文章的发表稿因字数限制，多有删节，此次结集皆收录原稿，且有不同程度的修订，主要是修改文字表述、补充注释说明、更换文献版本，但文章的观点和结论皆未改动。

需要说明的是，其中一些文章在最初发表后有学者提出商榷意见，但我认为这些说法并不能完全驳倒我的论述，我的分析论证或许还有一定的参考价值，至少还可以再继续探讨，故本书仍收录原文，对后来人的质疑暂不回应。例如，关于辽太宗朝封皇弟李胡为"皇太子"、天祚帝封皇叔祖和鲁斡为"皇太叔"的问题，就有学者撰文反驳，坚信辽朝封号不会弄错辈分。[1] 其实，历史的真相充满了各种复杂性，我们应该摆脱某些固定思维的束缚，尝试从多个维度去"理解历史"，这也正是历史研究的乐趣所在。

最后我想说的是，十年间尽管我们这些学生每个人都有各自的成长和收获，但毕竟师门寥落难聚，恐非刘老师所愿。我常常在想，如果刘老师在天有灵，他看着我们毕业后的表现是感到欣慰还是失望呢？或许两者都有吧，我觉得可能后者会更多一些，一阵愧疚不禁袭上心头。

无论如何，谨以此书献给敬爱的刘浦江老师！

衷心感谢社会科学文献出版社历史学分社郑庆寰社长对本书出版的大力支持以及责编赵晨老师的辛劳付出！

2024 年 11 月 21 日

改定于回龙观家中

1　张少珊：《辽代耶律李胡与和鲁斡的封号》，《民族研究》2016 年第 2 期，第 106—110 页。

目　录

第一编　辽金皇位继承研究 / 1

辽朝皇位继承史事考 / 3

辽太宗朝的"皇太子"名号问题

　　——兼论辽代政治文化的特征 / 43

辽天祚朝"皇太叔"名号的政治文化解析 / 66

再论辽朝的"天下兵马大元帅"与皇位继承

　　——兼谈辽代皇储名号的特征 / 79

"元谋叛辽十弟兄"与金初皇位继承

　　——兼论勃极烈辅政群体之构成 / 107

第二编　辽金政治、制度与军事探研 / 135

辽道宗"寿隆"年号探源

　　——金代避讳之新证 / 137

"超越北南"：从中枢体制看辽代官制的特性 / 155

辽金韩知古家族新证

　　——元至元六年《故宣武大将军韩公墓志》考释 / 196

"上畔"解

　　——辽金之际的语义衍化与统治变迁 / 224

说"完颜"

　　——关于女真族的历史记忆与姓氏辨说 / 240

从两翼分兵到东西分治
    ——论金初女真军的两翼战法及其对华北统治方式之影响 / 272
宋金盟誓岁输"绿矾"解
    ——兼论金初的尚色与德运 / 298
完颜挞懒死事之讹变
    ——《金史》与宋代文献记载的对读 / 320

第三编　纪念刘浦江老师 / 343
刘浦江先生的学术历程与治学思想 / 345
一部倾注生命的《辽史》
    ——记刘浦江教授的《辽史》修订工作 / 378
《辽史》修订本有哪些学术推进 / 386
略谈"二十四史"修订的工作方法和校勘尺度
    ——以《辽史》修订为例 / 393
北大中古史中心的计算机室与刘老师的读书课 / 415
燕归巢，学以思
    ——北大文研院驻访随感 / 425

第四编　札记书评 / 433
《辽史·耶律鲁不古传》辨误 / 435
释《金史·太祖纪》所见之"品达鲁古" / 437
辽史研究的丰碑
    ——陈述《辽史补注》评介 / 440
文本批判与辽史研究再出发
    ——苗润博《〈辽史〉探源》读后 / 452
《金史》校订之大成
    ——陈晓伟《〈金史〉丛考》评议 / 474

第一编　辽金皇位继承研究

辽朝皇位继承史事考

关于辽朝皇位继承制度的发展演变，辽金史学界有一个基本的判断，即辽朝前期的皇位继承深受契丹传统世选制的影响，而辽代中后期嫡长继承制逐渐确立。前辈学者对辽前期世选传统的影响有较多论述，主要涉及诸弟之乱、皇位之争、选汗大会遗迹等问题，[1]

1　关于诸弟之乱，有李汉阳《辽太祖诸弟之乱考》，台湾师范大学《史学会刊》第 16 期，1976年 6 月，第 51—61 页；王民信《辽太祖诸弟叛逆探源》，《辽金史论集》第 5 辑，北京：文津出版社，1991 年，第 50—57 页；蒋武雄《耶律阿保机诸弟叛乱之始末》，《空大人文学报》第 3 期，1994 年 4 月，第 85—95 页；等等。关于辽代前期的皇位争夺与叛乱，有尹承琳《论辽初统治阶级内部斗争的特点和性质》，《辽宁大学学报》1983 年第 2 期，第 66—71 页；黄凤岐《辽世宗、穆宗时期的内外斗争》，张志立、王宏刚主编《东北亚历史与文化》，沈阳：辽沈书社，1991 年，第 383—389 页；李敬武、董剑虹《辽代前期统治阶级内部斗争问题新探》，《社会科学辑刊》1996 年第 1 期，第 91—95 页；柳孟训《辽太祖耶律阿保机身后的皇位继承问题》，《天津教育学院学报》1997 年第 3 期，第 9—11 页；等等。关于选汗大会遗迹，有姚从吾《说辽朝契丹人的世选制度》，《台湾大学文史哲学报》第 6 期，1954 年 12 月，第91—135 页；李桂芝《契丹贵族大会钩沉》，《历史研究》1999 年第 6 期，第 68—88 页；等等。

但仍有必要从皇位继承制度发展的角度对其进行系统梳理，前人的某些观点也有待修正。对于辽后期的皇位继承问题，前人只是强调嫡长继承制确立的结果，却忽视了这种新制度确立的过程以及遇到的挑战，而这正是本文所要重点讨论的内容。

研究辽代的皇位继承制度应当把握两条重要线索，即传统世选制影响的由强变弱和嫡长继承观念的由弱变强，两者是一退一进、此消彼长的关系。本文将以这两条线索为主轴，并把辽代划分为太祖至景宗和圣宗至天祚帝两个阶段，以期勾勒出辽朝皇位继承制度的演变轨迹。

一　深受传统世选制影响的皇位继承

世选之制是契丹民族的传统旧俗，不仅部落组织的重要职位以及各部酋长夷离堇世代从固定的家族成员中量材选授，而且部落联盟首领可汗亦由世选推举产生。长期生活于辽地的赵志忠在《虏廷杂记》中记云："（契丹）凡立王，则众部酋长皆集会，议其有德行功业者立之。或灾害不生，群牧孳盛，人民安堵，则王更不替代；苟不然，其诸酋长会众部别选一名为王。"[1] 这种世选制可谓古代有限的选举制度，具有选贤任能的特点。[2] 关于契丹可汗世选推举的具体内容，中原史籍流行"八部大人三年一代"的传说，[3] 但

1　《资治通鉴》卷二六六后梁太祖开平元年五月丁丑条《考异》引赵志忠《虏廷杂记》，北京：中华书局，2011年，第18册，第8797页。

2　参见姚从吾《说辽朝契丹人的世选制度》，第103页。关于辽朝的世选制，亦可参看陈述《契丹世选考》，《中央研究院历史语言研究所集刊》第8本第2分，1939年，第181—187页。

3　见王溥《五代会要》卷二九《契丹》（上海：上海古籍出版社，2006年，第455页）、《旧五代史》卷一三七《契丹传》（北京：中华书局，1976年，第1828页）、《新五代史》卷七二《四夷附录一》（北京：中华书局，1974年，第886页）、《新唐书》卷二一九《契丹传》（北京：中华书局，1975年，第6173页）及《资治通鉴》卷二六六后梁太祖开平元年五月丁丑条《考异》（第8797页）。

这种说法遭到了学者的质疑，当时契丹不止八部，各部酋长亦非每三年相代为汗，契丹建国前的部落联盟时期历任可汗大多终身任职，汗位的继承体现出兄终弟及的特点，[1] 因此汉人传闻并不可信。虽然没有"八部大人三年一代"之事，但是世选推举应当是真实存在的。[2]

　　契丹可汗的世选制应具备三个要素：其一，可汗世代从统治部族内选立，除前任可汗的子孙外，伯叔兄弟皆有世选的资格，[3] 而兄终弟及是一条重要的原则；其二，新任可汗必须具有德行功业，并获得各部的推戴；其三，新任可汗的产生必须通过由诸部首领参加的选汗大会的正式推举，并举行柴册礼的仪式。[4] 此外，需要指出的是，可汗虽非"三年一代"，但各部首领大概每隔几年都要聚会议事一次，审核可汗任内的表现，若能保境安民则仍为共主，否则将另选新汗。[5] 上述几点应当可以大致描绘出契丹民族世选推汗的

1　参见杨志玖《阿保机即位考辨》，《中央研究院历史语言研究所集刊》第 17 本，1948 年，第213—225 页；张去非《关于契丹汗位的承袭制度》，《历史教学》1964 年第 8 期，第 31—32 页；张正明《契丹史略》，北京：中华书局，1979 年，第 14—15 页；漆侠《契丹立国建国初期的皇位继承问题》，《知困集》，石家庄：河北教育出版社，1992 年，第 124 页。

2　有学者认为契丹可汗是终身的世袭职，而各部酋长夷离堇则实行选选，中原方面的记载其实是把夷离堇的世选误为"王（可汗）"的选举制度，参见华山、费国庆《阿保机建国前契丹社会试探》，《文史哲》1958 年第 6 期，第 46—52 页。按尽管契丹可汗大多是终身任职，但不能以此轻易否定可汗世选制的存在。其实，各部酋长夷离堇亦非三年一代，如帖剌九任选剌部夷离堇，几乎也是世袭的。

3　这一点在契丹世选推汗旧俗的遗迹柴册礼中即可得到体现，《辽史》卷四九《礼志一·吉仪》"柴册仪"条："……皇帝遣使敕曰：'先帝升遐，有伯叔父兄在，当选贤者。冲人不德，何以为谋？'"（北京：中华书局，2003 年，第 836 页）

4　姚从吾先生《契丹君位继承问题的分析》及《说辽朝契丹人的世选制度》两文提到契丹选汗的三个条件，大致可概括为具有世选资格、前任可汗之遗命及各部首领的推戴。其实，前任可汗遗命固然重要，但若候选人无法得到诸部推戴，虽有遗命也不能被选为新君，相反只要某位候选人获得众人支持，便可伪造遗命继位。

5　参见姚从吾《契丹君位继承问题的分析》，《台湾大学文史哲学报》第 2 期，1951 年 2 月，第85—86 页。

原始面貌。

　　然而当耶律阿保机出任可汗后，耶律氏取代遥辇氏成为契丹的统治部族。阿保机具有初步的汉化意识，他试图打破世选传统，实行汗位世袭，此举引起了其伯叔兄弟的强烈不满，从而引发了三次诸弟之乱。[1] 阿保机平定叛乱，巩固统治，并于神册元年（916）仿效汉制，称帝建国，立长子倍为皇太子，确立了世袭皇权，标志着对契丹可汗世选的摒弃。虽然古老的世选制已经不能适应帝制皇权的要求，但世选推举的旧俗在契丹人心目中却根深蒂固，意图维护传统的保守势力仍长期存在，甚至连阿保机本人也保留着世选制时期的一些传统观念。太祖以降，几乎历朝历代都发生过皇位之争，在这些政治斗争的背后多多少少都闪现着世选制的因素，从而对辽朝国内政治的稳定和皇位继承制度的确立造成了消极的影响。[2] 特别是在辽代前期，传统世选制对皇位继承的影响尤为明显，这主要表现为储君不定多人膺选与选汗推举仪式遗存两个方面。不过与此同时，嫡长继承的观念也已开始在辽朝发展起来，从而为嫡长继承制的最终确立埋下了伏笔。本节拟对辽前朝的皇位继承问题作一系统分析和考察。

（一）太祖朝的立储与夺位

　　神册元年阿保机称帝后，在亲近汉臣的帮助下，推行了一系列"正君臣、定名分"的汉化改革，[3] 其中之一即册封长子耶律倍

1　这些反叛斗争的性质可谓契丹社会中维护传统的旧势力、旧制度与除旧布新的新势力、新制度之间的斗争，参见蔡美彪《契丹的部落组织和国家的产生》，《历史研究》1964 年第 5、6 期合刊，第 186—189 页。

2　参见吴凤霞《契丹世选制的发展变化及其历史作用》，《内蒙古社会科学》1999 年第 2 期，第 46—49 页。

3　《辽史》卷七四《韩延徽传》，第 1232 页。

为皇太子。此举旨在效仿中原王朝，实行皇子继承制。但是当时契丹人汉化尚浅，对中原王朝的许多名物制度一知半解，往往沿用其名而不知其实。[1] 在继承观念上也是如此，阿保机虽听从汉臣意见，立耶律倍为皇太子，但当时的契丹人并没有嫡长继承的概念，太子倍只是象征性的皇储，名义上的皇位继承人而已。[2] 其实，阿保机此时仍然保留着世选制的某些传统思维，意欲在多名皇子中选择有才能胆略者立为储君，不必非立嫡长子，只不过与此前选汗相比，世选的范围大大缩小罢了。正是出于这种考虑，阿保机一直注重考察诸子的言行，谨慎地选择嗣君，但是他始终没有明确地表达传位意向，真正的皇储未能及时确立，导致了他死后的皇位之争。

阿保机平日留心观察诸子的行为举止，注意考察他们的才能优劣。《辽史》记载：

> 太祖尝观诸子寝，李胡缩项卧内，曰："是必在诸子下。"又尝大寒，命三子采薪。太宗不择而取，最先至；人皇王取其干者束而归，后至；李胡取少而弃多，既至，袖手而立。太祖曰："长巧而次成，少不及矣。"[3]

按阿保机第三子李胡生于公元 912 年，[4] 到李胡能够独自采薪的年

1　参见邱靖嘉《辽太宗朝的"皇太子"名号问题——兼论辽代政治文化的特征》，《历史研究》2010 年第 6 期，第 177—187 页。

2　刘凤翥先生、王德忠教授也有类似观点，虽然辽朝从建国伊始就接受汉文化，册封皇太子，然而因受其传统世选制的影响，皇太子制形同虚设，参见刘凤翥《十香词与宣懿皇后冤案》，《阜新辽金史研究》第 5 辑，北京：中国社会出版社，2002 年，第 16 页；王德忠《辽朝世选制度的贵族政治特色及其影响》，《东北师大学报》2003 年第 6 期，第 72 页。

3　《辽史》卷七二《章肃皇帝李胡传》，第 1213 页。

4　《辽史》卷一《太祖纪上》太祖六年八月，"皇子李胡生"（第 6 页）。

龄，恐当在神册元年阿保机称帝建国、立皇太子之后，说明即使册立了太子倍，阿保机仍在考察诸子。姚从吾先生将阿保机的这些行为解释为选择嗣君的尽心，并表示"长巧"是指长子倍属于文治派，学识卓越，处事见巧，而"次成"是说次子德光雄俊有大志，所向有功，巧不及成，加之"太祖尝谓太宗必兴我家"，[1]因此阿保机最终选择德光为继承人。[2]姚氏的说法难免有些牵强附会，从这段引文中尚看不出阿保机的选立倾向。通过两次考察，阿保机认为幼子李胡的表现最差，首先排除了传位李胡的可能。其余二子，"长巧""次成"，这是对他们的客观评价，并没有"巧不及成"的含义。事实上，如果就"采薪"这场测试而言，反而应是耶律倍胜出，因为他拾取适宜燃烧的干柴，并且将其捆扎以增加携带量，聪颖机巧，有勇有谋，尽管晚到，但效率最高；而德光不论干湿，胡乱拾取，有勇无谋，速度虽快，但在质量和数量上必不如长兄，所谓"次成"也可释为仅能成事而已。又"太宗必兴我家"之言出自述律后本传，述律后以此为据，"欲令皇太子倍避之"。[3]述律后偏爱德光，想让德光继承皇位，于是捏造太祖曾有是语，让太子倍避让，这是完全有可能的。因为后来世宗与李胡争位时，耶律屋质就质问述律后："昔人皇王在，何故立嗣圣？"她答道："立嗣圣者，太祖遗旨。"[4]所谓"太祖遗旨"恐怕也是她的托词，屋质即言："太后牵于偏爱，托先帝遗命，妄授神器。"如果真有这样的遗旨，那么述律后只要当众宣布，德光继位就变得名正言顺，何必再策划一系列的阴谋诡计呢？总之，阿保

1　《辽史》卷七一《后妃传·太祖淳钦皇后述律氏》，第 1200 页。

2　姚从吾：《说辽朝契丹人的世选制度》，第 121—122 页。

3　《辽史》卷七一《后妃传·太祖淳钦皇后述律氏》，第 1200 页。

4　《辽史》卷七七《耶律屋质传》，第 1256 页。

机细心地考察诸子，对每个人的品性有了基本的了解，但似乎并没有贸然确定嗣君。

姚从吾先生认为耶律倍是爱好文艺兼通汉学的文治派，似不能领导习于战斗的游牧国家，而德光文武兼备，军事才能尤为突出，符合契丹民族"以武立国"的精神，于是阿保机选择德光为继承人，这也反映了契丹世选的传统。[1]姚氏的观点似有些武断，耶律倍是不是文弱书生，阿保机是不是只重视军事武功，有待商榷。事实上，耶律倍不仅汉文化的修养很高，而且军事作战能力也很优秀，在神册年间，他是主要的军事将领，率军征乌古、党项，略燕云，屡立战功。[2]更可贵的是，耶律倍还有政治头脑和军事韬略。阿保机曾与臣僚讨论儒、佛、道三者何以为先的问题，耶律倍汉化较深建议宜以尊儒为先，"太祖大悦"，[3]说明父子二人在这一问题上的政治主张是一致的，显示了他们的政治智慧。阿保机欲征渤海，耶律倍陈取渤海计，史籍虽未记载其计策的具体内容，但当时太子倍随军从征，短短两三个月便扫灭渤海，这想必与他的谋划有关。当辽军攻占扶余城时，"上欲括户口，倍谏曰：'今始得地而料民，民必不安。若乘破竹之势，径造忽汗城，克之必矣。'太祖从之"。[4]果然很快攻克忽汗城，俘虏了渤海王室。耶律倍不仅能够领兵作战，还能运筹帷幄，得到了阿保机的赏识，由此可见，他并不是文弱儒生，而是文武全才。

作为一国之君，固然需要开疆拓土的军事武功，但更应具

1　姚从吾：《说辽朝契丹人的世选制度》，第120—121页。

2　参见村田治郎《東丹國人皇王の一考察》，《満蒙》第17年2月号，1936年2月，第53—57页；舒焚《东丹王耶律倍》，《湖北大学学报》1985年第2期，第62—65页。

3　《辽史》卷七二《义宗倍传》，第1209页。

4　《辽史》卷七二《义宗倍传》，第1210页。

备治国理政的政治谋略，想必阿保机也深明此理，这从耶律倍和德光两人的职务分工上或可略见一斑。契丹建国之初，阿保机任用汉臣进行制度建设，让太子倍跟随自己四处征战。天赞元年（922）以后，政权建设逐渐完备，这时阿保机命德光为天下兵马大元帅负责军事征伐，而由皇太子倍留守监国，充分发挥德光的军事才能和太子倍的文治教化，确保了军事胜利和政治稳定，这种人事安排说明阿保机并非重军事而轻政治。按照中原汉制，耶律倍以皇太子的身份留守监国，自然就是皇位继承人，但是在辽太祖时期，嫡长继承的观念还没有确立，耶律倍这位名义上的皇储是否能够成为真正的嗣位之君，取决于阿保机的传位意愿。然而阿保机既重用德光，又让太子守国，真正的嗣君始终晦暗不明，从而引发了后世学者的猜疑。

蔡美彪先生认为最初长子倍获封皇太子，确立为皇位继承人，但天赞元年阿保机废长立幼，封次子德光为天下兵马大元帅，意欲让德光继承皇位，太子倍被封为人皇王，主东丹国，似褒实贬，废除了他的皇储身份。[1] 其实，"天下兵马大元帅"在太祖朝只是一个军帅之号，是实际的军职，不是皇储的正式封号，阿保机没有明确地表示要传位德光。[2] 那么如何理解封太子倍为人皇王一事呢？上文提到述律后一心想让德光承袭帝位，且"太祖尝谓太宗必兴我

1 蔡美彪：《论辽朝的天下兵马大元帅与皇位继承》，刘凤翥等编《中国民族史研究》第 4 辑，北京：改革出版社，1992 年，第 23—39 页。但也有人提出阿保机并无易储之志，耶律倍始终是太祖朝的皇位继承人，参见刘国宾《阿保机从无废长立次之志——阿保机生前卒后契丹王权斗争论辩之一》，《烟台大学学报》2001 年第 3 期，第 326—336 页；《耶律德光篡嗣新探——阿保机生前卒后契丹王权斗争论辩之二》，《烟台师范学院学报》2001 年第 3 期，第 19—23 页。

2 参见邱靖嘉《再论辽朝的"天下兵马大元帅"与皇位继承——兼谈辽代皇储名号的特征》，《民族研究》2015 年第 2 期，第 98—100 页。

家，欲令皇太子倍避之，太祖册倍为东丹王"。[1] 这条记载透露出"册倍为东丹王"一事与述律后的暗中谋划可能存有某种关联，也许是述律后向阿保机提此建议，旨在封以藩王，贬之远方，从而使耶律倍无法与德光争位。不过，阿保机也有自己的政治意图。当时渤海虽亡，但是渤海各地的反抗斗争和叛乱此起彼伏，而且渤海自唐代以后就深受中原文化的影响，汉化甚深，与契丹的社会文化状况大不相同，因此辽国尚不能对其进行直接统治，需要派一位汉文化水平较高的亲信重臣管理新征服的渤海地区，"因俗而治"，待日后再迁徙其民，徐而图之。耶律倍无疑是最佳人选，于是阿保机"改渤海国曰东丹"，"册皇太子倍为人皇王以主之"，"一用汉法"。[2]阿保机正是出于政治统治的考量，命太子倍以汉法治东丹，并无贬黜之意，恐怕太祖所谓"得汝治东土，吾复何忧"当作如是解。[3]阿保机让大元帅德光继续率军平定渤海各地的叛乱，而令人皇王倍主持东丹政务，一人主军，一人当政，仍然看不出其传位倾向。然而当此之时，阿保机还没来得及宣布皇位继承人就突然病逝，遂引发了耶律倍与德光之间的皇位争夺。

阿保机卒于天显元年（926）七月辛巳，直到次年十一月，"人皇王倍率群臣请于后曰：'皇子大元帅勋望，中外攸属，宜承大统。'后从之"。[4] 于是德光才最终登基即位。在此期间，皇位空悬达一年零四个月之久，一度由述律后摄政称制，可以想见皇位斗争的持久和激烈。

1　《辽史》卷七一《后妃传·太祖淳钦皇后述律氏》，第 1200 页。
2　《辽史》卷二《太祖纪下》，第 22 页；卷七二《义宗倍传》，第 1210 页。
3　参见舒焚《东丹王耶律倍》，第 65 页；何俊哲《耶律倍与东丹国诸事考》，《北方文物》1993年第 3 期，第 89 页。
4　《辽史》卷三《太宗纪上》，第 28 页。

　　《辽史》将太宗即位说成是人皇王倍的"让国"，这显然是辽朝史官的讳饰之语，冯家昇先生即言："人皇不立，非由揖让，契丹史官特为增饰耳。"且云："太宗之立，非由人皇王之请，乃因太祖有遗命耳。"[1] 其实，述律后所谓"太祖遗旨"不足为信，阿保机之死事发突然，他是否留下传位遗命，难以确言。不过他在死前确有一封遗诏："太祖遗诏寅底石守太师、政事令，辅东丹王。"述律后得知此事后，立即"遣司徒划沙杀于路"。[2] 阿保机命其弟寅底石"辅东丹王"，或许是让寅底石接替此前刚刚去世的东丹国左大相迭剌，辅佐人皇王治理东丹，但也不排除另一种可能，即让寅底石奉遗诏秘密前往东丹国，辅助人皇王继承皇位，因此述律后才急忙派人半路截杀寅底石，灭口夺诏。阿保机因受契丹传统世选制的影响，在位期间对于立储人选讳莫如深，始终没有公开地表明传位态度，在他临终之前，没有遗旨留给德光，却让其弟奉密诏前往东丹，此举耐人玩味，或许阿保机最终选择了人皇王倍为皇位继承人，[3] 但随着述律后灭口夺诏，这段史事的真相从此掩埋，耶律倍注定要与皇位失之交臂。

　　述律后为了扶持德光继位，处心积虑，用尽了各种权谋。首

1　冯家昇：《辽史与金史新旧五代史互证举例》，《辽史证误三种》，北京：中华书局，1964 年，第 391—392 页。

2　《辽史》卷六四《皇子表》，第 969 页。

3　其实，阿保机在死前不久还召见过人皇王倍。据《旧五代史》卷一三七《契丹传》（第 1830—1831 页），后唐天成元年（926），明宗即位，遣姚坤使辽告哀。姚坤至慎州朝见阿保机，且"其子突欲（系倍之小字）在侧"。又据《辽史》卷二《太祖纪下》（第 22—23 页），是年二月封太子倍为人皇王主东丹，三月乙酉阿保机班师，离开东丹国都天福城，四月辛卯"人皇王率东丹国僚属辞"，随后阿保机西返，人皇王则留驻东丹。六月丙午，阿保机次慎州，与唐使姚坤相见。此时德光正领兵在外平叛，而阿保机刚刚离开东丹国仅两月，就把人皇王召至行在议事，不久阿保机卒。他们二人所论何事，史籍未载，但很有可能会涉及皇位继承，加之德光即位时迫使耶律倍"让国"，由此推测，阿保机最终决定传位耶律倍的可能性较大。若耶律倍果真被选为储君，那么这恐怕是基于对其才能综合考察的结果，而并非缘于其曾为皇太子的身份。

先，述律后立即派人将阿保机的死讯告知德光，使德光抢在耶律倍之前赶赴行在。[1]等德光到达后，她马上让德光"总国事"，[2]以掌控朝政。随后，述律后开始打击异己，诛杀群臣。天显元年十一月，"杀南院夷离堇耶律迭里、郎君耶律匹鲁等"。[3]被杀者中大多数是拥立人皇王倍者，如"迭里建言，帝位宜先嫡长；今东丹王赴朝，当立。由是忤旨。以党附东丹王，诏下狱，讯鞫，加以炮烙。不伏，杀之，籍其家。"[4]而宋代文献的记载则更为夸张：

> 述律为人多智而忍。阿保机死，悉召从行大将等妻，谓曰："我今为寡妇矣，汝等岂宜有夫。"乃杀其大将百余人，曰："可往从先帝。"左右有过者，多送木叶山，杀于阿保机墓隧中，曰："为我见先帝于地下。"[5]

中原汉人将述律后排除异己的屠戮演绎成了一场殉葬先帝的人牲，这个故事虽源自传闻，但它至少反映了述律后诛杀大臣的基本史实。

述律后在消灭了支持东丹王一派的势力之后，紧接着导演了马前执辔的推举场景。

> 契丹述律后爱中子德光，欲立之，至西楼，命与突欲俱乘

---

1 《辽史》卷二《太祖纪下》："（天显元年八月）壬寅，尧骨讨平诸州，奔赴行在。乙巳，人皇王倍继至。"（第23页）

2 《旧五代史》卷一三七《契丹传》云："（阿保机卒）其妻述律氏自率众护其丧归西楼，坤亦从行，得报而还。既而述律氏立其次子德光为渠帅，以总国事。"（第1832页）姚坤一直跟随述律后护送阿保机的梓宫西行，直到次年正月才被遣返，所以他的见闻当属可信。

3 《辽史》卷二《太祖纪下》，第23页。

4 《辽史》卷七七《耶律安抟传》，第1260页。

5 《新五代史》卷七三《四夷附录二》，第902页。《资治通鉴》卷二七五后唐明宗天成元年七月辛巳条（第19册，第9116页）所记略同。

马立帐前，谓诸首长曰："二子吾皆爱之，莫知所立，汝曹择可
立者执其辔。"首长知其意，争执德光辔欢跃曰："愿事元帅太
子。"后曰："众之所欲，吾安敢违。"遂立之为天皇王。[1]

《资治通鉴》的记载虽是汉人的传闻，但它毕竟体现出了契丹世选
制的某些特点，因而具有可信的一面，至少类似这样的推举仪式应
当是存在的。当时，德光在述律后的大力支持下地位已经确立，但
他仍需在诸部首领参加的选汗大会上获得众人的推举，才能合法继
位，这正与上文所说世选推汗后两个要素相符，这说明尽管契丹建
了国，但是在民族传统的影响下，辽初的皇位继承仍带有明显的世
选制色彩。[2] 德光扫除异己，完成了推举的程序，已经具备了登
基称帝的条件，于是天显二年八月，"葬太祖皇帝于祖陵"，[3] 十一
月，人皇王被迫上演了"让国"的一幕，德光正式即皇帝位，并
举行柴册礼，这场皇位之争以德光的胜利而告终。

　　尽管阿保机立长子倍为皇太子，但这只是出于制度建设的需
要而设置的象征性皇储，并不代表阿保机已经接受了嫡长继承的原
则。实际上，他虽然推行汉制，但在立储问题上又维持传统，欲量
材选贤，不拘嫡长。在契丹部落社会的世选制时代，新可汗的候选
人出自选汗会议上各部首领的推戴，不仅世选的范围较广，而且前
任可汗未必指定继任者；进入帝制时期，皇权独尊，皇帝的意志是
最高的权威，皇帝生前要从皇子中选立一人为储。但阿保机在位期
间，始终没有公开宣布继承人，这是他选择嗣君的尽心，也是民族

1　《资治通鉴》卷二七五后唐明宗天成元年九月癸酉条，第 9118 页。
2　参见陈述《论契丹之选汗大会与帝位继承》，《史学集刊》第 5 期，1947 年，第 93—97 页；
　　姚从吾《说辽朝契丹人的世选制度》，第 122—124 页。
3　《辽史》卷二《太祖纪下》，第 24 页。

传统的体现。大元帅德光凭借其掌握的军事力量，在述律后的鼎力相助下，夺取皇位，但他必须获得诸部首领的推举和认可才能即位，这说明古老的选汗大会此时仍然残存，皇位继承还需要通过传统仪式的确认。总之，在辽太祖时期，皇储不定和注重推举是传统世选制对皇位继承影响的具体表现。

值得注意的是，在太祖时期世选传统依然强势，皇太子继承制在形式上虽已建立，但并未真正实行。尽管如此，封长子倍为皇太子一事却有着重要的意义。建国初，契丹人整体的汉化水平较低，对中原王朝的皇太子制并不了解，对嫡长继承的观念更加陌生。然而当皇太子作为一种国家制度被确立之后，人们渐渐对这种汉法有了初步认识，嫡长继承的观念也开始慢慢地在契丹人的脑海中形成。南院夷离董耶律迭里能说出"帝位宜先嫡长"这样的话，表明在太祖末期嫡长继承观念已经有了一定的传播，成为一些人拥立人皇王的依据。太祖、太宗以降，随着契丹人汉化程度加深，这种新思想逐渐深入人心，有更多的人接受了嫡长继承的立君原则，进而为圣宗以后嫡长继承制度的确立奠定了社会基础。

（二）李胡与世宗的皇位之争

辽太宗即位后，册封李胡为"寿昌皇太子兼天下兵马大元帅"，将其确立为皇位继承人。"皇太子"名号标志了李胡的皇储身份，而"天下兵马大元帅"在太宗前期是实际的军职，后期则成为荣誉性的虚衔。一方面，封皇弟为"皇太子"，有悖伦常，暴露出此时契丹人汉化尚浅，把"皇太子"当作一个皇储的专有名号；[1] 另一方

1　参见邱靖嘉《辽太宗朝的"皇太子"名号问题——兼论辽代政治文化的特征》，第 177—187 页；《再论辽朝的"天下兵马大元帅"与皇位继承——兼谈辽代皇储名号的特征》，第 98—100 页。

面，继续使用"皇太子"封号，反映了太祖实行皇太子制所产生的社会影响，是吸收汉化的表现。太宗在述律后的授意之下，以弟为储，实行兄终弟及，这也是过去契丹可汗世选的鲜明特点。尽管太宗立李胡为储，但是这并不代表诸将臣僚都认同这位皇帝指定的继承人，他们仍可以依据世选旧俗另立新君。

会同末年，太宗南征灭晋，不幸死于归途，"诸将欲立世宗，以李胡及寿安王在朝，犹豫未决"。[1] 这暗示了在诸将臣僚的心目中，世宗耶律阮和太宗长子寿安王耶律璟也有继位的资格，说明许多契丹人仍坚持皇位继承人应从多名候选人中推举产生，反映了世选推汗的遗俗。正当诸将犹豫未决之时，耶律吼、耶律安抟、耶律洼等人秘密谋议，定策拥立世宗继位。[2] 他们号令诸将曰："大行上宾，神器无主，永康王（即辽世宗）人皇王之嫡长，天人所属，当立；有不从者，以军法从事。"诸将皆曰："诺。"[3] 世宗遂即皇帝位，率军回国，述律后得知此事，立刻遣李胡率兵迎战，双方在潢河横渡对峙相拒。[4] 后经耶律屋质从中斡旋调解，双方约和，述律后与李胡承认世宗称帝，[5] 这段皇位之争遂告结束。

以上叙述的斗争过程依然带有浓厚的世选色彩。耶律洼等人的密谋是举行推选的前奏，他们经过商议，决意拥立世宗，随即召集诸将正式推举，"诸将"之中应当包括契丹诸部的首领，会上诸将异口同声，一致拥护世宗即位。众人拥戴世宗的原因有三：一是李

1　《辽史》卷七七《耶律安抟传》，第 1260 页。
2　参见《辽史》卷七七《耶律吼传》、《耶律安抟传》及《耶律洼传》，第 1258—1261 页。
3　《辽史》卷七七《耶律洼传》，第 1261 页。
4　《辽史》卷五《世宗纪》，第 63—64 页。
5　《辽史》卷七七《耶律屋质传》，第 1255—1257 页。

胡生性暴戾残忍，不得人心；[1] 二是不少将领大臣对述律后杀其父辈怀恨在心，又惧怕一旦李胡得立，他们也会惨遭屠戮；[2] 三是北院大王耶律洼、南院大王耶律吼等人以武力相威胁。这次军中推举与太祖死后述律后所操纵的那场推选有些相似，说明选汗大会的旧俗仍在。[3] 其后，经屋质调解，述律后和李胡不得不承认世宗继承皇位的事实。大同元年（947）四月世宗在柩前即位，直至九月才举行柴册礼，上尊号，世宗的皇位终于确立下来。在世宗和李胡的夺位之争中，多人备选与众军推举是传统世选制影响的具体表现。

太宗时期，特别是燕云入辽后，契丹人对汉文化接触日深，汉化水平有所提高，嫡长继承观念有了较为广泛的传播。例如耶律吼、耶律洼、安抟、屋质等人皆以"永康王人皇王之嫡长"为由拥戴世宗继位，[4] 就说明了这一点。不过仍有一些保守的契丹人排斥这种新思想，如李胡即言"我在，兀欲（世宗小字）安得立"。要树立世宗正统地位的前提是强调太祖时人皇王应当继承皇位，而否定太宗即位的合法性。果然世宗即曾言"人皇王当立而不立"，屋质亦有"昔嗣圣之立，尚以为非"之语。世宗即位后，马上追谥其父为"让国皇帝"，确认了耶律倍的皇帝身份，此后"人皇王当立"

1　《辽史》卷七七《耶律吼传》："李胡暴戾残忍，诟能子民。"（第1259页）卷一一二《耶律察割传》："太弟忌刻，若果立，岂容我辈。"（第1500页）

2　《辽史》卷七七《耶律安抟传》："太后问安抟曰：'吾与汝有何异？'安抟以父死为对，太后默然。"（第1260—1261页）《资治通鉴》卷二八七后汉高祖天福十二年五月甲辰条："初，契丹主阿保机卒于渤海，述律太后杀酋长及诸将凡数百人。契丹主德光复卒于境外，酋长诸将惧死，乃谋奉契丹主兀欲，勒兵北归。"（第20册，第9493页）

3　参见陈述《论契丹之选汗大会与帝位继承》，第97—100页；姚从吾《契丹君位继承问题的分析》，第94—101页。

4　甚至连契丹人伪造的太宗遗制中也说："永康王，大圣皇帝之嫡孙，人皇王之长子，太后钟爱，群情允归，可于中京即皇帝位。"（《资治通鉴》卷二八七后汉高祖天福十二年五月乙酉条，第9488页）

之说逐渐成为主流意识。[1] 但需要指出的是，耶律洼等人并不是出于嫡长因素的考虑而拥立世宗，恰恰相反，他们只是为了立世宗而以嫡长继承为借口罢了。[2] 由此可见，此时嫡长继承的汉文化观念开始被直接利用于辽朝皇位继承的斗争之中。尽管嫡长继承尚未成为真正的立储原则，但却推动了契丹人思想观念的转变，为以后嫡长继承制的确立开辟了道路。

（三）从皇位纷争到传位嫡长

天禄五年（951），察割谋反，弑太后及世宗，因僭位号，屋质率众平定察割之乱，拥立寿安王为帝，是为穆宗。穆宗统治残暴，在位十九年，为其近侍及庖人所杀。萧思温、女里、高勋等人拥立世宗第二子耶律贤，是为景宗。世宗、穆宗统治的二十余年中，辽朝政局不稳，皇位纷争不断。[3] 而景宗则是中兴之主，他致力于镇反戡乱，安抚宗室，并通过较为隐蔽的方式传位嫡长，使得辽朝的皇位继承制度逐渐发生转变。

辽史学界一般认为，从世宗到景宗都属于辽代皇位继承由传统世选制向嫡长继承制转变的过渡时期。然而当皇帝被杀，部分将领凭借武力拥立某一皇族成员为帝，在这一过程中已无制度可循，穆

1　如乾亨三年《张正嵩墓志》记载当"让国皇帝在储君"时，张正嵩之父张谏曾"携笔从事"（见向南《辽代石刻文编》，石家庄：河北教育出版社，1995 年，第 68 页）。由此推测，迟至景宗时人们可能已经普遍认为人皇王倍应当是太祖帝位的合法继承人。

2　世宗死后，屋质拥立太宗长子寿安王继位时说："大王嗣圣子，贼若得之，必不容。群臣将谁事，社稷将谁赖？"（《辽史》卷七七《耶律屋质传》，第 1257—1258 页）似乎又承认太宗继位的合法性，与此前"昔嗣圣之立，尚以为非"的说法自相矛盾，说明屋质只是以嫡长继承的借口来拥立世宗，是一种灵活的政治策略。

3　关于世宗至景宗期间的历次叛乱及其与皇位争夺的关系，可参见尹承琳《论辽初统治阶级内部斗争的特点和性质》，第 69—70 页；王善军《世家大族与辽代社会》，北京：人民出版社，2008 年，第 31—34 页。

宗、景宗嗣位时都不强调他们与先皇的血亲关系，嫡长继承的因素得不到体现，世选制的传统反而较为突出。世宗、穆宗在位期间都没有指定皇位继承人，[1] 同时又不断有人发动叛乱，谋夺皇位，这些人包括安端子察割、寅底石子化葛里、耶律倍子娄国、李胡及其子宛和喜隐、太宗子天德和罨撒葛等，按照契丹的世选传统，这些皇族成员都有继承皇位的资格，他们纷纷谋乱，意欲弑君夺位，说明不少契丹贵族仍然坚持世选观念，成为辽朝的保守势力，对皇位的有序传承构成了严重的威胁。[2] 穆宗被拥立时，隐约还能看到选汗推举的影子。察割弑帝，屋质"亟遣人召诸王"，同时极力劝穆宗即位，穆宗应允后马上与诸将相见，"诸将闻屋质出，相继而至"，于是整兵出击，围剿察割，"乱既平，穆宗即位"。[3] 此处所谓"诸王"应该包括重要的将领臣僚和部族首领，屋质定策拥立穆宗，显然得到了诸将的支持，这可被视为在非常情况下举行的一次选汗推举。[4] 而景宗即位则完全是萧思温等人的阴谋策划，推举因素体现得并不明显。[5] 世宗、穆宗时期，众多具有继承资格的皇族成员竞争皇位，是契丹可汗世选习俗的真实写照。此外，新君的确立仍然带有某些推举的色彩，而嫡长继承的因素却表现得十分微弱。因此与其说这

1　《辽史·景宗纪》谓穆宗将景宗养于宫中，并曾言："吾儿已成人，可付以政。"（第89页）似乎表示穆宗有意传位景宗。其实，穆宗在位期间并无任何立储意向，《景宗纪》的记载显然是史官的增饰之辞，不足凭信。

2　辽太祖、太宗能干有为，国势渐强，虽有人觊觎皇位，但很少谋乱。而世宗暗弱，穆宗昏庸，国势渐衰，于是许多皇室宗族公然叛乱，意图弑君篡位。此类叛乱虽频繁发生，但规模较小，参与人员较少，大多仓促起事，易于镇压，且不同的叛乱之间似无紧密联系，这与中原王朝那种经过长期策划大规模有组织的谋反事件大不相同，应当说是传统的世选观念怂恿着他们通过发动叛乱来为各自的继承权正名。

3　《辽史》卷七七《耶律屋质传》，第1258页。

4　李桂芝教授也认为这是一次推举新君的贵族大会，参见李桂芝《契丹贵族大会钩沉》，第79页。

5　参见李桂芝《辽景宗即位考实》，《学习与探索》2006年第6期，第158—165页。

一时期是辽朝皇位继承制度由世选推举走向嫡长继承的过渡，毋宁说是嫡长继承制在辽朝发展的低谷。

景宗封嫡长子隆绪为梁王，隆绪后来继承皇位，是为圣宗，从此以后嫡长继承制成为辽朝皇位继承的主导，有学者因此认为景宗即位后嫡长世袭的皇位继承制度便告确立。[1] 甚至有人更明确地说太宗至景宗的皇位继承都与世选传统有关，直至景宗封隆绪为梁王才真正确立了以嫡长继承为核心的皇储制度。[2] 实际上，这类观点都是基于事实所逆推出来的结果，景宗时期的皇位继承仍然有很多不确定的因素。

首先，谋反叛乱仍然频发。据《辽史·景宗纪》，保宁元年（969）三月，罨撒葛亡入沙沱，粘不衮以阴附罨撒葛伏诛，此事虽不明缘由，但必定是一场未遂的谋反事件。喜隐于保宁六年（974）和乾亨二年（980）两次谋反。保宁十年（978）平王隆先子陈哥（人皇王倍孙）谋害其父，举兵作乱。乾亨三年（981）五月上京汉军乱，劫立喜隐不克，伪立其子留礼寿。这些叛乱是此前皇族成员凭借其世选继承资格谋夺皇位的延续，表明这时主张世选的保守势力仍很活跃。

其次，景宗在位时并没有确定皇储。乾亨二年正月封皇子隆绪为梁王，隆庆为恒王。这是正常的封王事件，看不出有立储的意向。事实上，景宗直到临终时才以遗诏的形式确定了皇位继承人，在此之前外界恐怕并不清楚他的储君人选。

再次，景宗去世前后，政治气氛紧张，整个朝廷笼罩着皇位争

1　如 Karl A. Wittfogel and Feng Chia-Shêng, *History of Chinese Society: Liao(907-1125)*, New York: The Macmillan Company, 1949, p.415；姚从吾《契丹君位继承问题的分析》，第 105 — 108 页；崔益柱《遼의 支配勢力의 構造와 帝位繼承에 對하여——支配勢力으로서의 皇族帳과 皇后族帳을 中心으로》，《東洋史學研究》第 5 辑，1971 年，第 80 — 92 页；柳孟训《辽太祖耶律阿保机身后的皇位继承问题》，《天津教育学院学报》1997 年第 3 期，第 9 — 10 页。

2　王德忠：《辽朝世选制度的贵族政治特色及其影响》，第 72 页。

夺的阴霾。《契丹国志》云：

> 景宗疾亟，隆运不俟诏，密召其亲属等十余人并赴行帐。
> 时诸王宗室二百余人拥兵握政，盈布朝廷。后当朝虽久，然少
> 姻媛助，诸皇子幼稚，内外震恐。隆运请于后，易置大臣，敕
> 诸王各归第，不得私相燕会，随机应变，夺其兵权。时赵王等
> 俱在上京，隆运奏召其妻子赴阙。景宗崩，事出仓卒，布置已
> 定，乃集番汉臣僚，立梁王隆绪为皇帝。[1]

此文描绘出了当时的政治背景，诸王宗室蠢蠢欲动，拥兵握政，伺
机夺位。多亏韩德让（即耶律隆运）辅佐太后易置大臣，严防诸王，
随机应变，才化解了危机，帮助圣宗顺利即位。这段记载史源不明，
不过在《辽史》中可以找到一些蛛丝马迹来印证以上引文的内容。

> （景宗崩，承天太后摄国政）后泣曰："母寡子弱，族属雄
> 强，边防未靖，奈何？"耶律斜轸、韩德让进曰："信任臣等，
> 何虑之有。"于是，后与斜轸、德让参决大政，委于越休哥以
> 南边事。[2]

所谓"族属雄强"与上述引文能够相互契合，且韩德让确实在迎立
圣宗的过程中发挥了重要的作用，得到承天后的信任。因此《契丹
国志》所抄录的这段记载虽有夸大韩德让功绩之嫌，但其所记史事
应当大体可信。诸王宗室觊觎皇位，说明这些皇族成员仍认为自己

---

1 旧题叶隆礼《契丹国志》卷一八《耶律隆运传》，贾敬颜、林荣贵点校，上海：上海古籍出
　版社，1985年，第175页。
2 《辽史》卷七一《后妃传·景宗睿智皇后萧氏》，第1202页。

具有皇位继承的资格，是传统世选思维的反映。然而此时新君的皇位得自于先帝遗诏，选汗推举不复存在，所谓"集番汉臣僚"乃为聆听帝训，而非聚众推选。随着叛乱者遭到镇压，选汗推举逐渐消失，皇位开始由先皇指定的继承人承袭，这些都预示着契丹传统的世选制已经走到了穷途末路，世选推举对皇位继承的影响逐渐减小，一种新的继承制度即将建立。

虽然景宗没有正式册立嫡长子为皇储，但是他已表达出意欲实行嫡长继承的愿望，并且为此创造了条件。景宗一方面严厉镇压叛乱，另一方面又通过怀柔政策以缓和皇族宗室的内部矛盾，他即位后马上分封那些拥有继承资格的皇族成员为王，宠以高位，除其野心。罨撒葛多次图谋不轨，但他死后景宗仍追册其为皇太叔，以示对宗室亲族的宽待。此后，辽朝的历代皇帝即位后都要大肆分封宗室，已有王爵者则获晋封，无王号者则即授予，同时又让他们担任重要的职务，这种"亲亲之道"遂成为辽朝对待皇族宗室的国策之一，遵行不悖，而其滥觞当在于景宗之政。[1] 景宗恩威并施，缓和矛盾，巩固统治，为国家振兴和制度建设营造了良好的环境。景宗出自人皇王倍一系，他称帝后不久，便"致奠于让国皇帝及世宗庙"，宣示其皇位来源的合法性。保宁三年（971）八月辛卯，"祭皇兄吼墓，追册为皇太子，谥庄圣"。[2] 景宗此举蕴含深意，尊长兄为皇太子，旨在对外表

1　辽朝的睦亲政策表现得非常明显，如《辽史》卷八〇《马得臣传》："臣更望定省之余，睦六亲，加爱敬，则陛下（圣宗）亲亲之道，比隆二帝矣。"（第1280页）《耶律宗政墓志》："圣宗皇帝重弟兄之嫡嗣，嘉伯侄之懿亲。"（《辽代石刻文编》，第306页）《耶律宗允墓志》："时圣宗皇帝情深犹子，义在睦亲。"（《辽代石刻文编》，第320页）赵汝愚《宋朝诸臣奏议》卷一三五富弼《上仁宗河北守御十三策》："北虏风俗贵亲，率以近亲为名王将相，以治国事，以掌兵柄，而信任焉。"（北京大学中国中古史研究中心校点整理，上海：上海古籍出版社，1999年，第1503页）

2　《辽史》卷八《景宗纪上》，第91页。

明世宗传位嫡长子吼，然吼已卒，次子景宗遂继承皇位，如此则景宗即位既符合嫡长继承的汉法，又遵循兄终弟及的旧俗，顺理成章，合理合法。同时，此举重在强调先皇嫡系子孙的继承权，而追封罨撒葛为皇太叔则代表对旁系叔侄兄弟继承资格的认可，这样可以调解人皇王系子孙与太宗系子孙两派之间的矛盾，[1] 和睦亲族，避免爆发大规模的皇位纷争。尽管景宗努力平衡皇族宗室内部的关系，不公开册立皇储，但追册其兄为皇太子则是他意欲实行嫡长继承的鲜明信号。最终圣宗得以继承皇位，看似出于临终遗命，实则是景宗一步步政治谋划的结果。在景宗朝，世选推举的影响日益削弱，嫡长继承的原则开始建立，这一时期成为辽朝皇位继承制度演变的分水岭。

辽代前期，契丹社会世选推举的传统直接影响皇位继承，多名具有继承资格的候选人争夺皇位，且储君继位需要通过选汗推举的仪式，这是传统世选制影响下辽朝皇位继承的两大特点。人皇王"让国"与太宗夺位，李胡与世宗的皇位之争，以及世宗至景宗时期爆发的诸多叛乱，都是世选旧俗所引发的传位冲突。在这一时期，尽管世选传统的影响很大，但嫡长继承的因素也在逐渐发展。皇太子倍虽然只是名义上的皇储，但却启迪了人们的思想，让契丹人对嫡长继承的观念有了初步的了解。随着汉化程度加深，这种新思想在契丹社会中有了一定的传播，并被部分贵族用来当作拥立世宗称帝的依据。不过这些契丹人只是出于政治需要才以嫡长继承为口实，并不代表他们已经完全接受了嫡长继承的原则。世宗、穆宗时，政局不稳，宗室谋乱，嫡长继承制在辽朝的发展陷入低谷。景宗朝是辽朝皇位继承从世选推举走向嫡长继承的关键时期，从皇位

1　参见 J. Holmgren, "Marriage, Kinship and Succession under the Ch'i-tan Rulers of the Liao Dynasty (907-1125)", *T'oung Pao*, vol. 72, 1986, pp.80-81。

纷争到传位嫡长，世选制的影响渐渐衰弱，而嫡长继承却悄然实行。圣宗以降，嫡长继承的汉法完全压倒了世选推举的旧俗，辽朝皇位继承制度发生了重大的变化。

二　嫡长世袭主导下的皇位继承

圣宗、兴宗、道宗皆以嫡长子的身份继承皇位，天祚帝以嫡长孙即位，可见嫡长继承制在辽代中后期已经完全确立，嫡长世袭成为辽朝皇位继承的主导原则。不过在这一时期，尽管世选推举的因素变得十分微弱，无法直接干预皇位继承，然而兄终弟及的保守观念仍然影响着储君的确立，并且来自不同政治派系间的权力斗争对嫡长子继承皇位又构成了新的威胁，觊觎皇位，甚至兴兵谋反之事仍有发生。但无论如何，在嫡长继承观念深入人心的背景下，实行嫡长继承乃是大势所趋。以下将分期论述嫡长继承制在辽朝确立的过程及其遭遇的挫折。

（一）嫡长继承制的确立与隆庆谋逆

圣宗在位时期，辽朝皇位继承制度发生了根本性的转变，传统世选制的因素已无法直接影响皇位继承，嫡长继承制正式确立，这主要表现在以下两个方面。

第一，圣宗立嫡长子为皇太子。太平元年（1021）十一月，册皇子宗真为皇太子。[1] 按圣宗皇后齐天后二子早卒，宫人耨斤（即钦哀后）生宗真，齐天后将宗真养为己子，[2] 故宗真可被视为圣宗的嫡长子。[3] 圣宗册封宗真为皇太子，后来又让他判北南院枢密使事，

1　《辽史》卷一六《圣宗纪七》，第189页。

2　《辽史》卷七一《后妃传·圣宗仁德皇后萧氏》，第1202页。

3　《契丹国志》卷八《兴宗文成皇帝》记载宗真为圣宗第八子（第76页），参见魏奎阁《辽圣宗皇帝十子考》，李兵主编《辽金史研究》，长春：吉林大学出版社，2005年，第213—216页。

最终遗诏皇太子继承皇位，是为兴宗。说明圣宗朝的皇太子宗真是名副其实的皇储，这是嫡长继承制确立的标志。

第二，嫡庶观念在辽朝广为流行，争辨嫡庶成了契丹社会的一种风尚。在契丹人的民族传统中并无明确的嫡庶概念，嫡庶之别似不影响世选推举，但在圣宗朝人们普遍接受了汉式的嫡庶观念。"时太平日久，帝留心翰墨，始画谱牒以别嫡庶，由是争讼纷起。"[1]"（耶律世良）上书与族弟敌烈争嫡庶，帝始识之。"[2]嫡长继承是嫡庶观念中的核心内容，圣宗皇帝亲自"画谱牒以别嫡庶"，引领了分辨嫡庶的风潮，推动了嫡庶观念的传播，进而在全社会普及了嫡长继承的思想，为嫡长继承制的确立制造社会舆论。耶律世良"练达国朝典故及世谱"，与族弟争嫡庶从而得到圣宗赏识，说明圣宗是鼓励契丹人接受这种新思想的。辽代石刻也能反映圣宗前后嫡庶观念的变化。圣宗以前的墓志碑铭中很少出现"嫡"字，[3]而圣宗以后，石刻中较多地出现了"嫡长""嫡孙""嫡嗣""嫡夫人""嫡生""元子"等含有嫡庶之别的词语，[4]这种现象与圣宗时"画谱牒

1　《辽史》卷八○《萧朴传》，第1281页。

2　《辽史》卷九四《耶律世良传》，第1385页。

3　在已知辽代石刻中，仅会同五年《耶律羽之墓志》[盖之庸编著《内蒙古辽代石刻文研究（增订本）》，呼和浩特：内蒙古大学出版社，2007年，第6页] 与乾亨三年《陈公之铭》（《辽代石刻文编》，第79页）出现"嫡子"，保宁元年《张建立墓志》（《辽代石刻文编》，第43页）出现"嫡夫人"。

4　辽中后期的许多石刻大量出现含"嫡"字的词语，其中契丹人墓志有，统和十一年《韩匡嗣妻秦国太夫人墓志》[《内蒙古辽代石刻文研究（增订本）》，第111页]、统和二十七年《萧氏夫人墓志》[《内蒙古辽代石刻文研究（增订本）》，第213页]、统和三十年《耿延毅妻耶律氏墓志》（《辽代石刻文编》，第143页）、重熙十四年《萧和妻秦国太妃耶律氏墓志》（万雄飞：《辽秦国太妃晋国王妃墓志考》，《文物》2005年第1期，第95页）、清宁八年《耶律宗政墓志》（《辽代石刻文编》，第306页）、咸雍五年《萧阁妻耶律骨欲迷己墓志》[《内蒙古辽代石刻文研究（增订本）》，第320页]、咸雍八年《萧阐墓志》[《内蒙古辽代石刻文研究（增订本）》，第342页]、大安三年《萧兴言墓志》[《内蒙古辽代石刻文研究（增订本）》，第457页] 等。

以别嫡庶"、积极宣传嫡庶思想的政策息息相关。嫡庶观念的广泛传播为实行嫡长继承营造了良好的社会氛围，嫡长继承制的确立遂变得势在必行了。

　　圣宗确立嫡长继承制的过程看似顺利，实则经历了长期的斗争，这一时期对皇位的威胁主要来自圣宗之弟隆庆。承天太后生三子，长子圣宗隆绪，次子隆庆，幼子隆祐。[1] 关于隆庆、隆祐二人事迹，主要见于《辽史》记载，兹列表如下（见表一）。

表一　隆庆、隆祐政治军事活动情况

时间	隆庆的政治军事活动	隆祐的政治军事活动
乾亨二年正月	封隆庆为恒王。	封隆祐为郑王。
统和十六年十二月	进封皇弟恒王隆庆为梁国王、南京留守。	进封郑王隆祐为吴国王。
统和十七年	南征，隆庆为先锋。	
统和十九年十月	（南伐）梁国王隆庆统先锋军以进。	徙封吴国王隆祐为楚国王，留守京师。
统和二十一年十月		以楚国王隆祐为西南面招讨使。
统和二十二年九月		（南伐）命楚国王隆祐留守京师。
统和二十八年八月		（伐高丽）以皇弟楚国王隆祐留守京师。
统和二十九年正月		皇后及皇弟楚国王隆祐迎于来远城。

1　"隆祐"，《秦晋国大长公主墓志》（《辽代石刻文编》，第250页）以及《续资治通鉴长编》《东都事略》等宋代文献皆作"隆裕"，今姑从《辽史》。

续表

时间	隆庆的政治军事活动	隆祐的政治军事活动
统和二十九年三月		皇弟楚国王隆祐权知北院枢密使事。
开泰元年三月		皇弟楚国王隆祐徙封齐国王，留守东京。
开泰元年八月		齐国王隆祐薨。
开泰元年闰十月		赠隆祐守太师，谥仁孝。
开泰初	更王晋国，进王秦晋。**	
开泰元年十二月	赐皇弟秦晋国王隆庆铁券。	
开泰五年九月	皇弟南京留守秦晋国王隆庆来朝，上亲出迎劳至实德山，因同猎于松山。	
开泰五年十二月	秦晋国王隆庆还，至北安薨。***	
开泰六年三月	葬秦晋国王隆庆于显州。追册隆庆为皇太弟。	
重熙中	追赠孝贞皇太叔。****	

*《辽史》卷九《景宗纪下》载："（乾亨）二年春正月丙子朔，封皇子隆绪为梁王，隆庆为恒王。"（第 103 页）卷六四《皇子表》云："乾亨初，（隆祐）封郑王。"（第 987 页）按乾亨只有四年，很有可能是乾亨二年隆绪等三人并封王爵，《景宗纪》所记或有阙漏。

** 李焘《续资治通鉴长编》卷九七天禧五年九月甲申引宋绶《契丹风俗》谓隆庆"后封秦国王又加秦晋国王"（北京：中华书局，2008 年，第 4 册，第 2254 页），而路振于大中祥符元年（辽统和二十六年，1008）使辽时已言"秦王隆庆"，故隆庆可能于统和中徙封秦国王，开泰元年更王晋国，进王秦晋。

*** 此据《辽史》卷一五《圣宗纪六》（第 179 页），卷六四《皇子表》云："入觐，还至北安州，浴温泉，疾薨，葬医巫闾山。"（第 986—987 页）

**** 道宗清宁八年《耶律宗政墓志》谓隆庆"后赠孝贞皇太叔"（《辽代石刻文编》，第 306 页），而兴宗重熙二十二年《耶律宗教墓志》已见"孝贞皇太叔"（《辽代石刻文编》，第 750 页），且隆庆正为兴宗叔辈，可知重熙中兴宗曾追赠隆庆为"孝贞皇太叔"。

资料来源：据《辽史·景宗纪》、《圣宗纪》及《皇子表》整理。

由表一可知，统和中，隆祐在朝中的军政事务上表现得非常活跃，圣宗屡次委以重任，在亲征期间还让他留守京师。[1] 而这时隆庆一直为南京留守，除了在攻宋时为先锋外，似乎没有太多活动，在政治上似不如隆祐重要，直至隆祐死后他的地位才开始大幅提升。

造成以上现象的原因，《辽史》未言，然而宋人的记载却勾勒出当时暗潮涌动的政治背景。承天后三子，隆绪奉佛，隆庆好武，隆祐慕道。[2] 后来隆绪虽即位为帝，但承天后仍十分宠爱隆庆，"故王以全燕之地而开府焉，其调度之物，悉侈于隆绪"，[3] 甚至连圣宗都要让隆庆三分。[4] 隆庆恃宠而骄，渐生不臣之心。孙仅曾于景德二年（辽统和二十三年，1005）使辽，他尝言："（契丹）国主气浊而体肥，隆庆瘦而刚果，国人多归之。隆庆见本朝岁有赠遗，屡劝行赏国中，其志欲激动众心也。"[5] 可见当时隆庆已怀有异志，后来则表现得更为明显。

> 雄州言："……（契丹）将伐女真、高丽。时（系大中祥符三年）契丹又杀其臣邢抱朴，召刘晟代知政事，又召隆庆。隆庆反侧，辞以避暑，不从，辄缮完兵器，遣亲信以私书交结国

1　隆祐统和十九年和二十二年两次留守的京师是指南京，二十八年留守京师是在东京。据《辽史》卷三四《兵卫志上》"兵制"条，皇帝亲征南伐时，"留亲王一人在幽州，权知军国大事"（第398页）圣宗让隆祐担当留守重责，表示了对他的信任。参见杨若薇《契丹王朝政治军事制度研究》，北京：中国社会科学出版社，1991年，第204—205页。

2　《续资治通鉴长编》卷六八大中祥符元年二月丁卯条："宋拇等使契丹还，言：'……国主奉佛，其弟秦王隆庆好武，吴王隆裕慕道，见道士则喜。'"（第3册，第1527—1528页）

3　江少虞：《宋朝事实类苑》卷七七"契丹"条引路振《乘轺录》，上海：上海古籍出版社，1981年，第1010页。

4　《契丹国志》卷七《圣宗天辅皇帝》："或诸道贡进珍奇，一无所取，皆让其弟。"（第71页）

5　《续资治通鉴长编》卷六一景德二年十月甲午条，第3册，第1371—1372页。

中贵幸。其亲信录书来告雄州，诉其戎主不能叶睦亲族，国人思汉。"帝曰："此必隆庆教为之。"密谕边臣沮其意。[1]

（大中祥符四年）五月十六日，边臣言："契丹征高丽，官属多战没。乃取幽、蓟间尝干仕进及稍知书者以补其缺，又遣使归取介胄万计。其弟隆庆不给，盖相疑间也。"[2]

上述两则奏言均来自宋辽边境的谍报，可信度较高。圣宗征高丽，隆庆不但不提供相关人员和军需物资，反而在南京厉兵秣马，结交宋国，图谋不轨，可能是因为宋真宗没有理会隆庆，故隆庆未贸然发作。其实，圣宗对隆庆的举动应当是心知肚明的。

自萧氏卒，继以韩死，虏主暗弱，其弟隆庆尤桀黠，众心附焉。言事者请因遣使，特加恩隆庆。帝曰："讲信修睦，务有大体。如其不法，遽加恩命，岂柔远之道耶？"[3]

韩德让鉴于隆庆骄侈，"尤忌之"，故二人"不相叶"。[4] 德让死后，有大臣担心无人可以牵制隆庆，所以建议圣宗对隆庆特加恩赏，以示安抚。但圣宗已知隆庆种种不法行为，拒绝大臣所请，立即命隆祐权知北院枢密使事，隆祐慕道敦厚，没有野心，因此可凭借隆祐来制衡隆庆的势力。

通过宋辽双方史料的互补研究，可以得知圣宗与隆庆关系紧

1　《宋会要辑稿》蕃夷二之三至四，北京：中华书局影印本，2012年，第8册，第7693页下栏—7694页上栏。

2　《宋会要辑稿》蕃夷二之六，第8册，第7695页上栏。

3　《宋会要辑稿》蕃夷二之三，第8册，第7693页下栏。此处谓韩德让死于大中祥符三年（即辽统和二十八年），但《辽史》却系此事于统和二十九年，当从《辽史》。

4　《宋朝事实类苑》卷七七"契丹"条引路振《乘轺录》，第1010页。

张，隆庆桀黠不法，素有篡位谋乱之心，于是圣宗对他处处提防，重用隆祐以压制隆庆，如在南征时，让隆庆为先锋，而命隆祐坐守南京，以防变生肘腋。隆祐死后，圣宗不得不给隆庆加官晋爵、赐以铁券，表示对他的优待。当时圣宗尚无嫡子，皇储没有确定，隆庆对皇位的威胁仍在。直到开泰五年（1016）二月皇子宗真生，齐天后养为己子。同年九月隆庆来朝，圣宗与其同猎于松山，十二月隆庆暴卒于归途。这一系列的事件不能不让人产生联想，隆庆为何在宗真出世后不久便神秘死去，是不是圣宗暗中除掉了隆庆？如今这些谜团已难以解开，但可以肯定的是隆庆之死绝非偶然，应是皇位斗争的结果。隆庆之所以想要阴谋夺位，是与契丹兄终弟及的传统观念分不开的，这是世选思维的一种表现，是世选制因素在辽朝后期的残留。事实上，圣宗追册隆庆为皇太弟，也是对其继承权予以认可。无论如何，隆庆已死，皇位继承的威胁解除，圣宗可以完全按照自己的意愿指定继承人，太平元年遂册封宗真为皇太子，此后宗真的皇储之位未曾动摇，并成为辽朝唯一一位以皇太子身份即位的皇帝。

（二）兴道两朝的传位问题

尽管嫡长继承制已在辽朝得到确立，但兄终弟及的世选残余仍在负隅顽抗，抵制传子，而朝廷内部的权力斗争也阻挠着嫡长相继，此两者构成了兴道两朝皇位继承的困境。

围绕传弟与传子的皇位之争是兴宗朝的一个重大政治问题。钦哀皇太后坚持要求立兴宗之弟重元为嗣，代表的是维护兄终弟及传统的保守派。兴宗最初可能受钦哀后的影响，加之重熙三年（1034）重元主动告发淳钦后谋废立之事，因而对重元"益重之"，封他为皇太弟，[1]七年又让他判北南院枢密使事，一度流露出想让重元继位的意向。《辽史》载：

> 上尝与太弟重元狎昵，宴酣，许以千秋万岁后传位。重元喜甚，骄纵不法。又因双陆，赌以居民城邑。帝屡不竞，前后已偿数城。重元既恃梁孝王之宠，又多郑叔段之过，朝臣无敢言者，道路以目。一日复博，罗衣轻指其局曰："双陆休痴，和你都输去也！"帝始悟，不复戏。[2]

兴宗"千秋万岁后传位"之语虽是酒后戏言，赌博输城虽是游戏之诺，但可从一个侧面说明当时兴宗和重元确实亲密无间，"传位"之言可能带有兴宗的一丝真情实意。不过在罗衣轻的指斥声中，兴宗有所醒悟，遂"不复戏"，后来渐渐转变立场，抵制传弟，决意传子。但迫于钦哀后的压力，兴宗扶立嫡长子洪基的过程是隐蔽、渐进的。重熙六年（1037）封洪基为梁王，十一年进封燕国王，十二年进封燕赵国王，知北南院枢密使事，加尚书令，十九年领北南枢密院，二十一年又以洪基为天下兵马大元帅，知惕隐事。兴宗逐步给洪基加官晋爵，提升他的地位，但所授予的名号并不是像"皇太子"那样正式的皇储封号，[3]这样可以避免触及敏感的立储问题而引发政治冲突。直到去世的前一年，兴宗与钦哀后还在宋使王拱辰面

1　《辽史》卷一一二《耶律重元传》，第 1502 页。

2　《辽史》卷一〇九《罗衣轻传》，第 1480 页。

3　《辽史》卷一〇九《罗衣轻传》云："（兴宗败于李元昊）先是，元昊获辽人，辄劓其鼻，有奔北者，惟恐追及。故罗衣轻止之曰：'且观鼻在否？'上怒，以毳索系帐后，将杀之。太子笑曰：'打诨底不是黄幡绰！'罗衣轻应声曰：'行兵底亦不是唐太宗。'上闻而释之。"（第 1479 页）此处所谓"太子"当指洪基，重熙十三年兴宗伐夏，洪基可能随行，"太子"应是对皇子洪基的俗称，与"皇太子"封号不同。

前激烈争论传弟与传子的问题，[1]可见兴宗扶持洪基的举动似乎并未引起外界的重视。兴宗临终时才召洪基"谕以治国之要"，并以遗诏的形式最终确立了洪基的皇位继承人身份，是为道宗。

兴宗时期的传位问题仍然表现为兄终弟及和嫡长继承两种观念之间的冲突。钦哀后与重元是保守派的代表，而兴宗和洪基则主张实行汉法。[2]宋人宋祁于皇祐四年至五年（辽重熙二十一年至二十二年）在位于宋辽边境的成德军、定武军等处任职，习知边事，他说：

> 敌主懦庸，其弟悍剽好战，本许传国，故尽以奚、契丹兵属之。敌主有子且长，更为王，以燕蓟华人属之。然其弟常右蕃卑汉，数请犯中国，子常佐汉，愿与中国和，故敌主依违不能有所决，华人之辅政者，皆附主与子，蕃长之当国者附其弟，是一躯裂为二支，祸难待时作耳。[3]

宋祁将重元党和洪基派之间的矛盾提升到胡汉对立的高度，有所增饰，但基本反映了双方所持政治立场的分歧，而兴宗表面上"依违不决"是因为他要平衡两派势力，实际上他是支持皇子洪基的。两种继承观念的冲突，加上不同政治派别的依附，"祸难"必将"待时

---

1 宋人王拱辰于至和元年（辽重熙二十三年，1054）使辽，《续资治通鉴长编》卷一七七至和元年九月辛巳条记载："契丹国母爱其少子宗元（即重元），欲以为嗣，问拱辰曰：'南朝太祖、太宗，何亲属也？'拱辰曰：'兄弟也。'曰：'善哉，何其义也。'契丹主曰：'太宗、真宗，何亲属也？'拱辰曰：'父子也。'曰：'善哉，何其礼也。'既而契丹主屏人，谓拱辰曰：'吾有顽弟，他日得国，恐南朝未得高枕也。'"（第 7 册，第 4281—4282 页）这段对话反映出钦哀后与兴宗在立储问题上鲜明的立场分歧。

2 参见陈述《契丹政治史稿》，北京：人民出版社，1986 年，第 137—142 页。

3 宋祁：《景文集》卷四四《御戎论二》，《丛书集成初编》本，北京：中华书局，1985 年，第553 页。

作"。果然，这一"祸难"在道宗朝爆发了。

道宗即位后，尊重元为皇太叔，授天下兵马大元帅，表示对其继承权的认可，以安抚人心，防止激变，实无传位之意。然而重元与其子涅鲁古"恃宠跋扈"，[1] 终于在清宁九年（1063）爆发了重元之乱。这场叛乱是兴宗朝皇位之争的延续，不过与辽代前期的叛乱相比，它的性质有所不同。世宗至景宗时的谋乱虽然频繁，但规模较小，参与人员较少，主要是为了篡夺皇位。而重元之乱规模大，党附者众多，其中不乏朝中的高官重臣，它既是一场皇位争夺，又是重元党人谋取权力的政治斗争。[2] 随着重元自杀，叛乱平定，影响皇位继承的威胁彻底解除，咸雍元年（1065）道宗遂恢复了圣宗时册封皇太子的制度，立嫡子濬为"皇太子"，太子濬成为法定的皇位继承人，他自己就曾说："帝惟我一子，今为储嗣。"[3]

可是时隔不久，道宗朝的皇位继承再遇挫折。大康元年（1075）耶律乙辛等诬宣懿皇后与伶人赵惟一私通，皇后被赐死。三年，乙辛又诬告萧速撒等谋立皇太子，于是皇太子被废，囚之上京，乙辛随即密遣私人盗杀太子濬。[4] 这一系列事件完全是耶律乙辛一党为夺取后位、扩大权势而发动的宫廷斗争。宣懿皇后死后，耶律乙辛马上推荐同党萧霞抹之侄坦思入宫，[5] 坦思被立为皇后，乙辛等人希冀新皇后诞生皇子，将来继承皇位，这样他们就可永葆权

势富贵。然而事与愿违，坦思数年未能生育。于是乙辛又将坦思之
妹斡特懒荐入宫中，但仍未产子。在这种情况下，乙辛只能拥立其
他的皇室成员。

> 时乙辛已害太子，因言宋魏国王和鲁斡之子淳可为储嗣。
> 群臣莫敢言，唯兀纳及夷离毕萧陶隗谏曰："舍嫡不立，是以
> 国与人也。"帝犹豫不决。五年，帝出猎，乙辛请留皇孙，帝
> 欲从之。兀纳奏曰："窃闻车驾出游，将留皇孙，苟保护非人，
> 恐有他变。果留，臣请侍左右。"帝乃悟，命皇孙从行。由此，
> 始疑乙辛。[1]

和鲁斡是道宗之弟，其子耶律淳于太子濬为从兄弟，乙辛建议立
淳为储，似乎也带有一丝兄终弟及的色彩。而萧兀纳和萧陶隗具
有强烈的嫡长继承观念，他们以"舍嫡不立，是以国与人"为由
坚决反对，主张以太子濬之子皇孙延禧为嗣。道宗将出游，乙辛请
留皇孙，欲加谋害，萧兀纳果断地劝谏道宗带皇孙从行，严加保
护，使乙辛的阴谋未能得逞，道宗也开始察觉乙辛之奸。大康六
年（1080），封皇孙延禧为梁王，[2] 乙辛遭贬黜。七年，乙辛以罪囚
于来州，后以谋亡入宋伏诛。八年，道宗欲立延禧为嗣，降皇后为
惠妃，出居乾陵。[3] 九年，追谥庶人濬为昭怀太子，恢复了太子濬

1　《辽史》卷九八《萧兀纳传》，第 1413 页。
2　《辽史》卷二四《道宗纪四》云："（大康六年）三月庚寅，封皇孙延禧为梁王。"（第 284 页）
　　然卷七一《后妃传·道宗惠妃萧氏》谓大康八年皇孙延禧封梁王（第 1205 页），而《王师儒
　　墓志》（《辽代石刻文编》，第 646 页）又言大康九年延禧始出阁封梁王，恐皆误，今从《道
　　宗纪》。
3　《辽史》卷一〇〇《萧酬斡传》："时帝欲立皇孙为嗣，恐无以解天下疑，出酬斡为国舅详稳，
　　降皇后为惠妃，迁于乾州。"（第 1429 页）

的名誉，后来天祚帝时又被追谥为顺宗。随着乙辛党人及同伙相继被铲除，延禧的皇储地位得到巩固，此后他进封燕国王，历知中丞司事、总北南院枢密使事，得授天下兵马大元帅。寿昌六年（1100）十二月，"诏燕国王延禧拟注大将军以下官"，次年正月，道宗卒，遗诏延禧嗣位，是为天祚帝。延禧以嫡长孙的身份继承皇位依然是遵循嫡长继承的汉法。在道宗朝的皇位斗争中，世选因素表现得微不足道，对皇位的威胁主要来自朝廷内部的权力之争。

（三）辽末的皇位之争

天祚帝即位后，以叔祖和鲁斡为天下兵马大元帅，封"皇太叔"，[1] 耶律淳也享受到很高的待遇，这只是天祚帝笼络和鲁斡父子、巩固统治的权宜措施，并没有传位的含义。事实上，天祚帝仍欲实行皇子继承，不过他的立储计划并不顺利，皇位争夺仍然存在，并成为辽末严重的内忧。

关于天祚诸子的基本情况，《辽史》本身的记载多有抵牾，蔡美彪先生订正如下（见表二）。

表二　天祚诸子一览

	《辽史》卷二九《天祚皇帝纪三》	《辽史》卷六四《皇子表》	蔡美彪先生的订正 *
行次	天祚四子	天祚六子	天祚六子
第一	赵王，母赵昭容 **	敖鲁斡，母文妃，初封晋王，出继大丞相耶律隆运	赵王习泥烈，大安五年（1089）生，昭容所出

1　关于和鲁斡的"皇太叔"名号，参见邱靖嘉《辽天祚朝"皇太叔"名号的政治文化解析》，《民族研究》2014年第1期，第111—116页。

续表

	《辽史》卷二九《天祚皇帝纪三》	《辽史》卷六四《皇子表》		蔡美彪先生的订正[*]
第二	晋王，母文妃	雅里，母元妃		梁王雅里，大安九年（1093）生，宫嫔所出
第三	秦王、许王，皆元妃生	挞鲁，燕国王，早薨	未详所出	燕国王挞鲁，寿昌三年（1097）生，母德妃
第四		习泥烈，赵王		晋王敖卢（鲁）斡，乾统中生，母文妃
第五		定，秦王		秦王定、许王宁，生年不详，当在晋王后，母元妃[***]
第六		宁，许王		

* 参见蔡美彪《辽代后族与辽季后妃三案》，第57—58页。

** 冯家昇《辽史初校》谓"赵"字为衍文，《辽史证误三种》，第155页。

*** 徐梦莘：《三朝北盟会编》卷九八引赵子砥《燕云录》："天祚有子赵王者，见在金门御寨；许王者，乃元妃所生，年十八九，今在沙子里。"（《中华再造善本》影印国家图书馆藏明抄本，北京：国家图书馆出版社，2013年，叶15b）金人破汴京，赵子砥随二帝北狩，后逃归，作《燕云录》记录北行见闻，其中提到天祚帝子许王"年十八九"，时在建炎元年（1127）。由此推算，许王宁当生于乾统末，与蔡氏之说大体相符。

资料来源：据《辽史·天祚皇帝纪》、《皇子表》及蔡美彪《辽代后族与辽季后妃三案》一文整理。

　　《天祚皇帝纪》的记载抄自《契丹国志》，[1] 所记天祚诸子的人数不全，而《皇子表》所载诸子排行、母系皆有讹误，幸赖蔡美彪先生的考证才得以厘清。《辽史》谓雅里"七岁，欲立为皇太子，别置禁卫，封梁王"。[2] 但雅里七岁时正当道宗寿昌中，延禧尚未即位，不可能册立为皇太子。而挞鲁寿昌三年（1097）生，乾统三年（1103）"梁王挞鲁进封燕国王"，恰好虚龄七岁，且"燕国王"正是辽朝后期

―――――――――

1　《契丹国志》卷一一《天祚皇帝中》，第118页。

2　《辽史》卷三〇《天祚皇帝纪四》，第353页。

授予皇储的专用王号，蔡先生据此认为所谓"七岁，欲立为皇太子"乃是针对挞鲁而言的，可能是由于挞鲁和雅里先后都封过梁王，故而史官不慎张冠李戴了。习泥烈、雅里虽年龄较长，但出自宫嫔，地位较低。然而天祚皇后萧氏无子，[1] 正妃之中，德妃入宫最早，资历较深，且其子挞鲁在正妃所生诸子中最长，故立挞鲁为储可被视为是一种变相的嫡长继承。不幸的是，乾统四年正月，尚未来得及获封皇太子的挞鲁突然死去，于是天祚帝的立储计划落空。此后，由于储君迟迟不能确立，从而引发了多起竞争皇位的政治斗争。

天庆四年（1114），女真起兵反辽。五年，天祚帝下诏亲征，史载：

> 及天祚亲征女直，萧胡笃为先锋都统，章奴为都监。大军渡鸭子河，章奴与魏国王淳妻兄萧敌里及其甥萧延留等谋立淳，诱将卒三百余人亡归。既而天祚为女直所败，章奴乃遣敌里、延留以废立事驰报淳。淳犹豫未决。会行宫使者乙信持天祚御札至，备言章奴叛命，淳对使者号哭，即斩敌里、延留首以献天祚。[2]

耶律章奴见淳不从，遂纠集群盗及麾下兵，攻掠州县，进犯行宫，后叛乱平定，章奴伏诛。耶律淳早就被认为具有继承皇位的资格，但这场叛乱应属于个别政治派系的夺权之争，拥立耶律淳只是章奴等人的借口。[3] 其后不久，保大元年（1121）又发生了文妃案。

1　《辽史》卷一〇〇《萧得里底传》云："大安中，燕王妃生子。"（第1428页）按萧得里底即萧奉先，"燕王妃"即天祚皇后萧氏，于大安四年封燕国王妃，《皇子表》及《后妃传》皆未言天祚皇后有子，或燕国王妃之子早卒。

2　《辽史》卷一〇〇《耶律章奴传》，第1430页。此事又见于卷二八《天祚皇帝纪二》，第332—333页。

3　参见陈述《契丹政治史稿》，第149—150页。

国人知晋王之贤，深所属望。元妃之兄枢密使萧奉先恐秦
王不得立，潜图之。文妃姊妹三人：长适耶律挞曷里，次文妃，
次适余靓。一日，其姊若妹俱会军前，奉先讽人诬驸马萧昱及
余靓等谋立晋王，事觉，昱、挞曷里等伏诛，文妃亦赐死；独
晋王未忍加罪。余靓在军中，闻之大惧，即率千余骑叛入金。[1]

文妃子晋王敖卢斡素系人望，有人认为他"宜为储副"，而元妃叔
萧奉先"以元妃诸子己所自出，使晋王出继（韩德让为嗣）"，[2] 但朝
廷内外仍归心晋王。于是萧奉先罗织党羽诬告萧昱、余靓等谋立晋
王，文妃赐死，余靓降金，对辽末的政治军事产生了重大影响。本
来挞鲁死后，晋王敖卢斡既贤又长，且为正妃所生，宜立为嗣，但
文妃案后，敖卢斡失去信任，已不能备选储君。余靓掌握大量辽朝
内部情报，他叛辽入金，使金军尽知辽人虚实。次年正月，余靓引
金人奄至，"萧奉先曰：'余靓乃王子班之苗裔，此来欲立甥晋王耳。
若为社稷计，不惜一子，明其罪诛之，可不战而余靓自回矣。'上
遂赐晋王死，素服三日，耶律撒八等皆伏诛。王素有人望，诸军闻
其死，无不流涕，由是人心解体"。[3] 天祚赐死晋王，军心涣散，众
叛亲离，而女真势盛，辽军败绩，山河日蹙，诸京失守。在这种情
况下，萧奉先劝天祚播迁夹山，天祚帝始悟奉先父子之奸，逐奉

1　《辽史》卷二九《天祚皇帝纪三》，第 341 页。

2　《金史》卷一三三《耶律余靓传》，北京：中华书局，1997 年，第 2847—2848 页。按《辽
史·天祚皇帝纪》《萧奉先传》皆谓奉先为元妃之兄，然《萧得里底传》称得里底（即奉先）
为元妃之叔，经乌拉熙春考证，萧奉先与元妃当为从叔侄关系，参见氏著《天祚元妃世系
考》，《辽金史与契丹、女真文》，京都：东亚历史文化研究会，2004 年，第 60—67 页。又
"使晋王出继"后原有"文妃"二字，蔡美彪先生疑为衍文。

3　《辽史》卷二九《天祚皇帝纪三》，第 343 页。

先，后又将其赐死。文妃案、晋王冤应当也是一场辽朝宫廷内部不同后族势力之间的斗争，以奉先为首的元妃党主张立秦王，而以余睹为代表的文妃派则欲立晋王，两派为谋夺皇储之位而钩心斗角，传秦与传晋成为这一时期后族争议的焦点，最终两派又在斗争中同归于尽。[1]

天祚帝大势已去，逃入夹山，李处温等人见状遂拥立耶律淳于南京即位。保大二年三月，耶律淳自立称帝，割据燕云。耶律淳自立完全是在辽亡之际的非常之举，不能反映正常的皇位继承制度。事实上，天祚帝仍欲传子，绝不会同意耶律淳继位。同年六月，淳卒，遗命迎立天祚子秦王为帝，淳妻萧氏为皇太后称制。后金军攻打燕京，萧后出逃，奔天祚，天祚帝诛萧后，废淳为庶人，表明他反对耶律淳擅立的立场。

其实，晋王敖卢斡死后，天祚诸子只剩元妃所生的秦王定、许王宁以及出自宫嫔的习泥烈、雅里，在这四人之中，天祚帝可能倾向于立雅里为嗣。这是因为雅里被封为梁王，"梁王"在辽朝后期也是一个皇储候选人的专用名号。挞鲁就曾被封为梁王，而雅里封梁王的时间应当在敖卢斡死后，若非如此，那么萧奉先等人要除去的目标就应该是梁王而非晋王了。天祚帝有意传位给宫嫔之子的原因可能是他已知萧奉先等元妃党人陷害文妃和晋王，弄权祸国，他后悔地说奉先父子"误我至此"，从而对元妃之子多有猜忌，故转而欲以雅里为嗣。保大三年四月，金兵来袭，辽军惨败，多名皇子被俘。

1　参见蔡美彪《辽代后族与辽季后妃三案》，第58—60页；马赫《辽天祚皇帝之后妃及诸子考辨——兼析天祚朝的宫廷废立之争》，《辽金契丹女真史研究》1989年第2期，第23—26页。

> 戊戌，金兵围辎重于青冢，硬寨太保特母哥窃梁王雅里以
> 遁，秦王、许王、诸妃、公主、从臣皆陷没。……丙午，金兵
> 送族属辎重东行，乃遣兵邀战于白水泺，赵王习泥烈、萧道宁
> 皆被执。……是月，特母哥挈雅里至，上怒不能尽救诸子，诘
> 之。[1]

在此役中，秦王、许王、赵王习泥烈皆被金人俘虏，只有梁王雅里依靠特母哥的保护才得以逃脱。特母哥只救梁王雅里，说明在他看来雅里当继承皇位。果然，次月，"军将耶律敌烈等夜劫梁王雅里奔西北部，立以为帝，改元神历"。可见雅里的储嗣身份得到了诸将的承认。而天祚帝责备特母哥"不能尽救诸子"，则反映出他虽然有意传位雅里，但可能仍犹豫未决，不过由于诸子皆陷于敌手，唯雅里独存，所以只能无奈地指定雅里继位了。十月，梁王雅里卒，圣宗子吴哥四世孙朮烈继雅里称帝，[2]次月即被杀。保大五年天祚帝为金人所获，辽朝灭亡。

辽朝后期，嫡长相继的皇子继承制确立，嫡长继承成为从圣宗至天祚历代辽帝的主导思想，不过在无嫡长子的情况下会有所变通，如道宗传位嫡长孙，天祚欲立妃嫔之子为储嗣。在这一时期，世选制对皇位继承的影响显得非常微弱，选汗推举更是不复存在，但是兄终弟及的传统观念却在部分保守的契丹人心中挥之不去，从而引发了隆庆、重元等人对皇位的觊觎。然而圣宗以降，契丹人的汉化愈益深入，嫡庶观念更是深入人心，实行嫡长继承制的社会基础已经具备。在分辨嫡庶的潮流面前，兄终弟及这一世选制的遗

---

1 《辽史》卷二九《天祚皇帝纪三》，第346—347页。
2 《辽史》卷六四《皇子表》，第990页。朮烈与雅里乃是从兄弟关系，朮烈继位，似乎也寓有兄终弟及之意。

存终被排斥，保守派的图谋必将破灭。与此同时，宫廷内部不同政治派系之间的权力之争对皇位的有序传承构成了新的威胁，道宗时宣懿皇后、昭怀太子的冤案以及天祚朝文妃案都是个别政治派系所发动的权力争夺，以致太子被废、储位空悬，这是辽朝后期皇位继承遇到的新挑战。不过这类内乱是每一个帝制王朝都会出现的政治问题，并非辽朝独有。总之，在辽代后期，嫡长继承的原则得到确立，皇位传授完全为嫡长继承制所主导。

结　语

辽朝皇位继承制度的发展演变既反映出契丹民族传统的深远影响，又体现出效仿中原汉制的文化取向。辽前期传统世选制对皇位继承的影响十分明显，从太祖到景宗，皇位继承人往往不能确立，在世选制下被认为具有继承资格的多名皇族成员膺选储君竞争皇位，而且新君的产生需要通过将领臣僚和诸部首领的推举，选汗大会的遗迹犹在，说明此时的皇位继承仍保留着传统世选制的特点。然而世选推举毕竟是契丹部落社会的风俗，进入皇权独尊的帝制社会后，这种民族传统必定走向衰弱，取而代之的将是嫡长继承的汉法。辽太祖时期，嫡长继承的观念随着册立皇太子而有了初步的传播，一度被援引为拥立世宗的制度依据，但在世宗、穆宗统治时期嫡长继承制的发展又陷入低谷，而后在景宗和圣宗的大力宣传下嫡长继承的观念广泛传播、深入人心，嫡长继承制随之确立。此后尽管兄终弟及的传统观念与朝廷内部的政治斗争对皇位继承构成了威胁，但嫡长继承制在辽后期已占据主导。

有辽一代，契丹人整体的汉化水平虽然较低，在许多方面都保留着本民族的传统，但是在继承观念上契丹人却走向了彻底汉化。

从部落社会的世选推举到帝制时代的嫡长继承，这不仅是制度的改革，更是思想的巨变。从李胡"我在，兀欲安得立"和萧兀纳"舍嫡不立，是以国与人也"这两人的言论中就可窥见两种观念的巨大反差。辽朝灭亡后，契丹人的嫡长继承观念不但没有退化，反而愈益根深蒂固。金朝末年，契丹人耶律留哥联合蒙古起兵反金，并在辽东自立为王。留哥死后，其妻姚里氏携次子善哥、铁哥、永安及从子塔塔儿、孙收国奴等远涉大漠朝见成吉思汗。

> 姚里氏奏曰："留哥既没，官民之主，其长子薛阇扈从有年，愿以次子善哥代之，使归袭爵。"帝曰："薛阇今为蒙古人矣……不可遣，当令善哥袭其父爵。"姚里氏拜且泣曰："薛阇者，留哥前妻所出，嫡子也，宜立。善哥者，婢子所出，若立之，是私己而蔑天伦，婢子窃以为不可。"帝叹其贤……许以薛阇袭爵，而留善哥、塔塔儿、收国奴于朝，惟遣其季子永安从姚里氏东归。[1]

姚里氏以"嫡子宜立"为由，甘愿将亲生子善哥作为人质送往蒙古，以替换夫前妻之子薛阇，并坚持让薛阇承袭王位。这种看似大公无私的行为，实则是契丹人与汉人长期交融的结果，反映出汉文化对契丹人思想观念的重大影响。

原载《辽金历史与考古》第 6 辑，沈阳：辽宁教育出版社，2015 年

---

1 《元史》卷一四九《耶律留哥传》，北京：中华书局，1976 年，第 3514 页。

辽太宗朝的"皇太子"名号问题
——兼论辽代政治文化的特征

《辽史·太宗纪》有一条看似很蹊跷的记载，天显五年（930）三月乙亥，"册皇弟李胡为寿昌皇太子"。[1] 自元代以来直至今日，学者们都想当然地认为此处"皇太子"必系"皇太弟"之误（说详下文）。然而本文的研究表明，这个问题远比我们所想象的要复杂得多。实际上，这并非一个单纯的文献正误问题，它牵涉到我们对契丹汉化进程中某些历史特性的理解和认识，需要从辽代政治文化的层面去进行新的解读。

1　《辽史》卷三《太宗纪上》，北京：中华书局，2003 年，第 31 页。

一　辽太祖时期的所谓"自在太子"

据宋代文献记载，耶律李胡在辽太祖时曾被称为"自在太子"。那么，太祖时期的"自在太子"李胡与太宗朝的"皇太子"李胡究竟有何异同？在讨论本文的主题之前，有必要首先澄清这个问题。

宋琪《平燕蓟十策》云：

> （阿保机）妻述律氏生三男：长曰东丹；次曰德光，德光南侵还，死于杀胡林；季曰自在太子。
>
> 晋末……其诸大首领有太子、伟王、永康、南北王、于越、麻荅、五押等。[1]

据《宋史·宋琪传》，宋琪本是幽州蓟县人，石敬瑭割让幽蓟后入辽，在辽登进士第，曾为寿安王（即辽穆宗）侍读。辽伐后晋，宋琪被辟为赵延寿僚属，随军南下。辽军灭晋后，旋即北撤，宋琪滞留中原，后仕于宋，宋太宗时官至宰相。太宗欲北伐，命群臣献策，"琪生长戎虏，习知边事"，[2] 遂进《平燕蓟十策》，其中谈及辽初的君王世系和诸大首领。宋琪长期生活于辽，对辽初的政治军事情形相当熟悉，因此他的记载具有较高的可信度。邓广铭先生根据此文并结合《辽史》和《契丹国志》的相关记载，指出李胡在太祖时被称为"自在太子"，直至太宗时期仍有"太子"之

1　《宋史》卷二六四《宋琪传》，北京：中华书局，1977 年，第 9125—9126 页。此文亦见于《宋会要辑稿》蕃夷一之一四、《历代名臣奏议》卷三二二《御边门》。

2　钱若水：《太宗皇帝实录》卷七九至道二年九月戊寅，《四部丛刊三编》景印海盐张氏涉园藏宋馆阁写本，上海：商务印书馆，1936 年，叶 3a。

称。[1] 然而根据笔者的研究来看，问题恐怕并非如此简单。

"自在太子"之称不见于《辽史》，[2] 唯《契丹国志》一书有比较详细的记载：

> 自在太子名阮，太祖第三子，母曰述律氏。少豪侠，有智略，善弹工射，太祖奇之，曰："吾家铁儿也。"征渤海时，山坂高峻，士马惮劳苦，太子径于东谷缘崖而进，屡战有功。后渤海平，封为自在太子。[3]

如将这段引文与《辽史》相对照，便会发现两者互有抵牾。第一，"自在太子名阮"之说亦见于《续资治通鉴长编》（以下简称《长编》），[4] 但于《辽史》无征。《辽史·李胡传》谓李胡有二子，一为宋王喜隐，一为卫王宛，故《契丹国志》点校本校勘记推断说："宛疑即阮，误以子名当父名耳。"[5] 这种解释可姑备一说。第二，李胡生于太祖六年（912），天赞四年（925）太祖征渤海时，"皇后、皇

---

1   邓广铭（署名邝又铭）：《辽史兵卫志"御帐亲军""大首领部族军"两事目考源辨误》，《北京大学学报》1956年第2期，第69—80页。

2   有学者对上引《宋史·宋琪传》所称"自在太子"的断句提出异议，王树民在校证《廿二史札记》时有附注曰："《宋史·宋琪传》云：'述律氏生三男，长曰东丹，次曰德光……季曰自在。太子东丹生永康。''太子'二字应属下读，本文节取不当，遂成衍文。"（赵翼撰，王树民校证《廿二史札记校证》卷二七校证《辽史二》，北京：中华书局，1984年，第615页）按《契丹国志·恭顺皇帝传》称其"封为自在太子"，李焘《续资治通鉴长编》卷七〇大中祥符元年末亦谓"自在太子阮为恭顺皇帝"（北京：中华书局，2008年，第3册，第1583页），知"自在太子"确系一专有名号，《宋琪传》断句不误。

3   旧题叶隆礼《契丹国志》卷一四《恭顺皇帝传》，贾敬颜、林荣贵点校，上海：上海古籍出版社，1985年，第152页。

4   《续资治通鉴长编》卷七〇大中祥符元年末："契丹主追尊阿保机庙曰太祖……自在太子阮为恭顺皇帝。"（第1583页）

5   《契丹国志》卷一四《恭顺皇帝传》校勘记四，第155页。

太子、大元帅尧骨皆从"，[1] 时李胡年仅十三，虽有可能随军征讨，但未必有什么显赫的战功。《契丹国志》是元代坊肆书贾杂抄宋人史籍而成的伪书，纰漏谬误之处甚多，上文有关李胡的夸耀之词未必可信，不过"自在太子"之称既见于宋琪章奏及《长编》，应该是确有其事的，但可能不是一个正式的封号，而是时人对李胡的俗称。[2]

阿保机早在神册元年（916）称帝之时，就已封长子耶律倍为皇太子，既然如此，照理说就不应该再有什么其他的"太子"称号，那么"自在太子"的名号又当作何解释呢？其实，在辽太祖时期，不仅是李胡，耶律德光也有"太子"之称。《旧五代史》云："阿保机凡三子，皆雄伟。长曰人皇王突欲，即东丹王也；次曰元帅太子，即德光也；幼曰安端少君。"[3] 这里说的"安端少君"实为阿保机之弟，此处误以为阿保机之子。[4] "元帅太子"之称亦见于《资治通鉴》（以下简称《通鉴》）：述律后欲立德光为帝，"命与突欲俱乘马立帐前，谓诸酋长曰：'二子吾皆爱之，莫知所立，汝曹择可立者执其辔。'酋长知其意，争执德光辔欢跃曰：'愿事元帅太子。'"[5]《通鉴》又谓德光于攻克渤海后始封"元帅太子"，[6] 则恐系传

1　《辽史》卷二《太祖纪下》，第21页。

2　李胡在太祖朝的正式称谓可能是"王子"，近年在辽代祖陵遗址发现的石碑残片即称"李胡王子"，参见中国社会科学院考古研究所内蒙古第二工作队等《内蒙古巴林左旗辽代祖陵陵园遗址》，《考古》2009年第7期，第52页。

3　《旧五代史》卷一三七《契丹传》，北京：中华书局，1976年，第1832页。参见《五代会要》卷二九《契丹》及《册府元龟》卷九六二《外臣部·官号》、卷九六七《外臣部·继袭二》。

4　《新五代史》卷七二《四夷附录一》亦同此误，冯家昇《辽史与金史新旧五代史互证举例》云："盖安端以功王东丹，与人皇王事迹相似，二史遂误以为太祖子云。"（《辽史证误三种》，北京：中华书局，1964年，第367—368页）

5　《资治通鉴》卷二七五后唐明宗天成元年九月癸酉条，北京：中华书局，2011年，第19册，第9118页。

6　《资治通鉴》卷二七五后唐明宗天成元年七月壬申条记云："契丹主攻渤海，拔其夫余城，更命曰东丹国。命其长子突欲（倍之小字）镇东丹，号人皇王，以次子德光守西楼，号元帅太子。"（第9114页）

闻之误，天赞元年（922）德光被封为天下兵马大元帅，大概才是"元帅太子"称号的真正来源。

综上所述，可知在太祖时期，阿保机三子均有"太子"之称，其实这种现象在辽金元时代的北方民族中是不足为奇的。《三朝北盟会编》卷一八引归正人张汇《金虏节要》云：

> 阿骨打有子十余人，今记其八：一曰阿补，二曰室曷（原注：亶父），三曰没梁虎（原注：与室曷同母，正室所生），四曰窝里孛（原注：人呼作"二太子"，两寇京城者），五曰窝里嗢（原注：人呼作"三太子"），六曰兀术（原注：人呼作"四太子"），七曰窝里混（原注：人呼作"五太子"，号"自在郎君"），八曰阿鲁保（原注：邢王）。[1]

从这段记载来看，阿骨打诸子依其排行被称为"某太子"，应该是时人的一种俗称，而非正式的封号。有趣的是，上文提到窝里混又号"自在郎君"，这个名号与李胡的"自在太子"颇有相似之处，"自在"之意尚不可解，据笔者揣测，可能是对年幼时获得的某种称号的习惯说法。[2] 又据《元史·宗室世系表》，元太祖六子：长曰术赤太子，二曰察合台太子，三即太宗，四曰拖雷，五曰兀鲁赤，

1　徐梦莘：《三朝北盟会编》卷一八宣和五年六月"金国主阿骨打殂于军前"条引《金虏节要》，《中华再造善本》影印国家图书馆藏明抄本，北京：国家图书馆出版社，2013年，叶6a。关于阿骨打诸子的称谓次序，元释觉岸《释氏稽古略》卷四指出："旻第二、第三二子早世，所以误呼其四为二，五为三，六为四也。"（《大正新修大藏经》卷四九史传部一，台北：财团法人佛陀教育基金会，1990年，第887页）

2　《金史》卷一一一《完颜思烈传》云："自五六岁入宫充奉御，甚见宠幸，世号曰'自在奉御'。"（北京：中华书局，1997年，第2454页）这条记载亦可印证笔者的推测。

六曰阔列监太子。[1] 此外，《元史》诸列传亦称拖雷为"四太子"，[2] 又有"兀鲁赤太子"之称。[3] 由此可知，元太祖诸子当时皆有"太子"之称。清代学者赵翼已注意到这种现象，指出蒙元初期"皇子通称为太子"。[4] 总之，辽金元时期北方民族中普遍存在着将皇子通称为"太子"的现象。究其原因，无非是因为这些民族在建国初期汉化程度不深，对中原王朝的名物制度相当陌生，往往照搬汉式名号，而对于这些名号多处于一知半解的状态，将诸皇子通称为"太子"就是一个典型的例子。

由此看来，辽太祖时期李胡被称为"自在太子"，实际上反映了辽初"皇子通称为太子"的现象。不过需要指出的是，在辽代只有称"皇太子"者才是明确的皇位继承人，而所谓的"自在太子"其实并没有皇储的身份和含义。[5] 因此，"自在太子"与后来李胡在太宗朝获封的"皇太子"并无关联，两者不可相提并论。

二　辽太宗朝的"皇太子"李胡

李胡在太宗时期被封为"皇太子"，史有明文，言之凿凿。《辽

1　《元史》卷一〇七《宗室世系表》，北京：中华书局，1976 年，第 2714 页。

2　《元史》卷一二二《按扎儿传》，第 3007 页；卷一二三《艾貌传》，第 3039 页。

3　《元史》卷一二四《速哥传》，第 3053 页。

4　《廿二史札记校证》卷二九《元帝子称太子者不一》，第 674—675 页。因元朝汉化迟滞，直至元代中后期仍然存在"皇子通称为太子"的现象，但前后有所不同，赵翼云："大概国初时，正宫皇后所生，虽非冢嫡，亦称太子，其余则称王。中叶以后，则非正宫所生亦称太子，而命为继体者，则称皇太子。"

5　与辽初的情况类似，元朝也有册封皇太子与"皇子通称为太子"并存的现象。如据《元史·宗室世系表》，泰定帝四子，长为皇太子阿剌吉八，第三小薛太子，第四允丹藏卜太子；文宗三子，长为皇太子阿剌忒纳答剌，次曰燕帖古思太子，三曰太平讷太子。赵翼认为凡称"皇太子"者即皇位继承人，而称"太子"者则反映了"皇子通称为太子"的现象，参见前引《廿二史札记校证》卷二九《元帝子称太子者不一》，第 675 页。

史·太宗纪》云："(天显五年三月)乙亥,册皇弟李胡为寿昌皇太子,兼天下兵马大元帅。"[1]但《辽史》一书中亦有多处称李胡为"(皇)太弟"。在汉人看来,李胡既为太宗之弟,则理应册为"皇太弟",绝不可能称"皇太子",因此古今学者对《太宗纪》的这条记载多有质疑。

元人陈桱《通鉴续编》在后唐长兴元年(即辽天显五年,930)三月下有"契丹主以其弟李胡为太弟"的记载。[2]《通鉴续编》成书于至正十年(1350),直接取材于当时刚刚修成的辽、宋、金三史,这条记载显然是源自《辽史·太宗纪》,但却改称李胡为"太弟"。清人毕沅《续资治通鉴》谓李胡在太宗时"立为皇太弟兼天下兵马大元帅",[3]究其史源,无非也是出自《辽史·太宗纪》,然亦将"皇太子"径改为"皇太弟"。李有棠《辽史纪事本末》卷八《舒噜太后称制》在"寿昌皇太子"句下有《考异》云:"《皇子表》及《鲁呼传》均作'皇太弟',较妥。"[4]亦持有类似的看法。罗继祖先生《辽史校勘记》根据《辽史》所见称李胡为"(皇)太弟"诸例,明确指出《太宗纪》"寿昌皇太子"应为"寿昌皇太弟"之误。[5]后来陈述先生在点校《辽史》时,大概即根据罗校的意见,将《太宗纪》天显五年三月乙亥条的"皇太子"改为"皇

---

1 《辽史》卷三《太宗纪上》,第31页,中华书局点校本已将此处"皇太子"改为"皇太弟"。此外,《太宗纪》中另有四处称李胡为"(皇)太弟",详见下文。

2 陈桱:《通鉴续编》卷二后唐明宗长兴元年三月,元刻明修本,叶12b。

3 毕沅:《续资治通鉴》卷一宋太祖建隆元年十月丙子条,北京:中华书局,1979年,第21页。

4 李有棠:《辽史纪事本末》卷八《舒噜太后称制》,崔文印、孟默闻点校,北京:中华书局,1983年,第206页。又卷一三《鲁呼争立》在"寿昌皇太子"句下亦有《考异》云:"'太子'应作'太弟',详卷八。"(第292页)

5 罗继祖:《辽史校勘记》,上海:上海人民出版社,1958年,第9—10页。

太弟"。[1] 崔文印、孟默闻先生点校的《辽史纪事本末》，也将两处"寿昌皇太子"均径改为"寿昌皇太弟"。[2] 但需要指出的是，这些文字改动并没有任何版本依据。20 世纪末，刘凤翥先生发表《辽代太宗朝并无皇太子》一文，专门讨论了李胡的皇储封号问题，认为《太宗纪》所见五条"（皇）太子"均应为"（皇）太弟"之误，并指出辽太宗时期只册封过"皇太弟"李胡，而从未立过"皇太子"，《辽史》中"（皇）太弟"李胡与"（皇）太子"李胡并见应归咎于元代史官之误。[3] 此后，这一观点被学界同人普遍接受，俨然已成定论。

按照上述各家观点，《辽史·太宗纪》所谓的"皇太子"李胡似乎只是一个单纯的文字讹误问题，然而事实果真如此吗？如果我们仔细分析一下《辽史》有关李胡皇储封号的所有记载，就会发现这个问题其实远比我们所想象的要复杂得多。"皇太子"与"皇太弟"究竟孰是孰非，实有重新探讨之必要。现将《辽史》所见李胡称"（皇）太子"与"（皇）太弟"诸例分别胪列如下（见表一、表二）。

表一 《辽史》所见"（皇）太子"李胡之例

	"（皇）太子"李胡之例	史料出处
1	（天显五年三月）乙亥，册皇弟李胡为寿昌皇太子，兼天下兵马大元帅。	卷三《太宗纪上》，第 31 页
2	（天显十一年闰十一月）庚午，仆射萧酷古只奏赵德钧等诸援兵将遁，诏夜发兵追击。……仍命皇太子驰轻骑据险要，追及步兵万余，悉降之。	卷三《太宗纪上》，第 39 页

1　《辽史》卷三《太宗纪上》校勘记一："册皇弟李胡为寿昌皇太弟：'弟'，原误'子'。据下文八年正月、卷七二本传及《皇子表》改。"（第 42 页）
2　《辽史纪事本末》卷八《舒噜太后称制》，第 206 页；卷一三《鲁呼争立》，第 292 页。
3　刘凤翥：《辽代太宗朝并无皇太子》，《北方文物》1998 年第 2 期，第 61—62 页。

续表

	"（皇）太子"李胡之例	史料出处
3	（会同二年）二月戊寅，宴诸王及节度使来贺受册礼者，仍命皇太子、惕隐迪輦钱之。	卷四《太宗纪下》，第45页
4	（会同四年）二月丙申，皇太子获白獐。	卷四《太宗纪下》，第49页
5	（会同五年）二月壬辰，上将南幸，以诸路有未平者，召太子及群臣议。	卷四《太宗纪下》，第51页

表二 《辽史》所见"（皇）太弟"李胡之例

	"（皇）太弟"李胡之例	史料出处
1	（天显八年正月）庚子，命皇太弟李胡、左威卫上将军撒割率兵伐党项。	卷三《太宗纪上》，第34页
2	（天显八年）三月辛卯，皇太弟讨党项胜还，宴劳之。	卷三《太宗纪上》，第34页
3	（大同元年四月乙丑）皇太弟遣使问军前事。	卷四《太宗纪下》，第60页
4	（大同元年四月甲申）太后闻帝即位，遣太弟李胡率兵拒之。	卷五《世宗纪》，第63页
5	（统和二十六年）七月，增太祖、太宗、让国皇帝、世宗谥，仍谥皇太弟李胡曰钦顺皇帝。	卷一四《圣宗纪五》，第163页
6	（大同元年）四月，皇太弟李胡遣使问军事。	卷五八《仪卫志四·汉仗》，第920页
7	天显五年，立为皇太弟。	卷六四《皇子表》，第975页
8	（天显八年正月）皇太弟李胡率兵伐党项。	卷七〇《属国表》，第1130页
9	天显五年，遣徇地代北，攻蔚州，多俘而还，遂立为皇太弟，兼天下兵马大元帅。	卷七二《章肃皇帝李胡传》，第1213页
10	察割曰："太弟忌刻，若果立，岂容我辈！"	卷一一二《耶律察割传》，第1500页
11	时太后命皇太弟李胡率兵而南，刘哥、安端遇于泰德泉。……太弟兵败。	卷一一三《耶律刘哥传》，第1507—1508页

　　综观表一、表二，称李胡为"（皇）太子"者共计五例，而称
"（皇）太弟"者共计十一例。以上各例，诸本皆同，[1] 且"子""弟"
二字字形迥异，似乎不大可能是《辽史》传抄过程中出现的讹误。

　　从上述例证来看，尽管称"（皇）太子"者为数较少，但均见
于《辽史·太宗纪》，属于第一手的材料。其中最关键的一条史料
是《太宗纪》天显五年三月乙亥册李胡为"寿昌皇太子"，首先应
该讨论这一记载的真实性。这条史料有明确的年月干支，是目前
所见有关李胡皇储封号最原始、最直接的记载，不宜轻易加以否
定。另外，还有石刻史料可以间接印证这条记载。李胡所封"寿
昌皇太子"，其中"寿昌"之号仅见于此，但重熙六年（1037）
《韩橁墓志》称李胡为"寿昌恭顺昭简皇帝"，[2] "寿昌"盖即源于
"寿昌皇太子"之封号。或许这可以从一个侧面佐证上述记载的真
实性。

　　至于《辽史》称李胡为"（皇）太弟"的例证虽有十一条之多，
但需要具体分析。首先，这些例证多有重复的内容。按《辽史》的
某些志和表并没有独立史源，多抄自纪传。[3] 如表二例 6《仪卫志》
条出自例 3《太宗纪》，例 7《皇子表》条出自例 9《李胡传》，例 8《属
国表》条出自例 1《太宗纪》，都能看出明显的因袭关系，故不能仅
凭数量多寡来判断"皇太子"与"皇太弟"二者的正误。

　　其次，值得注意的是，在表一称"（皇）太子"的五例中，除
例 1 之外，其余四例均未出现李胡之名，不易判断其所指；而在表

1　笔者所校《辽史》诸本包括：《永乐大典》残本、百衲本、内阁大库藏明初内廷朱丝栏抄本
　　（见杨家骆主编《辽史汇编》第 1 册，台北：鼎文书局，1973 年）、明嘉靖八年南京国子监
　　刻本、明万历三十四年北京国子监刻本以及乾隆四年武英殿校刊本。
2　陈述辑校《全辽文》卷六，北京：中华书局，1982 年，第 120 页。
3　参见冯家昇《辽史源流考》，《辽史证误三种》，第 51—57 页。

二称"(皇)太弟"的十一例中,有九例皆可明确看出其所指为李胡。其中例 1、4、5、6、8、11 六例系"(皇)太弟"与李胡连称;例 2 与例 1 均为同年征党项之事,李胡之名已见于例 1 正月条,故例 2 三月条之"皇太弟"一见即知是指李胡;例 7 见于《皇子表》中李胡条下,例 9 见于李胡本传,其所指也都相当明确。这就是说,称"皇太子"者多指称不明,而称"皇太弟"者多指称明确。上述情况究竟说明了什么问题呢?这就需要从《辽史》的史源上去加以分析。

元修《辽史》主要取材于辽耶律俨《皇朝实录》和金陈大任《辽史》,"皇太子"与"皇太弟"并见很可能就是史源不同而造成的。上文指出,《太宗纪》天显五年三月乙亥册李胡为"寿昌皇太子"条是目前所见有关李胡皇储封号最原始、最直接的记载,那么,有关"皇太弟"的诸多记载又是从何而来的呢?也许在陈大任或元朝史官看来,身为太宗胞弟的李胡被册封为"皇太子"是不可理解的,因此不能排除后人将"皇太子"臆改为"皇太弟"的可能。从已知的例证正好可以印证这种猜测。前面说过,在称"皇太弟"的例证中,大多指明为李胡,可以设想,当"皇太子"与李胡之名同时出现的时候,史官比较容易发现其中的"错误",故多径改为"皇太弟";而称"皇太子"的例证则大多不明所指,故往往为史官所漏改,从而保存了史料的原貌。[1] 这大概就是元修《辽史》中"皇太子"与"皇太弟"并存的原因。[2] 如果仔细分析其具体的

---

[1] 不过,《太宗纪》天显五年三月乙亥"册皇弟李胡为寿昌皇太子"条却是一个例外,或许是因为称李胡为"皇太子"的记载初见于此的缘故,史臣出于谨慎而未敢妄下雌黄。

[2] 与笔者的思路不同,刘凤翥先生认为,《辽史·太宗纪》所称"皇太子"诸例均为"皇太弟"之误,但由于未确指为李胡,后世校史者遂因循未改,参见前揭刘凤翥《辽代太宗朝并无皇太子》。

史源，可能会有以下几种情况：第一，称"（皇）太子"者源于耶律俨《皇朝实录》，而称"（皇）太弟"诸例则可能为陈大任《辽史》所改；第二，在称"（皇）太子"的例证中，既有源于《皇朝实录》者，又有为陈大任《辽史》所漏改者；第三，称"（皇）太弟"的诸多例证，既有可能为陈大任《辽史》所改，也有可能是出自元朝史官的臆改。总而言之，今本《辽史》中"（皇）太子"与"（皇）太弟"并存的现象不外乎以上几种原因，但这几种情况也许是互相交织在一起的。就上述史源情况来看，称李胡为"皇太子"的记载理应出自第一手的原始文献，而称"皇太弟"者则当出自金元史官之手。

　　这里需要补充说明的是，金、元两朝也都存在着与辽代类似的误用"皇太子"名号的现象，照理说金元史官对这种现象应该并不陌生，怎么会臆改"皇太子"为"皇太弟"呢？金初女真人汉化程度不深，确实存在着误用"皇太子"名号的情况，但至金朝中后期女真人已近乎全盘汉化，身为汉人的陈大任对上述现象恐怕已经难以理解。蒙古人的汉化程度远不及女真人，乃至元朝中期仍有误用"皇太子"名号的现象，但有证据表明，当时汉人已有改称"皇太子"为"（皇）太弟"者。《元史》谓武宗"立母弟爱育黎拔力八达（即元仁宗）为皇太子"，[1] 而元末邵亨贞在追述武宗嗣位始末时，却谓"仁宗皇帝以太弟先入居东宫"云云。[2]《佛祖历代通载》卷二二壬申岁亦云："武宗继统，仁宗以太弟监国。"[3] 都是将"皇太子"仁宗改称为"（皇）太弟"的例子。与此类似的是，上文提到陈樫

<hr />

1　《元史》卷二二《武宗纪一》，第480页。
2　邵亨贞：《野处集》卷三《元故嘉议大夫邵武路总管兼管内劝农事汪公行状》，《景印文渊阁四库全书》，台北：台湾商务印书馆，1986年，第1215册，第206页。
3　《大正新修大藏经》卷四九史传部一，第734页。

《通鉴续编》径称李胡为"太弟",也反映了同样的问题。元修《辽史》以欧阳玄、揭傒斯、张起岩等汉人史臣为主,他们也完全有可能按照汉人的政治文化观念去理解辽朝历史。既然如此,金元史官若将"皇太子"李胡臆改为"皇太弟",这种可能性应该说是很大的。

以上结论并非仅仅建立在史源分析之上,在《辽史》及宋代文献中还能找到称李胡为"皇太子"的其他旁证。

《辽史·百官志》云:"天下兵马大元帅府。太子、亲王总军政。"[1] 冯家昇先生早已指出,《百官志》"大抵据纪、传、志所见,分条摘列"。[2] 通检《辽史》,有多位亲王曾被封为天下兵马大元帅,但只有李胡一人是以"皇太子兼天下兵马大元帅",所以此处所谓"太子总军政"显然是特指李胡而言。[3]《百官志》的这条史料既有可能是取资于今本《辽史·太宗纪》,也有可能是直接源于耶律俨《皇朝实录》或陈大任《辽史》。[4] 不管是哪种情况,这条材料都可被视为李胡称"皇太子"的旁证。

另外,宋代文献中也有两条间接的证据。上文所引宋琪《平燕蓟十策》提到后晋末期辽国诸大首领,其中为首者即"太子"。邓广铭先生已指明这位"太子"就是李胡,但笔者想要强调的是,此处"太子"并非"自在太子"的省称,因为"自在太子"只是李胡

---

1 《辽史》卷四六《百官志二》"北面军官",第735页。

2 冯家昇:《辽史源流考》,第54页。

3 上文指出,天下兵马大元帅德光在太祖朝被俗称为"元帅太子",这里所谓的"太子"是"皇子通称为太子"的"太子",而《百官志》此处的"太子"则是指具有皇储身份的"皇太子",故所谓"太子总军政"者并不包括德光。

4 有迹象表明,《辽史·百官志》虽多直接摘抄自本书纪传,但也有部分条目当源自耶律俨《皇朝实录》或陈大任《辽史》。如《百官志》中"东京都详稳司""管押平州甲马司""西南路巡察司"等条均不见于今本《辽史》,即为明证。

在辽太祖时期的俗称，这里所谓的"太子"应指李胡在太宗朝获封的"皇太子"。又据《通鉴》记载，晋高祖石敬瑭"事契丹甚谨"，"岁时赠遗玩好珍异，相继于道，乃至应天太后、元帅太子、伟王、南北二王、韩延徽、赵延寿等诸大臣皆有赂"。[1] 前面说过，耶律德光在太祖朝被称为"元帅太子"，但后晋时期德光早已继位为契丹皇帝，故此处所见"元帅太子"显然不会是指德光；李胡在太宗朝既已被封为"皇太子兼天下兵马大元帅"，所以这位"元帅太子"必指李胡无疑。[2] 以上两条史料亦可佐证李胡在太宗朝被称为"皇太子"的事实。[3]

综上所述，无论是就版本依据而言，还是从史源分析的结果来看，都表明《辽史·太宗纪》封李胡为"寿昌皇太子"一事当属可信的原始记载，后人将"皇太子"径改为"皇太弟"恐怕是值得商榷的。

三 "皇太子"名号的政治文化解析

上文已从文献考索的角度证明，李胡在太宗朝确实被册封为

1　《资治通鉴》卷二八一后晋高祖天福三年八月戊寅条，第 19 册，第 9316 页。

2　这里需要解释的是，为何说上文所引宋代文献中提到的"太子"，并非李胡"自在太子"之省称？按辽朝"皇子通称为太子"的现象仅见于太祖朝，而以上两条史料谈到的都是太宗朝的事情。况且从宋琪《平燕蓟十策》及《通鉴》上下文来看，其所胪列的辽朝权贵，均以其正式封号或官名相称，由此看来，《平燕蓟十策》所称"太子"应是指辽太宗朝的"皇太子"李胡，而《通鉴》此处的"元帅太子"则是李胡"皇太子兼天下兵马大元帅"之省称。

3　宋代文献中另有一例辽太宗时代的"皇太子"。《新五代史》卷八《晋高祖纪》天福二年（937）二月丁酉"契丹使皇太子解里来"。此条记载亦见于《册府元龟》卷九八〇《外臣部·通好》："契丹太子解里、舍利梅老等到阙见。"然《辽史·太宗纪》天显十一年（936）十二月辛卯条载："闻晋帝入洛，遣郎君解里德抚问。"所谓"皇太子解里"当即"郎君解里德"，此应为中原文献之误记。参见谭其骧《〈辽史〉订补三种》，《长水集》上册，北京：人民出版社，1987 年，第 465 页。

"皇太子"。然而问题在于，既然李胡是太宗之弟，如欲立其为储，则理应封为"皇太弟"，又为何会封为"皇太子"呢？要回答这个问题，应当从政治文化的层面去寻求可能的答案。

首先应对李胡被立为皇储的政治背景略作交代。太宗即位后，述律后"常属意于少子李胡"，[1] 有意让其承袭帝位。况且天显五年太宗尚无子嗣，[2] 于是在述律后的授意下，太宗便按照契丹世选制的传统，册封李胡为"寿昌皇太子兼天下兵马大元帅"，正式将其确立为皇位继承人。在汉人的政治文化观念中，"皇太子"名号具有双重含义，一是皇位继统的政治意义，二是父死子继的伦理内涵。但不可思议的是，辽太宗仅仅将"皇太子"名号理解为一种皇储身份，而完全忽略了其父子相承的伦理关系，这未免让后人觉得难以理解。其实，在辽太宗时期还有过其他类似的情况，可能有助于我们对上述现象的理解。

辽太宗灭晋以后，曾发生过原幽州节度使赵延寿求为"皇太子"的事件。《辽史·赵延寿传》云：

> 太宗克汴，延寿因李崧求为皇太子，上曰："吾于魏王虽割肌肉亦不惜，但皇太子须天子之子得为，魏王岂得为也？"盖上尝许灭晋后以中原帝延寿，以故摧坚破敌，延寿常以身先。至是以崧达意，上命迁延寿秩。[3]

辽太宗伐晋之初，曾允诺灭晋后"以中原帝延寿"，及辽军克汴，

1　《辽史》卷七一《后妃传·太祖淳钦皇后述律氏》，第1200页。

2　据《辽史》卷三《太宗纪上》，太宗长子述律生于天显六年八月，已在封李胡为"皇太子"之后。

3　《辽史》卷七六《赵延寿传》，第1248页。

赵延寿遂通过李崧要求太宗依约封其为"皇太子"。显而易见，赵延寿求为"皇太子"，实际上是要求取得类似于石敬瑭"儿皇帝"那样的身份，并凭借这一名分成为中原之主。有趣的是，身为汉人的赵延寿，居然会谋求成为契丹的"皇太子"，这也从一个侧面说明当时契丹人对"皇太子"这个名号缺乏真正的理解，不仅不了解其中所包含的伦理内涵，就连有没有血亲关系似乎都可以不予考虑。不过，显然太宗当时并没有将中原地区交给汉臣直接统治的意思，于是便以"皇太子须天子之子得为"的理由拒绝了赵延寿的请求。[1] 按契丹传统世选制的观念来理解，这里所谓的"天子之子"，应是泛指天子之子嗣。赵延寿求为"皇太子"虽然遭到了太宗的拒绝，但这件事情本身可以说明，在当时契丹人的观念中，对于"皇太子"名号的理解是很不确切的。由此看来，李胡在太宗朝被封为"皇太子"也并非没有可能。

另外，在金、元两朝也都存在着类似误用"皇太子"名号的现象。天会十年（1132），金太宗吴乞买以太祖孙完颜亶（即金熙宗）为谙班勃极烈，确立为皇位继承人。宋人晁公迈《历代纪年》云："废主东昏王名亶，初名纳喝啰，阿骨打之孙，吴乞买立为皇太子。"[2] 此处既称完颜亶为吴乞买兄阿骨打之孙，却又明言"吴乞买立为皇太子"，这恐怕不能简单地理解为宋人的传闻之误。该书撰成于南宋绍兴年间，所载金初帝王世系与《金史》完全吻合，说

1　此事亦见于《旧五代史》卷九八《赵延寿传》，谓"我闻皇太子，天子之子合作"云云，《新五代史》卷七二《四夷附录一》、《资治通鉴》卷二八六《后汉纪一》天福十二年二月丁巳条略同。从中原文献的表述来看，"皇太子须天子之子得为"的说法显然并非契丹人的固有观念，辽太宗无非是以此作为回绝赵延寿的借口而已。

2　晁公迈：《历代纪年》卷一〇，《续修四库全书》影印宋绍熙三年盱江郡斋刻本，上海：上海古籍出版社，2002年，第826册，史部政书类，第209页上栏。此书有绍兴七年（1137）自序，但卷一〇所记金朝纪年迄于熙宗皇统末，其成书当在绍兴二十年以后。

明其史源是相当可靠的，故太宗立太祖孙完颜亶为皇太子的记载应该不是空穴来风。又《宣和遗事》谓"金主归天，立太子完颜亶为君"，[1] 也称完颜亶为"太子"。金初实行勃极烈辅政制，居谙班勃极烈之位者即国之储嗣。[2] 因此当皇孙完颜亶被太宗立为皇储后，金人有可能将其俗称为"皇太子"，而同样没有意识到这个名号与完颜亶的行辈其实是名不副实的。[3]

蒙元一代滥用"皇太子"名号的现象是众所周知的。至元三十年（1293），元世祖忽必烈"以皇太子宝授皇孙铁穆耳（即元成宗）"，确立了其皇储地位。[4] 虽未正式册封为"皇太子"，但授以"皇太子宝"毕竟有点不伦不类。后武宗"立母弟爱育黎拔力八达（即元仁宗）为皇太子"，[5] 明宗亦立其弟图帖睦尔（即元文宗）为皇太子，[6] 都是滥用"皇太子"名号的显例。

对于元武宗和元明宗误将"皇太弟"册封为"皇太子"的现象，清人章邦元提出批评："'皇太子'宜称'皇太弟'，若以兄弟为父子，则昭穆乱矣。元人之无学也。"[7] 章氏将这种现象归结为元

1　佚名：《宣和遗事》后集，《丛书集成初编》本，北京：中华书局，1985 年，第 84 页。

2　黎靖德编《朱子语类》卷一三三《本朝七》"夷狄"云："暗版孛讫烈，虏中谓'大官人'也，'大官人'者即所谓太子也。"（王星贤点校，北京：中华书局，1986 年，第 3195 页）

3　《三朝北盟会编》卷九八《诸录杂记》引赵子砥《燕云录》云："丁未（金天会五年，1127）六月，国里朝廷指挥选南人文武八员与太子伴读。"（叶 14a—14b）意谓金朝廷下令选原宋朝文武官八人为"太子"完颜亶的伴读，若此处纪年无误的话，那么似可说明早在完颜亶被确立为储嗣之前即已有"太子"的俗称，这反映的是辽金元时期北方民族普遍存在的将皇子（甚至皇孙）通称为"太子"的现象，而天会十年正式立储后则专称完颜亶为"皇太子"。

4　《元史》卷一七《世祖纪一四》，第 373 页。又卷一一九《玉昔帖木儿传》谓世祖"授皇孙以储闱旧玺"，即指此事。

5　《元史》卷二二《武宗纪一》，第 480 页。

6　《元史》卷三一《明宗纪》，第 698 页。

7　章邦元：《读通鉴纲目札记》卷二〇《元纪》"命皇太子领中书令"条，《四库未收书辑刊》第 3 辑影印清光绪十六年铜陵章氏刻本，北京：北京出版社，2000 年，第 12 册，第 581 页。

人的不学无术，并没有点明问题的实质所在。而赵翼的评论则一语中的：

> 按武、明二帝皆以其弟为储副，则皇太弟之号实属相宜，乃反立为皇太子，是直以弟为子矣。盖元人不知有皇太弟故事，但知皇太子为继体之号，而不知其为对君父之称也。[1]
>
> 武宗立弟仁宗为皇太子，明宗立弟文宗为皇太子，盖以皇太子为继体储君之名号，不论辈行也。[2]

赵翼认为，蒙元皇帝之所以如此滥用"皇太子"名号，无非是因为其对汉文化的懵懂无知，误将"皇太子"理解为皇储的专用名号，而不知其中还含有一层父子伦理关系。[3]上文所述辽、金两朝误用"皇太子"名号的事例，与元朝的情况非常类似，反映了同样一种政治文化现象。

综上所述，辽金元三朝误用"皇太子"名号的种种例证，显然是契丹、女真、蒙古等北方民族汉化不彻底的表现。上文谈到的辽金元时期"皇子通称为太子"的现象，其实也说明了同样的问题。从这样的文化背景来分析，李胡在辽太宗时期被封为"皇太子"就不难理解了。以上就是笔者对太宗朝"皇太子"名号问题的政治文化解析。

1　《廿二史札记校证》卷一四《皇太弟》，第 291 页。

2　《廿二史札记校证》卷三〇《弟为皇太子叔母为太皇太后》，第 708 页。

3　张帆教授认为，元朝滥用"皇太子"名号，乃是因为蒙古统治者昧于汉制，误将"皇太子"视为不可拆卸的皇储固定专用词，参见氏著《元朝的特性——蒙元史若干问题的思考》，《学术思想评论》第 1 辑，沈阳：辽宁大学出版社，1997 年，第 471—472 页。

四 “沿名之风”：辽代政治文化的一个侧面

上文围绕太宗朝的“皇太子”名号问题，从文献考索和政治文化分析两个方面得出了一个基本结论，即李胡在天显五年被封为“皇太子”一事绝非史官之误记，而是反映了辽初契丹人对汉文化懵懂无知的真实状况。实际上，像这样误用汉式名号的现象在整个辽朝一代都是十分常见的，从中可以折射出辽代政治文化的一个鲜明特征。

《辽史·百官志序》对辽朝制度有一番总体的评介，其中说道：“至于太宗，兼制中国，官分南、北，以国制治契丹，以汉制待汉人。国制简朴，汉制则沿名之风固存也。”[1] 这段话精辟地概括了辽朝的北、南面官制度，对此前人已有诸多论述，毋庸赘言，但最后一句所提到的“沿名之风”却似乎从未引起史家的关注。事实上，这在辽朝是一种带有普遍性的现象，元朝史官将其称为“沿名之风”，可谓是对辽朝政治制度细致入微的观察和总结。

所谓“沿名之风”主要是针对辽朝在汉化过程中简单机械地效仿汉制的做法而言的，指的是沿袭汉“名”而又“名”不副实的一类现象。如果仔细分析辽代“沿名之风”的具体表现，可以大致归纳出以下三类情形。

第一，由于对中原王朝典章制度的一知半解，导致汉文化中的某些政治术语在辽朝滥用。

辽代契丹人的汉化程度十分有限，对中原王朝典章制度的了解相当肤浅，以致某些很常见的官称和习称屡屡被滥用。譬如，在辽

1　《辽史》卷四五《百官志序》，第 685 页。

朝使用频度极高的"宰相"之名就是一个典型的例子。历代王朝的
宰相并不是一个固定的官名，而是对某一类职官的通称。宰相的正
式官名历代各不相同，但从来没有哪个王朝直接以"宰相"名官。
而契丹人因对"宰相"的概念一知半解，常误将其当作一个职官名
称来使用，不仅在朝廷设置北府宰相、南府宰相作为北南面官系统
中的高级官员，而且国舅帐设有国舅宰相，甚至在北面部族官中也
广设宰相，如女直宰相、渤海宰相等，可见"宰相"一名使用之
滥。[1] 又如中原王朝的三师、三公名号，辽朝除了用以授予大臣外，
甚至还将"太师、太保、司徒、司空施于部族"，[2] 与滥用"宰相"
官称的情况十分相似。另外，辽朝人口中的"京师"一名也反映了
同样的问题。"京师"在中原王朝是特指国都而言的，但由于辽朝
实行四时捺钵制度，国家的政治中心并不在任何一个京城，所以当
时人缺乏中原王朝那样的国都概念，对"京师"一词的使用也就相
当宽泛，以致辽五京多有"京师"之称。[3] 这些例证说明，辽人在
袭用中原王朝的某些官称和习称时，往往滥用其名而不究其实。

　　第二，由于契丹社会伦理行辈观念十分淡薄，使得某些皇室称
谓在使用上不够严谨。

　　在契丹社会中广泛存在着甥舅婚、姑侄婚以及"妻后母，报寡
嫂"等异辈婚的习俗，[4] 婚嫁不论行辈，说明契丹人的伦理行辈观念

1　契丹人滥用"宰相"一名由来已久，早在契丹建国前已有"北宰相""南宰相"之类的官号。
　　参见岛田正郎《辽朝宰相考》,《大陆杂志》第 40 卷第 3 期，1970 年，第 71—84 页；李锡
　　厚《辽代宰相制度的演变》,《民族研究》1987 年第 4 期，第 89—96 页。

2　《辽史》卷四七《百官志三》，第 771 页。

3　参见杨若薇《契丹王朝政治军事制度研究》，北京：中国社会科学出版社，1991 年，第
　　202—205 页。

4　参见朱子方《从出土墓志看辽代社会》,《社会科学辑刊》1979 年第 2 期，第 100—103 页；
　　向南、杨若薇《论契丹族的婚姻制度》,《历史研究》1980 年第 5 期，第 150—151 页；程妮
　　娜《契丹婚制婚俗探析》,《社会科学战线》1992 年第 1 期，第 233—234 页。

非常淡薄。这种现象反映在皇室称谓上，常常表现为用词的不严谨和随意性。譬如在辽代文献中，"王子"和"皇子"两词的使用就很不讲究。如《辽史·穆宗纪》有"王子敌烈"，《圣宗纪》有"王子药师奴"，[1] 志、传中又提到穆宗应历中有王子必摄、王子只没。[2] 据《皇子表》，敌烈为太宗第四子，药师奴为景宗第四子，必摄为太宗第五子，只没为世宗第三子。这四人与当朝皇帝均非父子关系，但《辽史》却笼统地将他们都称为"王子"。[3] 又《耶律庆嗣墓志》《贾师训墓志》均提及"皇子燕国王"，[4] 皆指道宗孙燕国王延禧，两方墓志都作于道宗朝，其作者不可能不知道宗与延禧乃是祖孙关系，但却称之为"皇子"。这种现象在宋代文献中也有记载，绍圣元年（1094）张舜民使辽，见契丹人"称戎孙为皇子"，遂谓之曰："若以孙为子，则乱昭穆之序。"[5] 此处所谓"戎孙"，即指当时已立为储嗣的皇孙延禧。这些例证说明，契丹社会的伦理行辈观念远不像中原王朝那么严密，因此某些皇室称谓的使用显得非常随意。[6] 由此看来，太宗封李胡为"皇太子"一事，恐怕在一定程度上也是受到了这种社会习俗的影响。

第三，由于契丹人汉文化知识的粗疏浅薄，从而造成某些汉式

1　《辽史》卷六《穆宗纪上》，第 76 页；卷一〇《圣宗纪一》，第 110 页。

2　《辽史》卷六一《刑法志上》，第 938 页；卷一〇八《王白传》，第 1476 页。

3　又《宋会要辑稿》蕃夷一之二五谓咸平四年（1001）七月二十五日有契丹归明人来附，称为"契丹王子耶律隆庆"属部（北京：中华书局影印本，2012 年，第 8 册，第 7685 页上栏）。按隆庆为圣宗之弟，时人亦称之为"王子"。

4　向南：《辽代石刻文编》，石家庄：河北教育出版社，1995 年，第 457、478 页。

5　曾布：《曾公遗录》卷九元符三年正月甲申，《藕香零拾》本，北京：中华书局影印本，1999 年，第 562 页。"张舜民"，原误作"张舜臣"。

6　金、元两朝也存在类似的现象，如金太宗时称太祖之子宗峻、宗辅为"皇子"，元世祖朝皇孙也先帖木儿亦被称为"皇子"，元成宗时皇侄海山也有"皇子"之称，可见"皇子"一词的使用也是很不严谨的。

名号的误用。

　　有关辽朝社会中存在的此类现象，上文谈到的辽初"皇子通称为太子"以及太宗朝"皇太子"名号便是典型的例子。与此相似的情况还有"皇太妃"名号问题。在汉文化中，"皇太妃"是授予先皇妃嫔的一种封号。《辽史》屡见之"皇太妃"，即承天太后之姊胡辇。据宋代文献记载，胡辇为齐王罨撒葛妃，[1] 陈汉章《辽史索隐》因谓"皇太妃"当作"王太妃"，[2]《辽史》点校本亦取其说。[3] 然而胡辇之称"皇太妃"，亦见于辽代石刻及宋代文献，[4] 可见陈氏之说实属臆测。值得注意的是，胡辇称"皇太妃"的例证均出现在圣宗即位以后，因此我们有理由推测，由于胡辇为承天太后之姊，地位尊贵，大概契丹人误以为"皇太后"之姊当称"皇太妃"，这可能就是胡辇此封号的由来。[5] 归根结底，"皇太妃"名号的误用仍然应归咎于契丹人汉学知识的粗陋。

　　综上所述，辽朝社会中普遍存在的"沿名之风"现象实际上是契丹汉化不彻底的重要表征。具体而言，可以从两个方面去理解这种汉化的不彻底性。其一，契丹在接受华夏文明的过程中存在着显著的"夹生"现象。虽然辽朝建国伊始就有意模仿中原王朝的名物制度，但总的来看，契丹人对汉文化实际上是比较隔膜的，对于汉制的了解往往是仅知其皮毛而已，譬如辽朝的五京体制就与中原王

1　参见《续资治通鉴长编》卷五五咸平六年七月己酉条，第 3 册，第 1207 页。

2　陈汉章：《辽史索隐》卷二，《缀学堂丛稿初集》本，民国 25 年排印本，叶 9a。

3　参见《辽史》卷一三《圣宗纪四》校勘记七，第 151 页。

4　如统和十八年（1000）《高嵩墓志》，向南、张国庆、李宇峰辑注《辽代石刻文续编》，沈阳：辽宁人民出版社，2010 年，第 38 页。又《宋会要辑稿》兵八之一二有景德元年（1004）契丹奚王及"皇太妃"等率军南侵的记载（第 7 册，第 6893 页上栏），即指胡辇。

5　有学者怀疑齐王罨撒葛死后，胡辇被景宗收为妃嫔，故圣宗立其为皇太妃，参见孙进己《威镇辽代西北疆的皇太妃胡辇》，《契丹民族史》附录四，桂林：广西师范大学出版社，2010 年，第 297 页。按此说并无任何文献依据，不足征信。

朝的都城制度似是而非,所谓"汉制则沿名之风固存"的现象就是这种状况的真实反映。其二,辽代政治文化中存在着鲜明的胡汉杂糅特征。众所周知,"因俗而治"是辽朝一代的基本国策,辽朝始终坚持实行"以国制治契丹,以汉制待汉人"的二元政治,在吸收汉文化的同时有意识地保存契丹本民族的文化传统,如北、南面官制共存,部族制与州县制并行不悖,皆为典型的例证。故道宗时出使辽朝的宋人陆佃,有"辽人虽外窥中国礼文,然实安于夷狄之俗"的评价,[1] 可谓是对辽朝社会的敏锐观察。

早在 20 世纪 40 年代,美国学者魏特夫(Karl A. Wittfogel)曾提出辽代存在着"第三文化"的见解。所谓"第三文化",是指契丹文化与汉文化相互交融而又彼此游离的一种夹心层文化,是两种文化在碰撞与融合、同化与涵化的过程中逐渐形成的。在这种特殊的文化类型中,汉文化与契丹文化处于伴生的状态,既保留了各自原有的若干成分,又在互相交融与调适中发生了新的变化。[2] 本文所讨论的"沿名之风"现象,或许就可归入这种"第三文化"的范畴。

原载《历史研究》2010 年第 6 期

1　陆游:《家世旧闻》卷上,孔凡礼点校,北京:中华书局,1997 年,第 196 页。

2　参见 Karl A. Wittfogel and Feng Chia-Shêng, *History of Chinese Society: Liao(907-1125)*, New York: The Macmillan Company, 1949, p.20。

辽天祚朝"皇太叔"名号的政治文化解析

一 问题之缘起

据《辽史·皇子表》记载,辽兴宗有三子,长子即道宗洪基,次子和鲁斡,季子阿琏。[1] 和鲁斡字阿辇,汉名弘本。[2] 道宗孙天祚帝即位后,于乾统三年(1103)册封和鲁斡为"皇太叔",六年又晋封为"义和仁寿皇太叔"。对于和鲁斡的"皇太叔"名号,陈述先生在点校《辽史》时,意识到这一名号与和鲁斡的行辈不符,于

---

1 《辽史》卷六四《皇子表》,北京:中华书局,2003 年,第 991—992 页。

2 和鲁斡汉名见《耶律弘世墓志》,向南、张国庆、李宇峰辑注《辽代石刻文续编》,沈阳:辽宁人民出版社,2010 年,第 192 页。

是在校勘记中指出："和鲁斡与天祚为祖孙辈，'皇太叔'系封号。"[1]
不过陈述先生似乎并未因此否定《辽史》的记载，而是倾向于将
"皇太叔"理解为一个与行辈无关的封号。

　　20世纪末，由于汉文和契丹小字《皇太叔祖哀册》的出土，学
界对于和鲁斡封号问题提出了新的认识。据考证，这两方哀册的
墓主就是和鲁斡。[2] 册文明确称其封号为"皇太叔祖"而非"皇太
叔"，这与和鲁斡的行辈恰相吻合，故刘凤翥先生据此断定，《辽
史·天祚皇帝纪》乾统十年"皇太叔和鲁斡薨"句，"叔"字下显然
脱一"祖"字，[3] 由此否定了《辽史》有关和鲁斡封号的记载。这一
观点得到了辽史研究者的普遍认同。如即实（巴图）先生在考释契
丹小字《皇太叔祖哀册》时，指出和鲁斡于天祚为祖辈，其封号应
作"皇太叔祖"，今本《辽史》误作"皇太叔"，夺一"祖"字，并
针对陈述先生的意见提出异议："《〈辽史〉校勘记》认为皇太叔是封
号，意为与辈分无关，愚意以为封号亦不可违悖常理。"[4]

　　既然有出土石刻资料提供的明确证据，《辽史》所记和鲁斡"皇
太叔"名号当为"皇太叔祖"之误，似乎可以成为定论。然而当我
们对辽、宋、金文献以及辽代石刻资料中有关和鲁斡封号的记载进
行系统考察之后，发现这个问题恐怕并非如此简单，需要从辽朝政
治文化特征的角度去重新加以解读。

1　《辽史》卷二七《天祚皇帝纪一》校勘记六，第330页。

2　巴林右旗博物馆：《辽庆陵又有重要发现》，《内蒙古文物考古》2000年第2期，第12页。

3　清格勒、刘凤翥：《契丹小字〈皇太叔祖哀册文〉考释》，《民族语文》2003年第5期，第
　　14—15页。

4　即实：《〈义和哀册〉释读》，《谜田耕耘——契丹小字解读续》，沈阳：辽宁民族出版社，2012
　　年，第158页。

二　和鲁斡"皇太叔"封号的政治文化解读

　　天祚朝封和鲁斡为"皇太叔"，在《辽史》中有十分明确的记载。《天祚皇帝纪》乾统三年十一月丙申，"以宋魏国王和鲁斡为皇太叔"；乾统六年十一月戊戌，"以和鲁斡为义和仁圣皇太叔"。《皇子表》亦称和鲁斡于"乾统三年，册为皇太叔"。除此之外，《辽史》纪、表、传亦多有称和鲁斡为"皇太叔"者。兹将《辽史》所见和鲁斡封号表列如下（见表一）。

表一　《辽史》所见和鲁斡封号

和鲁斡封号	史料出处
乾统三年十一月丙申，以宋魏国王和鲁斡为皇太叔。	卷二七《天祚皇帝纪一》，第 320 页
乾统六年十月庚辰，以皇太叔、南京留守和鲁斡兼惕隐。	卷二七《天祚皇帝纪一》，第 322 页
乾统六年十一月戊戌，以和鲁斡为义和仁圣皇太叔。*	卷二七《天祚皇帝纪一》，第 323 页
乾统十年闰八月壬戌，皇太叔和鲁斡薨。	卷二七《天祚皇帝纪一》，第 325 页
乾统三年，册为皇太叔。	卷六四《皇子表》，第 991—992 页
皇太叔和鲁斡。	卷六六《皇族表》，第 1024 页
皇太叔和鲁斡劝帝以礼选纳。	卷七一《天祚文妃萧氏传》，第 1206 页

　　*　"义和仁圣"，《皇子表》及汉文《皇太叔祖哀册》均作"义和仁寿"，当是。

　　由表一可见，《辽史》一书所记和鲁斡封号凡七处，均无一例外地称为"皇太叔"。刘凤翥和即实先生认为，《辽史》称和鲁斡为

"皇太叔",乃是于"叔"字后脱一"祖"字。但很难想象,分别
见于《辽史》纪、表、传的七条记载均有夺文,这显然是不合情理
的。不过,考虑到点校本《辽史》所依据的百衲本是以元末明初若
干种覆刻本拼凑而成的,有必要提供更可靠的版本依据。关于和鲁
斡"皇太叔"封号的记载,可以找到更为原始的文本作为佐证。其
一,《永乐大典》所引《辽史·天祚皇帝纪》与今本相吻合。一般认
为,《永乐大典》所载《辽史》系至正初刻本,明显优于传世诸本。
在现存《永乐大典》残卷中,完整保存了《辽史》本纪十五卷,其
中就包括卷二七《天祚皇帝纪一》。经检核,该卷所记四例和鲁斡
"皇太叔"封号皆与今本《辽史》相同。[1] 其二,元人陈桱《通鉴续
编》所据《辽史·天祚皇帝纪》亦与今本相吻合。《通鉴续编》宋
崇宁二年(即辽乾统三年,1103)十一月有"辽以宋魏国王和鲁斡
为太叔"的记载。[2] 该书成于至正十年(1350),距《辽史》成书
仅五年,其内容直接取材于辽、宋、金三史,这条记载显然是来自
《辽史·天祚皇帝纪》,称和鲁斡被封为"(皇)太叔",亦与今本
《辽史》相符。从以上两种文献所提供的证据来看,今本《辽史》
所见和鲁斡"皇太叔"封号,并不存在夺文的问题。

除了辽朝方面的文献记载之外,我们还可以在宋金文献中找
到称和鲁斡为"皇太叔"的明确证据。《三朝北盟会编》宣和四年
(即辽保大二年,1122)六月二十四日"耶律淳死"条下,附有天祚
帝的一道诏书,其中提到了"皇太叔"和鲁斡:

> 据耶律淳大为不道,弃义背恩,获戾祖宗,朕不敢赦,应

1　见《永乐大典》卷五二五一萧字韵辽字目,北京:中华书局,1986年,第3册,第2376页。

2　陈桱:《通鉴续编》卷一一崇宁二年十一月,元刻明修本,叶11b。

所授官爵封号尽行削夺，并妻萧氏亦降为庶人，仍改姓虺氏。
外据皇太叔并妃，别无关碍，更不施行，其封爵懿号一切仍
旧。[1]

耶律淳即和鲁斡之子，保大二年三月称帝于燕京，六月卒，天祚帝
的这道诏书就是针对其僭立一事而发的。此诏严厉斥责耶律淳僭号
之举，削夺了他的所有官爵封号，但同时又说到"皇太叔并妃，别
无关碍，更不施行，其封爵懿号一切仍旧"云云。此"皇太叔"即
指耶律淳之父和鲁斡，[2]由于耶律淳自立之时，其父和鲁斡及其母宋
魏国妃早已亡故，故未受牵连。这一诏书为确定和鲁斡封号为"皇
太叔"提供了一个重要证据。

　　此外，金朝文献中也有称和鲁斡为"皇太叔"的旁证。据《金
史·宗望传》，金太祖攻下燕京后，命斡鲁、宗望袭辽主于青冢，
"辽太叔胡卢瓦妃、国王捏里次妃……皆降"。[3]此役亦见于《辽史》
记载，《天祚皇帝纪》保大三年四月，"金兵围辐重于青冢"，"秦王、
许王、诸妃、公主、从臣皆陷没"，[4]即此事。笔者注意到，在金人
俘获的辽朝诸妃中有一位"辽太叔胡卢瓦妃"。按"和鲁斡"一名，
《辽史》又译作"胡卢斡里"，[5]与此处所见"胡卢瓦"当为同名异
译。由此可知，这里提到的"辽太叔胡卢瓦"即指"皇太叔"和鲁

1　徐梦莘：《三朝北盟会编》卷九宣和四年六月二十四日辛亥条，《中华再造善本》影印国家图
　　书馆藏明抄本，北京：国家图书馆出版社，2013年，叶2a。此诏亦见于旧题刘忠恕《裔夷
　　谋夏录》卷二，黄宝华整理点校，《全宋笔记》第五编，郑州：大象出版社，2012年，第1
　　册，第107—108页。
2　按此天祚诏书所称"皇太叔"一语，今查《会编》明湖东精舍抄本、许刻本、活字本、清白
　　华楼抄本等，诸本皆同。
3　《金史》卷七四《宗望传》，北京：中华书局，1997年，第1702页。
4　《辽史》卷二九《天祚皇帝纪三》，第346页。
5　见《辽史》卷一九《兴宗纪二》重熙十年十月辛卯条，第226页。

斡。《金史·宗望传》称和鲁斡为"辽太叔",亦可作为"皇太叔"封号的一个旁证。

上文通过对辽宋金文献的考索,证明和鲁斡在天祚朝的封号确实是"皇太叔"。那么,接下来需要解释的问题是,既然和鲁斡为天祚帝叔祖,为何会封以"皇太叔"之号呢?这就需要透过辽朝的政治文化特征去加以解读。

和鲁斡的"皇太叔"封号,看似只是一个名实不副的问题,实际上反映了辽朝特有的某些政治文化现象。它主要牵涉两个问题,一是带有世选制遗风的皇位继承制度,二是"沿名之风"的政治文化特征。下面分别从这两个方面去加以分析,以挖掘"皇太叔"封号背后的政治文化意义。

(一)辽朝皇位继承制度中的"皇太叔"

辽朝皇位继承制度最鲜明的特征,就是皇位继承深受契丹传统世选制的影响。世选制度是契丹遥辇氏时代以来一项悠久的政治传统,在可汗世选制下,可汗子孙及其伯叔兄弟均有继承汗位的资格。契丹建国后,可汗世选制虽已被皇帝世袭制所取代,但在辽朝前期的帝位传承中还残存着明显的世选制痕迹。太祖至景宗五朝多次发生的帝位之争,就是由于皇位继承人不确定而造成的。直至圣宗以后,嫡长继承制才最终确立。[1] 但即便如此,世选制的残余影响仍长期存在。最明显的表现就是,当朝皇帝往往要给予地位最高的皇弟或皇叔某种象征性的皇储身份,以示安抚之意。

这类象征性的皇储身份主要包括两种名号,一是天下兵马大

1　参见陈述《论契丹之选汗大会与帝位继承》,《史学集刊》第 5 期,1947 年,第 85—109 页;李桂芝《契丹贵族大会钩沉》,《历史研究》1999 年第 6 期,第 68—88 页。

元帅，二是皇太弟或皇太叔。自太宗以天下兵马大元帅登上皇位之后，此职便具备了象征性的皇储身份，后来太宗朝的皇弟李胡、圣宗朝的皇弟隆庆、兴宗朝的皇子洪基（即道宗）、道宗朝的皇叔重元及皇孙延禧（即天祚帝）、天祚朝的皇叔祖和鲁斡，均曾被授予天下兵马大元帅一职。[1] 辽朝中叶以后的皇太弟和皇太叔也具有明显的象征性皇储身份。圣宗追册弟隆庆为皇太弟，兴宗封弟重元为皇太弟，便具有这种政治意味。皇太叔的情况与此类似，辽朝先后册封过四位皇太叔。最早被封为皇太叔的是太宗子罨撒葛，罨撒葛在穆宗朝即被"委以国政"，[2] 景宗即位后，他是皇族中最有资格继承皇位者，故景宗追册其为皇太叔。第二位被封皇太叔者是圣宗弟隆庆，隆庆在圣宗时曾被追封皇太弟，封皇太叔事不见于《辽史》记载，但重熙二十二年《耶律宗教墓志》和清宁八年《耶律宗政墓志》皆称其为"孝贞皇太叔"，[3] 他被追封为皇太叔应是兴宗朝事。兴宗弟重元是第三位获封皇太叔者，重元在兴宗朝是皇位继承人的有力竞争者，被封为皇太弟，道宗即位后，又尊其为皇太叔。以上几位皇太叔都具有象征性的皇储身份。

第四位被封为皇太叔者就是和鲁斡。兴宗次子和鲁斡在道宗朝已具有特殊的政治地位，甚至曾有人建议立其子耶律淳为储嗣。[4] 天祚帝即位后，即封和鲁斡为天下兵马大元帅，后又封为皇太叔，故《皇太叔祖哀册》称"封以太字，位之储邸"，明确指出其具有象征性的皇储身份和地位。但与此前被封的三位"皇太叔"不同的

1　参见蔡美彪《论辽朝的天下兵马大元帅与皇位继承》，刘凤翥等编《中国民族史研究》第 4 辑，北京：改革出版社，1992 年，第 23—39 页。

2　《辽史》卷六四《皇子表》，第 979 页。

3　向南：《辽代石刻文编》，石家庄：河北教育出版社，1995 年，第 750、306 页。

4　《辽史》卷九八《萧兀纳传》云："时乙辛已害太子，因言宋魏国王和鲁斡之子淳可为储嗣。"（第 1413 页）

是，和鲁斡与天祚帝之间并非叔侄关系而是叔祖孙关系。然而，在辽朝的皇位继承制度中，具有特殊政治身份的"皇太叔"似乎已成为一个固定的名号，故天祚帝因袭前朝故事，仍封以"皇太叔"之号，遂造成其封号与行辈不符的结果。

（二）和鲁斡"皇太叔"封号所反映出来的"沿名之风"现象

辽朝一代存在一种"沿名之风"的政治文化特征，这种现象是契丹汉化不彻底的重要表征，同时也是辽金元时期契丹、女真、蒙古等北方民族在走向汉化过程中所表现出来的一种共性。[1]《辽史·百官志序》在总结辽朝政治制度的特点时说："国制简朴，汉制则沿名之风固存也。"所谓"沿名之风"主要是针对辽朝在汉化过程中简单机械地效仿汉制的做法而言的，指的是沿袭汉"名"而又"名"不副实的一种现象。天祚朝的"皇太叔"名号问题，就是"沿名之风"的一个表现。从这个角度来考虑，导致和鲁斡"皇太叔"封号与其行辈不符的因素，主要可以归结为以下两点。

一方面，由于契丹社会伦理行辈观念十分淡薄，致使某些皇室称谓在使用上不够严谨。在契丹社会中广泛存在着甥舅婚、姑侄婚以及"妻后母，报寡嫂"等异辈婚的习俗，婚嫁不论行辈，说明契丹人的伦理行辈观念非常淡薄。这种现象反映在皇室称谓上，常常表现为用词的不严谨和随意性。譬如在辽代文献中，"王子"和"皇子"两词的使用就很不讲究。如《辽史·穆宗纪》有"王子敌烈"，《圣宗纪》有"王子药师奴"，志、传中又提到穆宗应历中有王子必摄、王子只没。[2]据《皇子表》，敌烈、必摄均为穆宗之弟，药师奴

1　邱靖嘉：《辽太宗朝的"皇太子"名号问题——兼论辽代政治文化的特征》，《历史研究》2010年第6期，第185—187页。

2　《辽史》卷六一《刑法志上》，第938页；卷一〇八《王白传》，第1476页。

为圣宗之弟，只没为穆宗之侄，这四人与当朝皇帝均非父子关系，但《辽史》却笼统地将他们都称为"王子"。又《耶律庆嗣墓志》《贾师训墓志》均提及"皇子燕国王"，[1] 皆指道宗孙燕国王延禧，两方墓志都作于道宗朝，其作者不可能不知道宗与延禧乃是祖孙关系，但却称之为"皇子"。这种现象在宋代文献中也有记载，绍圣元年（1094）张舜民使辽，见契丹人"称戎孙为皇子"，遂谓之曰："若以孙为子，则乱昭穆之序。"[2] 此处所谓"戎孙"，即指当时已立为储嗣的皇孙延禧。这些例证说明，契丹社会的伦理行辈观念远不像中原王朝那么严密，因此某些皇室称谓的使用显得非常随意。天祚帝封皇叔祖和鲁斡为"皇太叔"，恐怕在一定程度上就是受到了这种社会习俗的影响。

　　另一方面，由于契丹人汉文化知识的粗疏浅薄，从而造成某些汉式名号的误用。有关辽朝社会中的此类现象，当数太宗朝的"皇太子"名号最为典型。因契丹人汉化不彻底，对中原王朝的典章制度一知半解，以致辽人误将"皇太子"理解为皇储的专用名号，而不知其中所包含的父子伦理关系，从而出现了辽太宗"册皇弟李胡为寿昌皇太子"[3] 这种在汉人看来难以理解的现象。与此相似的情况还有"皇太妃"名号问题。在汉文化中，"皇太妃"是授予先皇妃嫔的一种封号。《辽史》屡见之"皇太妃"，即承天太后之姊、齐王罨撒葛妃胡辇，以她的身份而被封为"皇太妃"，显然也属于名号误用。[4] 天祚朝的"皇太叔"名号也是此类现象的一

1　《辽代石刻文编》，第 457、478 页。

2　曾布：《曾公遗录》卷九元符三年正月甲申，《藕香零拾》本，北京：中华书局影印本，1999
　　年，第 562 页。"张舜民"，原误作"张舜臣"。

3　《辽史》卷三《太宗纪上》，第 31 页。

4　参见邱靖嘉《辽太宗朝的"皇太子"名号问题——兼论辽代政治文化的特征》，第 177—
　　185 页。

个例子,因契丹人误将"皇太叔"视为一个一成不变的象征性皇储封号,而忽略了其中的伦理内涵,从而导致和鲁斡的封号与其行辈相悖。

综上所述,天祚朝封和鲁斡为"皇太叔"的事实,可以得到辽、宋、金三方文献的相互印证,其真实性是无可置疑的。这个看似名实不副的封号,很容易引起后人的疑问,但如果将其置于辽代政治文化背景之下去加以分析,就不难得出一个合理的解释。

三 辽代石刻所见"皇太叔祖"名号释疑

上文通过文献考索和辽朝政治文化分析所得出的基本结论是,《辽史》有关和鲁斡在天祚朝被封为"皇太叔"的记载是真实可信的。然而,在辽代石刻中,和鲁斡的封号却被记作"皇太叔祖",这又当如何解释呢?

首先,我们需要对相关的辽代石刻资料作一分析。1997年,在内蒙古巴林右旗发掘的和鲁斡及其妻宋魏国妃合葬墓中,出土了《皇太叔祖哀册》(以下简称《哀册》)及《宋魏国妃墓志》(以下简称《墓志》),对传世文献中有关和鲁斡封号的记载提出了新的挑战。《哀册》和《墓志》皆分别由汉文和契丹小字写成,这四方石刻均撰刻于乾统十年(1110)。值得注意的是,和鲁斡的封号见于汉文和契丹小字《哀册》以及汉文《墓志》,均作"义和仁寿皇太叔祖",而契丹小字《墓志》第7行也提及"皇太叔祖"。[1] 此外,2002年出土于辽宁阜新关山辽墓的《萧德恭妻耶律氏墓志》,

---

1　录文见刘凤翥等编著《辽上京地区出土的辽代碑刻汇辑》,北京:社会科学文献出版社,2009年,第254—274页,拓片见图版七二至七九。以上两种契丹小字石刻中的"皇太叔祖"皆为汉语借词。

其中称德恭长子萧莹娶“兴宗皇帝次男皇太叔祖长女郑国公主为妻”，次女“嫁于兴宗皇帝次男皇太叔祖次男东京留守皇叔魏国王为妻”，[1] 这里的“皇太叔祖”指和鲁斡，“皇叔魏国王”则是指耶律淳。

　　以上五种辽代石刻均称和鲁斡为“皇太叔祖”，但《萧德恭妻耶律氏墓志》中的两处“皇太叔祖”乃是作为亲属称谓出现的，似与封号无关，故可置而不论。真正值得重视的是《哀册》及《墓志》，作为和鲁斡夫妇二人的碑铭材料，它们无疑具有第一手的史料价值。但这些石刻材料中出现的“皇太叔祖”封号，为何会与传世文献相矛盾呢？这确实是一个非常棘手的问题，笔者只能就此提出某种尝试性的解释。

　　《哀册》和《墓志》之所以将和鲁斡的封号记为“皇太叔祖”，或许可以从其作者的文化观念上去加以理解。汉文《哀册》的撰者是进士出身的枢密直学士杜悆，[2] 汉文《墓志》则出自史馆修撰李石之手。契丹小字《哀册》和《墓志》的作者都是总知翰林院事耶律固，有证据表明，耶律固是辽末汉化程度很深的契丹人，如《辽史·礼志》谓道宗崩，“天祚皇帝问礼于总知翰林院事耶律固，始服斩衰”，[3] 可见他精于礼制的一面。在这些汉人以及汉化的契丹人看来，和鲁斡的“皇太叔”封号与其行辈不相吻合，似乎有些不伦不类，于是在撰写和鲁斡夫妇的《哀册》和《墓志》时，便按照汉人的伦理观念将其改为“皇太叔祖”，以使其封号与行辈名实相符，这或许就是以上四方辽代石刻皆称和鲁斡为“皇太叔

1　　录文、拓本均见辽宁省文物考古研究所编著《关山辽墓》，北京：文物出版社，2011 年，第92 页及图版五一。

2　　《杜悆墓志》，《辽代石刻文续编》，第 304—306 页。

3　　《辽史》卷五〇《礼志二·凶仪》“丧葬仪”条，第 839 页。

祖"的原因。[1]

与此类似的是，在传世文献中，也存在着后人臆改"皇太叔"为"皇太叔祖"的情况。上文提到，见于《三朝北盟会编》卷九的天祚帝保大二年诏，其中提到的"皇太叔"就是指和鲁斡。此诏亦见于旧题刘忠恕《裔夷谋夏录》卷二，但其传世诸本中"皇太叔"亦有作"皇太叔祖"者。[2] 根据此书卷首胡潜序所引文天祥《虎头山》诗中的名句"妾妇生何益，男儿死未休"，可知现存诸本之祖本当形成于元以后，已非此书原貌。[3] 因其上文对耶律淳世系已有明确交代，[4] 故今本作"皇太叔祖"者，当系后人根据和鲁斡的行辈臆补一"祖"字。这一例证有助于我们理解辽人所撰墓志改"皇太叔"为"皇太叔祖"的做法，两者无不都是按照汉人的伦理观念去修正和鲁斡封号的"错误"，其出发点可谓不谋而合。

自宋代金石学形成以后，以石刻证史逐渐成为史学研究的一种风尚。赵明诚《金石录序》云："盖史牒出于后人之手，不能无失，刻词当时所立，可信不疑。"[5] 朱熹亦谓"近世论者专以石本为正"。[6]

---

1 其实，类似情况并非孤例。如圣宗"钦哀皇后"之谥号屡见于《辽史》，而庆陵出土钦哀皇后哀册篆盖却作"钦爱"（见《辽上京地区出土的辽代碑刻汇辑》，第147页，拓片见图版四八），或以为此系刻工之误。笔者认为，这大概是哀册撰者出于某种原因而有意加以改写的，与本文所述辽代石刻称和鲁斡为"皇太叔祖"的情况有类似之处。

2 上引《裔夷谋夏录》卷二，台湾"中研院"史语所藏读五千卷书室钞本（据明本抄录）、上海图书馆藏清钞本作"皇太叔"，日本静嘉堂文库藏旧钞本、上海图书馆藏民国钞本则作"皇太叔祖"。又"据皇"二字，诸本皆倒误。

3 关于此书之来历及版本流传情况，参见苗润博《有关〈裔夷谋夏录〉诸问题的新考索》，《文史》2016年第2辑，第125—147页。

4 《裔夷谋夏录》卷一宣和四年三月十一日条云："燕王者，秦晋国王耶律淳，兴宗宗真之孙，道宗弘基弟弘本之子，于天祚为从叔。"（第95页）

5 赵明诚撰，金文明校证《金石录校证》，桂林：广西师范大学出版社，2005年，第1—2页。

6 朱熹：《昌黎先生集考异》卷六《送李愿归盘谷》，《朱子全书》，曾抗美点校，上海：上海古籍出版社、合肥：安徽教育出版社，2003年，第19册，第503页。

已表现出重石刻轻文献的倾向。随着清代金石之学臻于极盛，以及王国维"二重证据法"的提出，以金石文物补正史传之风愈炽，"大有碑志所书，绝无可疑之概"。[1] 受此影响，不少学者在遇到传世文献与出土石刻相互抵牾的情况时，往往习惯于以石刻来否定文献。岑仲勉先生曾针对这种"过信石刻"之弊加以批评："专金石者每遇异同之处，辄曰'自当以碑为正'，千篇一律，胶固弗通，则未知须斟酌而后成定论也。"[2] 黄永年先生也曾谈到宋代以来治史者"重碑刻文字过于史书"的问题："即以史料而言，完整之史书亦高于零星之碑刻万万，治史者自当以史书为主，然后旁采碑刻以为辅，不宜媚俗趋时，颠倒主次。"[3] 诚如他们所言，分清史书与石刻的主次关系是我们在利用出土文献研究历史时需要注意的一个问题。以本文讨论的和鲁斡封号问题为例，虽然有当事者本人的碑铭材料所提供的第一手证据，也不宜据此轻易否定史书的记载，还必须充分考虑到历史的复杂性。本文有关天祚朝"皇太叔"名号问题的研究，就是这样的一个例子。

原载《民族研究》2014 年第 1 期

1　　岑仲勉：《金石论丛》"贞石证史"，上海：上海古籍出版社，2004 年，第 79 页。

2　　岑仲勉：《金石论丛》"贞石证史"，第 76 页。

3　　黄永年：《碑刻学》，《新美术》1999 年第 3 期，第 9 页。

再论辽朝的"天下兵马大元帅"与皇位继承

——兼谈辽代皇储名号的特征

辽朝的"天下兵马大元帅"始设于太祖朝，终辽一代，先后共有耶律德光、李胡、洪基、重元、延禧、和鲁斡六人担任此职。其中，德光、洪基、延禧三人都是以"天下兵马大元帅"的身份继承皇位，而李胡、重元、和鲁斡三人亦均有继承皇位的资格，这一现象引起了前辈学者的关注，引发了关于辽代"天下兵马大元帅"之性质及其意义的讨论。

早在 20 世纪 40 年代，魏特夫（Karl A. Wittfogel）、冯家昇合著《中国社会史：辽（907—1125）》一书即已指出，辽朝各代封非嫡长一系的皇室成员为"天下兵马大元帅"，如德光、李胡、隆庆、重元、和鲁斡等，此举旨在给予他们崇高的地位，以示对其皇

位继承资格的认可。这种说法最先将"天下兵马大元帅"的封授
与辽朝皇位继承问题联系起来。[1] 其后，姚从吾、漆侠先生也谈及
"天下兵马大元帅"的性质问题，认为这一名号与中原王朝的"皇
太子"、金初的"谙班勃极烈"等皇储封号相似，同样表明了一种
皇位继承人的身份，但两人均未详细论证。[2] 直至 90 年代，蔡美彪
先生发表《论辽朝的天下兵马大元帅与皇位继承》一文（以下简称
"蔡文"），全面分析论述了"天下兵马大元帅"与皇位继承的密切
关系，认为辽代的"天下兵马大元帅"自始至终都是授予皇位继承
者的特定称号，拥有此名号即具备了承袭皇位的资格。[3] 此后，这
一观点得到了辽金史学界的普遍赞同。然而在笔者看来，这种见解
存在着一个明显的漏洞：它是基于被授予"天下兵马大元帅"者皆
为皇位继承人的事实而反向推导出来的结果，且将其与"兵马大元
帅""都元帅"等相似名号混为一谈。其实，辽朝的"天下兵马大
元帅"是否在创设之初即具有皇位继承的意义，其性质在辽代有没
有发生过变化，这一名号是不是一个明确的皇储封号，又与"兵马
大元帅""都元帅"等称号是否性质相同，这些问题都还值得进一
步探讨。本文试图在前人研究的基础之上，对辽朝"天下兵马大元

1　Karl A. Wittfogel and Feng Chia-Shêng, *History of Chinese Society: Liao(907-1125)*, New York:
　　The Macmillan Company, 1949, p.415, note 50. 按魏特夫、冯家昇误以隆庆为"天下兵马大元
　　帅"，后人亦有此误解，其实隆庆担任的是"兵马大元帅"，两者性质迥异，说详下文。

2　参见姚从吾《辽道宗宣懿皇后〈十香词〉冤狱的文化的分析》，原刊《台湾大学文史哲学报》
　　第 8 期，1958 年 7 月，后收入《姚从吾先生全集》第 5 集，台北：正中书局，1971 年，第
　　89 页；漆侠《契丹辽国建国初期的皇位继承问题》，原刊《河北师院学报》1989 年第 3 期，
　　后收入氏著《知困集》，石家庄：河北教育出版社，1992 年，第 124 页。

3　蔡美彪：《论辽朝的天下兵马大元帅与皇位继承》，原刊刘凤翥等编《中国民族史研究》第 4
　　辑，北京：改革出版社，1992 年，后收入氏著《辽金元史考索》，北京：中华书局，2012
　　年，第 83—99 页。其实，蔡先生早在 1979 年出版的《中国通史》第 6 册中已指出拥有"天
　　下兵马大元帅"称号即意为皇位继承人（北京：人民出版社，1979 年，第 74 页），但并未
　　展开论证。

帅"与皇位继承的关系重新加以考察，希望能够解开上述疑团，并进而揭示辽代皇储名号的政治文化特征。

一 作为军帅之号的"天下兵马大元帅"

据《辽史·太祖纪》记载，神册元年（916）三月，辽太祖阿保机立长子耶律倍为"皇太子"；[1] 天赞元年（922）十一月，又命次子德光（即辽太宗）为"天下兵马大元帅"。[2] 蔡文认为，阿保机最初选定太子倍为皇位继承人，但天赞元年萌生了"易储"之志，以德光为大元帅即表示立其为储，"天下兵马大元帅"（以下或简称为"大元帅"）是一个寓有皇位继承之义的特定封号。[3] 但这只是基于德光后来以大元帅身份继承皇位的既成事实所逆推而得的结果，当时的真实情况恐怕并非如此。为便于说明这个问题，现据《辽史·太祖纪》，将耶律倍与德光两人在太祖朝的政治军事活动表列如下（见表一）。

表一 辽太祖朝耶律倍与德光政治军事活动一览

时间	耶律倍	耶律德光
神册元年三月	立子倍为皇太子。	
四年八月	太祖谒孔子庙，命皇后、皇太子分谒寺观。	
四年十月	太祖亲征乌古部，命皇太子将先锋军进击，破之。*	

1 《辽史》卷一《太祖纪上》，北京：中华书局，2003 年，第 10—11 页。
2 《辽史》卷二《太祖纪下》，第 18 页。
3 参见蔡美彪《论辽朝的天下兵马大元帅与皇位继承》，第 84—89 页。

续表

时间	耶律倍	耶律德光
五年九月	皇太子率军略地云内、天德。**	
六年十二月	皇太子率王郁略地定州。***	
天赞元年十一月		命皇子尧骨为天下兵马大元帅，略地蓟北。
二年正月		大元帅尧骨克平州。
二年四月		尧骨攻幽州，败符存审，拔曲阳，下北平。
三年六月	太祖征西北诸部，皇太子监国。	大元帅尧骨从行。
四年正月	以（征诸部）捷报皇后、皇太子。	
四年二月		大元帅尧骨略党项。
四年四月	太祖破小蕃，皇后、皇太子迎谒于札里河。	
四年十二月	太祖征渤海，皇后、皇太子、大元帅尧骨皆从。	
天显元年正月	皇太子、大元帅尧骨等夜围忽汗城。	
元年二月	册皇太子倍为人皇王，主东丹。	
元年四月	人皇王率东丹国僚属辞。	
元年五月至六月		南海、定理二府复叛，大元帅尧骨讨之。
元年七月		尧骨攻拔铁州。
元年八月		尧骨讨平诸州，奔赴行在。

　　* 太祖亲征，以皇太子为先锋，说明此时太子倍跟随太祖一同征讨。自此至天赞元年，太祖历次亲征几乎都有皇太子从行，详见以下注文。

　　** 据《辽史·太祖纪》，神册五年八月太祖亲征党项，九月皇太子率军略地云内、天德。按云内、天德皆毗邻党项活动的区域，说明太祖亲征，皇太子跟随前往。

　　*** 据《辽史·太祖纪》，神册六年十月，晋新州防御使王郁内附，太祖率军入居庸关。十二月，王郁率众来朝，皇太子即率王郁略地定州。按太祖当时应该就在幽蓟地区，接受王郁朝见后便命他随皇太子进兵，同样说明皇太子亦从征。

　　首先要指出的是，阿保机仿行中原王朝的典章制度，建元称帝，并听从汉臣意见，册立皇太子，但当时的契丹人并没有嫡长继承的概念，所以太子倍起初可能只是象征性的皇储，名义上的皇位继承人，后来经过阿保机对诸子能力的考察，才逐渐确定太子倍为储嗣。[1] 由表一可知，天赞年间阿保机亲征西北诸部，而太子倍则作为国之储副留守监国，[2] 西征捷报均呈送太子，军队凯旋时太子倍还前往迎谒。这就充分说明在德光任天下兵马大元帅之后，太子倍仍是名义上的储君，从这个意义上来说，阿保机并未"易储"。后因受契丹传统世选制的影响，述律后及契丹诸部酋长拥立德光，以至太子倍未能顺利即位。

　　其次，需要论证辽太祖朝的"天下兵马大元帅"究竟具有怎样的性质和意义，是否与皇位继承有关。《辽史》中有两条关于命德光为大元帅的直接记载。《太祖纪》云："（天赞元年）十一月壬寅，命皇子尧骨（系德光小字）为天下兵马大元帅，略地蓟北。"[3]《太宗纪》亦言："天赞元年，授天下兵马大元帅，寻诏统六军南徇地。"[4] 若单纯从以上两条记载来看，似乎德光任大元帅是出于军事征战的需要，并无其他政治意图。又据表一所见，神册年间，太子倍多次随阿保机征战，发挥了重要的军事作用，但德光出任大元帅之后，军事征伐的任务便由德光承担。虽然在征渤海时，太子倍也曾参与

1　参见邱靖嘉《立储与夺位：辽太祖朝的皇位之争》，《辽金史论集》第 12 辑，长春：吉林大学出版社，2012 年，第 143—150 页。林鹄则认为耶律倍按汉制被册立为皇太子就表示阿保机选定其为皇位继承人（《耶律阿保机建国方略考——兼论非汉族政权之汉化命题》，《历史研究》2012 年第 4 期，第 63—67 页），或未充分考虑契丹传统世选制因素对辽太祖朝皇位继承的影响。

2　《辽史》卷七二《义宗倍传》亦云："太祖西征，留倍守京师。"（第 1209 页）

3　《辽史》卷二《太祖纪下》，第 18 页。

4　《辽史》卷三《太宗纪上》，第 27 页。

重要战役，但平定渤海的军事行动主要是由大元帅德光完成的。由此推断，最初太子倍是阿保机主要的军事助手，而天赞元年，德光已年满二十，且具有军事统帅的才能，于是阿保机便以德光为大元帅领军作战。此后，二人分工明确，太子倍专行监国留守之责，而德光则专事征伐，充分履行军事职能。如此看来，"天下兵马大元帅"与其说是皇储的特定封号，毋宁说是一个纯粹的军帅之号。

此外，还有一条旁证可以说明"天下兵马大元帅"的军帅性质。《辽史·突吕不传》云："天赞二年，皇子尧骨为大元帅，突吕不为副，既克平州，进军燕、赵，攻下曲阳、北平。"[1] 这条记载就是针对德光任大元帅后"略地蓟北"之事而言的。关于突吕不当时的统帅名号，其本传语焉不详，而在契丹文字石刻中则有明确记载。《耶律副部署墓志铭》第 5 行介绍墓主祖先铎衮（突吕不第二名）说：

据刘凤翥先生考释，这段文字意谓辽太宗在担任天下兵马大元帅时，突吕不为副元帅。[2] 据《辽史·太祖纪》，副元帅突吕不不仅跟从大元帅德光"略地蓟北"，而且在西征党项时，他亦与德光为先锋，后又追随大元帅平定渤海，这说明德光与突吕不时为军队的正

1　《辽史》卷七五《突吕不传》，第 1240 页。
2　盖之庸、齐晓光、刘凤翥：《契丹小字〈耶律副部署墓志铭〉考释》，《内蒙古文物考古》2008 年第 1 期，第 99 页。又契丹大字《耶律祺墓志铭》也有相同记载，参见刘凤翥《契丹大字〈耶律祺墓志铭〉考释》，《内蒙古文物考古》2006 年第 1 期，第 66 页。

副统帅,虽然未必直接掌管天下兵马,但一遇战事便受命出征,大元帅与副元帅都是实有其职的,并非荣誉头衔。如若将"天下兵马大元帅"理解为因改易皇储而设的象征性封号,那么又何必再设副元帅一职呢?实际上,阿保机并无"易储"之志,以德光为大元帅完全是一项军事任命,与皇位继承无关,"天下兵马大元帅"只是军队中的一个统帅称号。

关于辽朝"天下兵马大元帅"名号之由来,蔡文猜测是源自唐代的"天下兵马元帅"。唐中后期,肃宗以天下兵马元帅即位,代宗、德宗亦皆先被封为元帅,后立为皇太子继承皇位,故蔡文据以推断,唐代的"天下兵马元帅"虽最初为平定叛乱而设,不具有皇位继承意义,但自肃宗以后成为封授皇储的特定称号。[1] 然而笔者通过对唐朝历任天下兵马元帅进行系统考察后发现(见表二),其实唐代的"天下兵马元帅"始终是一个军事职务,并不与皇位继承直接挂钩。

表二　唐代历任天下兵马元帅一览

历任元帅	任职情况	史料出处
肃宗	天宝十五载(756)七月,以皇太子亨充天下兵马元帅,都统朔方、河东、河北、平卢等节度兵马,收复两京,裴冕、刘秩副之。 同月,即皇帝位于灵武。	《旧唐书》卷九《玄宗纪下》、卷一〇《肃宗纪》及《新唐书》卷五《玄宗皇帝纪》
代宗(肃宗长子)	至德二载(757)闰八月,以广平郡王俶为天下兵马元帅,郭子仪副之,以朔方、安西、回纥、南蛮、大食兵讨安庆绪。 乾元元年(758)四月,立为皇太子。 宝应元年(762)四月,即皇帝位。	《旧唐书》卷一一《代宗纪》及《新唐书》卷六《肃宗皇帝纪》

1　蔡美彪:《论辽朝的天下兵马大元帅与皇位继承》,第88—89页。

续表

历任元帅	任职情况	史料出处
李係（肃宗次子）	乾元二年（759）七月，以赵王係为天下兵马元帅，李光弼为副，委以陕东军事。 宝应元年四月，张皇后与越王係谋诛李辅国，图废立。皇后、越王俱为辅国所害。	《旧唐书》卷一〇《肃宗纪》、卷一一六《越王係传》及卷一二〇《郭子仪传》
德宗（代宗长子）	宝应元年四月，以特进、奉节郡王适为天下兵马元帅。八月，改封雍王。十月，诏天下兵马元帅雍王为中军先锋，以怀恩为副，领河东、朔方节度行营及镇西、回纥兵马赴陕州。 广德二年（764）二月，册为皇太子。 大历十四年（779）五月，即皇帝位。	《旧唐书》卷一一《代宗纪》、卷一二《德宗纪上》及卷一二一《仆固怀恩传》
李邈（代宗次子）	大历初，代皇太子为天下兵马元帅。 大历八年（773）薨，由是罢元帅之职。*	《旧唐书》卷一一六《昭靖太子邈传》
哀帝（昭宗第九子）	天复三年（903）二月，以辉王祚充诸道兵马元帅**，以朱全忠充诸道兵马副元帅。 天祐元年（904）八月，蒋玄晖矫宣遗诏，立辉王祚为皇太子，即皇帝位。	《旧唐书》卷二〇上《昭宗纪》及卷二〇下《哀帝纪》
朱全忠（即朱温）	天祐二年（905）十月，以梁王全忠充诸道兵马元帅。十二月，改诸道兵马元帅为天下兵马元帅。 四年（907）三月，全忠篡唐建国。	《旧唐书》卷二〇下《哀帝纪》

*《旧唐书》卷一一六《昭靖太子邈传》谓李邈卒于大历九年（北京：中华书局，1975年，第3391页）。然《旧唐书》卷一一《代宗纪》系此事于大历八年五月（第302页），今从之。

**据《旧唐书》卷二〇下《哀帝纪》天祐二年十二月庚子，敕："朕以国史所书元帅之任，并以天下为名，爰自近年，改为诸道，既非旧制，须在正名。宜追制改为天下兵马元帅。"（第803页）可知"诸道兵马元帅"即"天下兵马元帅"。

唐初专以皇室亲王为行军元帅，负责军事征讨，后随战事平息而废罢。[1] 安史之乱爆发后，唐廷恢复行军元帅的设置，以皇太子

1　参见孙继民《唐代行军制度研究》，台北：文津出版社，1995年，第135—141页。

李亨为天下兵马元帅，这纯属军事形势所迫，并不具有皇位继承的意义。据表二所见，安史之乱期间，肃宗、代宗、李係、德宗四人先后出任天下兵马元帅，直接指挥军事作战，且任命了佐贰将领，完全是一套军事机构的设置。乾元二年，肃宗制书云："元帅之任，实属于师贞。"[1] 即表明"天下兵马元帅"乃是军旅之职。肃宗与代宗先后任命二子为元帅，但其中李係与李邈都不是皇储，[2] 这说明"天下兵马元帅"一职并非皇位继承的象征。事实上，肃宗、代宗、德宗都是凭借皇太子身份继承皇位的。甚至连朱温扶立哀帝时，也必须先命人矫诏立为皇太子，然后方可即位，说明当时皇储的法定封号仍是"皇太子"，而不是"天下兵马元帅"。李邈任元帅时，安史之乱已经结束，且他不久死去，故未见其参与征战。[3] 哀帝为诸道兵马元帅，以朱温为副，仍然延续了此前战时正副元帅并置的格局。不过此时李唐王朝完全受朱温掌控，哀帝出任元帅已无实际意义，于是"天下兵马元帅"随之虚衔化，成为一个荣誉称号，但仍然不具有皇位继承的含义。

不过需要说明的是，当时的"天下兵马元帅"对选立皇储也产生了一定影响。肃宗欲以第三子建宁王倓为天下兵马元帅，李泌立即劝阻：

> 李泌曰："建宁诚元帅才；然广平，兄也。若建宁功成，岂

---

1 《旧唐书》卷一一〇《李光弼传》，第 3306 页。

2 肃宗于乾元元年立代宗为皇太子，次年方命次子係为元帅；代宗于广德二年立德宗为皇太子，然后才以次子邈为元帅。既然皇储已经确立，那么再任命"天下兵马元帅"显然就与皇位继承无关了。

3 李邈死后，"天下兵马元帅"遂罢，说明这一职事并非常设，正如《新唐书》卷四九下《百官志四下》所言："元帅、都统、招讨使，掌征伐，兵罢则省。"（北京：中华书局，1975 年，第 1308 页）

可使广平为吴太伯乎！"上曰："广平，冢嗣也，何必以元帅为
重！"泌曰："广平未正位东宫。今天下艰难，众心所属，在于
元帅。若建宁大功既成，陛下虽欲不以为储副，同立功者其肯
已乎！太宗、上皇，即其事也。"上乃以广平王俶为天下兵马
元帅，诸将皆以属焉。[1]

这段对话表明，肃宗认为广平王俶是嫡长子，理应立为皇储，"何
必以元帅为重"，可见"天下兵马元帅"与确立储君无关。但是在
天下纷乱之际，元帅手握重兵，节制诸将，容易收揽人心，树立威
望，从而觊觎皇储之位，唐初高祖李渊、太子李建成和太宗李世民
之间的关系就是如此。然而这种影响是由元帅的军事权力衍生出来
的，并不代表"天下兵马元帅"本身就是皇位继承人的特定封号。

总而言之，唐代的"天下兵马元帅"基本上是一个单纯的军事
统帅称号，绝无皇位继承的意义。若这一名号果真是辽朝"天下兵
马大元帅"的来源，那么以上对于唐中后期"天下兵马元帅"之军
事性质的考察，正好可以印证辽太祖所设置的"天下兵马大元帅"
也应该是一个纯粹的军帅之号。[2]

二　虚衔与实职："天下兵马大元帅"与"兵马大元帅"

上文指出，辽太祖朝的"天下兵马大元帅"是一个实际的军事

1　《资治通鉴》卷二一八唐肃宗至德元载九月丙辰条，北京：中华书局，2011 年，第 15 册，
　　第 7114 页。此事亦见《旧唐书》卷一一六《承天皇帝俶传》、《新唐书》卷一三九《李泌传》，
　　但文字有所不同。

2　有学者据《辽史·百官志》认为辽初的"天下兵马大元帅府"是当时辽朝的最高军事机构，
　　参见郑毅《略论辽初中央军制的演变》，《黑龙江民族丛刊》2010 年第 2 期，第 108—110 页。
　　按《百官志》并无独立史源，此说不足取信，根据现有史料来看，辽初的"天下兵马大元
　　帅"应当只是临时受命出征时的军事统帅。

职务，并不具有皇位继承的意义，然而这种情况在辽太宗时期却发生了明显的变化。

天显五年，太宗以其弟李胡为"寿昌皇太子兼天下兵马大元帅"，确立为皇位继承人。其中，"皇太子"乃是其正式的皇储封号，[1] 而"天下兵马大元帅"则是他的实际职任。据《辽史·太宗纪》，天显八年（933）正月，"命皇太弟李胡、左威卫上将军撒割率兵伐党项"；十一年闰十一月，"（契丹攻后唐，赵德钧等军将遁）命皇太子驰轻骑据险要，追及步兵万余，悉降之"。既然李胡在天显中还时常统军征战，说明此时"天下兵马大元帅"仍具有军事统帅的性质。

然而至会同年间情况有所不同，李胡不再直接参与军事行动，而更多的是表现出嗣位储君的迹象。据《辽史》记载，会同中李胡的政治活动主要表现在以下三个方面：第一，代表皇帝出席某些礼仪活动，如会同二年（939）二月，"宴诸王及节度使来贺受册礼者，仍命皇太子、惕隐迪辇钱之"；[2] 第二，参政议政，如五年二月，"上将南幸，以诸路有未平者，召太子及群臣议"；[3] 第三，太宗出征时留守监国，如李胡本传即谓"太宗亲征，常留守京师"。[4] 后太宗伐晋，仍命李胡留守，大同元年（947）四月李胡"遣使问军前事"，《太宗纪》记载"上报曰"云云，由此可见李胡的皇储身份是很明确的。总的来看，"皇太子"李胡在政治上的作用不断增强，而其"天下兵

1　《辽史》卷三《太宗纪上》，第31页。按今本《辽史》称李胡为"皇太子"与"皇太弟"并见，中华书局点校本将此处"皇太子"改为"皇太弟"。但据笔者考证，李胡当时的封号应为"皇太子"，参见邱靖嘉《辽太宗朝的"皇太子"名号问题——兼论辽代政治文化的特征》，《历史研究》2010年第6期，第177—187页。

2　《辽史》卷四《太宗纪下》，第45页。

3　《辽史》卷四《太宗纪下》，第51页。

4　《辽史》卷七二《章肃皇帝李胡传》，第1213页。

马大元帅"的军事作用却随之减弱，以至李胡不再以大元帅的身份
领兵作战，从中可以透露出"天下兵马大元帅"开始逐渐由军帅之
号向荣誉性虚衔蜕变的一种倾向。此外，还需特别指出的是，李胡
被封为"皇太子兼天下兵马大元帅"，其中"皇太子"是皇储封号，
而"天下兵马大元帅"本身似乎并不具有皇位继承的意义，在《辽
史》中多称李胡为"皇太子"而不称其为大元帅，就是一个显例。

　　在辽太宗朝"天下兵马大元帅"趋于虚衔化的同时，又出现了
"兵马大元帅"这一新的军事统帅称号。《耶律习涅墓志铭》谓习涅
的六世祖为"于越王兵马大元帅讳习宁，小字卢不姑"。[1] 按"卢不
姑"即"鲁不古"，《辽史》有传。有学者指出鲁不古所担任的"兵
马大元帅"就是"天下兵马大元帅"，[2] 其实这种观点是不正确的。
《鲁不古传》云："会同初，从讨党项。……天册中，拜于越。六年，
为北院大王。终年五十五。"[3] 据笔者考证，此处"天册"应是"会
同"之误。[4] 又据《辽史》，耶律洼从会同中至大同元年为北院大王，
由此推测鲁不古可能于会同六年为北院大王，不久即卒，遂由耶律
洼接任。据此判断，鲁不古出任"兵马大元帅"不应晚于会同，而
当时李胡为"天下兵马大元帅"，所以这两个名号是截然不同的。
其实，鲁不古从天显末至会同中一直负责征讨党项，"兵马大元帅"
很可能就是出于征党项的需要而设置的统军长官。

　　辽世宗至圣宗四朝，无人再被封为"天下兵马大元帅"，而
"兵马大元帅"一职却逐渐发展起来，成为一个长期设置且有固定

1　盖之庸编著《内蒙古辽代石刻文研究（增订本）》，呼和浩特：内蒙古大学出版社，2007年，
　　第578页。

2　参见金永田《契丹大字"耶律习涅墓志"考释》，《考古》1991年第4期，第375页。

3　《辽史》卷七六《耶律鲁不古传》，第1247页。"天册中"，诸本皆同，中华书局点校本已据
　　冯家昇《辽史初校》将"天册"径改为"天禄"。

4　邱靖嘉：《〈辽史·耶律鲁不古传〉辨误》，《中国史研究》2009年第2期，第100页。

职掌的军事职务。

在讨论这一时期"兵马大元帅"的演变之前，需要先来解释隆庆的"大元帅"名号问题。据《辽史·皇子表》记载，统和十六年（998），圣宗封其弟隆庆为梁国王、南京留守，"开泰初，加守太师，兼政事令，寻拜大元帅，赐金券"。[1] 包括蔡美彪先生在内的许多辽史研究者都认为此处"大元帅"即指"天下兵马大元帅"，具有皇位继承的意义。[2] 其实，若参以辽代石刻及宋元文献，我们很容易发现此说之误。咸雍五年（1069）《秦晋国妃墓志铭》记载隆庆的官衔为"兵马大元帅、燕京留守、守尚书令、兼政事令"，[3] 这足以说明隆庆生前所担任的应该是"兵马大元帅"，而非"天下兵马大元帅"。关于隆庆拜"大元帅"的时间，《辽史》说得很模糊。按统和二十三年（1005）《盘山甘泉寺新创净光佛塔记》已称隆庆为"大元帅、梁国大王"。[4] 路振于大中祥符元年（即辽统和二十六年，1008）使辽，著有《乘轺录》，此书亦谓"燕京留守、兵马大元帅、秦王隆庆"，[5] 可见隆庆在统和中已有"兵马大元帅"之号。《契丹国志》更是明确指出"定州之战，隆庆封为梁王，加兵马大元帅"。[6] 所谓"定州之战"当指统和二十一年至二十二年（1003—1004）契丹攻宋之役，然而隆庆早在统和十六年便已被封为梁国王，故《契

1　《辽史》卷六四《皇子表》，第 987 页。

2　蔡美彪：《论辽朝的天下兵马大元帅与皇位继承》，第 92—93 页。

3　陈述辑校《全辽文》卷八，北京：中华书局，1982 年，第 193 页。

4　向南：《辽代石刻文编》，石家庄：河北教育出版社，1995 年，第 119 页。

5　江少虞：《宋朝事实类苑》卷七七"契丹"条引路振《乘轺录》，上海：上海古籍出版社，1981 年，第 1010 页。唯"兵马大元帅"误作"兵马太原帅"，据贾敬颜《五代宋金元人边疆行记十三种疏证稿》之《路振〈乘轺录〉疏证稿》（北京：中华书局，2004 年，第 43 页）改。

6　旧题叶隆礼《契丹国志》卷一四《孝文皇太弟传》，贾敬颜、林荣贵点校，上海：上海古籍出版社，1985 年，第 152 页。

丹国志》的说法显然不足取信。事实上，隆庆为兵马大元帅与其任南京留守有关。至迟从圣宗朝开始，历任南京留守多兼任南京元帅府的兵马大元帅（又称"兵马都总管"），[1] 故隆庆应当在统和十六年被任命为南京留守的同时即加授兵马大元帅。统和十七年圣宗南征，隆庆为先锋。[2] 十九年南伐，隆庆再次"统先锋军以进"。[3] 正因为隆庆是掌管南京兵马的"大元帅"，所以圣宗才让他担任先锋。南京的兵马大元帅具有实际的军事职掌，守则"备御宋国"，[4] 战则率先进击，隆庆担任的就是"兵马大元帅"这一实职，它与皇位继承无关。[5]

上文谈到太宗会同中首见鲁不古任"兵马大元帅"，但当时这一职务很可能是因为征讨党项的需要而临时任命的，并未形成制度。从圣宗朝开始，"兵马大元帅"之职便固定地由南京留守兼任，其防区有了明确的界限，其军事攻防的目标也主要是针对宋朝，从而有了具体的职掌。这种制度性的变化大概滥觞于穆宗朝，应历九

1　朱子方、徐基《辽耿氏墓志考略》一文（原刊《辽宁第一师范学院学报》1978 年第 3 期，后收入孙进己等编《中国考古集成·东北卷》第 16 册，北京：北京出版社，1997 年，第 1657 页）即已提出兵马都总管系南京留守的兼职，但未详细论证。而康鹏对辽代历任南京留守做了统计分析，知自圣宗以后南京留守多兼任兵马大元帅之职，参见氏著《辽代五京体制研究》，北京：中国社会科学出版社，2023 年，第 18—24 页。

2　《辽史》卷六四《皇子表》，第 986 页。

3　《辽史》卷一四《圣宗纪五》，第 156 页。

4　《辽史》卷四六《百官志二》"北面军官"条，第 747 页。按此条记载当源自《亡辽录》，徐梦莘《三朝北盟会编》卷二一宣和七年正月二十四日丙申条引《亡辽录》即云："燕山路则燕京都总管府……备御大宋。"（《中华再造善本》影印国家图书馆藏明抄本，北京：国家图书馆出版社，2013 年，叶 6b—7a）

5　蔡文又认为辽圣宗赐隆庆铁券（即金券）有传位之意，亦误。李焘《续资治通鉴长编》卷七九大中祥符五年十月己酉条记载，王曾等使辽，"契丹使邢祥作伴，祥诧其国中亲贤赐铁券，曾折之曰：'铁券者，衰世以宠权臣，用安反侧，岂所以待亲贤耶？'祥愧不复语"（北京：中华书局，2008 年，第 3 册，第 1794 页）。按大中祥符五年即辽开泰元年（1012），是年十二月圣宗赐隆庆铁券，邢祥夸耀之语就是针对此事而言的，在邢祥等当事人看来，赐铁券只是"亲贤"的象征，与皇位继承无涉。

年（959）四月后周攻辽，"以南京留守萧思温为兵马都总管击之"。[1]
从此以后，辽朝可能便常以南京留守兼"兵马大元帅"，以备御中
原，直至圣宗时期成为固定的军事制度。

　　辽后期，洪基、重元、延禧、和鲁斡四人相继被封为"天下兵
马大元帅"，此时这一名号已完全成为一个仅具有皇位继承象征意
义而无实际职任的虚衔（说详下文）。不过，重元与和鲁斡还曾一
度担任南京留守，故皆兼任"兵马大元帅"之职。譬如重元在兴宗
重熙中尝为"南京留守、知元帅府事"。[2] 所谓"知元帅府事"当即
"兵马大元帅"。《契丹国志》即称重熙十三年（1044）"宗元（即重
元）加兵马大元帅"。[3] "知元帅府事"属于实际的军事职务。宋人
余靖于庆历中使辽，他在《契丹官仪》中记载："胡人之掌兵者，燕
中有元帅府，杂掌蕃汉兵，太弟总判之。"[4] 此处"太弟"即指当时
的皇太弟重元，重元总管南京元帅府的蕃汉兵马，反映了他的元帅
之责。由此可见"天下兵马大元帅"与"兵马大元帅"的虚实之
别，两者绝不可相提并论。

三　具有皇位继承象征意义的"天下兵马大元帅"

　　从军帅之号到荣誉头衔，"天下兵马大元帅"的性质虽然由实转
虚，但其本质上还只是一个军衔，并没有其他附加的政治含义。但

1　《辽史》卷六《穆宗纪上》，第 75 页。

2　《辽史》卷一一二《耶律重元传》，第 1502 页。

3　《契丹国志》卷八《兴宗文成皇帝》，第 83 页。此处所记重熙十三年的时间未必可信，但至
　　少说明重元确曾于重熙中任"兵马大元帅"之职。

4　余靖：《武溪集》卷一八《契丹官仪》，《北京图书馆古籍珍本丛刊》影印明成化九年刻本，北
　　京：书目文献出版社，1998 年，第 85 册，第 175 页上栏。余靖于庆历三年十月、四年八月、
　　五年正月三次使辽，皆见于《续资治通鉴长编》。

至辽朝后期，"天下兵马大元帅"被多次授予具有皇位继承资格的皇室成员，从而使他们表现出一种近似于准皇储的地位，道宗与天祚帝更是以大元帅身份承袭帝位，说明此时"天下兵马大元帅"名号具有较为浓厚的皇位继承色彩，体现出一种皇位继承的象征意义。

由于辽后期"天下兵马大元帅"的封授与立储问题关系密切，故兹将这一时期授予具有皇位继承资格者的名号胪列于下以便分析（见表三）。

表三 辽后期皇位继承人名号一览

身份	"太"字封号	天下兵马大元帅
兴宗（圣宗之子宗真）	太平元年封皇太子	
道宗（兴宗长子洪基）		重熙二十一年封天下兵马大元帅
重元（兴宗之弟）	重熙初封皇太弟 清宁元年封皇太叔	清宁二年封天下兵马大元帅
耶律濬（道宗长子）	咸雍元年封皇太子	
天祚帝（道宗长孙延禧）		大安七年封天下兵马大元帅
和鲁斡（道宗之弟）	乾统三年封皇太叔*	乾统元年封天下兵马大元帅

　　*据《辽史·天祚皇帝纪》，乾统三年封和鲁斡为"皇太叔"，六年又加封为"义和仁圣皇太叔"。但出土汉文与契丹小字和鲁斡哀册却均称和鲁斡封号为"皇太叔祖"，参见清格勒、刘凤翥《契丹小字〈皇太叔祖哀册文〉考释》，《民族语文》2003年第5期。笔者认为，《辽史》作"皇太叔"者当是，参见邱靖嘉《辽天祚朝"皇太叔"名号的政治文化解析》，《民族研究》2014年第1期，第111—116页。

　　资料来源：据《辽史》诸帝纪及《皇子表》整理。

在结合表三探讨"天下兵马大元帅"象征意义的主题之前，首先需要澄清两个与之相关的问题，一是道宗洪基是否曾被立为"皇太子"，二是天祚帝延禧是否曾被立为"皇太孙"。

关于兴宗朝是否册立过"皇太子"的问题，需要对一条史料加以辩证。《辽史·仪卫志》有一条很蹊跷的记载："重熙九年册皇太子仪，中书令授皇太子宝。"[1] 然而此事却于《辽史》纪传无征。按重熙九年（1040）之前，兴宗唯有洪基与宝信奴二子，[2] 其中长子洪基是兴宗选定的皇位继承人，若要册封皇太子，必立洪基无疑。然而据《辽史》所见，凡被立为皇太子者，皆以"皇太子"称之，如耶律倍、李胡、宗真、耶律濬四人均是如此。但洪基于重熙六年封梁王，十一年进封燕国王，十二年进封燕赵国王，在整个兴宗朝，均称以相应王爵，而不称"皇太子"，这足以说明洪基当时并没有"皇太子"的封号。既然如此，那么《仪卫志》的记载又当如何解释呢？据笔者揣测，所谓"重熙九年册皇太子仪"可能是指是年议定册皇太子礼的具体仪式，而不是真的册封皇太子。这与兴宗朝修订礼制的活动有关。重熙十二年（1043）五月，兴宗下诏"复定礼制"，[3] 十五年又命萧韩家奴等人撰作《礼书》，[4] 由此推测辽朝的礼仪制度在这一时期有过一番大规模的修订。既称重熙十二年"复定礼制"，那么很可能在此之前已有议定礼制的举动，大概"重熙九年册皇太子仪"就是当时的一项修订成果。在《辽史·乐志》中还能找到类似的例子。"兴宗重熙九年，上契丹册，皇帝出，奏《隆安》之乐。"[5] 此事亦不见于《辽史》纪传，可能也是针对是年议定契丹册礼仪式而言的。

　　再来解释天祚帝所谓"皇太孙"封号问题。《契丹国志》谓天

1　《辽史》卷五七《仪卫志三》"符印"条，第914页。

2　《辽史》卷一八《兴宗纪一》谓重熙四年六月"皇子宝信奴生"（第216页）。按宝信奴仅此一见，可能出生后不久夭折，故未列入《皇子表》。

3　《辽史》卷一九《兴宗纪二》，第229页。

4　《辽史》卷八九《耶律庶成传》，第1349页；卷一〇三《萧韩家奴传》，第1450页。

5　《辽史》卷五四《乐志》"雅乐"条，第883页。点校本校勘记据《兴宗纪》谓册帝、后在重熙十一年，九年无此事。按"十一年"不大可能误为"九年"，此条记载另有他解。

祚帝在道宗朝为"皇太孙"，[1] 但此事于《辽史》无征。按延禧于大康六年（1080）封梁王，不久被选定为皇位继承人，[2] 九年封燕国王，此后无论是《辽史》还是辽代石刻均称延禧为燕国王，并无"皇太孙"之称。《契丹国志》这部伪书主要抄撮各种宋代文献，这一记载应源自宋人史籍。《东都事略》即谓张舜民于元祐九年（即辽大安十年，1094）使辽时，"见耶律延禧为皇太孙"。[3] 但事实上，张舜民在辽朝见到的真实情况是契丹人"称戎孙为皇子"，张氏对此惊讶不已，愤然曰："若以孙为子，则乱昭穆之序。"[4] 按辽大安十年《耶律庆嗣墓志》及寿昌三年《贾师训墓志》均称延禧为"皇子燕国王"，[5] 知张舜民所言不虚。由此可见，契丹人因伦理行辈观念十分淡薄，皆习称延禧为"皇子"，所谓"皇太孙"者应是汉人根据其皇储身份比附而来的一种说法，辽朝实无此封号。

以上从文献考索的角度证明，道宗洪基和天祚帝延禧都未曾册封过带有"太"字的皇储封号。然而问题在于，既然二人都是皇帝选定的嗣位之君，那么为何不正式册立二人为储呢？究其原因，无非也是由于受契丹传统世选制因素的影响，有其他具有皇位继承资格者竞争储位的缘故。在兴宗朝，皇太弟重元烜赫一时，钦哀后力主以重元为嗣，兄终弟及，但兴宗欲实行嫡长继承，传位洪基，传

1　《契丹国志》卷一〇《天祚皇帝上》，第 99 页。

2　《辽史》卷一〇〇《萧酬斡传》云："时帝欲立皇孙为嗣，恐无以解天下疑，出酬斡为国舅详稳，降皇后为惠妃，迁于乾州。"（第 1429 页）据《道宗纪》，此事在大康八年。

3　王称：《东都事略》卷九四《张舜民传》，赵铁寒主编《宋史资料萃编》第 1 辑，台北：文海出版社，1967 年，第 1462 页。

4　曾布：《曾公遗录》卷九元符三年正月甲申，《藕香零拾》本，北京：中华书局影印本，1999年，第 562 页。"张舜民"，原误作"张舜臣"。

5　《辽代石刻文编》，第 457、478 页。

弟与传子的储位之争直到兴宗末年都异常尖锐。[1] 如贸然立储，必会遭到钦哀后等人的强烈抵制，引发政治冲突，因此兴宗并未册封洪基为"皇太子"。道宗朝皇太子耶律濬被害后，皇储人选一度难产，虽然道宗最终确定皇孙延禧为储嗣，但可能碍于皇弟和鲁斡的权势，所以也没有正式册立延禧。

在辨析了道宗洪基与天祚帝延禧的"太"字封号问题之后，我们接下来讨论"天下兵马大元帅"名号的政治含义。据表三及上文分析可知，辽朝后期"天下兵马大元帅"的封授可具体分为两种情形。

第一种情况是当皇帝所选定的继承人因故未能获得正式册立时，封以"天下兵马大元帅"旨在提高他们的政治地位，使其具有一种近似于准皇储的身份，虽寓有传位之义，但同时其皇位继承的意味又表现得并不十分明确，从而可以避免引发政治纠纷，洪基与延禧二人的情况就是典型的例子。兴宗朝，由于储位之争十分激烈，所以兴宗没有直接册立洪基，而是采取隐蔽的方式，逐步提升他的权势声望，先不断晋升洪基的王爵，重熙十九年（1050）又命他领北南枢密院，[2] 参预朝政，最后于二十一年封为天下兵马大元帅。固然在兴宗心目中，洪基是他选定的嗣位之君，封"天下兵马大元帅"可视为一种变相的立储，但是在旁人看来，兴宗的意图恐

1　宋人王拱辰于至和元年（即辽重熙二十三年，1054）使辽，《续资治通鉴长编》卷一七七至和元年九月辛巳条记载："契丹国母爱其少子宗元，欲以为嗣，问拱辰曰：'南朝太祖、太宗，何亲属也？'拱辰曰：'兄弟也。'曰：'善哉，何其义也。'契丹主曰：'太宗、真宗，何亲属也？'拱辰曰：'父子也。'曰：'善哉，何其礼也。'既而契丹主屏人，谓拱辰曰：'吾有顽弟，他日得国，恐南朝未得高枕也。'"（第 7 册，第 4281—4282 页）这段对话发生于兴宗去世的前一年，反映出钦哀后与兴宗在立储问题上鲜明的立场分歧。

2　《辽史》卷二〇《兴宗纪三》，第 242 页。按洪基已于重熙十二年被任命为知北南院枢密使事，但当时洪基年幼，此职恐怕只是虚授，至十九年才正式让他参预政务。

怕并不为外界所知。当时钦哀后等人并没有反对以洪基为大元帅，直至重熙二十三年兴宗与钦哀后还在宋使王拱辰面前争论皇储人选，就是一个最好的例证。翌年，兴宗病重，诏谕萧革云："大位不可一日旷，朕若弗瘳，宜即令燕赵国王嗣位。"[1] 不久兴宗卒，遗诏洪基嗣位。[2] 由此可知，洪基是在萧革等人的拥立下，通过兴宗遗诏才最终继承皇位的。

延禧的情况与洪基相似。道宗时期，皇弟和鲁斡及其子耶律淳是强有力的储位竞争者，[3] 后来天祚帝即位，马上给和鲁斡父子加官晋爵，对其表现出极大的优待和尊崇，这些都能说明和鲁斡父子地位之显赫。因此，道宗并没有直接册立延禧，而同样是先晋升其王爵，后于大安七年封天下兵马大元帅、总北南院枢密使事，这种做法与兴宗如出一辙。不过稍有不同的是，"天下兵马大元帅"延禧的皇储象征意义可能比洪基要略微明确一些。因为当时萧兀纳等臣僚本就主张让延禧继位，而且道宗选定延禧为嗣后，下令增强对延禧的护卫，并派耶律化哥、王师儒等人教导延禧，大安二年（1086）又"出太祖、太宗所御铠仗示燕国王延禧，谕以创业征伐之难"，[4] 延禧为大元帅之后，寿昌六年（1100）"诏燕国王延禧拟注大将军以下官"。[5] 这种种迹象均已表明延禧的准皇储身份，所以道宗的传位意向可能已为臣僚所知。但无论如何，"天下兵马大元帅"毕竟只有一种皇位继承的象征意义，它还远远不是"皇太子"那样明确无疑

1　《辽史》卷一一三《萧革传》，第 1511 页。

2　《辽史》卷二〇《兴宗纪三》，第 248 页。

3　当时曾有人建议立和鲁斡之子耶律淳为储嗣（见《辽史》卷九八《萧兀纳传》，第 1413 页），道宗似乎也一度有此想法，《辽史》卷三〇《天祚皇帝纪四》附《耶律淳传》即谓"上欲以淳为嗣"（第 352 页）。

4　《辽史》卷二四《道宗纪四》，第 292 页。

5　《辽史》卷二六《道宗纪六》，第 314 页。

的皇储封号。

　　"天下兵马大元帅"除了授予未获册立的皇子或皇孙外，还可适用于另一种情况。当有其他潜在的储位竞争者存在时，封其为"天下兵马大元帅"以抬高他们的地位，此举重在安抚，虽然这也使得他们具有某种近乎准皇储的身份，但其皇位继承的意味则显得十分模糊暧昧，实际上皇帝并无传位之心，这样的显例就是重元与和鲁斡。据《辽史》，清宁元年（1055），道宗即位当月便封皇太弟重元为皇太叔，免拜不名，二年封其为"天下兵马大元帅"；乾统元年（1101），天祚帝即位不久即以和鲁斡为"天下兵马大元帅"，免拜不名，三年被封为"皇太叔"。这显然是出于笼络安抚的政治目的而赐予的崇高荣誉。但就皇帝本意而言，封此二人为"天下兵马大元帅"其实并无传位之意。《辽史·天祚皇帝纪》谓天祚之子雅里"七岁，欲立为皇太子"，[1] 据蔡美彪先生考证，这一记载实指天祚另一子挞鲁，[2] 挞鲁生于寿昌三年（1097），至乾统三年（1103）进封燕国王，恰好七岁，当时和鲁斡已为天下兵马大元帅，而天祚帝则欲立挞鲁为"皇太子"，这就清楚地表明了天祚帝所认可的皇储人选。

　　需要补充说明的是，在这种情况下，"皇太弟""皇太叔"与"天下兵马大元帅"类似，应当具有同样的皇位继承象征意义。除道宗、天祚帝分别册封重元、和鲁斡为皇太叔外，纵观辽史，亦有景宗追册罨撒葛为皇太叔、圣宗追册隆庆为皇太弟、兴宗封重元为皇太弟之事。从辽朝皇帝的立场来说，这些封授恐怕都是为了安抚传统世选制下的皇位继承人而赐予的荣誉称号，其象征意义远大于

1　《辽史》卷三〇《天祚皇帝纪四》，第353页。

2　蔡美彪：《辽代后族与辽季后妃三案》，《历史研究》1994年第2期，第58页。

实际意义。不过，可能在朝臣看来，这些名号毕竟隐约体现出一种近乎准皇储的身份，故而有人在撰写和鲁斡哀册铭文时亦称其"封以太字，位之储邸"。[1]

综上所述，辽朝后期的"天下兵马大元帅"体现出皇位继承的象征意义，但这种象征意义具有晦暗不明的特点，当它被授予不同的皇位继承人选时，其象征性亦不尽相同，可以具体分为两种情况。如将它封授给未获册立的皇子或皇孙，那么"天下兵马大元帅"的皇储象征意义相对较为明确；如授予其他的皇储候选人，那么其象征意义就变得十分微弱了。这一现象实际上反映出契丹传统世选制对辽后期皇位继承的深刻影响。

最后，还需在此对辽末"都元帅"名号问题附带加以解释。天庆六年（1116）六月，魏国王耶律淳"进封秦晋国王，为都元帅"。[2]关于"都元帅"称号的来源，《辽史·耶律善补传》有一条记载："统和初，为惕隐。会宋来侵，善补为都元帅逆之，不敢战，故岭西州郡多陷，罢惕隐。"[3]蔡文认为《圣宗纪》只称善补为惕隐，无"都元帅"之号，故怀疑此"都元帅"或出自宋人记事，并非辽朝的正式称号，至天祚帝时才首次设立"都元帅"，并猜测这一名号可能源自唐代的"兵马都元帅"，且谓在唐代"兵马都元帅"是仅次于"天下兵马元帅"的皇族封号。[4]按辽宋交战之时，善补被临时任命为"都元帅"统兵作战，这是完全有可能的，《圣宗纪》以善补本官惕隐称之，并无矛盾，故不能轻易否定本传的记载。或许辽末以耶律淳为都元帅就是沿袭了圣宗朝以善补任此职的先例，并不

1　清格勒、刘凤翥：《契丹小字〈皇太叔祖哀册文〉考释》，第 16 页。

2　《辽史》卷二八《天祚皇帝纪二》，第 334 页。

3　《辽史》卷八四《耶律善补传》，第 1310 页。

4　蔡美彪：《论辽朝的天下兵马大元帅与皇位继承》，第 97 页。

需要远溯唐朝去寻找制度依据。况且蔡文对唐代"兵马都元帅"的性质也有所误解。据《旧唐书》,李希烈反,德宗以舒王谟为荆襄、江西、沔鄂等道节度诸军行营兵马都元帅以讨之。[1] 唐代的"兵马都元帅"仅此一见,完全是出于平叛需要而设的军事职务,兵罢则废,绝不是一个正式的皇族封号。

　　关于"都元帅"名号的作用,蔡文认为它是耶律淳被拥立为帝的制度依据。[2] 据《辽史》,当时女真勃兴,辽势日蹙,天庆五年(1115)天祚帝亲征女真败绩,次年即任命耶律淳为"都元帅",全称为"判留守诸路兵马都元帅府事",[3] 同时又以萧挞不也为副元帅,七年天祚帝"命都元帅秦晋王赴沿边,会四路兵马防秋"。[4] 根据这些记载,可见设置"都元帅"主要是出于军事上抵御女真的需要,它应当是一个纯粹的军帅之号,这与圣宗时善补任都元帅的情形是十分相似的,因此辽末"都元帅"名号恐怕与皇位继承并无瓜葛。那么耶律淳为何能获得拥立呢?《三朝北盟会编》记载:

　　　　秦晋国王耶律淳,兴宗之孙,道宗洪基弟弘本(系和鲁斡汉名)之子,于天祚为从叔。初,洪基囚其子濬,欲立淳为储贰,不果,已而立天祚。淳守燕十二年,得人心,号"燕王",又谓"九大王",又谓"覃湘大王"。在府藩汉百官、诸军并僧道父老数万人,三月十七日诣都元帅燕王府劝进,遂即位于燕京。[5]

1　《旧唐书》卷一四五《李希烈传》,第3944页。

2　蔡美彪:《论辽朝的天下兵马大元帅与皇位继承》,第97—98页。

3　见天庆九年《天王寺建舍利塔碑记》,梅宁华主编《北京辽金史迹图志》,北京:北京燕山出版社,2004年,下册,第25—26页。

4　《辽史》卷二八《天祚皇帝纪二》,第336页。

5　《三朝北盟会编》卷五宣和四年三月十七日丙子条,叶3a—3b。"洪""弘",原作小字"庙讳",据清光绪三十四年许涵度刻本(上海:上海古籍出版社影印本,2008年)补。

这段引文透露出拥立耶律淳的两个主要原因：一是其身份之尊，耶律淳有着显赫的家世，在契丹人的世选观念中，他是强有力的皇位竞争者，在天祚朝他还"历王大国，受赐金券，赞拜不名"，[1] 享有很高的政治地位；二是其声望之高，和鲁斡父子相继担任南京留守，长期经营燕京，在当地广得人心、深孚众望。然而"都元帅"称号在耶律淳自立称帝的过程中似乎并未发挥作用，恐怕并不是他被拥立的身份依据。

四 辽朝皇储名号的多重体系

由上文可知，辽朝的"天下兵马大元帅"最初只是一个单纯的军事统帅称号，大概是由于辽太宗以大元帅身份继承皇位，故自兴宗以后每当皇位继承出现矛盾时，辽帝便通过封授"天下兵马大元帅"以提升准皇储的政治地位，或安抚潜在的皇位竞争者，从而使"天下兵马大元帅"在辽后期体现出一种皇位继承的象征意义。其实，与中原王朝迥然不同，辽朝的皇储名号是相当复杂的，具有爵、职、衔、号等多重体系，"天下兵马大元帅"只不过是众多皇储名号中类似于军衔的一个荣誉称号罢了，这是辽代特殊政治生态的一种集中反映。

辽太祖、太宗两朝，效仿汉制，均以"皇太子"为嗣位储君的正式封号，而世宗、穆宗、景宗在位期间，因未明确指定皇位继承人，故无所谓皇储名号可言。然自圣宗以降，辽朝出现了授予皇储的多种名号，呈现出一种多样化的特点（见表四）。[2]

---

1 《辽史》卷三〇《天祚皇帝纪四》，第 358 页。
2 葛华廷、王晓宁《辽朝皇位继承研究》（以下简称"葛文"）一文对辽朝皇储名号问题亦有讨论，也指出其所具有的多样性特点（《辽金历史与考古》第 8 辑，北京：科学出版社，2017 年，第 74—81 页）。

表四 辽中后期皇储名号一览

皇储	王爵	职任	军衔	封号	本官
圣宗	梁王				
兴宗	梁王	判北南院枢密使事		皇太子	
道宗	梁王 燕国王 燕赵国王	知北南院枢密使事 领北南枢密院* 知惕隐事	天下兵马大元帅		尚书令
太子濬	梁王 燕国王**	领北南枢密院事		皇太子	
天祚帝	梁王 燕国王	知中丞司事 总北南院枢密使事	天下兵马大元帅		守太尉,兼中书令 尚书令
挞鲁	梁王 燕国王			欲立为皇太子	

　*此据《辽史》卷二〇《兴宗纪三》(第242页),卷二一《道宗纪一》作"总北南院枢密使事"(第251页)。

　**《辽史·道宗纪》未言耶律濬曾封为燕国王,然卷九五《耶律陈家奴传》云:"清宁初,累迁右夷离毕。适帝与燕国王射鹿俱中,王时年九岁,帝悦,陈家奴应制进诗。帝喜,解衣以赐。后皇太子废,帝疑陈家奴党附,罢之。"(第1391页)此处"燕国王"即指耶律濬,他于清宁九年封梁王,咸雍元年立为皇太子。据卷六八《游幸表》(第1070页)与卷七二《顺宗濬传》(第1215页),濬从道宗射鹿之事恰在清宁十年七月,故推测清宁十年梁王濬进封为燕国王,不过当时濬年仅七岁,与"王时年九岁"的说法不合,可能是《陈家奴传》记载有误。

　资料来源:据《辽史》诸帝纪及《皇子表》整理。

　由表四可知,圣宗以"梁王"即位,遂被奉为故事,此后诸帝皆以"梁王"作为首封皇储的爵号。[1] 道宗于大康五年十月诏"惟

1　葛文表示后梁朱温以梁王建国,后周恭帝以梁王即位,或许是辽朝以"梁王"作为皇储爵号的来源,可备一说。

皇子仍一字王，余并削降"，次年即封延禧为梁王，[1] 进一步凸显了"梁王"在诸王爵中的特殊地位。兴宗在"梁王"之上又设置"燕国王"和"燕赵国王"两个等级作为皇储的晋升之阶，这三个王号都是皇储所独有的。[2] 从道宗到挞鲁都是幼年封梁王，不久便由梁王进封为燕国王，可见此封王之举在辽后期成为定制，只不过"燕赵国王"在道宗以后似乎没有继续使用。

在辽中后期，"皇太子"封号是最为明确的皇储标志，如兴宗以皇太子即位，太子濬也高调地宣称自己"今为储嗣"，[3] 以证明其储君身份。圣宗、道宗皆曾册立皇太子，天祚帝也欲立挞鲁为皇太子，说明皇太子继承制在辽朝已经确立。只不过兴宗时因为传弟与传子的储位之争十分尖锐，所以兴宗未能顺利地册封洪基为皇太子，只能通过封授"天下兵马大元帅"的隐蔽方式来提升其地位。不过需要重申的是，重元、和鲁斡等人所封"皇太弟""皇太叔"，主要是出于笼络安抚的目的而给予的崇高封号，并不代表皇帝的传位意向，所谓"封以太字，位之储邸"恐怕只是辽人的溢美之词。

除了拥有爵位、封号外，身为皇帝佐贰，自然应当承担实际政务，这个职事官就是"判北南院枢密使事"，又称"领北南枢密院""领北南枢密院事""总北南院枢密使事"等。[4] 北、南枢密院

1　《辽史》卷二四《道宗纪四》，第284页。

2　按统和十六年进封恒王隆庆为梁国王，"梁国王"属一字国王，与"梁王"绝不可等同，《契丹国志》卷一四《孝文皇太弟传》谓隆庆封"梁王"（第152页），实为宋人误记。又宋代文献有称重元、耶律淳为"燕王"的记载，其实辽朝并未封二人为"燕王"，更不是"燕国王"，大概是因为他们二人长期担任南京（燕京）留守，故而被人俗称为"燕王"，如上引《三朝北盟会编》卷五宣和四年三月十七日丙子条即云："淳守燕十二年，得人心，号'燕王'。"（叶3b）

3　《辽史》卷一一〇《耶律燕哥传》，第1487页。

4　"判北南院枢密使事"一职可能源于统和中韩德让曾担任过的"总二枢府事"，后来它成为皇储的专属职任。葛文认为韩德让出任"总二枢府事"，说明他也具有皇位继承的资格，此说恐误。

是辽朝最高的行政机构,"总北南院枢密使事"相当于皇帝之下的最高行政长官,位高权重,自当由皇储担任。如《辽史·顺宗濬传》谓大康元年命太子濬兼领北南枢密院事,[1] 本纪记载是年六月"诏皇太子总领朝政",[2]《耶律乙辛传》亦云:"大康元年,皇太子始预朝政,法度修明。"[3] 说明"领北南枢密院事"确有"总领朝政"的职责,绝非虚职。《道宗纪》言道宗洪基尝于兴宗重熙二十一年"知惕隐事,预朝政",[4]"知惕隐事"应当是洪基的兼职,真正使他"预朝政"的还是"领北南枢密院"的本责。兴宗、道宗、太子濬和天祚帝都无一例外地担任过"总北南院枢密使事"之职,参预朝政,说明这一职位应当是专门为皇储而设的,换言之,任此职者必为国之储副。[5] 重元于重熙七年也曾任判北南院枢密使事,加之兴宗酒后有"千秋万岁后传位"之言,故有理由怀疑兴宗最初可能一度有让重元继位之意。天祚帝时,挞鲁早卒,且辽末内外交困,无人再任"总北南院枢密使事"。

概言之,与中原王朝不同,辽朝后期皇储的身份地位是由多重名号体系共同决定的。他们有着固定的王爵,即"梁王→燕国王",也有"总北南院枢密使事"的共同职任,这些王号、职官为皇储所独有,兼具此二者就是真正的皇位继承人。"皇太子"更是一个明确无误的皇储封号,而"天下兵马大元帅"虽具有皇位继承的象征意义,但并非皇储专有,不能仅凭这一虚衔来判断储君人选。另外,授予皇储的本官可能只是用于标注品位,似乎并不太重要。

1　《辽史》卷七二《顺宗濬传》,第1215页。

2　《辽史》卷二三《道宗纪三》,第277页。

3　《辽史》卷一一〇《耶律乙辛传》,第1484页。

4　《辽史》卷二一《道宗纪一》,第251页。

5　康鹏也认为辽圣宗以后,总领北南枢密院者具有继承皇位的资格,参见《辽代五京体制研究》,第21页。

　　因受皇位斗争的影响，辽朝后期出现了授予皇位继承人的多种名号，包括爵、职、衔、号等多重体系，此举旨在通过名号封授以平衡各方势力，避免政治冲突。综观这些皇储名号，明显体现出注重成例、因循故事的习惯法特点。如圣宗以梁王即位，"梁王"之号遂被沿用不辍；圣宗命皇太子宗真为"判北南院枢密使事"，于是此职官便成为储君的必摄之位；太宗以"天下兵马大元帅"身份夺取帝位，兴宗便将此名号授予皇子洪基。

　　"因俗而治"是辽朝的基本国策，此前学者们往往将其狭义地理解为"以国制治契丹，以汉制待汉人"的二元政治。但其实若从广义的角度来看，辽人所因循之旧"俗"可以是较为宽泛的，除了指不同民族的政治、文化传统之外，或许也可以包括政治制度中某些可资施政的成例或故事。以上所述辽代皇储名号的多重体系就是契丹人援引各种先朝旧例而成的结果，从这个意义上来说，本文所讨论的辽代皇储名号问题似乎也可以归入辽朝"因俗而治"政治文化的范畴。

原载《民族研究》2015 年第 2 期

"元谋叛辽十弟兄"与金初皇位继承
——兼论勃极烈辅政群体之构成

金朝是由以完颜部为核心的女真族群所建立的政权,《金史·世纪》记载了完颜部历代先祖筚路蓝缕、走向强盛的早期历史,他们在金朝建国后均被追尊为帝。从《世纪》的记述来看,[1] 完颜部历代首领的传承世系呈现出一个鲜明的特点(参见附图):自始祖函普至世祖劾里钵皆为父死子继,而自世祖以后则变为兄终弟及。这种兄终弟及的传位方式一直延续到金朝建立之后的太祖阿骨打、太宗吴乞买时期,至熙宗完颜亶即位后打破了这一传统,确立汉式的嫡长子继承制。关于女真早期至金初最高首领继承制的这一演变情

1　《金史》卷一《世纪》,北京:中华书局,1997年,第1—17页。

况，前辈学者已多有论述，[1] 尤其是对那段兄终弟及的传位时期颇为
关注，并指出其具体形式是前任首领正室所生诸子以兄终弟及的方
式依次继任，待轮遍后再回传于长兄之子，开启新的轮回，[2] 宋人记
载称之为"兄弟相传，周而复始"。[3] 金初，这种传统的兄终弟及向
嫡长继承制转变的关键节点就是太宗朝的储嗣之争，其中还牵涉到
所谓"太祖元约"的问题，此前学者虽有所研究，[4] 但由于未对《三
朝北盟会编》所保存的一条《神麓记》佚文引起充分注意，从而留
下了进一步讨论的空间。本文拟在前人研究基础上，以《神麓记》
佚文为中心对相关问题进行探讨，并试图将金初的勃极烈制联系起
来，希望能够带来新的认识。

一　问题之缘起：金太宗朝的储嗣之争

金太祖完颜阿骨打卒，传位于其弟太宗吴乞买。太宗即位后，
按照兄终弟及的原则，又以其弟斜也（汉名杲）为谙班勃极烈，立
为储嗣。但天会八年（1130）斜也死后，储位空悬，《金史·熙宗
纪》记云：

1　代表性论著有唐长孺《金初皇位继承制度及其破坏》，《山居存稿》，北京：中华书局，1989
　　年，第478—484页；王德忠《女真政权传世方式琐谈》，《北方文物》1989年第2期，第
　　80—84页；董四礼《金代皇位继承制度试探》，《史学集刊》1995年第3期，第14—17
　　页；杨志玖《金朝皇位继承问题探讨》，《陋室文存》，北京：中华书局，2002年，第200—
　　205页。
2　张博泉先生最早在《金史简编》一书中即已指明这一传位特征（沈阳：辽宁人民出版社，
　　1984年，第48页），此后学者看法基本相同。董四礼认为兄终弟及的继承方式可能至少在
　　景祖乌古乃时即已存在（《金代皇位继承制度试探》，第14页）。
3　旧题刘忠恕《裔夷谋夏录》卷一，黄宝华整理点校，《全宋笔记》第五编，郑州：大象出版
　　社，2012年，第1册，第75页。
4　前引研究金代皇位继承制度的论著均有相关论述，专题论文见董四礼《试论金天会十年的皇
　　储之争》，《求是学刊》1989年第3期，第83—87页。

天会八年，谙班勃极烈杲薨，太宗意久未决。十年，左副元帅宗翰、右副元帅宗辅、左监军完颜希尹入朝，与宗干议曰："谙班勃极烈虚位已久，今不早定，恐授非其人。合剌，先帝嫡孙，当立。"相与请于太宗者再三，乃从之。四月庚午，诏曰："尔为太祖之嫡孙，故命尔为谙班勃极烈，其无自谓冲幼，狎于童戏，惟敬厥德。"谙班勃极烈者，太宗尝居是官，及登大位，以命弟杲。杲薨，帝定议为储嗣，故以是命焉。[1]

《金史·宗翰传》亦有内容大致相同的记载。[2] 自天会八年至十年，象征储嗣身份的谙班勃极烈之位空虚已久，宗翰与宗干、宗辅、完颜希尹等人定议，多次请求太宗立太祖嫡孙合剌（汉名亶）为储，[3] 太宗虽本无此意，但迫于无奈，最终不得不命合剌为谙班勃极烈，后即位为熙宗。

《金史》对于这次立储的记载皆归功于宗翰、宗干等人之定策，整个议立过程总体显得波澜不惊，较为平顺。然而在宋人笔下，却另有一番说法。曾羁留金朝长达十五年之久的宋使洪皓于《松漠记闻》中记曰："及吴乞买卒，其子宋国王与固硉、粘罕争立，以今主为嫡，遂立之。"[4] 这里提到的"宋国王"是指太宗长子宗磐，"固硉"指宗干，"粘罕"即宗翰之女真语名，"今主"为熙宗。此处称宗磐、

---

1 《金史》卷四《熙宗纪》，第 69 页。

2 《金史》卷七四《宗翰传》，第 1699 页。

3 大定十七年《完颜希尹神道碑》亦云："先是，储副虚位……太傅（即宗干）密令左右元帅（即宗翰、宗辅）与王（即完颜希尹）来朝，相与协心，主建储，口议援立闵宗（后改庙号为熙宗）。"（罗福颐：《满洲金石志》卷三《贞宪王完颜希尹神道碑》，《石刻史料新编》第 1 辑，台北：新文丰出版公司，1982 年，第 23 册，第 17292 页下栏）

4 洪皓：《松漠记闻》卷上，《辽海丛书》本，沈阳：辽沈书社影印本，1985 年，第 203 页下栏。

宗幹、宗翰争立在太宗吴乞买死后，时间有误，此事当发生于天会十年议立谙班勃极烈之时，[1] 透露出当时似乎有过储位之争。更为详细的记载见于《三朝北盟会编》（以下简称《会编》）卷一六六引《神麓记》：

> 吴乞买病，其子宗盤称是今主之元子，合为储嗣阿宰。宗幹称系是太祖武元长子，合断元约作储君。粘罕宗维称于兄弟最年长功高，合当其位。吴乞买不能决夺者累日。有杨割太师幼子乌野完颜勗，受师于本朝主客员外郎范正图，略通文义，奏太宗曰："臣请为筹之。初太祖约称元谋弟兄轮足，却令太祖子孙为君，盟言犹在耳。所有太祖正室慈惠皇后亲生男圣果早卒，有嫡孙喝啰可称按班宰极列，以为储嗣，见年一十五岁矣。"粘罕、悟室利于幼小易制，宗幹系伯父，续其母，如己子也，遂共赞成其事。是故除宗盤为忽鲁宰极列（原注：乃尚书令），除宗幹为固论宰极列（原注：乃录尚书事），除宗维为异辣宰极列（原注：乃丞相），遂迁乌野完颜勗为左丞以赏之。[2]

《神麓记》作者为苗耀，见于《会编》书前所列引用书目著录。[3] 苗耀其人不详，有学者判断他可能是由金入宋的归正人。[4]《神麓记》

1　参见董四礼《试论金天会十年的皇储之争》，第 83 页。

2　徐梦莘：《三朝北盟会编》卷一六六绍兴五年正月"金主元（完）颜亶立"条引《神麓记》，《中华再造善本》影印国家图书馆藏明抄本，北京：国家图书馆出版社，2013 年，叶 3a—3b。据国家图书馆藏明湖东精舍抄本、日本京都大学图书馆藏清抄本及清光绪五年袁祖安活字本、三十四年许涵度刻本校正（以下诸参校本均作简称）。

3　《三朝北盟会编》卷首《书目》，叶 13a。

4　刘浦江：《关于金朝开国史的真实性质疑》，《辽金史论》，沈阳：辽宁大学出版社，1999 年，第 7 页。

此书早已亡佚，今仅存若干佚文见于《会编》，《建炎以来系年要录》（以下简称《要录》）亦多有采据。从这些佚文来看，此书记金朝杂事，其下限迄于世宗即位、海陵被弑，推测其成书年代或在世宗初，其内容多有源自金朝方面的原始资料，史料价值颇高。[1] 以上这段引文是目前所见有关金太宗朝储嗣之争最为详赡的记载，亦被修入《要录》。[2] 此处所记当即天会十年立储之事，盖是时谙班勃极烈虚位已久，且太宗患病，故亟须确立皇位继承人，当时觊觎储位者主要是宗盘（即宗磐）、宗幹、粘罕（此处称宗维，实即宗翰）三人，与洪皓《松漠记闻》所记合。宗磐乃太宗吴乞买的嫡长子，[3] 宗幹为太祖阿骨打的庶长子，而粘罕系阿骨打从兄国相撒改之子，与宗磐、宗幹为从兄弟，最为年长，且在灭辽伐宋中功高，三人都声称自己合当储位。故太宗犹豫不决，后阿骨打叔父穆宗盈歌（即此处所称之杨割太师）幼子完颜勗（女真名乌野）[4] 奏请立太祖嫡孙喝啰为储，"喝啰"即完颜亶女真名"合剌"之异译。此议一出，得到多方响应。其时完颜亶年仅十五岁，[5] 粘罕、悟室认为他"幼小易制"，此"悟室"即完颜希尹；[6] 完颜亶之父为太祖嫡长子宗峻（女真名绳果，此处"圣果"系同名异译），卒于天会二年，[7] 其庶长兄

1　参见傅朗云《评苗耀〈神麓记〉的史料价值》，《北方文物》1987 年第 4 期，第 74—76 页；邱靖嘉、李京泽《关于金太祖的一则佚史——兼论金朝修史的改篡问题》，《中华文史论丛》2021 年第 4 期，第 272—277 页。

2　李心传：《建炎以来系年要录》卷八四绍兴五年正月末，胡坤点校，北京：中华书局，2013 年，第 4 册，第 1603 页。

3　大定十七年《完颜希尹神道碑》亦称"宗磐自以为太宗元子"（《满洲金石志》卷三《贞宪王完颜希尹神道碑》，第 17292 页下栏）。

4　《金史》卷六六《完颜勗传》，第 1557 页。

5　按《金史·熙宗纪》，完颜亶生于天辅三年（1119），至天会十年（1132）当为十四岁，与此略有差异。

6　《松漠记闻》卷上记云："悟室者，女真人……名希尹。"（第 203 页下栏）

7　《金史》卷三《太宗纪》，第 51 页。

宗幹遂续其妻，并将完颜亶收为养子，[1] 视如己出。于是这些人便"共赞成其事"，太宗终以完颜亶为谙班勃极烈，而宗磐、宗幹、宗维（宗翰）皆除拜勃极烈，以示安抚。《金史·太宗纪》谓天会十年四月，"以太祖孙亶为谙班勃极烈，皇子宗磐为国论忽鲁勃极烈，国论勃极烈宗幹为国论左勃极烈，移赉勃极烈、左副元帅宗翰为国论右勃极烈兼都元帅"，[2] 此处所涉人物皆与《神麓记》相合，唯在官号上有所出入，大概是《神麓记》所记稍有不确。但可以肯定的是，这段《神麓记》记事的个中细节多可得到《金史》《松漠记闻》等文献之佐证，大体应当是可信的。由此可知，天会十年立储时，宗磐、宗幹、宗翰三人曾有争立之举，后因完颜勗提议立太祖嫡孙完颜亶，经过各方博弈，才最终达成一致，其间暗潮汹涌，并非如《金史》所记宗翰、宗幹、完颜希尹等人一开始便齐心协力，定议援立完颜亶。今本《金史》的这些记载当源出大定七年（1167）修成之《金太宗实录》，[3] 盖金朝史官于议储之事有所隐讳删削。清人施国祁在评论上引这段《神麓记》佚文时，即谓"案此文似非不实而为，大定史臣于《实录》中讳削殆尽，故纪传及本传皆无明文"。[4]

值得注意的是，完颜勗奏请立太祖嫡孙时提到"初太祖约称元谋弟兄轮足，却令太祖子孙为君，盟言犹在耳"。可知太祖阿骨打曾与所谓"元谋弟兄"立有誓约，其内容是君位继承先依旧兄弟相传，待轮遍后再回传至太祖子孙，《要录》将其概括为金太祖"有约

1　《松漠记闻》卷上记云："阿骨打八子，正室生绳果……绳果死，其妻为固础（指宗幹）所收，故今主（即熙宗）养于固础家。"（第 203 页下栏）

2　《金史》卷三《太宗纪》，第 64 页。

3　《金史》卷六《世宗纪上》，第 139 页。

4　施国祁：《金史详校》卷七，《续修四库全书》影印清光绪六年会稽章氏式训堂刻本，上海：上海古籍出版社，2002 年，第 293 册，第 227 页上栏。

兄终弟及，复归其子"。[1] 宗幹自以为"合断元约作储君"，他所说的"元约"指的就是这一约定。不过，按照前述完颜部首领的继承传统，无论是兄终弟及还是复归其子，均仅限于正室所生诸嫡子。太祖元配圣穆皇后唐括氏生嫡子三人——宗峻、乌烈、宗杰，[2] 至天会十年均已亡故，因此宗幹认为可以其庶长子身份继位，而完颜晟则主张立宗峻之子、太祖嫡孙完颜亶为储嗣，更符合太祖"元约"，这也是完颜亶之所以能够获得拥立、太宗不敢私传其子的主要原因。尽管根据上引《神麓记》的记载我们可以窥知太祖"元约"的存在及其主要内容，这一点前辈学者已有措意，然而有待进一步追问的是，这个所谓的太祖"元约"究竟是在何时、何地以及与哪些"元谋弟兄"共同定立的？其实，这对于我们更深地了解金朝建国前后的传位方式及其相关政治制度问题具有重要意义，值得作一番细致的考索和探析。

二 "元谋叛辽十弟兄"与传位之约

实际上，就在《会编》卷一六六上引《神麓记》佚文之下，还有一段出自《神麓记》的文字对于我们理解所谓太祖"元约"的问题十分重要，惜前人皆失之眉睫，未能引起充分注意。兹引录于下，以备讨论：

1　《建炎以来系年要录》卷八四绍兴五年正月末，第 1603 页。旧题宇文懋昭《大金国志》卷八《太宗文烈皇帝六》谓"方武元之立太宗也，元约互传于子孙"（崔文印校证《大金国志校证》，北京：中华书局，1986 年，第 130 页），此说有误，不可信据。

2　《金史》卷六九《太祖诸子传》，第 1603 页。按三子中乌烈早夭，宗峻、宗杰分别卒于天会二年和五年。

又曰：女真初，元谋叛辽十弟兄，兀古达为谋首，同叔杨割、兄兀啰束、河民字极列十室、阿失字极列阿鲁曷母并幔独化实、骨论你字极列撒改（原注：粘罕父也）、迭字极列斡鲁、再字极列蒲霞奴、按班字极列谢也，轮作君王。至天会间，余人皆死，唯有太宰、按班字极列谢也称皇太弟储君，常欲尽坑南人，吴乞买不从其请。缘金河春水泛涨，浸彼宫室，刷夫数万，移改河漕，离其傍侧，未及毕工，因病身死，遂立太祖之嫡孙。[1]

这里明确提到女真起兵出于"元谋叛辽十弟兄"之筹谋，并具体列出了此十弟兄之名，且称他们"轮作君王"，这些信息与完颜勖所说"初太祖约称元谋弟兄轮足"相合，可知此处所见"元谋叛辽十弟兄"应该就是当初定立太祖"元约"之人。那么，对于这十弟兄的逐一分析将有助于我们进一步了解他们的群体特征以及这一记载的信实程度。

上引《神麓记》谓"元谋叛辽十弟兄，兀古达为谋首"。"兀古达"即阿骨打之同名异译。阿骨打为世祖劾里钵第二子，[2]生于辽咸雍四年（1068），"世祖尤爱之"，[3]对他寄予厚望，临终前对穆宗说其长子"乌雅束柔善，若办集契丹事，阿骨打能之"，[4]明确表示期望阿骨打将来能够带领女真人摆脱辽朝控制，争取民族独立。此后，在肃宗颇剌淑、穆宗盈歌和康宗乌雅束在位时期，阿骨打始终

1　《三朝北盟会编》卷一六六绍兴五年正月"金主元（完）颜亶立"条引《神麓记》，叶 3b—4a。据明湖东精舍本、清抄本及活字本、许刻本校正。

2　《三朝北盟会编》卷一八宣和五年六月"金国主阿骨打殂于军前"条引《神麓记》谓"劾里孛生长子兀啰束，第二子兀古达，乃太祖大圣武元皇帝"（叶 4b—5a）。

3　《金史》卷二《太祖纪》，第 19 页。

4　《金史》卷一《世纪》，第 10 页。

是完颜部统治家族的核心成员，多次参与平定女真内部叛乱，扩大女真部落联盟，发挥重要作用。"穆宗亦雅重太祖，出入必俱。太祖远出而归，穆宗必亲迓之。"[1]而且穆宗还采纳阿骨打的建议，命"擅置牌号者置于法，自是号令乃一，民听不疑"，[2]女真愈益强盛。后来，阿骨打不负众望，果真率领女真人起兵反辽，建立金国，是为太祖，终开创金源一朝盛世。

在"谋首"兀古达之后，下列九名同伙。其一，"叔杨割"。此人即阿骨打之叔穆宗盈歌，"杨割"乃其异译。世祖死后，首领之位传于其弟肃宗颇剌淑，辽大安十年（1094）肃宗卒，幼弟穆宗袭位。[3]穆宗时期，仍主要致力于巩固完颜部对女真族群的支配地位，平定诸部叛乱，对外与辽朝保持友好关系，助辽平鹰路。然辽乾统二年（1102，穆宗九年），辽人萧海里叛入女真，[4]欲联结穆宗反辽，为穆宗所拒。辽军追捕萧海里，攻之不克，穆宗遣阿骨打等出战，大破其军，杀海里，献馘于辽，"金人自此知辽兵之易与也"。[5]《契丹国志》称"杨割父子自平萧解里之后，内恃有功于辽，阴怀异志"，[6]此处"萧解里"即萧海里，"杨割父子"其意应是指穆宗和阿骨打，两人实为叔侄，此误作父子，有所不确。《契丹国志》乃是元代书贾据各种宋代文献抄撮而成的伪书，这条记载很可能源出史愿《金人亡辽录》，[7]总体可信度较高。由此看来，大概至穆宗在位

1　《金史》卷二《太祖纪》，第20页。

2　《金史》卷一《世纪》，第15页。

3　《金史》卷一《世纪》，第11—13页。

4　《辽史》卷二七《天祚皇帝纪一》，北京：中华书局点校修订本，2016年，第357页。

5　《金史》卷一《世纪》，第15页。

6　旧题叶隆礼《契丹国志》卷九《道宗天福皇帝》，贾敬颜、林荣贵点校，北京：中华书局，2014年，第103页。

7　关于《契丹国志》与《金人亡辽录》的渊源关系，参见高宇《〈契丹国志〉研究》，北京大学博士学位论文，2012年，第31—37页。

后期，由于对辽朝军力虚实有了比较直观的了解，遂生叛辽之心。

其二，"兄兀啰束"。此人即世祖长子、阿骨打之兄康宗乌雅束。辽乾统三年，穆宗卒，首领之位复传于世祖之子，故康宗以嫡长袭位。世祖临终时将阿骨打托付于穆宗，称"乌雅束柔善，惟此子足了契丹事"，[1] 说明世祖早已将阿骨打定为能够振兴女真的理想接班人，但囿于兄终弟及的传统，仍须先由康宗继位。至辽天庆三年（1113），康宗卒，终传位于太祖阿骨打。

其三，"河民孛极列十室"。据译音判断，此人当即习不失，"十室"盖为其省译，《金史》卷七〇有传。[2] 据本传可知，其名本作"辞不失"，后定为"习不失"，乃昭祖石鲁次子乌骨出之子，论行辈当为阿骨打之从父（参见附图）。习不失健捷善射，在世祖时屡立战功，后太祖伐辽，他亦为一员猛将。收国元年（1115）七月，拜为阿买勃极烈。《神麓记》作"河民孛极列"，显然不确，"河民"很可能是"阿買"二字传抄之误。习不失卒于天辅七年（1123）。

其四和其五，"阿失孛极列阿鲁曷母并幔独化实"。这里提到两个人名，"阿鲁曷母"系"阿离合懑"之同名异译，此人《金史》卷七三有传。[3] 阿离合懑乃景祖第八子，为阿骨打叔父，健捷善战，多有军功，"太祖谋伐辽，阿离合懑实赞成之"，收国元年为国论乙室勃极烈，天辅三年卒。而"幔独化实"系"谩都诃"之异译，此人乃景祖第九子，[4] 亦为阿骨打叔父，《金史》记载不多，仅知其善射，"屡从征伐，天会二年为阿舍勃极烈"，次年卒。[5]《神麓记》称

1　《金史》卷二《太祖纪》，第 20 页。

2　《金史》卷七〇《习不失传》，第 1617—1619 页。

3　《金史》卷七三《阿离合懑传》，第 1671—1672 页。

4　《金史》卷五九《宗室表》，第 1363 页。

5　《金史》卷六五《始祖以下诸子传》，第 1545 页。

阿离合懑、谩都诃两人并为"阿失孛极列"，有误，"阿失"当即"阿舍"之异译，为"阿失孛极列"者应仅谩都诃一人，阿离合懑当为乙室勃极烈，不可混淆。

其六，"骨论你孛极列撒改"。撒改，《金史》卷七〇有传。[1] 他是景祖长子、世祖之兄劾者的长子，为阿骨打之从兄，粘罕（宗翰）之父。穆宗命撒改为国相，地位甚高。阿骨打继任首领后，一度"与撒改分治诸部，匹脱水以北太祖统之，来流水人民撒改统之"。传称"伐辽之计决于迪古乃，赞成大计实自撒改启之"。收国元年七月，拜为国论勃极烈。《神麓记》作"骨论你孛极列"，"骨论"即"国论"之异译，"你"在女真语中表示所有格后置的语法功能。撒改卒于天辅五年。

其七，"迭孛极列斡鲁"。斡鲁，《金史》卷七一有传。[2] 他是劾者次子、撒改之弟，亦为阿骨打从兄，在伐辽过程中屡立战功。收国二年五月，"以斡鲁为南路都统、迭勃极烈"，[3] 与《神麓记》所记同。后斡鲁卒于天会五年。

其八，"再孛极列蒲霞奴"。此人即蒲家奴，汉名昱，《金史》卷六五有传。[4] 他是景祖第三子、世祖弟劾孙之子，与阿骨打为从兄弟，屡从征伐，天辅五年为昃勃极烈。《神麓记》作"再孛极列"，"再"当为"昃"之异译。蒲家奴卒于天眷二年（1139）。

其九，"按班孛极列谢也"。此人即斜也，汉名杲，《金史》卷七六有传。[5] 他是世祖第五子、太祖之幼弟，伐辽有功，收国元年

1　《金史》卷七〇《撒改传》，第1613—1615页。

2　《金史》卷七一《斡鲁传》，第1631—1635页。

3　《金史》卷二《太祖纪》，第29页。

4　《金史》卷六五《始祖以下诸子传》，第1543—1544页。

5　《金史》卷七六《完颜杲传》，第1737—1740页。

为国论昃勃极烈，天辅五年改忽鲁勃极烈。太宗吴乞买即位后，以斜也为谙班勃极烈，立为储嗣，至天会八年卒。《神麓记》所记"按班孛极列"，即"谙班勃极烈"。

以上对《神麓记》所载"元谋叛辽十弟兄"的情况逐一做了辨析，他们均可在《金史》中找到相对应的人物，[1] 且其所述人物关系、勃极烈官号大体与《金史》相合，唯个别稍有不确，说明其记载应当是信而可征的。上引《神麓记》佚文所披露的史事是女真初，上述"十弟兄"聚集在一起，谋划的议题为"叛辽"，并约定将来"轮作君王"。那么，我们需要进一步追究以下三个问题：第一，这一集会具体是在何时、何地以及怎样的情况下发生的；第二，阿骨打何以能成为"谋首"，这"十弟兄"是如何构成的；第三，既事为"叛辽"，为何又立传位之约。下面将分别作一解答。

关于这次元谋之会的时间和地点，在金代石刻和《金史》中可找到重要线索。大定十七年敕撰《完颜希尹神道碑》云："太祖以祭礼会于移懒河部长神徒门家，因与其兄弟建伐辽之议。"[2] 这里提到的"神徒门"即《金史》之石土门。据其本传，他是"耶懒路完颜部人，世为其部长"，耶懒路完颜部指的就是"移懒河部"。[3] 石土门乃完颜部始祖函普弟保活里之裔，自其父直离海开始便与景祖、世祖一系所在的按出虎水完颜部保持紧密联系。石土门曾助世祖招抚诸部，本传称其"后伐乌春、窝谋罕及钝恩、狄库德等，皆以所部从战，有功"，紧接着又记曰："弟阿斯懑寻卒，及终丧，大

1　以上"元谋叛辽十弟兄"与《金史》相关人物的对应，日本学者三上次男虽曾已指出（《金史研究》第 2 卷《金代政治制度の研究》，东京：中央公论美术出版，1970 年，第 128 页），但他仅仅是比对出这些人名，并未充分意识到其史料价值，既未展开分析这些人物，也没有利用这段记载做进一步的具体研究。

2　《满洲金石志》卷三《贞宪王完颜希尹神道碑》，第 17291 页下栏。

3　《金史》卷七〇《石土门传》，第 1621 页。

会其族，太祖率官属往焉，就以伐辽之议访之。方会祭，有飞乌自东而西，太祖射之，矢贯左翼而坠，石土门持至上前称庆曰：'乌鸢人所甚恶，今射获之，此吉兆也。'即以金版献之。……及伐辽，功尤多。"[1] 此处《石土门传》所言与上引《完颜希尹神道碑》的记载显为一事，当时石土门之弟阿斯懑卒，阿骨打率众人参加丧祭之礼，遂借机与石土门等族人共商伐辽之议，《完颜希尹神道碑》明确提到阿骨打"与其兄弟"这一重要细节，而《石土门传》虽未言及此，但却多出了会祭之时阿骨打射落飞乌、石土门称庆的情节，石土门庆贺之语实以"乌鸢"喻辽，"人所甚恶，今射获之"，故为吉兆。也就是说，在此次会议中，石土门应是支持阿骨打叛辽，因女真人信巫，[2] 遂以占语坚其心。至于此次集会的年代，《石土门传》于此前提到伐钝恩、狄库德（又作敌库德），此系穆宗在位中期时事，[3] 按照列传叙事的时序性，则这次集会当发生于穆宗中后期。而上引《神麓记》所载"元谋叛辽十弟兄"，其中最为年长者即穆宗，说明集会时穆宗尚在世，且会议主题为"叛辽"，与会人员为"弟兄"，阿骨打为"谋首"，结果达成一致意见，时间、人物、事件这些基本要素均出现在《完颜希尹神道碑》和《石土门传》所记"建伐辽之议"事中。因此，我们有理由推测，《神麓记》记载的元谋之会应该指的就是阿骨打率众兄弟访石土门议伐辽的这次集会。此事在女真人心目中具有十分重大的意义，故《石土门传》《完颜希尹神道碑》乃至《神麓记》多有提及，只是文字表述及详细程度各有不同。联系到上文所述，穆宗九年平萧海里之乱，始知辽军易取，遂

1　《金史》卷七〇《石土门传》，第 1622 页。

2　参见周峰《占卜与金代政治》，辽宁省辽金契丹女真史研究会编《辽金历史与考古国际学术研讨会论文集》，沈阳：辽宁教育出版社，2012 年，下册，第 708—714 页。

3　《金史》卷一《世纪》，第 13 页。

生异志，则这次元谋之会的具体时间可能在穆宗九、十年间，地点也许就在"移懒河部长神徒门家"。

　　既然这次元谋之会发生于穆宗任完颜部首领时期，那么为何是以阿骨打为"谋首"呢？女真社会在建立金朝之前尚处于十分朴野的状态，并无严格的君臣、尊卑之别，张汇《金虏节要》记云："盖女真初起，阿骨打之徒为君也，粘罕之徒为臣也，虽有君臣之称，而无尊卑之别。乐则同享，财则共用，至于舍屋、车马、衣服、饮食之类，俱无异焉。"[1] 这里记述的是金朝建国之初的情形，那么可想而知，在比这更早的部族时代，女真人更无所谓君臣之分。穆宗虽为完颜部首领及女真部落联盟长，女真官称为都孛堇，辽朝授以生女真部族节度使，但并未建立起君主权威。相反，阿骨打却在此时已成为完颜氏家族的一个核心人物。上文提到，世祖在位时即已属意次子阿骨打，临终时将其交托于穆宗，并称"惟此子足了契丹事"；穆宗对阿骨打也十分雅重，出入必俱，归必亲迓，显然没有将他当作一个普通的子侄下属来看待。由于阿骨打肩负世祖遗命，又得穆宗鼎力扶持，加之他确有政治军事才能，屡从征伐，参与政事，"穆宗末年，令诸部不得擅置信牌驰驿讯事，号令自此始一，皆自太祖启之"，[2] 因此他很快成为完颜氏家族的核心，叛辽之事系乎其身，被视为"谋首"，应当是完全有可能的。况且此处所谓"谋首"，或许也可理解为首"建伐辽之议"者，如此则阿骨打只是在集会上最先提出这一议题，并不与穆宗的首领名位产生冲突。

　　"元谋叛辽十弟兄"的成员构成也有两点值得注意。首先是辈分差异。这十人中，穆宗盈歌、习不失、阿离合懑、谩都诃四人皆

1　《三朝北盟会编》卷一六六绍兴五年正月"金主元（完）颜亶立"条引《金虏节要》，叶　　5a—b。

2　《金史》卷二《太祖纪》，第21—22页。

为阿骨打之叔父辈，而康宗乌雅束、撒改、斡鲁、蒲家奴、斜也五人方与阿骨打为兄弟行，他们实属两代人（参见附图），却统称"弟兄"。这大概是女真人伦理行辈观念淡薄的表现。[1] 这种现象并非个例，"在世祖时，欢都、冶诃及劾者、拔达、盆纳五人者，不离左右，亲若手足"。[2] 其中，拔达为安帝第二子谢库德之孙，盆纳为安帝第三子谢夷保之子，劾者为安帝之弟辈鲁曾孙，冶诃乃景祖之后，欢都乃非宗室的石鲁之孙，此五人论行辈分属三代，却视如手足兄弟，说明这在女真社会中并不足为奇。

　　其次是"元谋弟兄"的身份特征。如上所述，此次元谋之会盖发生于阿骨打率众人访石土门议伐辽之时，与会者可能并不只以上"十弟兄"，至少石土门必然在场，但他为何没有被列入"元谋弟兄"之中呢？按完颜氏女真严格区别亲疏，"史臣记录有称'宗室'者，有称完颜者。称完颜者亦有二焉，有同姓完颜，盖疏族，若石土门、迪古乃是也；有异姓完颜，盖部人，若欢都是也"。[3] 此处所谓称"宗室"者乃出自始祖函普一系，是完颜氏之核心。其余称"完颜"者中，若石土门、迪古乃，二人系函普弟保活里之裔，与宗室存在一定的血缘关系，为宗室疏族，故称同姓完颜；而其他部人，与宗室最为疏远，故称异姓完颜。可知石土门并非宗室，盖因其为按出虎水完颜部的重要盟友和血缘亲族，故参与商议伐辽事，但所谓"元谋叛辽十弟兄"从其成员来看皆为自昭祖石鲁以下的直系宗室，非宗室者均不在其列，这是此"十弟兄"群体的一个重要身份标志。

1　又如女真社会中广泛存在着收继婚的习俗，反映出婚嫁不论行辈的现象，参见王可宾《女真国俗》，长春：吉林大学出版社，1988 年，第 14—19 页。

2　《金史》卷六五《始祖以下诸子传》，第 1538 页。

3　《金史》卷五九《宗室表序》，第 1359 页。

　　最后，这次"元谋叛辽"之会为何立有传位之约。如前所述，"世祖阴有取辽之志，是以兄弟相授，传及康宗，遂及太祖"，[1] 可见女真人在谋划叛辽时早已预料到此等大事绝非一蹴而就，需要经历一个长期的发展过程，故世祖以阿骨打属穆宗，穆宗时探知辽军虚实，始决意伐辽，然又晚至阿骨打继位方起兵。在这个过程中，为保证叛辽方略的贯彻执行，就必须确保首领之位的顺畅传袭，这很可能也是元谋之会的一个具体议题。上文提到，穆宗死后当复传于世祖之子，世祖有嫡子五人，依次为乌雅束、阿骨打、斡带、吴乞买、斜也，按女真传统，首领之位当由此五人兄终弟及，然而问题是，等这五人全部轮遍之后当如何继承。依旧例，当回传于长兄即康宗乌雅束之子，但在整个谋划叛辽过程中，阿骨打为"谋首"，且又有世祖谓"乌雅束柔善，惟此子足了契丹事"的遗言在耳，故似乎又不应排斥阿骨打的子嗣。这个问题可能是当时集会讨论的一个焦点。据笔者揣测，最终有可能是乌雅束表示退让，众人共同约定待斜也死后君位由阿骨打子孙承袭，这想必就是所谓的太祖"元约"。实际上，这样的做法此前已有先例。《金史·世纪》载："景祖九子，元配唐括氏生劾者，次世祖，次劾孙，次肃宗，次穆宗。及当异居，景祖曰：'劾者柔和，可治家务。劾里钵有器量智识，何事不成。劾孙亦柔善人耳。'乃命劾者与世祖同居，劾孙与肃宗同居。景祖卒，世祖继之。世祖卒，肃宗继之。肃宗卒，穆宗继之。穆宗复传世祖之子。"[2] 由此可知，太祖"元约"实乃因循景祖以下传位之成例。经以上分析，我们可以了解在元谋之会上定立此传位之约的原委。当时因举行阿斯懑葬礼，"大会其族"，应有多个女真部族

1　《金史》卷二《太祖纪》赞语，第 42 页。

2　《金史》卷一《世纪》，第 6—7 页。

参加，"元谋弟兄"在此次集会上提议伐辽，并定立传位誓约，可能也有号召女真各部、共同见证的意味。

不过，这里还需要补充解释一个疑问。按照众兄弟所立誓约，由世祖五位嫡子依次袭位，"轮作君王"，其中乌雅束、阿骨打、斜也三人均见于"元谋叛辽十弟兄"之中，而无斡带和吴乞买。斡带本传称其刚毅果断，"临战决策，有世祖风"，"太祖于母弟中最爱斡带"，但可惜在康宗时期英年早逝。[1] 吴乞买则依约于太祖继位后被立为储嗣，收国元年七月命为谙班勃极烈，[2] 后即位为金太宗。斡带和吴乞买二人无疑是完颜氏宗室中的重要人物，且拥有太祖"元约"所赋予的继承权，为何却没有进入"元谋叛辽十弟兄"中？如上所述，这次集会并不是在按出虎水完颜部本部举行，而是阿骨打、穆宗盈歌等人借赴移懒河部参加丧礼之机共商大事，当时可能并未将所有宗室成员悉数带去，如斡带、吴乞买等或被留于本部居守，没有与会，以致未能列入"元谋叛辽十弟兄"。但无论他们是否在所谓"元谋弟兄"之列，都不影响其所享有的继承权利。

通过结合相关史料对上引《神麓记》佚文进行深度剖析，可以从中探察出所谓太祖"元约"之由来以及"元谋叛辽十弟兄"的构成和特点，这对我们充分理解金朝建国前后的君位继承方式和女真叛辽的早期酝酿过程有着很大帮助。再回过头来看金太宗朝的储嗣之争，也就更加清楚了。天会八年谙班勃极烈斜也死后，约三十年前那些"元谋弟兄"早已预料到的问题终于出现了，不过此时由于金朝建国，皇权开始伸张，招致宗磐、宗幹、宗翰等多人觊觎储位，太宗亦有踌躇，渐生悖约、私传己子之心，后穆宗之子完颜勖

1　《金史》卷六五《始祖以下诸子传》，第1546页。

2　《金史》卷三《太宗纪》，第47页。

又重申太祖"元约"，请立太祖嫡孙完颜亶，最终得到各方支持，储嗣乃定，体现出当初那次元谋之会对女真人的重大历史意义。

三　金初勃极烈制探微

上引《神麓记》佚文所载"元谋叛辽十弟兄"除可考察所谓太祖"元约"的问题之外，还有另一方面的史料价值。在以上十人中，穆宗盈歌和康宗乌雅束是两任完颜部首领，后皆被追尊为帝，其余习不失、阿离合懑、谩都诃、撒改、斡鲁、蒲家奴、斜也七人都带有勃极烈官号，据《金史》记载，皆封于太祖、太宗时，而阿骨打继任首领后又称都勃极烈。换言之，至金初"元谋叛辽十弟兄"除穆宗、康宗已故外，余人皆有勃极烈的封号，这恐怕与勃极烈制度的产生不无关系，而前辈学者的相关研究均未注意到这一点。

勃极烈制度是金初特有的一种中枢辅政体制，也是最高军政统辖机构，其成员皆为宗室贵族，有各种不同的勃极烈名号，对此前人研究颇丰，[1]但在某些具体问题的认识上仍存有争议。关于金代勃极烈的系统记载见于《金史·百官志序》：

> 金自景祖始建官属，统诸部以专征伐，巍然自为一国。其官长，皆称曰勃极烈，故太祖以都勃极烈嗣位，太宗以谙版勃极烈居守。谙版，尊大之称也。其次曰国论忽鲁勃极烈，国论言贵，忽鲁犹总帅也。又有国论勃极烈，或左右置，所谓国

1　对金初勃极烈制度最为全面系统、最具代表性的研究，可参看三上次男《金史研究》第 2 卷《金代政治制度の研究》，第 113—162 页；程妮娜《金代政治制度研究》，长春：吉林大学出版社，1999 年，第 3—37 页。

相也。其次诸勃极烈之上，则有国论、乙室、忽鲁、移赉、阿买、阿舍、昃、迭之号，以为升拜宗室功臣之序焉。其部长曰孛堇，统数部者曰忽鲁。凡此，至熙宗定官制皆废。[1]

这段概述很容易给人以勃极烈之称始于女真建国前景祖乌古乃所建官属的印象，[2] 然而此处所举任勃极烈官之例却已晚至太祖时，实则就目前所知，我们见不到在金太祖之前有人为勃极烈的任何事例。最早的一条记载就是《金史·太祖纪》谓"康宗即世，太祖袭位为都勃极烈"，[3] 此处称袭位，或许意味着至少康宗已任都勃极烈，有学者进一步推测穆宗乃至景祖时便已有此称号。[4] 实际上，《太祖纪》的这句记载既可理解为太祖接替康宗的都勃极烈之位，也可解释为太祖袭位之后始称都勃极烈，模棱两可。《撒改传》记此事作"康宗没，太祖称都勃极烈，与撒改分治诸部"，[5] 此处语义更为明晰，应是康宗死后，太祖始称都勃极烈，以与国相撒改分治，故都勃极烈的称号当始于太祖阿骨打继位以后。[6] 至于《百官志序》提到的其他诸勃极烈官号，《金史》中皆有很明确的记载，全部是太祖、太宗时期除授的，绝不见于金朝建国之前。元朝史官编撰《百官志序》于"金自景祖始建官属"下接"其官长，皆称曰勃极烈"云云，含混不清，易滋误解。其实，在女真部族时代，诸部长皆称孛

1　《金史》卷五五《百官志序》，第1215—1216页。

2　如王景义《略论金代勃极烈制度的历史作用》，《绥化师专学报》1996年第4期，第90页。

3　《金史》卷二《太祖纪》，第22页。

4　如王世莲认为景祖即是都勃极烈（《孛堇、勃极烈考释》，《吉林大学社会科学学报》1987年第4期，第51页），而程妮娜认为穆宗始为都勃极烈（《金代政治制度研究》，第4页）。

5　《金史》卷七〇《撒改传》，第1614页。

6　参见李秀莲《阿骨打称都勃极烈与金朝开国史之真伪研究》，《史学月刊》2008年第6期，第43—45页。

董，为"官人"（即长官）之义，[1] 部落联盟长称都孛堇。勃极烈与孛堇为同根词，勃极烈乃孛堇之音转，[2] 于义为"大官人"，[3] 即"官之尊者"，[4] 应是一个在孛堇之上更显尊崇的称号。阿骨打始称都勃极烈，后又封诸勃极烈，至熙宗即位后罢废，故勃极烈制仅见于金初太祖、太宗朝。

再来分析诸勃极烈之官号。金初勃极烈称号实由官号和官称两部分构成，[5] 勃极烈为固定官称，此前还有一个限定性的官号，《百官志序》提到自都勃极烈、谙版勃极烈以下尚有国论、乙室、忽鲁、移赉、阿买、阿舍、昃、迭等多种不同名号。其中，有些官号的含义比较明确。如都勃极烈，《金国语解》称其为"总治官名，犹汉云冢宰"，[6]"都"相当于后来满语中的达（da），义为"首领、主导"，[7] 与阿骨打的元首身份相称。谙版（或作谙班）勃极烈，《百官志序》谓"谙版，尊大之称"，《金国语解》释为"官之尊且贵者"，[8] 其实它是金初授予储嗣的专有封号，[9] 乃仅次于君主之下最为尊贵之官，"国初制度未立，太宗、熙宗皆自谙班勃极烈即帝位。谙班勃极烈

1　许亢宗：《宣和乙巳奉使金国行程录》谓"'孛堇'，汉语为官人"［赵永春辑注《奉使辽金行程录（增订本）》，北京：商务印书馆，2017 年，第 217 页］。

2　参见程妮娜《金初勃堇初探》，《史学集刊》1986 年第 2 期，第 18—19 页。

3　《松漠记闻》卷上记曰"孛极烈，彼云大官人也"（第 203 页下栏）。

4　《裔夷谋夏录》卷一云："官之尊者，以九曜二十八宿为号，职皆曰勃极列，盖统官也，犹中国总管。"（第 75 页）《金史》卷七〇《撒改传》亦称"勃极烈，女直之尊官也"（第 1615 页）。

5　按此属北族名号制度的传统，参见罗新《中古北族名号研究》，北京：北京大学出版社，2009 年。

6　《金史》书末所附《金国语解》，第 2891 页。

7　孙伯君：《金代女真语》，北京：中国社会科学出版社，2016 年，第 167 页。

8　《金史》书末所附《金国语解》，第 2891 页。

9　《三朝北盟会编》卷一六五绍兴四年十二月末"虏王吴乞买以病殂"条引《金虏节要》曰"虏人自来以谙版孛极烈为储嗣"（叶 10a）。

者，汉语云最尊官也"。[1] 国论忽鲁勃极烈，《百官志序》谓"国论言贵，忽鲁犹总帅也"，所言不差。[2] 至于其他诸勃极烈之号，《金国语解》主要从职能分工的角度，多将它们解释为各种不同的职掌，[3] 但据日本学者三上次男考证研究，元人对这些勃极烈官号的解释多不可信，有些说法明显是凭己意强作解人。例如阿买勃极烈，"阿买"在女真语中实乃"第一"之义，并非《金国语解》所谓"治城邑者"；昃勃极烈，"昃"系表示"第二"的女真语词，《金国语解》释作"阴阳之官"甚缪。他指出这些勃极烈官号体现了一种次序，[4] 即《百官志序》所云"以为升拜宗室功臣之序"。不过，那些诸勃极烈官号有的语义尚不明朗，而个别又似乎可能含有表示具体职任的意思，后来的学者谈及这个问题说法各不相同，莫衷一是。[5] 那么，究竟应如何理解诸勃极烈官号的性质呢？据《金史》所见，一共出现了十几个勃极烈名号，若将其并而观之，不容易理出头绪，但若按时间顺序考察诸勃极烈除授的名号和人员变化，再联系上文所论"元谋叛辽十弟兄"的记载，我们可以对勃极烈制的产生及其演变有一些新的认识。

1　《金史》卷八〇《熙宗二子传》赞语，第 1798 页。

2　参见孙伯君《金代女真语》，第 170—171、174 页。

3　《金史》书末所附《金国语解》，第 2891—2892 页。

4　三上次男：《金史研究》第 2 卷《金代政治制度の研究》，第 118—122 页。

5　如赵冬晖糅合《百官志序》和《金国语解》之说，认为诸勃极烈等级地位不同，同时在职掌上可能也有分工（《金初勃极烈官制的特点》，《辽金史论集》第 1 辑，上海：上海古籍出版社，1987 年，第 376 页）；王可宾表示诸勃极烈名号以顺序称之，职责虽无明确分工，但又表现出某些分工的倾向（《辽代女真官制考略》，《史学集刊》1990 年第 4 期，第 20 页）；程妮娜也指出诸勃极烈有一定的次序性，但分工不明确，往往一人身兼多职（《金代政治制度研究》，第 8 页）。近年，王峣提出"勃极烈"并非某种职官，而是进入中央核心权力集团的身份象征（《金初"勃极烈"研究三题》，《宋史研究论丛》第 25 辑，北京：科学出版社，2019 年，第 403—406 页）。

表一　金初诸勃极烈除授情况

年月	一	二	三	四	五	六
收国元年七月	谙班勃极烈	国论勃极烈	阿买勃极烈	国论昊勃极烈		
	吴乞买	国相撒改	辞不失（习不失）	斜也		
收国元年九月	谙班勃极烈	国论忽鲁勃极烈	阿买勃极烈	国论昊勃极烈	国论乙室勃极烈	
	吴乞买	撒改	辞不失（习不失）	斜也	阿离合懑	
收国二年五月	谙班勃极烈	国论忽鲁勃极烈	阿买勃极烈	国论昊勃极烈	国论乙室勃极烈	迭勃极烈
	吴乞买	撒改	辞不失（习不失）	斜也	阿离合懑	斡鲁
天辅五年六月	谙班勃极烈	（国论）忽鲁勃极烈	阿买勃极烈	（国论）昊勃极烈	（国论）移赉勃极烈	迭勃极烈
	吴乞买	斜也	辞不失（习不失）	蒲家奴	宗翰	斡鲁
天会元年十二月至二年正月	谙班勃极烈	国论（忽鲁）勃极烈	阿舍勃极烈	（国论）昊勃极烈	（国论）移赉勃极烈	迭勃极烈
	斜也	宗干	谩都诃	蒲家奴	宗翰	斡鲁
天会十年四月	谙班勃极烈	国论忽鲁勃极烈	国论左勃极烈	（国论）昊勃极烈	国论右勃极烈	
	完颜亶	宗磐	宗干	蒲家奴	宗翰	

　　注：无阴影者表示史料所见当时新除授的诸勃极烈名号及人选，而带阴影者表示此人沿袭上一次除授没有发生改变。

　　资料来源：依据《金史》卷二《太祖纪》和卷三《太宗纪》的相关记载整理而来。

　　公元 1113 年，太祖阿骨打继康宗任完颜部首领，立"都勃极烈"之号，此为金初创设勃极烈之始。女真反辽建国后，又陆续分封了其他诸勃极烈官号（见表一）。首次除授是在收国元年（1115）

七月，"以弟吴乞买为谙班勃极烈，国相撒改为国论勃极烈，辞不失为阿买勃极烈，弟斜也为国论昃勃极烈"。[1] 这四位勃极烈有着明确的地位次序。谙班勃极烈为储嗣，居首，由阿骨打之弟吴乞买担任，毋庸多言。撒改自穆宗时即任国相，阿骨打一度与其分治诸部，建国后"行国相如故"，[2] 地位崇高，七月授以国论勃极烈，九月又晋封国论忽鲁勃极烈，在官号上进一步体现其尊贵，上引《百官志序》称此号居都勃极烈和谙班勃极烈之次。阿买勃极烈、昃勃极烈，据三上次男考证可知分别代表第一和第二之意，实际应居国论忽鲁勃极烈之后位列三、四位。在"元谋叛辽十弟兄"中，除前三人阿骨打、盈歌、乌雅束为完颜部首领外，其余七人大致按行辈年齿排序，习不失居七人之首，可见他很可能是阿骨打从叔父中最年长者，故排在诸勃极烈第三位。而幼弟斜也是第二顺位继承人，居第四位。由此可见，首批任命的四勃极烈单从官号上即可分辨出其位序，而且人员选任亦合乎情理。

收国元年九月和二年五月，又增补了两位勃极烈，即以阿离合懑为国论乙室勃极烈，斡鲁为迭勃极烈。[3] 关于"乙室"和"迭"二词的确切含义，目前还不大清楚，[4] 但这两个勃极烈官号的排序当在昃勃极烈之下，阿离合懑为阿骨打之叔，授乙室勃极烈，位列第五；斡鲁系阿骨打从兄，拜迭勃极烈，居末位。[5] 如此则勃极烈制

1　《金史》卷二《太祖纪》，第27页。

2　《金史》卷七〇《撒改传》，第1614页。

3　《金史》卷二《太祖纪》，第28、29页。

4　《金国语解》谓"乙室勃极烈，迎迓之官"，"迭勃极烈，倅贰之职"（第2891—2892页），恐不可信。有学者以《女真译语》所见表示"至、到"的女真语词"一十埋"或"亦失哈"为《金国语解》有关"乙室"的解释提供依据（见孙伯君《金代女真语》，第225页），然其审音勘同尚存疑问，未可确证。

5　参见程妮娜《金代政治制度研究》，第11—13页。

组成人员确定为六人，后至太宗朝不改。且值得注意的是，收国年间太祖所封诸勃极烈，除储君吴乞买外，其余五人均出自"元谋叛辽十弟兄"，他们可谓是金朝开国之元老，故《百官志序》称封勃极烈"以为升拜宗室功臣之序"，盖得其实。

　　至天辅五年（1121），因闰五月国论忽鲁勃极烈撒改卒，遂于次月对诸勃极烈做了人员调整。谙班勃极烈吴乞买、阿买勃极烈习不失和迭勃极烈斡鲁三人不变；昃勃极烈斜也取代撒改晋升为忽鲁勃极烈，同出"元谋弟兄"的蒲家奴接任昃勃极烈之位；同时，又命撒改之子宗翰为移赉勃极烈。[1] 关于宗翰晋封勃极烈之缘由，《松漠记闻》记曰"其父即阿卢里移赉，粘罕为西元帅，后虽贵亦袭父官，称曰阿卢里移赉孛极烈、都元帅"，[2] 意谓宗翰乃是承袭其父撒改的官号，称"阿卢里移赉孛极烈"，其标准写法当作"骨卢你移赉勃极烈"，[3] 盖"阿卢"为"骨卢"之误，此即"国论"之异译，"里"或"你"表示所有格，"移赉"（上引《神麓记》译作"异辣"）确知为"第三"之义。[4] 然而撒改封国论忽鲁勃极烈，《松漠记闻》为何说他"即阿（骨）卢里移赉"呢？按这一称呼应是由撒改的勃极烈位次而来，如上所述，国论忽鲁勃极烈位居都勃极烈、谙班勃极烈之后，正是完颜部女真的第三号头领，大概时人便又俗称其为"阿（骨）卢里移赉"。因撒改功高位重，死后特命其子宗翰承袭勃极烈之官位，但并非世袭国论忽鲁勃极烈，而是新设一国论移赉勃极烈授之，此举可达到两个目的：其一，宗翰可子承父号；其二，原位列诸勃极烈第五的乙室勃极烈阿离合懑已卒于天辅三年，

1　《金史》卷二《太祖纪》，第35页。

2　《松漠记闻》卷上，第203页下栏。

3　此称号屡见于大金《吊伐录》所载金宋国书，《四部丛刊三编》景印钱曾述古堂钞本，上海：商务印书馆，1936年。

4　参见孙伯君《金代女真语》，第170、223—224页。

而"移赉"义为第三，恰可排在昃勃极烈之后，填补原乙室勃极烈之缺。于是太祖朝的勃极烈六人组发生了一次较大的人员变动，开始有"元谋弟兄"的下一代进入这一辅政群体。

金太祖阿骨打死后，太宗吴乞买继位，从而导致诸勃极烈的再次变动。天会元年（1123）十二月，太宗按照旧约，以其弟原国论忽鲁勃极烈斜也为谙班勃极烈，立作储嗣；同时，又提拔太祖庶长子"宗干为国论勃极烈"，[1] 即补国论忽鲁勃极烈之缺。次年正月，又因阿买勃极烈习不失卒，而"以谩都诃为阿舍勃极烈，参议国政"。[2]"阿舍"词义不明，[3] 可能是从"阿买"衍生出来的，阿舍勃极烈谩都诃显然应是接替阿买勃极烈之位，至此"元谋弟兄"全部跻身诸勃极烈之位。

至天会十年，经过立储风波之后，诸勃极烈又发生了重大变化。此时太祖嫡孙完颜亶被确立为皇位继承人，封谙班勃极烈；太宗元子宗磐为国论忽鲁勃极烈，位列第二；宗干降至第三位，顶替已卒于天会三年的原阿舍勃极烈谩都诃，然名号改为国论左勃极烈，与之相应，原移赉勃极烈宗翰改为国论右勃极烈，即不再以女真语词为官号，而改称汉语左、右，但仍有官位高下之别。此时，迭勃极烈干鲁已死，昃勃极烈蒲家奴是否仍然在位缺乏相关记载，不过蒲家奴于熙宗天眷元年（1138）的官制改革中封大司空，[4] 位阶甚高，有可能在太宗朝始终任昃勃极烈而未改。

综上所述，我们可以归纳出对金初设置诸勃极烈问题的两点重要观察。第一，诸勃极烈官号的性质。尽管诸勃极烈的官号名称

1　《金史》卷三《太宗纪》，第 49 页。此处"国论勃极烈"乃"国论忽鲁勃极烈"之省称。
2　《金史》卷三《太宗纪》，第 49 页。
3　《金国语解》谓"札失哈勃极烈，守官署之称"（第 2891 页），三上次男认为这可能就是阿舍勃极烈（《金史研究》第 2 卷《金代政治制度の研究》，第 148 页）。
4　《金史》卷四《熙宗纪》，第 72 页。

前后有所变化，但可看出这些名号基本上是单纯表示身份地位的次序，并不涉及职掌，具体的事务分工应是在实际处理军政事务时逐渐形成的，而不由其官号所决定。第二，勃极烈辅政群体的来源及演变。太祖阿骨打创设勃极烈制时，其人选除吴乞买以外，全部来自"元谋叛辽十弟兄"，且金初尚在的习不失、阿离合懑、谩都诃、撒改、斡鲁、蒲家奴、斜也七位"元谋弟兄"均先后进入了这一勃极烈辅政群体，充分体现出诸勃极烈"以为升拜宗室功臣之序"的政治功能。这些"元谋弟兄"乃是女真宗室之元老，又为首议伐辽之谋主，至阿骨打正式起兵反辽时自然成为整个女真部族集团的领导核心与中枢。因阿骨打始建都勃极烈之号，故其他诸勃极烈亦随之产生，皆由"元谋弟兄"担任，人数终固定为六员，从而形成一种名副其实、位序井然的中枢辅政体制，在灭辽过程中发挥了极为重要的作用。撒改死后，宗翰袭其父位特授移赉勃极烈，开始打破唯"元谋弟兄"任勃极烈之旧例。至太宗朝，由于"元谋弟兄"的相继离世及金朝权力结构的变化，诸勃极烈又经历了两次改组，"元谋弟兄"之子侄纷纷进入这一辅政群体，从而使诸勃极烈从宗室元老议事会逐渐向皇权领导下的朝廷中央机构发生转变。[1] 熙宗即位后进行汉式官制改革，废罢诸勃极烈，终结了金初勃极烈体制的历史使命。以上有关金初勃极烈制的研究有赖于《神麓记》所载"元谋叛辽十弟兄"史料提供关键线索，方能帮助我们探索诸勃极烈产生与演变的奥秘。

原载《学术研究》2021 年第 11 期

1　参见杨保隆《试谈金代废除勃极烈制度的最初动因》，《社会科学战线》1994 年第 1 期，第 185—192 页。

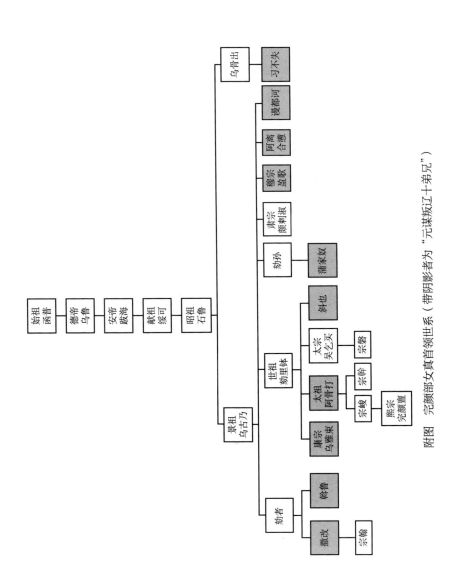

附图 完颜部女真首领世系（带阴影者为"元谋叛辽十弟兄"）

第二编　辽金政治、制度与军事探研

辽道宗"寿隆"年号探源
——金代避讳之新证

  谈到辽朝纪年，长期以来一直存在着一个十分令人困惑的问题。据《辽史》记载，辽道宗行用的最后一个年号为"寿隆"，然而从辽代石刻及宋代文献提供的大量证据来看，这一年号实为"寿昌"。尽管自钱大昕以来，学者们早已认定《辽史》所见"寿隆"纪年当为"寿昌"之误，但皆知其然而不知其所以然。笔者认为，要解开"寿隆"年号之谜团，恐怕不能仅就辽史论《辽史》，而应广征辽、宋、金文献进行比较分析，方能彻底解决这一难题。本文基于这一思路加以考索，发现这个问题的谜底原来出自金朝。

一　"寿隆谁辨寿昌年"：寿隆、寿昌之纷歧

关于辽道宗的最后一个年号，传世及出土文献有两种不同的记载。《辽史·道宗纪》明确称辽于大安十年（1094）之后即改元"寿隆"，[1] 诸志、表、传所见皆同，唯《历象志·闰考》将其记作"寿昌"，[2] 似为孤例，然而"寿昌"这一纪年在辽代石刻及宋代文献中却屡见不鲜。

对于文献所见"寿隆""寿昌"年号之歧异，清前期学者已感到困惑不解。康熙年间，朱昆田见京郊普会寺所立辽《驻跸寺沙门奉航幢记》有"寿昌二年"之文，遂谓"《辽史》纪年只有寿隆而无寿昌，是碑书'隆'作'昌'，未得其详也"。[3] 乾隆初成书的厉鹗《辽史拾遗》，亦称道宗年号"寿隆"在诸如洪遵《泉志》等宋代文献中作"寿昌"，"未详何据"。[4] 二人均对"寿隆""寿昌"两种记载抱有疑惑，但均未予深究。

乾嘉时期，关于"寿隆""寿昌"年号的孰是孰非问题，论者见解颇有分歧。因受《辽史》这部官修正史的影响，有不少学者采信《道宗纪》的记载，以"寿隆"为是。如四库馆臣在校定《文献通考》时，即明确指出《四裔考》所见之辽道宗"寿昌"纪元当从《辽史》作"寿隆"。[5] 又于敏中等奉敕纂修《日下旧闻考》，引孙承

1　《辽史》卷二六《道宗纪六》，北京：中华书局，2003年，第307页。

2　《辽史》卷四三《历象志中·闰考》，第560页。

3　朱彝尊：《日下旧闻》卷二一郊坰门朱昆田补遗，北京大学图书馆藏清康熙二十七年刻本，叶2b。

4　厉鹗：《辽史拾遗》卷一五《食货志下》"鼓铸之法"条，《二十四史订补》影印振绮堂刊本，北京：书目文献出版社，1996年，第13册，第447页上栏。

5　王太岳、王燕绪等纂辑《钦定四库全书考证》卷四四《文献通考下》，《景印文渊阁四库全书》，台北：台湾商务印书馆，1986年，第1498册，第597页下栏。

泽《春明梦余录》作"白塔寺建自辽寿隆二年",其下有馆臣按语云:"'寿隆',原书作'寿昌'。按《辽史》,寿隆为道宗年号,而无寿昌纪年。'昌'字盖'隆'字之误也,今改正。"[1] 亦以"寿隆"校正"寿昌"。甚至后人还在此基础上进一步猜测,辽代石刻之所以将道宗"寿隆"年号记作"寿昌",可能是民间避辽圣宗"隆绪"名讳所致。[2]

　　然而同样是出于避讳的考虑,周广业却对《辽史》中的"寿隆"纪年提出了质疑。他在嘉庆二年(1797)成稿的《经史避名汇考》一书中,指出《辽史》屡见之"寿隆",与《闰考》及徐兢《宣和奉使高丽图经》、董逌《钱谱》等宋代文献所见之"寿昌",二者必有一误。而辽圣宗讳"隆绪",尽管圣宗弟名隆庆、隆祐,又赐韩德让名隆运,皆不避"隆"字,但道宗"以庙讳为年号,恐无是理",[3] 故而对"寿隆"年号深表怀疑。不过,周氏对于"寿隆""寿昌"究竟孰是孰非并未能做出明确的判断,至于《辽史·闰考》何以独见"寿昌"的问题,更是令他疑惑不解。

　　其实,早在周广业之前,已有学者明确指出《辽史》"寿隆"年号之误。乾嘉史学巨擘钱大昕在撰成于乾隆三十六年(1771)的《潜研堂金石文跋尾》中,[4] 有一段关于"寿隆""寿昌"年号的辨正。他注意到其家藏辽《安德州创建灵岩寺碑》拓本有"寿昌初元次乙亥(1095)"之文,遂有跋语云:

1　于敏中等:《日下旧闻考》卷五二城市门,北京:北京古籍出版社,1985年,第825页。

2　黄本骥:《避讳录》卷四"辽",《丛书集成续编》影印《三长物斋丛书》本,台北:新文丰出版公司,1989年,第56册,第74页上栏。据作者自序,知此书成于道光二十六年(1846)。

3　详见周广业《经史避名汇考》卷二二《帝王一九·辽》,《续修四库全书》影印清抄本,上海:上海古籍出版社,2002年,第827册,第704页上栏。

4　此书成稿年代参见《钱辛楣先生年谱》,陈文和主编《嘉定钱大昕全集》,南京:江苏古籍出版社,1997年,第1册,第24页。

按洪遵《泉志》有寿昌元宝钱，引李季兴《东北诸蕃枢要》云："契丹主天祐年号寿昌。"又引《北辽通书》云："天祚即位寿昌七年改元乾统。"今《辽史》作"寿隆"，不云"寿昌"，或疑《泉志》之误。[1]予见辽时石刻，称"寿昌"者多矣，无有云"寿隆"者。《东都事略》《文献通考》皆宋人之书也，亦称"寿昌"。其以为"寿隆"者，《辽史》之误也。辽人谨于避讳，光禄卿之改崇禄，避太宗讳也；改女真为女直，避兴宗讳也；追称重熙为重和，避天祚嫌名也。凡石刻遇光字，皆缺画，或作炗，此碑亦然。道宗者，圣宗之孙，而以"寿隆"纪元，犯圣宗之讳，此理之必无者矣。[2]

针对文献所见"寿隆""寿昌"之纷歧，钱大昕明确断定《辽史》"寿隆"纪年为误，其理由有三。第一，作为第一手材料的辽代石刻皆称道宗年号为"寿昌"，而绝无作"寿隆"者。关于这方面的证据，除了此处提到的寿昌元年《安德州创建灵岩寺碑》之外，另有亦见于《金石文跋尾》的寿昌四年《易州兴国寺太子诞圣邑碑》及寿昌五年《兴中府玉石观音像唱和诗碑》。第二，辽道宗"寿昌"纪元可得到宋代文献的旁证。如成书于绍兴十九年（1149）的洪遵《泉志》即著录有辽"寿昌元宝"钱，且该书所引南宋初李季兴《东北诸蕃枢要》及《北辽通书》也均作"寿昌"，[3]此外《文献通

---

1 如乾隆十五年（1750）梁诗正等奉敕纂《钦定钱录》即取《辽史》"寿隆"之说，以《泉志》为误（见《钦定钱录》卷一二，《景印文渊阁四库全书》第844册，第144页下栏）。

2 钱大昕：《潜研堂金石文跋尾》卷六《安德州创建灵岩寺碑》，《续修四库全书》影印清嘉庆十年刻本，第891册，第452页下栏—453页上栏。

3 洪遵：《泉志》卷一一《外国品中》，《续修四库全书》影印明万历刻秘册汇函本，第1112册，第245页下栏。此书前有绍兴十九年作者自序。李季兴《东北诸蕃枢要》仅见《宋史·艺文志》，而《北辽通书》未见著录，推测两书皆应成于南宋初年。

考》等书亦同。第三,"辽人谨于避讳",道宗乃圣宗之孙,其年号不应犯圣宗讳。综合以上三个因素,钱大昕最终认定《辽史》"寿隆"必为"寿昌"之讹。钱氏此说后又见于《廿二史考异》及《十驾斋养新录》,[1] 遂广为学界所知。

因受钱大昕的影响,乾隆后期学者对于"寿隆""寿昌"纪年问题的看法很快发生了转变,大多否定《辽史》"寿隆"年号的记载,而以"寿昌"为是。譬如,《四库全书总目》之《辽史》提要即援引钱氏之说,明确指出"寿隆"年号为误,并将其归为《辽史》"舛漏"之一证;《契丹国志》提要又称"道宗寿隆纪年,此书实作'寿昌',与辽世所遗碑刻之文并合,可以证《辽史》之误"。[2] 毕沅主持编纂的《续资治通鉴》亦采纳钱大昕的意见,一改元代以来各家续《资治通鉴》著作皆因袭《辽史》本纪旧文的做法,而直接在正文中将辽道宗年号"寿隆"订正为"寿昌"。[3] 嘉道以后,钱氏之说逐渐成为学界的主流观点,许多文人学者皆踵其说,纷纷指证《辽史》"寿隆"之误。[4]

1 钱大昕:《廿二史考异》卷八三《辽史》,方诗铭、周殿杰校点,上海:上海古籍出版社,2004年,第1136页;《十驾斋养新录》卷八"寿隆年号误"条,陈文和、孙显军校点,南京:江苏古籍出版社,2000年,第177页。

2 详见《四库全书总目》卷四六《辽史》提要及卷五〇《契丹国志》提要,北京:中华书局影印浙江书局本,2008年,第413页中下栏、450页上栏。"辽世",浙本误作"辽史",今据殿本校正。

3 详见毕沅《续资治通鉴》卷八四宋哲宗绍圣元年十二月乙酉条"考异",北京:中华书局,1979年,第5册,第2131页。

4 如周春《辽诗话》卷上,《续修四库全书》影印清嘉庆藏修书屋刻本,第1710册,第18页下栏;倪模《古今钱略》卷一三《古圜钱七》,《四库未收书辑刊》第6辑影印清光绪五年倪文蔚刻本,北京:北京出版社,2000年,第11册,第441页上栏;王鸣盛《蛾术编》卷一一"辽史所采取"条连鹤寿按语,顾美华点校,上海:上海古籍出版社,2012年,第157页;梁章钜《浪迹三谈》卷二"寿昌"条,《续修四库全书》影印清咸丰七年刻本,第1179册,第346页下栏。

　　近代以来，钱大昕有关"寿隆""寿昌"年号正误的见解也同样得到了辽史研究者的普遍赞同。松井等、冯家昇、罗继祖等人勘正"寿隆"纪年，即全盘因袭钱氏成说，仅补充了若干新出辽代石刻的证据。[1] 后陈述先生点校《辽史》，又将钱说写入校勘记，[2] 由此《辽史》所见"寿隆"纪元当作"寿昌"已成定谳。

　　综观以上学术史，清代学者对于文献所见辽道宗"寿隆""寿昌"年号歧异问题的认识有一个明显的变化过程。从早期的未知孰是，到乾嘉时期见解之分歧，或以"寿昌"为非，或疑"寿隆"之误，再到清中期以降钱大昕"寿隆"讹误说之盛行，从而基本厘清了两者的是非问题。饶有趣味的是，嘉庆中翁方纲曾见一座辽寿昌五年陀罗尼经幢，遂题诗曰"隶楷犹追北宋前，寿隆谁辨寿昌年"，下有小注云："辽道宗寿昌年号，史讹作'寿隆'，儿子树培每援洪氏《泉志》'寿昌元宝'以证此。"[3] 诗中"寿隆谁辨寿昌年"一语正是指的这桩学术公案，而注文所表达的观点则是经清人考据之后得到的最终答案。

　　经钱大昕等人考证，我们对于"寿隆""寿昌"年号问题已知其然，但若仔细追究起来，其中还有一个更大的疑团尚未解开，即今本《辽史》为何会将"寿昌"年号记作"寿隆"？关于这一问题，包括钱大昕在内的先贤时彦似乎都不知其所以然，只是简单地将其归咎于《辽史》之讹误。据笔者所知，唯冯家昇先生曾于20世纪

1　　松井等：《辽代纪年考》，《满鲜地理历史研究报告》第3册，东京：东京帝国大学文科大学，1916年，第399—400页；冯家昇：《辽史初校》，《辽史证误三种》，北京：中华书局，1964年，第151页；罗继祖：《辽史校勘记》，上海：上海人民出版社，1958年，第84页。

2　　《辽史》卷二六《道宗纪六》校勘记一，第315页。

3　　翁方纲：《复初斋诗集》卷六一《石画轩艸四》"辽寿昌五年陀罗尼幢为秦敦夫（恩复）编修题二首"，《清代诗文集汇编》影印清刻本，上海：上海古籍出版社，2010年，第381册，第571页上栏。据书中系年，此诗作于嘉庆十二年。

30 年代力图探究此中缘由，他在《辽史初校》中曾写下这样一段按语：

> 道宗改元寿昌之说信矣，碑石所见，均作"寿昌"，未有作"寿隆"者，诸家《泉录》、《泉志》、《泉汇》等书亦然。而《辽史》作"寿昌"者，只见一处，《闰考》"寿昌三年"是也。予尝竭力探其故，假设虽有种种，至今犹未敢自信。[1]

显然，冯氏曾对这一歧异之缘由作过种种猜测，但始终未能找到合理的解释，未免令人感到遗憾。有鉴于此，本文试图在前人研究的基础之上，对这个问题做进一步的考索，希望能够彻底揭开"寿隆""寿昌"歧出的谜底。

二 解开"寿隆"年号谜团的钥匙：金代避讳"寿昌"考

通过以上学术史的梳理，我们知道，自钱大昕以来，学者们普遍认为《辽史》中的"寿隆"年号乃系"寿昌"之误。然而"寿隆"见于《辽史》者不下四十处，仅《闰考》记作"寿昌"，这显然不能简单地归结为文字之讹误，而当另寻他解。笔者征诸辽宋金文献，发现要想破解"寿隆""寿昌"歧见之谜团，需要去金朝史料中寻找问题的答案，因为它牵涉到一桩久已湮没无闻的金代避讳史事。

关于这一金朝史讳，首先要从张棣《正隆事迹》提供的一条关键史料说起。《三朝北盟会编》卷二三三所引《正隆事迹》，谓金

1　冯家昇：《辽史初校》，第 151 页。

世宗完颜褒（后更名雍）即位后，追谥“父宗辅为懿宗，褒以父名辅，非帝王称，改名曰宗尧，母寿昌为钦慈皇太后”云云。[1] 张棣是金章宗明昌年间入宋的归正人，[2] 其所述金朝史事多有可靠的文献依据，以上记载就可以得到《金史》的印证。据《世宗纪》，大定元年（1161）十月，世宗即位于辽阳，十一月甲申（十六日），“追尊皇考豳王为皇帝，谥简肃，庙号睿宗，皇妣蒲察氏曰钦慈皇后，李氏曰贞懿皇后”，[3]《礼志》所记略同。[4] 此处皇考“简肃皇帝”即世宗之父宗辅，皇妣“钦慈皇后”蒲察氏当即张棣所说的世宗母“钦慈皇太后”。另外，宗辅更名宗尧一事亦见于《金史·世纪补》。[5] 由此可见，《正隆事迹》所记追尊世宗父母事与《金史》基本吻合，[6] 说明其可信度是很高的，而其中不见于《金史》的记载尤当引起我们的重视。

笔者注意到，上引《正隆事迹》中有“母寿昌为钦慈皇太后”一语。据《金史·后妃传》及前引《世宗纪》《礼志》，世宗之父宗辅共有二妃，元配蒲察氏，后尊为钦慈皇后；次妃李氏，后尊为贞懿皇后。其中，李氏为世宗生母，而《正隆事迹》提到的这位“钦慈皇太后”则是世宗嫡母钦慈皇后蒲察氏。关于这位皇后的名字，现存金代文献均付之阙如，而《正隆事迹》却为我们提供了一条珍贵的独家史料，其所记“寿昌”当即蒲察氏之汉名。

1　徐梦莘：《三朝北盟会编》卷二三三绍兴三十一年十月八日条引张棣《正隆事迹》，《中华再造善本》影印国家图书馆藏明抄本，北京：国家图书馆出版社，2013年，叶7b。

2　参见孙建权《关于张棣〈金虏图经〉的几个问题》，《文献》2013年第2期，第131—137页。

3　《金史》卷六《世宗纪上》，北京：中华书局，1997年，第124页。

4　《金史》卷三二《礼志五·上尊谥》：“（大定）元年十一月十六日，追册皇考曰简肃皇帝，庙号睿宗，皇妣蒲察氏钦慈皇后，皇妣李氏贞懿皇后。”（第779页）

5　《金史》卷一九《世纪补·睿宗纪》谓其“讳宗尧，初讳宗辅……大定上尊谥，追上今讳”（第408页）。

6　唯宗辅庙号两书记载有所出入，《金史》作“睿宗”，而《正隆事迹》作“懿宗”。

那么，钦慈皇后蒲察氏汉名"寿昌"究竟能给我们带来什么样的历史信息，又与本文所要讨论的主题有何关系呢？且看《大金集礼》卷二三"御名"的这条记载：

> 大定元年十一月十六日，御前批送下御名、庙讳、钦慈皇后、贞懿皇后讳并万春节。二年闰二月十一日，奏定御名、庙讳并钦慈、贞懿皇后回避字样，合遍下随处外，御名、庙讳报谕外方。[1]

结合上引《金史》所记追尊世宗父母事可知，世宗于大定元年十一月十六日追册其父宗辅为简肃皇帝，其母蒲察氏、李氏为钦慈、贞懿皇后，并于当日颁下御名、庙讳及钦慈、贞懿皇后讳，至次年闰二月十一日，奏定以上回避字样，通告全国。其中，世宗御名及父祖庙讳另需告知宋、西夏、高丽等方回避，而钦慈、贞懿皇后讳则仅避于金朝本国。虽然《大金集礼》已明确记载大定初避御名、庙讳及两皇后讳这一基本史实，但上述这段记载并未具体列出诸回避字样。由于金朝历代皇帝的名讳皆见于《金史》及多种宋代文献，故易于知晓，但钦慈、贞懿皇后之名则因罕有记载而长期不为人知，故如陈垣《史讳举例》等诸多避讳学论著均无钦慈、贞懿皇后之讳例。而据上引张棣《正隆事迹》提供的关键史料，知钦慈皇后蒲察氏汉名"寿昌"，故《大金集礼》所记载的这道大定二年避讳诏令，当即包括钦慈皇后"寿昌"讳，[2] 这引发出了此后金人刻意回

1　佚名：《大金集礼》卷二三"御名"，清光绪二十一年广雅书局刻本，叶 1a—1b。

2　关于贞懿皇后李氏之名，据《通慧圆明大师塔铭》，知李氏本名"洪愿"（参见邹宝库《辽阳市发现金代〈通慧圆明大师塔铭〉》，《考古》1984 年第 2 期，第 175—177 页），则上述大定二年避讳诏令亦当包括贞懿皇后"洪愿"之讳例。

避辽朝"寿昌"年号的种种事例。

　　以上通过对宋金文献的考索，揭出了一个不为人知的金代讳例：金世宗曾于大定二年下令避其嫡母钦慈皇后"寿昌"名讳。那么，这一法令在金国朝野上下究竟是如何被贯彻执行的，尤其是当金人谈及前朝"寿昌"年号时又是如何加以回避的呢？关于这一问题，笔者通过搜寻金代石刻及宋代文献，幸运地找到了若干金人避讳"寿昌"的实例。从这些例证来看，金人对"寿昌"一名的避法可谓五花八门，归纳起来，至少有以下四类情形。

　　1. 缺笔

　　在金代石刻中，最为明显的一种避讳"寿昌"年号的方法是缺笔。《金文最》收录有一通大定十二年赵摭撰《蓟州玉田县永济务大天宫寺碑》，其碑文称大天宫寺于辽"寿昌三年赐极乐院额"，[1] 仅从此录文似乎看不出避讳"寿昌"年号的任何迹象。但经笔者核对该石拓本，发现"寿昌"之"昌"字实缺末笔作"昌"，而见于同一石刻的建碑人"赵敬昌"之"昌"则不缺笔（见图一）。[2] 按此碑作于大定二年金朝下令避"寿昌"讳之后，碑文中"寿昌"缺末笔，显然就是时人避讳所致。

　　2. 省称

　　金代石刻所见避讳"寿昌"年号的另一种方法是省称。罗福颐《满洲金石志别录》收有一通金代《妙行大师和尚碑》。此碑碑阳题为《大昊天寺建寺功德主传菩萨戒妙行大师行状碑》，由妙行大师

---

[1] 张金吾：《金文最》卷七一赵摭《蓟州玉田县永济务大天宫寺碑》，北京：中华书局，1990年，下册，第1041页。

[2] 见北京大学图书馆藏《蓟州玉田县永济务大天宫寺碑》清拓本。《北京图书馆藏中国历代石刻拓本汇编》第46册亦收录有此碑拓本（郑州：中州古籍出版社，1997年，第111页），但文字漫漶，不甚清晰。

第 10 行　　　　　　　第 20 行

图一　《蓟州玉田县永济务大天宫寺碑》清拓本（局部）

门人作于辽乾统八年（1108），至金大定二十年始由其第四代门孙刻碑上石；碑阴题为《中都大昊天寺妙行大师碑铭并序》，当作于大定二十年。[1] 这两篇碑文追叙妙行大师事迹均提到"昌六年"（见图二），据上下文推断，当指辽寿昌六年。

　　按金代碑刻中确实存在着省称年号的现象，但仅针对本朝年号，如称"天会"为"会"、"大定"为"定"等，而未见省称前朝年号者，故这通《妙行大师和尚碑》所见两处"昌六年"恐怕不能简单地归之于这一通例。笔者注意到，碑阳《妙行大师行状》先后出现了"重和"、[2]"清宁"、"咸和"、"大安"、"（寿）昌"和"乾统"等六个辽朝年号，碑阴《妙行大师碑铭》亦先后提及"清宁"、"大安"和"（寿）昌"三个辽朝年号。在这些纪年中，唯独"寿昌"

1　罗福颐：《满洲金石志别录》卷下《妙行大师和尚碑》，《石刻史料新编》第 1 辑，台北：新文丰出版公司，1982 年，第 23 册，第 17449 页下栏—17454 页上栏。此碑拓本见辽宁省博物馆编《辽宁省博物馆藏碑志精粹》，北京：文物出版社、东京：日本中教出版株式会社，2000 年，第 219—221 页。

2　按"重和"，本作"重熙"，系辽人避天祚帝嫌名改。

被省称为"昌"，而其他几个年号则无一省称，想必这就是避钦慈皇后"寿昌"讳的缘故。需要说明的是，碑阳《妙行大师行状》虽作于辽末，但省称"寿昌"为"昌"当是大定二十年上石时所改。其实，在这篇作于辽末的《行状》中还能看到另一个因避金讳而追改辽朝年号的例证，文中提到的辽朝年号"咸和"本作"咸雍"，显然是因避金世宗名讳而改，[1] 这自然也是大定二十年上石时做的手脚。只不过避世宗讳采用改字的办法，避钦慈皇后讳则借用省称本朝年号的习惯做法，将"寿昌"简称为"昌"而已。

碑阳第 28 行　　　　碑阴第 12 行

图二　《妙行大师和尚碑》拓本（局部）

3. 改字

　　金人讳改"寿昌"年号的另一种办法是改字。宋孝宗乾道六年（金大定十年，1170），范成大出使金朝，据其行程录《揽辔录》

1　金世宗于大定十四年更名雍，诏令中外回避，见《金史》卷七《世宗纪中》，第 161 页；《大金集礼》卷二三"御名"，叶 1b—2b。

记载，他曾见到当时通行于金朝民间的一种小本历，这种小本历在金朝建国之前皆采用辽朝纪年，称"重熙四年，清宁、咸雍、太（大）康、大安各十年，盛昌六年，乾统十年，大（天）庆四年"。[1]《揽辔录》原书已佚，上引文字出自《三朝北盟会编》，其中"盛昌六年"诸本皆同，然岳珂《愧郯录》所引此段文字却作"寿昌六年"。[2] 这么看来，《会编》所引《揽辔录》，其"盛昌"年号似当为"寿昌"之误。

　　但问题恐怕并非如此简单。笔者注意到，王应麟《玉海》律历门有一篇《历代年号》，其中所记金朝年号例皆注明所属君主，如"天眷"注曰"金虏亶"，"泰和"注曰"金国璟"，意谓"天眷""泰和"分别是金熙宗完颜亶及金章宗完颜璟所行纪年；但"太康""盛昌""大庆"三个年号下仅注曰"金虏"，[3] 而不言金主名。其实，此三者皆非金朝年号，那么王应麟为何要将它们系于金朝之下呢？笔者发现，这三个年号均见于《会编》所引范成大《揽辔录》，除"盛昌"《愧郯录》引作"寿昌"外，"太康"当作"大康"，"大庆"乃"天庆"之误（此二者《会编》《愧郯录》同误）。据笔者推测，《玉海》中的这三个年号应当就是辗转来自《揽辔录》，因范成大自称其所见乃金朝小本历，故王应麟误将此三者皆当作金朝纪年加以标注。既然《玉海》所记"盛昌"年号同样是源自范成大《揽辔录》，这就可以间接印证《会编》所引《揽辔录》不误，而岳珂《愧郯录》作"寿昌"，则很可能是作者根据其他文献加以

1　《三朝北盟会编》卷二四五绍兴三十一年十一月二十八日条引范成大《揽辔录》，叶 8a。

2　岳珂：《愧郯录》卷九"虏年号"条引范成大《揽辔录》，《中华再造善本》影印国家图书馆藏宋刻本，北京：北京图书馆出版社，2006 年，叶 13b—14a。

3　王应麟：《玉海》卷一三《律历·改元》"历代年号"，北京大学图书馆藏元至元庆元路儒学刻明南监递修本，叶 24a、26a、36b。

校改的结果。

如上所述，范成大所见金大定十年前后民间通行的一种小本历，将辽道宗年号"寿昌"记作"盛昌"，这无非也是金人为避钦慈皇后"寿昌"之讳而有意改字的结果。

4. 倒置

金人还有一种讳改"寿昌"年号的花样，即倒置法。王称《东都事略》附记辽朝历史，称辽于"绍圣三年（当为二年之误）改元曰昌寿"。[1] 此处"昌寿"二字诸本皆同，钱大昕认为当系"寿昌"之倒误。[2]

然而在看了下面这个事例之后，我们或许会对《东都事略》的这条史料有不同的理解。皇统三年（1143）宇文虚中撰《时立爱墓志铭》谓立爱字曰"寿昌"，[3] 但大定二十八年李晏撰《时立爱神道碑》及《金史·时立爱传》却皆作"昌寿"。[4] 为何时立爱本人的碑志及本传对其表字会有如上两种不同的记载呢？按时立爱卒于皇统三年七月，其墓志即作于十二月下葬之前，是目前所见有关时立爱年代最早的原始传记资料，所以它对墓主名字的记载应当是最为可靠的。因时立爱致仕及卒年皆在熙宗朝，可推知《金史》本传史

1　王称：《东都事略》卷一二三《附录一·辽》，《"国立中央图书馆"善本丛刊》影印宋光宗绍熙间眉山程舍人宅刊本，台北："中央图书馆"，1991 年，第 4 册，第 1909 页。清振鹭堂影宋刻本及光绪九年淮南书局重刊本皆同。

2　《十驾斋养新录》卷八"寿隆年号误"条，第 177 页。

3　石永士、王素芳、裴淑兰编《河北金石辑录》，石家庄：河北人民出版社，1993 年，录文见第 281 页。承河北省文物考古研究院张春长、中国社会科学院古代史研究所张国旺先生惠赐拓本照片，谨此铭谢！

4　《时立爱神道碑》拓本见《北京图书馆藏中国历代石刻拓本汇编》第 46 册，第 29 页，据碑文可知，此碑铭撰于大定二十八年（1188），章宗明昌六年（1195）刻石；《金史》卷七八《时立爱传》，第 1775 页。

源当为《熙宗实录》之附传，而《熙宗实录》成书于大定二十年，[1]
已在大定二年避钦慈皇后"寿昌"讳之后，因此我们有理由推测，
史官在纂修《熙宗实录》时，有可能将时立爱表字"寿昌"讳改
为"昌寿"。后来，曾长期供职于翰林院的李晏在撰写《时立爱神
道碑》时，亦采取同样的处理方式，遂改称立爱字"昌寿"。总之，
通过时立爱的这个例子可以知道，金人为避钦慈皇后"寿昌"讳，
有将"寿昌"二字倒置的做法。

在了解这一情况之后，我们理应对《东都事略》的记载重新加
以解释。笔者认为，王称将辽道宗年号记作"昌寿"，恐怕不会是
简单的文字倒误，而是自有其文献依据。按《东都事略》成书于宋
淳熙十三年（金大定二十六年，1186），[2] 或许王称曾见过某种编纂
于大定年间的金代文献，因避讳而将辽道宗年号"寿昌"改作"昌
寿"，故《东都事略》有此记载。

综上所述，金朝虽于大定二年下令国人避钦慈皇后"寿昌"之
名讳，但对于具体的避讳法，并没有统一的规定，以致金人想出了
各种各样的回避方式。根据"二名不偏讳"的原则，若应避之名为
两字，只需二字连称时避讳，且仅避其中一字即可。[3] 在以上举出
的四种避讳"寿昌"的实例中，前三种无论是缺笔、省称还是改
字，都符合"二名不偏讳"之通例。而第四种倒置法虽与古例不尽
相符，但既然它见于金朝官方文献，想必也是当时所认可的一种避
讳之法。

以上通过文献考索及实例分析，论证了金朝避讳"寿昌"的基

1　见《金史》卷八八《完颜守道传》，第 1957 页。

2　参见何忠礼《王称和他的〈东都事略〉》，《暨南学报》1992 年第 3 期，第 55—64 页。

3　参见范志新《避讳学》，台北：台湾学生书局，2006 年，第 136—140 页；王新华《避讳研
究》，济南：齐鲁书社，2007 年，第 207—209 页。

本史实。这一发现不仅为金代史讳增添了一个新的例证，更为我们解开《辽史》"寿隆"年号的谜团提供了一把关键的钥匙。

三　传世文献所见"寿隆"年号之来历

上文提到，对于传世文献所见辽道宗"寿隆""寿昌"年号之纷歧，自钱大昕以来，古今学者皆知其然而不知其所以然。但随着金代避讳"寿昌"一事的揭出，我们有望彻底解决"寿隆"年号的来历问题。

辽道宗所谓"寿隆"年号之广为人知始于元修《辽史》，那么这一年号究竟是怎么来的呢？这就需要从《辽史》的史源上去加以分析。据冯家昇先生研究，元修《辽史》主要取材于辽耶律俨《皇朝实录》和金陈大任《辽史》。[1] 今天看来，这一认识似乎还可以进一步深化。笔者在研究《辽史·朔考》中的月朔记录时发现，今本《辽史》本纪主要源自陈大任《辽史》。[2] 这一迹象表明，元人纂修《辽史》时很可能是以陈大任《辽史》为蓝本，并参之以耶律俨《皇朝实录》。具体就"寿昌（隆）"年号问题而言，道宗以后直至辽末的碑铭石刻屡见"寿昌"纪年，直至金朝前期，熙宗、海陵朝石刻追叙辽事亦皆作"寿昌"，[3] 故所谓"寿隆"年号不大可能出自成书于天祚帝乾统间的《皇朝实录》。上文指出，大定二年世宗下令避钦慈皇后"寿昌"讳之后，才开始出现了各种回避"寿昌"的

1　冯家昇：《辽史源流考》，收入氏著《辽史证误三种》。

2　参见邱靖嘉《〈辽史·历象志〉溯源——兼评晚清以来传统历谱的系统性缺陷》，《中华文史论丛》2012 年第 4 期，第 259 页。

3　如皇统三年《时立爱三夫人合祔记》，拓本见《河北金石辑录》，第 442 页；正隆元年《陈思度幢》，拓本见陈亚洲编《房山墓志》，北京：北京市房山区文物管理所（内部资料），2006 年，第 70 页。

事例。而陈大任《辽史》始修于大定二十九年章宗即位之后，初由党怀英等人负责编纂，至泰和六年（1206）又命陈大任专修，次年成书。[1] 据此推断，今本《辽史》中的"寿隆"纪年应是陈大任《辽史》讳改"寿昌"年号的结果。

其实，在今本《辽史》中我们还能找到陈大任因避金讳而追改辽朝年号的类似例证。《辽史·公主表》记载道宗长女撒葛只"封郑国公主。咸和中，徙封魏国"。[2] 按"咸和"年号仅此一见，陈述先生校勘记指出此"咸和"当作"咸雍"，系"陈大任避金世宗雍名改"，而为元朝史官回改遗漏者。由此可见，既然陈大任《辽史》因避世宗御名而改"咸雍"为"咸和"，[3] 那么为避钦慈皇后讳而改"寿昌"为"寿隆"，也是顺理成章的事情。

陈大任《辽史》避钦慈皇后"寿昌"讳采用的是改字法，这比上文举出的缺笔、省称、倒置等避讳方式都更为合理，且改"寿昌"为"寿隆"也比大定年间小本历将"寿昌"改作"盛昌"更接近此年号之本义。元修《辽史》系以陈大任《辽史》为蓝本，对其中经过陈大任讳改的年号例皆加以回改，如上文所述将"咸和"回改为"咸雍"即是如此，但对于"寿隆"年号，元人显然没有意识到这是出于金人讳改，故皆一仍其旧。唯《闰考》所见之"寿昌"纪元或因直接采自耶律俨《皇朝实录·闰表》，从而保存了道宗年号的原貌。[4] 以上就是笔者对今本《辽史》所见"寿隆"年号来历

1 参见《金史》卷一二五《党怀英传》，第 2726—2727 页；卷一二《章宗纪四》，第 277、282 页。

2 《辽史》卷六五《公主表》，第 1008 页。"咸和"，点校本已改为"咸雍"，参见校勘记六，第 1012 页。

3 又今本《辽史》所见之"承奉"官名，辽代石刻均作"供奉"，陈述先生指出此系金人避章宗父允恭嫌名而改（参见《辽史》卷四七《百官志三》校勘记一〇，第 777 页）。此亦当出于陈大任《辽史》。

4 参见邱靖嘉《〈辽史·历象志〉溯源——兼评晚清以来传统历谱的系统性缺陷》，第 260 页。

的解释，这也可为陈垣《史讳举例》所谓"避讳改前朝年号例"增添一个经典案例。

最后，还有一个与此相关的问题需要加以说明。尽管所谓"寿隆"年号是因元修《辽史》而广为人知的，但实际上早在南宋时期，这一年号就已见于文献记载。南宋余姚人孙应符撰有一部专记历代帝王世系年号的《历代帝王纂要谱括》二卷，[1] 此书成书年代不详，且早已亡佚，但其中有关辽朝世系年号的部分今仍保存于《永乐大典》残卷之中。该书记载辽道宗纪年称"清宁十，咸雍十，大康十，大安十，寿隆七"，[2] 与今本《辽史》完全吻合。那么，这部宋人著作中的"寿隆"年号又是从何而来的呢？孙应符生卒年不详，仅知其为姚江学者孙介之子，其兄弟应求、应时皆为淳熙中进士。据楼钥所撰《承议郎孙君并太孺人张氏墓铭》，开禧三年（金泰和七年，1207），孙氏母张氏卒，应符遣其子祖祐来见楼钥，[3] 知当时孙应符仍在世，故推测其卒年当在嘉定以后。孙氏《历代帝王纂要谱括》或系其晚年所作，书中所见"寿隆"年号应是源自某种金朝文献，或许就是陈大任《辽史》，但也不排除有更早的金朝文献依据，若果真如此，则讳改"寿昌"为"寿隆"或许并不始于陈大任《辽史》。

原载《中华文史论丛》2014 年第 4 期

1　陈振孙：《直斋书录解题》卷四编年类，徐小蛮、顾美华点校，上海：上海古籍出版社，2006 年，第 122 页。

2　《永乐大典》卷五二五二萧字韵辽字目引《历代帝王纂要谱括·辽》，北京：中华书局，1986 年，第 3 册，第 2401 页下栏。

3　孙应时：《烛湖集》附编卷下，《景印文渊阁四库全书》第 1166 册，第 773 页上栏。又见楼钥《攻媿集》卷一〇七《承议郎孙君墓志铭》，《四部丛刊初编》景印武英殿聚珍本，上海：商务印书馆，1922 年，叶 12b。

"超越北南"：从中枢体制看辽代官制的特性

　　学界一般认为，有辽一代实行契、汉双轨的北、南面官制度，这是辽朝二元政治的突出表现。《辽史·百官志序》记辽朝官制云："契丹旧俗，事简职专，官制朴实，不以名乱之，其兴也勃焉。太祖神册六年，诏正班爵。至于太宗，兼制中国，官分南、北，以国制治契丹，以汉制待汉人。国制简朴，汉制则沿名之风固存也。辽国官制，分北、南院。北面治宫帐、部族、属国之政，南面治汉人州县、租赋、军马之事。因俗而治，得其宜矣。"[1] 这段概述历来是我们认识辽代官制的基础。需要说明的是，此处称辽太宗时始"兼制中国，官分南、北"，实指会同元年（938）正式吞并燕云十六州

1　《辽史》卷四五《百官志一》，北京：中华书局点校修订本，2016 年，第 773 页。

后，建"国号大辽，公卿庶官皆仿中国，参用中国人，以赵延寿为枢密使，寻兼政事令"，[1] 完全采用中原汉制，委任赵延寿管理燕云汉地，从而与契丹内地形成南北不同的制度模式。至辽世宗即位后，天禄元年（947）八月，"始置北院枢密使，以安抟为之"，九月又以"高勋为南院枢密使"，[2] 才逐渐形成了我们所熟知的以北、南枢密院（其长官称北、南院枢密使）为最高中央行政机构，分统国内契丹（包括奚人）与汉人（包括渤海人）事务的北、南面官制度。[3]

辽朝设置北、南二枢密院，实仿自晚唐以来中原王朝的两枢密制，特别是将枢密院作为最高执政机构总理全国军民事务的做法，与五代枢密院并无二致，[4] 只是辽朝分为北（契丹）、南（汉）两面而已，其下各有一套行政机关系统。不过，辽世宗在创设北、南二枢密之后，又于天禄四年二月"建政事省"，[5] 后兴宗重熙十二

1　《资治通鉴》卷二八一后晋高祖天福二年末，北京：中华书局，2011 年，第 19 册，第 9313 页。关于契丹建国号问题，参见刘浦江《辽朝国号考释》，《松漠之间——辽金契丹女真史研究》，北京：中华书局，2008 年，第 27—51 页。

2　《辽史》卷五《世宗纪》，第 72 页。

3　参见津田左右吉《遼の制度の二重體系》，原载《满鲜地理历史研究报告》第 5 册，1918 年，收入《津田左右吉全集》第 12 卷，东京：岩波书店，1964 年，第 321—391 页；张亮采《辽代汉人枢密院之研究》，原载《东北集刊》第 1 期，1941 年，后收入杨家骆主编《辽史汇编》第 9 册，台北：鼎文书局，1973 年，第 217—226 页；岛田正郎《辽朝北面中央官制的特色》，原载《大陆杂志》第 29 卷第 12 期，1964 年，后收入《辽史汇编》第 9 册，第 579—588 页。另有学者依据《辽史·百官志》的记载，认为存在契丹北、南枢密院和汉人枢密院三个机构（如何天明《辽代政权机构史稿》，呼和浩特：内蒙古大学出版社，2004 年，第 16—65 页），但实际上，《辽史·百官志》乃元朝史官杂抄旧史记载、生搬硬套唐代官制而成，讹误极多，并不可信，系统研究参见林鹄《辽史百官志考订》，北京：中华书局，2015 年。

4　参见杨若薇《契丹王朝政治军事制度研究》，北京：中国社会科学出版社，1991 年，第 129—137 页；王建军《辽朝枢密使的渊源》，《赤峰学院学报》2007 年第 1 期，第 13—15 页。

5　《辽史》卷五《世宗纪》，第 73 页。

年（1043）十二月"改政事省为中书省"。[1] 中书省是唐代三省六部制下的中枢机构，地位显要，而辽代的中书省一般认为属于南面朝官，位居南枢密院之下，甚至还曾有人指其为虚设。[2] 但事实上，辽朝中书省与枢密院之间有着非常紧密的联系，乃至构成某种"中书枢密院体制"，前人对此虽隐约有所触及，然尚缺乏专题研究。本文将通过分析辽代宰辅群体的职衔构成及其排序情况，探讨枢密院与政事省（中书省）的权力关系，进而可对辽朝的中枢体制及北、南面官制提出一些新的认识。

一　辽代宰辅群体的职衔构成及其排序

中原王朝的"宰相"是国家官僚体系中辅弼君王并具有参决谋议和督率百官之权的高级职官的通称，[3] 而不是一个正式的官名。如唐代前期的宰相为尚书、中书、门下三省长官，至唐中后期则基本是以带"同中书门下平章事"名号者为宰相。[4] 北宋前中期，宰相亦带"同中书门下平章事"，又与参知政事和枢密院长贰等执政官，合称"宰执"。[5] 然而辽朝的情况却颇为不同。一方面，起初契丹人由于对"宰相"的概念一知半解，竟将其直接当作一个职官名来使用，且滥设宰相，不仅在北面官下置北府宰相（简称"北宰相"）、南府宰相（简称"南宰相"）掌管辽朝国内的各部族事务，又于国舅帐设国舅宰相，甚至在北面部族官中也广设宰相，如女直宰相、

1　《辽史》卷一九《兴宗纪二》，第262页。

2　参见岛田正郎《辽朝三省考》，《东洋史研究》第27卷第1号，1968年，第65—90页；何天明《辽代中书省若干问题探讨》，《内蒙古师大学报》1992年第2期，第48—55页。

3　参见祝总斌《两汉魏晋南北朝宰相制度研究》，北京：中国社会科学出版社，1990年。

4　张国刚：《唐代官制》，西安：三秦出版社，1987年，第1—8页。

5　龚延明：《宋代官制总论》，《宋代官制辞典》，北京：中华书局，2007年，第14—15页。

渤海宰相等。[1] 另一方面，随着辽人对中原汉制日渐了解，在史书记载及石刻文献中也常见用"宰相""宰臣""宰辅""相国""丞相"一类词语来称呼辽朝高官，其语义显然是与中原王朝所称的"宰相"概念相同。尽管辽代史料所见"宰相"名义杂乱，但若根据指称对象的身份地位加以分辨，仍可知晓哪些是辽朝滥设的宰相职官，哪些则属于真正的宰辅大员（下文为避免混淆，以宰辅统称中枢宰相）。

那么，辽朝的宰辅实际包括哪些官员呢？李锡厚先生较早指出，辽代的北面宰相就是管理部族的北府宰相和南府宰相，南面宰相包括政事（中书）省下的政事（中书）令、同政事（中书）门下平章事以及参知政事，但他们都不是真正的宰辅，只有北、南枢密院及其长贰官才是辽朝的最高军事行政机关和真正宰辅，并敏锐地注意到北面和南面宰相多兼枢密院官，尤其是参知政事必兼枢密方可为相。[2] 这一观点对于我们了解辽代的宰辅群体十分重要，惜李氏未能就宰辅官衔的特点进一步展开讨论。后来王滔韬针对南面宰相的职衔做了比较详细的论述，表示辽代南面（汉官）宰相原则上只有两员：一人以寄禄官兼中书侍郎、同平章事，称中书相；另一人以寄禄官兼门下侍郎、同平章事，称门下相。只有带这两侍郎衔者才是真宰相，而其余加政事（中书）令、同平章事者只是虚

1　参见岛田正郎《辽朝宰相考》，原载《大陆杂志》第 40 卷第 3 期，1970 年，后收入《辽史汇编》第 9 册，第 759—772 页。按"宰相"在契丹小字中写作 ⿰扎欠，系契丹语词（参见即实《谜林问径——契丹小字解读新程》，沈阳：辽宁民族出版社，1996 年，第 191 页），意译作宰相，显然是借用了中原王朝的政治概念，但辽朝统治者却又沿用其名而不求甚解，遂出现滥设"宰相"的情况。

2　李锡厚：《辽代宰相制度的演变》，《民族研究》1987 年第 4 期，第 89—96 页。杨若薇《契丹王朝政治军事制度研究》谓唯带"同中书门下平章事"者方为辽南面官宰相（第 147—149 页），对辽代宰辅身份的认识较窄。

衔，或为使相，并非宰相。辽代另有大丞相和左、右丞相，是比中书相、门下相地位更高的南面宰相，但不轻易除授，又参知政事、知中书省事、签中书省事皆为中书省副宰相。并且强调同平章事和参知政事成为正副宰相，都不以兼职枢密院为必要条件，"兼领枢府"只是扩大宰相的权力而已。[1] 王氏大概按照中原汉制的理解，认为政事（中书）省的长贰官自然就是宰相，不必牵扯枢密院的职任，这与李氏观点有很大出入。实际上，王氏虽讨论南面宰相官衔较细，但其论断存在片面性，并不可取。后杨军研究将北、南府宰相，北、南院枢密使及副使，侍中、中书令（政事令）、尚书令、大丞相、左右丞相、中书侍郎同平章事、门下侍郎同平章事及参知政事等官衔全部纳入辽代宰相群体，其中以北、南府宰相和北院枢密使及副使为北面宰相，其余为南面宰相，并与李氏一样也提及宰相与枢密使、副互兼的现象。[2] 不过杨氏只是对这些官衔逐个做了孤立考察，笼统归纳，未能充分注意它们之间的职衔搭配、层级划分和动态调整，分析较为简略，史料解读亦有不足。因此，关于辽代宰辅群体之构成，还需要重新加以探讨。

　　讨论辽朝的宰辅问题，有一段宋人记载颇为重要。北宋仁宗庆历三年至五年（辽兴宗重熙十二年至十四年，1043—1045），余靖连续三次出使契丹，[3] 其间"询胡人风俗，颇得其详，退而志之，以补史之阙"，撰《契丹官仪》一篇，其中记载：

　　　　胡人之官，领番中职事者皆胡服，谓之契丹官，枢密、宰臣则曰北枢密、北宰相；领燕中职事者，虽胡人亦汉服，谓之

1　王滔韬：《辽朝南面宰相制度研究》，《社会科学辑刊》2002 年第 4 期，第 100—106 页。

2　杨军：《辽代的宰相与使相》，《学习与探索》2012 年第 2 期，第 154—157 页。

3　参见黄志辉《余靖生平事迹考述》，《韶关师专学报》1988 年第 4 期，第 39—42 页。

> 汉官，执政者则曰南宰相、南枢密。契丹枢密使带平章事者
> 在汉宰相之上，其不带使相及虽带使相而知枢密副使事者即
> 在宰相下。其汉宰相，必兼枢密使乃得预闻机事。蕃官有参之
> （知）政事，谓之“夷离毕”。汉官参知政事，带使相者乃得坐
> 穹庐中。[1]

这段史料前人虽皆有征引，但解读不够充分，仍有阐释空间。首先
需要解释，辽朝的北、南面官主要是以所任职事来区分的，“北面治
宫帐、部族、属国之政，南面治汉人州县、租赋、军马之事”。北
面官大多为契丹、奚人，少数心腹汉臣亦可充任，然“领番中职事
者皆胡服”，汉人也不例外，谓之“契丹官”（又称“国官”）；南面
官契丹人和汉人皆可出任，但凡“领燕中（即汉地）职事者，虽胡
人亦汉服”，称“汉官”。[2] 而且辽朝沿袭唐、五代的职官制度，除
实职外，还有一套阶、勋、爵、邑、宪、赐、散官、功臣号等极为
复杂的虚衔系统。[3] 余靖在此提到辽北面官之“北枢密、北宰相”
和“夷离毕”，南面官之“南宰相、南枢密”和“参知政事”，已大
致圈定了辽朝宰辅的范围，不过具体的人员职衔还需细究。其中，
“夷离毕”在北面官中的地位虽大致相当于汉官之参知政事，但在
辽代大多数时期主要掌管契丹及其他蕃族刑狱，实未参议政事。[4]

1　余靖：《武溪集》卷一八《契丹官仪》，《北京图书馆古籍珍本丛刊》影印明成化九年刻本，北
　　京：书目文献出版社，1998年，第85册，第175页上栏。
2　如重熙十四年《萧德顺墓志》称墓主“若乃国官暨汉官兼而崇者，则我夷离毕相公盖其人
　　也”（拓片及录文见李俊义、张梦雪《〈辽萧德顺墓志铭〉考释》，《中国国家博物馆馆刊》
　　2016年第1期，第66—67页），即以“国官”和“汉官”对举。
3　参见王曾瑜《辽朝官员的实职和虚衔初探》，《文史》第34辑，北京：中华书局，1992年，
　　第159—181页。
4　关于辽“夷离毕”是否为“参知政事”的问题，参见何天明《辽代政权机构史稿》，第
　　157—177页。

余靖文中的"北宰相""南宰相"指称含混，学者说法不一，[1] 笔者
认为此处"北宰相"当是辽代北面官之北府、南府宰相的统称，而
"南宰相"则是比照宋朝中书省，对辽中书省长官的统称。这些职
官加上北、南枢密院长贰及"汉官参知政事"才可跻身辽朝宰辅，[2]
然具体来说又因族属和官衔的不同，大体可分为五种情况，以下结
合文献记载和石刻材料所见辽人结衔试加说明。

　　其一，"契丹枢密使带平章事者"。辽朝的民族政策以契丹、奚
人优先，[3] 北、南枢密院亦以北枢密居上。据余靖所言，北院枢密使
"带平章事"使相头衔者地位最高。"平章事"（或"同平章事"）系
"同中书门下平章事"的简称，这是自唐代以来常见的加官，多为
虚衔，用作使相，然真宰相亦带此衔。辽朝沿袭唐、五代之制，以
北院枢密使加"同中书门下平章事"（重熙十二年以前当为"同政
事门下平章事"）为尊，毫无疑问当属宰辅，且排序在前。如萧阿
剌于重熙中尝拜"同知北院枢密使，加同中书门下平章事"，[4] 盖当
时北院枢密使阙，而以同知为长，并加平章事；天祚帝朝，萧奉先

1　如王曾瑜先生认为辽北面官的"北府、南府宰相"和南面官的"左、右丞相"都可被称作
　　"北、南宰相"，如此则余靖所说的"北宰相""南宰相"似分指北面之北府宰相和南面之右
　　丞相（《也谈辽宰相的南、北与左、右问题》，《隋唐辽宋金元史论丛》第 4 辑，上海：上海
　　古籍出版社，2014 年，第 225—230 页），但左、右丞相辽朝不常设，余靖出使时并无右丞
　　相。林鹄则表示"北宰相""南宰相"分别指北面和南面的北、南宰相（《辽世宗、枢密院
　　与政事省》，《中国史研究》2014 年第 2 期，第 146—147 页），但目前尚无证据表明辽南面
　　官中也设有所谓"北、南府宰相"的专任职官。

2　关树东《辽圣宗时期的宰执群体》亦云："北枢密院、南枢密院、北府宰相、南府宰相、中
　　书省是辽朝的宰辅机构，其长、贰官就是辽朝的宰执或宰辅。"（《宋史研究论丛》第 11 辑，
　　保定：河北大学出版社，2010 年，第 77 页）

3　参见刘浦江《试论辽朝的民族政策》，《辽金史论》，沈阳：辽宁大学出版社，1999 年，第
　　35—57 页。

4　《辽史》卷九〇《萧阿剌传》，第 1493 页。

"为政事令（按当作中书令）、同平章事，又兼（北院）枢密使"，[1]
皆可为证。余靖记录的是辽兴宗时期业已定型成熟后的辽代官制，
更早的情况可能稍有不同，北院枢密使亦带"侍中"衔，如耶律贤
适"保宁二年秋，拜北院枢密使，兼侍中"。[2]"侍中"也是五代、北
宋时宰相常带的相衔官阶。

其二，"汉宰相，必兼枢密使乃得预闻机事"。此处"汉宰相"
即余靖所谓"南宰相"，应指辽中书（政事）省长官，具体可能包
括中书（政事）令、中书侍郎和门下侍郎，他们"必兼枢密使"当
指南院枢密使，然后才能"预闻机事"，即参预谋议，成为真正的
宰辅。此类情况较为复杂，先来看中书（政事）令之例。辽世宗任
命高勋为首位南院枢密使，穆宗应历中再任枢密，[3]后景宗即位，改
元保宁，《续资治通鉴长编》（以下简称《长编》）记载"以上枢密
使、知政事令高勋守政事令，封秦王；侍中萧守兴为尚书令，封魏
王。每朝，必命坐议国事"。[4]这里提到的"侍中萧守兴"即《辽
史》中的萧思温，时任南京留守兼侍中，与南院枢密使高勋、飞龙
使耶律女里一起拥立景宗，保宁元年三月先后"以萧思温为北院枢
密使"，"南院枢密使高勋封秦王"。[5]《长编》明确称高勋为"上枢密
使、知政事令"，且朝见时"坐议国事"，完全符合余靖所谓"汉宰
相，必兼枢密使乃得预闻机事"之说。继高勋之后，郭袭亦为"南

1　旧题叶隆礼《契丹国志》卷一九《萧奉先传》，贾敬颜、林荣贵点校，北京：中华书局，
　　2014年，第205页。《辽史》卷二七《天祚皇帝纪一》天庆二年二月见"（北院）枢密使萧
　　奉先"，第364页。

2　《辽史》卷七九《耶律贤适传》，第1403页。

3　《辽史》卷八五《高勋传》，第1450页。

4　李焘：《续资治通鉴长编》卷一〇开宝二年末，北京：中华书局，1979年，第1册，第
　　237页。

5　《辽史》卷八《景宗纪上》，第97—98页；卷七八《萧思温传》，第1397—1398页。

院枢密使、兼政事令"。[1] 此后，室昉又任"（南院）枢密使，兼政事令"，[2] 而且还相继"加同政事门下平章事"和"监修国史"衔。[3] 辽代南枢密院长官常加同平章事，"监修国史"也是唐代以来宰相兼任的史职，这些衔名皆可标志室昉的宰辅身份。又萧孝友于兴宗重熙十年"加政事令"，不久"拜南院枢密使"，两年后又"拜中书令"，[4] 重熙十四年《晋国王妃秦国太妃耶律氏墓志》即见"枢密使、守太保、兼中书令、赵王讳孝友"，[5] 知重熙十二年改政事省为中书省后，中书令亦兼南院枢密使。实际上，还有许多例证都表明，辽代的南院枢密使大多兼任政事（中书）令，为辽朝宰辅。

再来看中书侍郎和门下侍郎之例。辽代《王师儒墓志》谓师儒"（大安）十年，改授参知政事、签枢密院事"，"寿昌初，超拜同中书门下平章事，再知枢密副使，签中书省事"，"六年夏，会南宋谢登位人使至。无何，宥曹书吏，误以宝字加之。由是累及公与门下郑相颛、中书韩相资让，同日削平章事，仍罢枢密中书省职"。[6] 寿昌六年（1100）宋徽宗即位，六月辽朝遣使庆贺，《辽史》记载："辛丑，以有司案牍书宋帝'嗣位'为'登宝位'，诏夺宰相郑颛以下官，出颛知兴中府事，韩资让为崇义军节度使，御史中丞韩君义为广顺军节度使。"[7] 其事与《王师儒墓志》相合。墓志称郑颛为"门

1　《辽史》卷九《景宗纪下》乾亨元年十一月乙未，"南院枢密使兼政事令郭袭上书谏畋猎，嘉纳之"（第110页）。卷七九《郭袭传》称其"拜南院枢密使，寻加兼政事令"（第1404页）。

2　《辽史》卷一〇《圣宗纪一》统和元年正月丁亥，"枢密使兼政事令室昉以年老请解兼职，诏不允"（第117页）。

3　《辽史》卷七九《室昉传》，第1401页。

4　《辽史》卷八七《萧孝友传》，第1468页。

5　录文见辽宁省文物考古研究所编著《关山辽墓》，北京：文物出版社，2011年，第81页，拓片见图版四九。

6　向南：《辽代石刻文编》，石家庄：河北教育出版社，1995年，第646页。

7　《辽史》卷二六《道宗纪六》，第351页。

下相"、韩资让为"中书相"，两人题衔见寿昌五年《玉石观音像唱
和诗碑》，作"兵部尚书、兼门下侍郎、平章事郑若愚"，"左仆射、
兼中书侍郎、平章事韩资让"，[1] 此处"郑若愚"即郑颛，这里的
"兵部尚书"和"（尚书）左仆射"乃辽寄禄官阶，"门下侍郎、平章
事"和"中书侍郎、平章事"则是相衔，所以墓志称两人为"门下
相""中书相"。[2] 但其实，两人恐怕还兼领有枢密院的职任。《辽
史·韩资让传》曰"寿隆（即寿昌）初拜中书侍郎、平章事"，[3] 本
纪又载寿昌三年十一月，"以中京留守韩资让知枢密院事"，[4] 可见寿
昌六年时韩资让当是以知南枢密院事、尚书左仆射兼中书侍郎、平
章事。韩资让的寄禄官阶为尚书左仆射，高于郑颛的兵部尚书，但
却居于"宰相郑颛"之下，很可能是由于郑颛为南院枢密使、兼
门下侍郎、平章事，实职高于韩资让的缘故。除郑、韩二人外，我
们还能见到辽代其他的"门下相"和"中书相"，如张俭开泰四年
（1015）十月"授枢密使，加崇禄大夫、尚书左仆射、兼门下侍郎、
平章事、监修国史"；[5] 道宗朝杨遵勖"徙知枢密院事，兼门下侍郎、
平章事"，[6] 梁颖拜"门下侍郎、同中书门下平章事、知枢密院事、
监修国史"，[7] 梁援为"尚书左仆射、兼中书侍郎、同中书门下平章
事、监修国史、知枢密院事"。[8] 无一例外，这些汉官宰相全部都兼

1　向南：《辽代石刻文编》，第 501—502 页。

2　按前引王滔韬《辽朝南面宰相制度研究》一文即据此判断，辽代南面宰相原则上只有二员：
　　一人以寄禄官兼中书侍郎、同平章事，称中书相；另一人以寄禄官兼门下侍郎、同平章事，
　　称门下相。但实际上，辽汉官宰相远不止此二人。

3　《辽史》卷七四《韩延徽传附孙资让传》，第 1359 页。

4　《辽史》卷二六《道宗纪六》，第 348—349 页。

5　重熙二十二年《张俭墓志》，见向南《辽代石刻文编》，第 266 页。

6　《辽史》卷一〇五《杨遵勖传》，第 1613 页。

7　录文及拓片见杨卫东《辽朝梁颖墓志铭考释》，《文史》2011 年第 1 辑，第 179—181 页。

8　乾统元年《梁援墓志》，见向南《辽代石刻文编》，第 519 页。

任南院枢密使或知枢密院事，益知余靖所言不虚。

以上所举汉宰相兼南院枢密使（或知枢密院事）者，排序当皆在北院枢密使带平章事者之下。其内部又以任政事（中书）令者为先，次为"中书相"和"门下相"。

其三，北院枢密使"不带使相及虽带使相而知枢密副使事者"，在汉宰相下。上文引《长编》称南院枢密使高勋为"上枢密使"，似乎说明保宁元年三月萧思温虽已任北院枢密使，但可能去侍中衔而另加尚书令，这个加官在晚唐、五代已非宰相官衔，故萧思温的地位反而在高勋之下，[1] 或可印证余靖谓契丹枢密使"不带使相"居汉宰相下之言。另有一例，清宁九年（1063）七月爆发重元之乱，"时南院枢密使许王仁先、知北枢密院事赵王耶律乙辛、南府宰相萧唐古、北院宣徽使萧韩家奴、北院枢密副使萧惟信、敦睦宫使耶律良等率宿卫士卒数千人御之"。[2] 此处人员排序以南院枢密使耶律仁先居首，仁先虽为契丹人，但该职位系汉官。其次为知北枢密院事耶律乙辛，当时的北院枢密使为萧图古辞，乃重元党羽，[3] 耶律乙辛实为北枢密院之副贰。至于乙辛是否带使相衔因史料缺乏尚不能确知，推测应带使相，而"北院枢密副使萧惟信"排位较低，在南府宰相、北院宣徽使之后，似当未带使相。若此，则辽代像耶律乙辛这样带使相的"知枢密副使事者"确在汉官宰相之下，且当为

1　按辽朝沿袭晚唐、五代枢密院的二院制，结合契丹人东向尚左之俗，设置北、南枢密院，北高于南，若以上、下称之，则当以北院枢密使为上枢密，南院枢密使为下枢密（参见杨若薇《契丹王朝政治军事制度研究》，第119—124页）。然而《长编》称南院枢密使高勋为"上枢密使"，且列于北院枢密使萧思温（即萧守兴）之前，显然有意抬高高勋的地位，故此处"上"应是表示地位高下，非谓上、下枢密院。

2　《辽史》卷二二《道宗纪二》，第298页。

3　《辽史》卷二二《道宗纪二》清宁八年十二月庚辰，"以知北院枢密使事萧图古辞为北院枢密使"（第298页）。同书卷一一一《萧图古辞传》称其"为枢密数月，所荐引多为重元党与，由是免为庶人"（第1645页），当在平重元之乱后。

宰辅。这也可以得到相关史料的支持，清宁九年五月，以耶律仁先为南院枢密使，[1]"时驸马都尉萧胡覩与重元党，恶仁先在朝，奏曰：'仁先可任西北路招讨使。'帝将从之。乙辛奏曰：'臣新参国政，未知治体。仁先乃先帝旧臣，不可遽离朝廷。'帝然之"。[2]当时耶律乙辛为知北院枢密使事并应带使相衔，其自称"新参国政"，可知有参预朝政之权，确为宰辅。

其四，"汉官参知政事，带使相者乃得坐穹庐中"。因辽朝以皇帝的捺钵行营为政务处理的核心场所，故得以坐行帐穹庐中议事，自然也就属于宰辅的范畴。辽代中书省的参知政事并非虚衔，而为实职，[3]其带使相者为宰辅，可举一例。杨佶于重熙十三年"拜参知政事，兼知南院枢密使"，十五年六月"出为武定军节度使"，有治绩，"及被召，郡民攀辕泣送。上御清凉殿宴劳之，即日除吏部尚书，兼门下侍郎、同中书门下平章事。……其居相位，以进贤为己任，事总大纲，责成百司，人人乐为之用"。[4]杨佶因功"除吏部尚书"，这只是他的寄禄官阶，并非实职。重熙十五年十二月杨佶撰《秦晋国大长公主墓志》时的结衔为"天雄军节度、魏州管内观察处置等使、特进、检校太师、行吏部尚书、参知政事、修国史、同中书门下平章事、行魏州大都督府长史、上柱国、弘农郡开国公、食邑三千五百户、食实封肆佰户"，[5]可知当时他已再任参知政

1　《辽史》卷二二《道宗纪二》，第298页。

2　《辽史》卷一一〇《耶律乙辛传》，第1634页。

3　参见李锡厚《关于辽朝的参知政事》，《北方文物》1990年第3期，第66—68页。按北宋初设参知政事为副宰相，据目前所知，辽朝的参知政事始见于圣宗统和十二年（994），当仿自宋朝。

4　《辽史》卷八九《杨佶传》，第1489页。杨佶拜参知政事及出为武定军节度使事，又见卷一九《兴宗纪二》，第262、265—266页。

5　向南：《辽代石刻文编》，第248页。

事，带有同中书门下平章事的使相衔，[1]且《辽史》本传称"其居相位……事总大纲，责成百司"，可以佐证余靖之言。

但余靖没有提到的是，其实辽汉官参知政事兼南院枢密使或副使为宰辅更加常见。譬如景宗朝，室昉"改枢密副使，参知政事"；[2]圣宗统和二十九年（1011）三月，"前三司使刘慎行参知政事兼知南院枢密使事"；[3]太平五年（1025）三月，"枢密副使杨又玄吏部尚书、参知政事兼枢密使"；[4]道宗清宁元年十二月，改"参知政事、同知枢密院事韩绍文为上京留守"，"以知涿州杨绩参知政事兼同知枢密院事"；[5]大安五年六月，"前枢密副使贾士勋参知政事，兼同知枢密院事"；[6]寿昌三年四月，"参知政事牛温舒兼同知枢密院事"；[7]天祚帝乾统元年（1101）十二月，"翰林学士张奉珪参知政事兼同知枢密院事"。[8]另外上文举例提到的，重熙十三年杨佶"拜参知政事，兼知南院枢密使"，王师儒"（大安）十年，改授参知政事、签枢密院事"。以上事例足以说明：辽代参知政事大多兼任南枢密院的枢密使、同知枢密院事、签枢密院事或枢密副使等长贰官。

至于参知政事兼枢密院长贰官可参预朝政，我们也能找到明确证据。《张俭墓志》记载圣宗开泰"四年春，迁枢密副使。夏六月，授宣政殿学士、守刑部尚书、参知政事、同知枢密院事"，并直言

1　按杨佶重熙十五年十二月的题衔与十四年撰《晋国王妃秦国太妃耶律氏墓志》时基本相同，唯食实封增加五十户，说明十五年底乃是恢复其上一年任参知政事时的官衔。然"兼知南院枢密使"一职不知何时黜落。

2　《辽史》卷七九《室昉传》，第1401页。

3　《辽史》卷一五《圣宗纪六》，第185页。

4　《辽史》卷一七《圣宗纪八》，第223页。

5　《辽史》卷二一《道宗纪一》，第287页。

6　《辽史》卷二五《道宗纪五》，第336页。

7　《辽史》卷二六《道宗纪六》，第348页。

8　《辽史》卷二七《天祚皇帝纪一》，第356页。

张俭因此得以"论思秘殿，参预中堂。朝廷能之，遂掌军国"，[1] 将其宰辅职能表露无遗。《辽史》杨皙本传称其"清宁初，入知南院枢密使，与姚景行同总朝政"，[2] 按《辽史》中的"杨皙"和"杨绩"实乃同一人，本名当作杨皙，[3] 上文已举，清宁元年十二月杨皙入为"参知政事兼同知枢密院事"，同月稍早"以枢密副使姚景行为参知政事"，[4] 可知当时杨皙、姚景行均以参知政事兼枢密使、副的身份掌朝政。寿昌三年《贾师训墓志》载"时故相国太原王公言敷方篦枢务。国朝旧体，宰相阙，则多取人于参、副之间"。[5] 大安五年六月，"以参知政事王言敷为枢密副使"，[6] 其实也应是以参知政事兼枢密副使，与同时任命的参知政事兼同知枢密院事贾士勋（即贾师训）共柄枢务，墓志大意是说从参知政事和枢密副使中拔擢宰相乃是辽朝的惯常路径，[7] 而拜相的必要职衔大多是以参知政事兼南枢密院官。[8] 这一点对于我们了解辽朝的宰辅体制十分重要，可补余靖记载之阙。

1　向南：《辽代石刻文编》，第 266 页。

2　《辽史》卷八九《杨皙传》，第 1487 页。

3　参见陈晓伟《〈辽史〉复文再探——以〈杨皙传〉和〈杨绩传〉为例》，《中国史研究》2012 年第 2 期，第 105—113 页。

4　《辽史》卷二一《道宗纪一》，第 287 页。

5　向南：《辽代石刻文编》，第 480 页。

6　《辽史》卷二五《道宗纪五》，第 336 页。

7　杨若薇《契丹王朝政治军事制度研究》将"宰相阙，则多取人于参、副之间"句中的"参副"理解为副相参知政事（第 149 页），恐不确。

8　《辽史》卷一〇二《张琳传》谓"初，天祚之败于女直也，意谓萧奉先不知兵，乃召琳付以东征事。琳以旧制，凡军国大计，汉人不与，辞之"（第 1588 页）。按乾统元年《道宗宣懿皇后哀册》的撰者为张琳，题衔为"枢密副使、崇禄大夫、行尚书户部侍郎、修国史、上护军、清河郡开国公、食邑二千户、食实封贰伯户"（向南：《辽代石刻文编》，第 516 页），知张琳任南院枢密副使不兼参知政事，非宰辅，故不能参议朝政，而张琳说"旧制，凡军国大计，汉人不与"，估计是为推脱东征事的托辞，本文举述的许多例子皆可证明辽代汉人宰辅亦可参决谋议。

其五，北府、南府宰相。上文已指出，余靖提到的"北宰相"应是北面官之北府、南府宰相的统称，两府宰相掌管部族事务，他们是否能够跻身宰辅行列尚需讨论。从目前的史料来看，因北、南府宰相来源于契丹建国之前的部族旧制，两府宰相大多由皇族宗室和后族成员世选担任，[1] 自辽初以来就有着很高的荣誉地位，在辽代石刻文献中对其多有溢美之词。如大安六年《萧袍鲁墓志》记载萧袍鲁的曾祖父"割辇，北宰相"，"金印紫绶，首居丞相之尊"，后袍鲁以"北宰相"卒官，又称颂其"国官长于百寮，家世祀于五庙。能至于此，何其盛哉"。[2] 咸雍元年（1065）《耶律宗允墓志》谓出身皇族的宗允，"清宁初，遂驿召归阙，拜为南宰相，斯则我朝所置之元辅也，位在丞相之上"。[3] 北、南府宰相虽然地位尊贵，被比附为"丞相"，甚至"元辅"，但在中枢决策和政务运行中，并无确凿证据可以说明单任北、南府宰相便为宰辅，他们在实际行政体系中的位置不会高于北、南院枢密使，墓志之辞恐言过其实。反而有许多例证表明，由北、南府宰相迁升为北、南院枢密使是辽朝选官的常规路径。如圣宗统和二十九年五月，以"南府宰相邢抱质知南院枢密使事"；[4] 太平五年十二月，"以北府宰相萧普古为北院枢密使"；[5] 兴宗重熙二年十二月，"以北府宰相萧孝先为枢密使"；[6] 十二年十月，"北府宰相萧惠为北院枢密使"；[7] 道宗清宁八

1　参见岛田正郎《辽朝宰相考》，《辽史汇编》第9册，第759—772页。

2　向南：《辽代石刻文编》，第423—425页。

3　向南：《辽代石刻文编》，第320页。

4　《辽史》卷一五《圣宗纪六》，第185页。

5　《辽史》卷一七《圣宗纪八》，第224页。按萧普古即萧朴，《辽史》卷八〇本传称其"拜北府宰相，迁北院枢密使"（第1411页）。

6　《辽史》卷一八《兴宗纪一》，第243页。

7　《辽史》卷一九《兴宗纪二》，第262页。

年，萧图古辞"拜南府宰相。顷之，为北院枢密使"；[1] 天祚帝乾统二年十月"以南府宰相耶律斡特剌为北院枢密使"。[2] 从这些事例来看，南府宰相可转任北、南院枢密使，而北府宰相一般迁为北院枢密使。

　　值得注意的是，北、南院枢密使往往还会兼任北、南府宰相，在这种情况下，两府宰相因兼枢密之职而成为宰辅。如景宗保宁元年三月，"以北院枢密使萧思温兼北府宰相"；[3] 又景宗至圣宗时，室昉"拜（南院）枢密使，兼北府宰相"；[4] 统和十二年，室昉致仕后，以韩德让"代为北府宰相，仍领（南院）枢密使"；[5] 兴宗重熙二十四年八月，"以遗诏，命西北路招讨使西平郡王萧阿剌为北府宰相，仍权知南院枢密使事"；[6] 道宗大康八年（1082）二月，"以耶律颇德为南府宰相兼知北院枢密使"；[7] 寿昌七年六月，"以南府宰相斡特剌兼南院枢密使"。[8] 另外，辽代石刻中，咸雍五年《秦晋国妃墓志》见"故枢密使、北宰相、驸马都尉讳曷宁"，[9] 此人即《辽史》之萧排押，本传仅提及其为北府宰相，据墓志知其亦兼"枢密使"，似当为北院枢密使。乾统十年《萧德恭妻耶律氏墓志》记有"兴宗朝驸马都尉、北宰相、知北枢密院事、辽西郡王讳

1　《辽史》卷一一一《萧图古辞传》，第1645页。
2　《辽史》卷二七《天祚皇帝纪一》，第357页。
3　《辽史》卷八《景宗纪上》，第98页。
4　《辽史》卷七九《室昉传》，第1401页。
5　《辽史》卷八二《耶律隆运传》，第1422页。
6　《辽史》卷二一《道宗纪一》，第286页。卷九〇《萧阿剌传》记作"清宁元年，遗诏拜北府宰相，兼南院枢密使"（第1493页）。
7　《辽史》卷二四《道宗纪四》，第325页。
8　《辽史》卷二七《天祚皇帝纪一》，第356页。
9　向南：《辽代石刻文编》，第340页。

德良"，[1]《秦晋国王大长公主墓地残志》还见有某人"字德降，北宰相、枢密使、兼政事令、驸马都尉"。[2] 由此可见，北、南院枢密使常兼任北、南府宰相，这恐怕是两府宰相得以入宰辅的前提条件。

综上所述，由余靖对于辽朝政坛的观察入手，结合文献记载和石刻材料进行分析、补充，我们可以大致弄清辽朝宰辅群体的职衔构成及其排序。第一，北院枢密使带使相者最高。第二，汉官宰相兼南枢密院官者居次，其中又可分为两个层级，一为南院枢密使兼政事（中书）令，二为南院枢密使或知枢密院事兼中书侍郎或门下侍郎，同时此二者有的也会加同平章事及"监修国史"衔。第三，北院枢密使不带使相，及虽带使相而知枢密副使事者。第四，汉官参知政事带使相，以及参知政事（或知/签中书省事）兼南枢密院使、副者，若带史职则多兼"修国史"。此外，北、南院枢密使还有可能会兼任北府、南府宰相（见表一）。

由此可见，辽代宰辅的职权地位并不是简单地由某一个职官或加衔所决定的，而是要综合这些职衔的搭配组合来看，且宰辅群体内部亦有严格的排序分级，不同时期其带使相、兼官、加衔的情况可能还会有所变动，从而构成一套复杂的宰辅职衔体系。此前学者多孤立、静态地分析各个职衔，未能充分关注它们之间的关联性。至于辽代宰辅选任的来源较广，主要有北、南府宰相，北、南院大王，斡鲁朵宫卫系统中的最高长官契丹、汉人行宫都部署，以及政事（中书）舍人、枢密直学士等，兹不赘述。

1　录文见辽宁省文物考古研究所编著《关山辽墓》，第 92 页，拓片见图版五一。
2　拓片及录文见盖之庸编著《内蒙古辽代石刻文研究（增订本）》，呼和浩特：内蒙古大学出版社，2007 年，第 355—356 页。

表一　辽朝宰辅职衔

排序	北、南枢密院官	使相	政事（中书）省官	史职	北、南府宰相
一	北院枢密使	侍中	政事（中书）令		北府／南府宰相
		同政事（中书）门下平章事			
二	南院枢密使	同政事（中书）门下平章事	政事（中书）令	监修国史	北府／南府宰相
	南院枢密使／知枢密院事	同政事（中书）门下平章事	中书侍郎	监修国史	
			门下侍郎		
三	北院枢密使		政事（中书）令		北府／南府宰相
	北院枢密副使	同政事（中书）门下平章事	（因史料缺乏存疑）		
四	南院枢密使／同知枢密院事／签枢密院事／枢密副使	同政事（中书）门下平章事	参知政事／知中书省事／签中书省事	修国史	
		同政事（中书）门下平章事	参知政事	修国史	

二　辽代政务运行视角下的"中书枢密院体制"

通过以上对辽朝宰辅群体的考察，可知在辽代的南面汉官宰辅中，除少数仅为参知政事带使相者外，其余绝大多数情况是同时兼任南枢密院和政事（中书）省的职务，尤其是南院枢密使基本上必兼政事（中书）省长官。而且有迹象表明，北院枢密使应该也会兼政事（中书）令。例如萧孝穆于重熙六年三月出任北院枢密使，[1]次年撰刻的《耶律元妻晋国夫人萧氏墓志》记萧氏之子，"长曰讳孝穆，枢密使、兼政事令、吴国王"。[2]二十一年七月，"以南院枢密使萧革为北院枢密使"，[3]《辽史·萧革传》称其"改知北院，进王郑，兼中书令"。[4]道宗清宁二年，萧阿剌"改北院枢密使，徙王陈，与萧革同掌国政"，[5]大康元年《萧德温墓志》记德温之父萧知足（即萧阿剌）结衔为"故资忠尽节致理经邦功臣、枢密使、保义军节度、陕虢等州观察处置等使、开府仪同三司、特进、守太师、兼中书令、采访、行陕虢等州大都督府长史、上柱国、陈王、赠大丞相"，[6]知其亦以北院枢密使兼中书令。又前引辽末萧奉先"为政事令（按当作中书令）、同平章事，又兼（北院）枢密使"。至于北院枢密副使除带使相外，是否还兼政事（中书）省官，因史料匮乏尚不能确言。不过，从以上情况来看（见表一），在辽朝的宰辅体制中，北、南枢密院与中书省之间显然有着十分密切的关联，那么这种枢密院与中书省长官互兼的惯例究竟反映了辽代官制的什么特点，其制度渊源来自何处，又如何体现在实际政务的运作层面，值得进一步探究。

　　学界一般认为，中书（政事）省应属辽南面官，居于南枢密院之下。这是由于《辽史·百官志》南面朝官将中书省列在汉人枢密院之后，且《长编》谓辽朝"其官有契丹枢密院及行宫都总管司，谓之北面，以其在牙帐之北，以主蕃事；又有汉人枢密院、中书

1　《辽史》卷一八《兴宗纪一》，第246页。

2　向南：《辽代石刻文编》，第211页。

3　《辽史》卷二〇《兴宗纪三》，第279页。

4　《辽史》卷一一三《萧革传》，第1661页。

5　《辽史》卷九〇《萧阿剌传》，第1493页。

6　向南：《辽代石刻文编》，第371—372页。

省、行宫都总管司，谓之南面，以其在牙帐之南，以主汉事"，[1] 这段记载的史源当出自北宋庆历元年（辽重熙十年，1041）投宋的归明人赵至忠所撰《虏廷杂记》。[2] 赵至忠在辽朝官至中书舍人，因得罪辽兴宗而奔宋，他在书中也明确将中书（政事）省归入辽朝汉官，位居枢密院后。[3] 不过，也有记载将辽中书（政事）省置于枢密院之前。如圣宗开泰三年七月，"诏政事省、枢密院，酒间授官释罪，毋即奉行，明日覆奏"。[4] 金太祖完颜阿骨打攻克燕京后，沿用"辽南、北面官僚制度"，仍任用辽降臣左企弓等人，"置中书省、枢密院于广宁府"。[5] 这两例均列中书（政事）省于枢密院之前。那么，在辽南面官中枢密院与中书（政事）省的地位究竟孰先孰后呢？这就涉及两者之间的职能区分与协作关系。

南宋徐梦莘撰《三朝北盟会编》引史愿《亡辽录》有一段记载，对于我们理解辽枢密院与中书省的关系十分关键：

> 辽国自太祖阿保机创业于其前，太宗耶律德光恢扩于其后，吞并诸番，割据汉界，南北开疆五千里。分置南面汉官左右相、参知政事、枢密院直学士，主治汉事、州县。中书门下共一省，兼礼部，有堂后、主事、守当官各一员。尚书省并入枢密院，有副都承旨，吏房、兵房、刑房承旨，户房、厅房即工部也，主事各一员。北面契丹枢密院，或知、或签书枢密院

1　《续资治通鉴长编》卷一一〇天圣九年六月，第 5 册，第 2560 页。

2　参见苗润博《〈辽史〉探源》，北京：中华书局，2020 年，第 124—128 页。

3　《续资治通鉴长编》卷一三三庆历元年八月乙未条记云："以契丹归明人赵英为洪州观察推官，赐绯衣、银带及钱五万，更名至忠。至忠尝为契丹中书舍人，得罪宗真，挺身来归，言庆历以前契丹事甚详。"（第 6 册，第 3169 页）按赵至忠投宋时，辽朝政事省尚未改名，而《长编》记作中书省，当系后来的宋朝史官所追改。

4　《辽史》卷一五《圣宗纪六》，第 191—192 页。

5　《金史》卷七八《韩企先传》及"赞曰"，北京：中华书局，1997 年，第 1777、1779 页。

事，移离毕，林牙。如兵机、差除、钱谷、群牧事等，隶枢密院。刑狱隶移离毕院，主治番界部落。[1]

《亡辽录》（全称为《金人亡辽录》）乃辽末进士史愿于北宋宣和四年（1122）归宋后所著，[2] 记女真灭辽始末，对辽朝制度亦多有记载，具有很高的史料价值。引文提到辽南面汉官置"左右相、参知政事、枢密院直学士"主管汉人及州县事务。"左右相"字面意思是指左、右丞相，但辽朝左、右丞相不常设，[3] 此处大概是比照宋朝官制，借此指称中书省宰相，与副相参知政事和其下的办事官员枢密院直学士，形成行政级差。枢密院直学士一般可以升任参知政事或枢密副使，[4] 是拔擢宰辅的来源之一。"中书门下共一省，兼礼部，有堂后、主事、守当官各一员"句，《辽史·百官志》亦载中书省参知政事下有"堂后官。太平二年见堂后官张克恭"，"主事"，"守当

1　徐梦莘：《三朝北盟会编》卷二一宣和七年正月二十四日条引《亡辽录》，《中华再造善本》影印国家图书馆藏明抄本，北京：国家图书馆出版社，2013年，叶5b—6a。"扩"字原避宋宁宗讳作小字"御名"，今据清光绪五年活字本补。

2　参见傅乐焕《辽代四时捺钵考五篇·论〈辽史天祚帝纪〉来源》，《辽史丛考》，北京：中华书局，1984年，第169—170页。

3　辽代"左丞相"目前仅见一例。《张俭墓志》载南院枢密使张俭于开泰"七年冬，加政事令。太平元年，以左丞相之秩，升中书令之上。……六年春三月，再授枢密使、左丞相、兼政事令、监修国史、鲁国公，改赐推忠翊圣保义守节功臣"（《辽代石刻文编》，第266—267页），《辽史》卷一七《圣宗纪八》太平六年三月，"以大同军节度使张俭入为南院枢密使、左丞相兼政事令"（第225页）。"右丞相"仅见两例。《辽史》卷四七《百官志三》记"圣宗开泰元年见右丞相马保忠"（第867页），又卷八六《杜防传》谓道宗清宁中杜防"拜右丞相"（第1460页）。

4　例如，《辽史》卷一三《圣宗纪四》统和十二年四月，"枢密直学士刘恕为南院枢密副使"（第156页）；卷一五《圣宗纪六》统和二十九年三月，"枢密直学士高正为北院枢密副使"（第185页）；卷二四《道宗纪四》大安元年正月，"以枢密直学士杜公谓参知政事"（第328页）；卷二五《道宗纪五》大安九年十月，"以枢密直学士赵廷睦参知政事兼同知南院枢密使事"（第340页）。

官。并见耶律俨《建官制度》，[1] 林鹄认为由此可推知上引《亡辽录》的这段官制记载可能源自耶律俨《建官制度》。[2]《亡辽录》又称"尚书省并入枢密院，有副都承旨，吏房、兵房、刑房承旨，户房、厅房即工部也，主事各一员"，这些南枢密院下的属官皆可得到《辽史》及辽代石刻佐证，[3] 只是在副都承旨之上当有枢密都承旨一职，盖《亡辽录》漏记。而北面契丹枢密院的职官设置不同，其下不设诸房，枢密院使、副直接统领"番界部落"的"兵机、差除、钱谷、群牧"等事务，并下辖掌管刑狱的"移离毕"（即夷离毕之异译）和相当于汉官翰林学士的契丹林牙。

在上引《亡辽录》的记载中，最重要的是它向我们揭示了中书省和枢密院在辽南面官系统中的地位和性质。唐前期以"政事堂"为宰相议事之所，唐玄宗开元十一年（723）中书令张说"奏改政事堂为中书门下"，此后"中书门下"遂发展成为实际的宰相机构，[4] 至北宋简称"中书"，与枢密院对掌文武二柄。《亡辽录》称"中书门下共一省"，是指辽中书省亦名"中书门下"，在吉林白城市洮北区城四家子古城曾出土一枚刻"中书门下之印"的辽代官印，[5] 可为佐证，其机构性质就相当于唐中期以后的"中书门下"；而"尚书

1　《辽史》卷四七《百官志三》，第 867 页。

2　林鹄：《辽世宗、枢密院与政事省》，第 144—146 页。天祚帝乾统五年《刘文用墓志》记载圣宗"太平间，丞相张、马二王秉政（指左、右丞相张俭、马保忠），召为堂下绯衣吏，倡赞候导，颇有朝范"（拓片及录文见李俊义、李义《辽〈刘文用墓志铭〉〈刘贡墓志铭〉勘误》，《辽金历史与考古》第 5 辑，沈阳：辽宁教育出版社，2014 年，第 284 页），此为中书省吏员。

3　林鹄：《辽史百官志考订》，第 196—201 页。

4　参见刘后滨《唐代"中书门下"机构建制考》，《北大史学》第 7 辑，北京：北京大学出版社，2000 年，第 180—195 页。

5　参见王则《辽代的中书门下印和金代的中书门下印》，原载《博物馆研究》1983 年第 1 期，后收入孙进己等主编《中国考古集成·东北卷·辽》（一），北京：北京出版社，1997 年，第 581—583 页。

省并入枢密院"，说明辽枢密院不只是一个军事机构，同时还兼具
尚书省统领各项政务的职能。且如上所述，辽代宰辅往往兼任枢密
院和中书（政事）省的长官，那么这一行政体制该如何理解呢？

　　据刘后滨教授研究，唐开元年间将政事堂改为中书门下，标志
着唐代的中枢制度由前期的三省制向"中书门下体制"转变。这一
新体制的特点是中书门下成为一个实体的宰相府署，宰相不仅具有
参议决策之权，而且还直接承担行政事务，逐渐政务官化，下设五
房作为具体的办事机关，取代了尚书六部，从而使宰相兼具参与最
高决策和行使政务裁决权，决策与行政合一。在宰相人员方面，唐
代政事堂改为中书门下后，中书令为首相，成为中书门下的首长，
但安史之乱以后，中书令逐渐虚空，常用作功臣节帅的加官，唐后
期中书侍郎则固定都带同平章事为相，成为中书门下的实际首长。
门下侍郎也固定地加同平章事为宰相，与由尚书省官员（多为六部
侍郎）加同平章事充任的宰相，一并在中书门下办公。因此，中书
门下就是宰相裁决政务的常设机构。[1]

　　辽代的中书省与唐中后期的中书门下其实是一脉相承的，辽
世宗初名为政事省，当得名于"政事令"。辽太祖耶律阿保机命亲
信汉臣韩延徽"为守政事令、崇文馆大学士，中外事悉令参决"，
至"太宗朝，封鲁国公，仍为政事令"，后世宗"建政事省"，韩
延徽"设张理具，称尽力吏"，[2] 为机构创建付出辛劳，是首任政事
省之长。宋人记载"阿保机僭号，以延徽为相，号政事令，契丹谓
之'崇文令公'"，[3] 与《辽史·韩延徽传》相符，可见"政事令"之

1　刘后滨：《唐代中书门下体制研究——公文形态·政务运行与制度变迁》，济南：齐鲁书社，
　　2004 年。
2　《辽史》卷七四《韩延徽传》，第 1357—1358 页。
3　《新五代史》卷七二《四夷附录一》，北京：中华书局点校修订本，2016 年，第 1006 页。

名号乃辽太祖时所创，其名称渊源当来自唐中书门下的前身"政事堂"，后辽政事省改名为中书省，《亡辽录》称"中书门下共一省"，也可说明辽政事（中书）省对唐代中书门下的效仿。因此，辽中书（政事）省的长官亦为中书（政事）令及中书侍郎加同平章事、门下侍郎加同平章事（即上文提到的"中书相""门下相"）。他们及其副手参知政事同时又兼任枢密院使、副，构成辽代的宰辅群体，从而将中书省与枢密院（兼尚书省）紧密地联结在一起，这些宰辅既是参预谋议的决策者，又是政务的执行者，同样是决策与行政合一，我们不妨借用"中书门下体制"的概念，称之为"中书枢密院体制"。

辽朝之所以出现这种"中书枢密院体制"，其直接来源当为五代的政治制度。枢密院的设置虽始于唐代，但它真正发展成为与中书门下分权的军政机构则始于后唐。且自后唐重建枢密院以后，枢密使权重是五代时期的突出现象，枢密使常加相衔为真宰相（又称枢相），其职权远远超越军政范围，涉及民政、财政、司法、人事等，从而使枢密院俨然成为最高中央决策机关。[1] 显而易见，辽朝以枢密院为最高行政机构，其长官加相衔为宰辅的做法就是因袭的五代之制。与北宋惩五代之弊，限制枢密使权力，形成中书门下与枢密院分掌民政、军政的二府体制不同，辽朝枢密院与中书（政事）省的权力关系不但没有分离，反而以长官互兼的制度化形式更加紧密地捆绑在一起，形成通行于有辽一代的"中书枢密院体制"。

因此，辽朝南面官中，身兼中书省和枢密院长贰官的宰辅既是参议国政的决策者，又是执行政令的行政机关首脑，从而使中书省

---

1   参见杜文玉《论五代枢密使》，《中国史研究》1988 年第 1 期，第 63—72 页；李全德《唐宋变革期枢密院研究》，北京：国家图书馆出版社，2009 年。

与枢密院在政务运作中联结为一体。咸雍元年三月，知兴中府事杨皙（又作杨绩）转任知枢密院事，次年十二月为南院枢密使，[1] 本传云："咸雍初，徙封齐（国公），召赐同德功臣、尚书左仆射，兼中书令，拜枢密使，改封晋，给宰相、枢密使两厅傔从。"[2] 其时杨皙任南院枢密使兼中书令为宰辅，给予"宰相、枢密使两厅傔从"，此处"宰相"当特指中书省长官，意谓杨皙有中书省和枢密院两个部门的侍从可供驱使，处理不同的具体事务，可见他所兼两府之官皆为实职，是构成其宰辅地位不可或缺的两个方面。有证据表明，辽代若要罢相亦需同时革去中书省和枢密院的职务。如前述辽道宗寿昌六年，因有司案牍误书宋帝"嗣位"为"登宝位"事件，"诏夺宰相郑颙以下官"，上引《王师儒墓志》记载"由是累及公与门下郑相颙、中书韩相资让，同日削平章事，仍罢枢密中书省职"。王师儒时任同中书门下平章事、知枢密副使、签中书省事，上文言及，郑颙、韩资让亦当以南枢密院长官兼"门下相"和"中书相"，带平章事，此次夺宰相官，俱"削平章事"，"罢枢密、中书省职"，亦可说明两府职任均是为宰辅的必要条件。又《辽史·营卫志》载辽帝在捺钵游猎时，"汉人枢密院、中书省唯摘宰相一员"扈从，[3] 其史源为赵至忠《阴山杂录》，[4] 在此一员"宰相"可以代表枢密院与中书省两个机构，正是由于宰辅身兼两职、联为一体的缘故。

据辽末天庆十年（1120）《杜念墓志》，杜念从大康七年（1081）开始，职事官历任枢密院令史、厅房主事、户房主事、兵刑房承旨，大安八年冬为中书省堂后官，寿昌元年改大理少卿，二

1　《辽史》卷二二《道宗纪二》，第300、302页。

2　《辽史》卷八九《杨皙传》，第1487页。

3　《辽史》卷三二《营卫志中》，第426页。

4　参见苗润博《〈辽史〉探源》，第128—133页。

年授秘书少监，三年擢为枢密副都承旨，"六年夏，迁枢密都承旨，加卫尉卿。乾统元年夏，就加昭文馆直学士。隶中书省、枢密院十七年，五房纲纪，两府规模，辄有稽疑，悉能别白"。[1] 从杜悆的履历来看，他大多数时间是在南枢密院任职，却对枢密院和中书省两府事务都很熟悉，墓志在总结其经历时还特意将中书省置于枢密院之前，突出其地位，或可透露出在政务运行中，因宰辅兼任两府长官，故其两府属官在处理具体事务时亦需彼此沟通，辩白稽疑，这有助于我们了解辽代两府运作的实态。此外，《杜悆墓志》没有提及的"枢密院直学士"，上引《亡辽录》谓"分置南面汉官左右相、参知政事、枢密院直学士，主治汉事、州县"，将"枢密院直学士"与中书省长官并列，说明它可能是南枢密院派驻中书省负责协调日常事务的代表，且有的还会直接兼任政事（中书）省职官。如张俭"开泰元年，迁政事舍人、知枢密直学士"；[2] 兴宗重熙十四年，王纲职衔为"枢密直学士、行中书舍人、兼（枢密）都承旨"。[3] 可见南枢密院与政事（中书）省之间亦存在属官互兼的现象，这显然也是出于两府政务处理便于协作的客观需要。

由上可知，辽朝"中书枢密院体制"的突出特点是南面汉官宰辅兼任中书省和枢密院长官，从而在某种程度上将两府联结为一个整体，在政务处理中协同运作。如此看来，在辽南面官系统中，中书省与枢密院因其长官人员构成基本相同，故而实际具有同等的重要性，从这个意义上来说，两者并无所谓孰先孰后，都是辽代宰辅机构的重要组成部分。然就职能分工而言，两者又有着明显区分。

1　梅宁华主编《北京辽金史迹图志》，北京：北京燕山出版社，2004年，下册，第177页。"十七年"盖指从大康七年到乾统元年（1081—1101）二十年中，除去寿昌元年至三年任大理少卿和秘书少监的时间。

2　重熙二十二年《张俭墓志》，见向南《辽代石刻文编》，第266页。

3　重熙十四年《王泽妻李氏墓志》，见向南《辽代石刻文编》，第241页。王纲为李氏次子。

中书省承袭唐代以来中书门下之制，为议政决策之所，但其下不设具体的行政部门，而由枢密院下辖吏、兵、刑、户、厅五房承担各项行政管理的职能，[1] 有些类似于尚书省，故《亡辽录》径称"尚书省并入枢密院"，对此学界已有较充分的认识，毋庸赘言。

需要说明的是，辽中书（政事）省除议政外也有其专属职掌。其一，南面汉官的铨选除授。《辽史·营卫志》谓辽帝捺钵期间，"宰相以下，还于中京居守，行遣汉人一切公事。除拜官僚，止行堂帖权差，俟会议行在所取旨，出给诰敕。文官县令、录事以下更不奏闻，听中书铨选；武官须奏闻"，[2] 这段记载亦源出赵至忠《阴山杂录》。由此可见，中书省可直接选任"文官县令、录事以下"的基层官员，相当于北宋铨司负责的幕职州县官的铨选，这是在政事省设立之初即已赋予的职能，天禄五年五月，"诏州县录事参军、主簿，委政事省铨注"。[3] 武官选任可能亦归中书省，但须奏闻。至于中高级文官的除授，宰辅只能"行堂帖权差"，待至行在所请示辽帝，获得诏旨核准后，才能给发正式的官诰敕牒。[4] "堂帖"乃是唐代中书门下的专用文告，[5] 辽中书省当承袭之，亦行堂帖，掌管辽朝汉官的铨选之事。

其二，草拟制诰。唐中后期中书门下的一项重要职责是草拟制诰，由中书舍人这一机要之任执笔。[6] 辽朝同样也应有一整套习

---

1 辽代石刻中亦见"兵刑房承旨"（如上引《杜念墓志》），杨若薇怀疑枢密院兵、刑两房辽代曾有分合（《契丹王朝政治军事制度研究》，第141—142页）。

2 《辽史》卷三二《营卫志中》，第426页。

3 《辽史》卷五《世宗纪》，第74页。

4 《辽史》卷一一六《国语解》"堂帖"条载："辽制，宰相凡除拜，行头子堂帖权差，俟再取旨，出给告敕。故官有知头子事。见《阴山杂录》。"（第1706页）

5 参见雷闻《唐代帖文的形态与运作》，《中国史研究》2010年第3期，第89—115页。

6 参见张连城《唐后期中书舍人草诏权考述》，《文献》1992年第2期，第85—99页。

自唐、五代的文书行政系统，草拟外制当由政事（中书）省之政事（中书）舍人承担。辽代任政事（中书）舍人者皆为汉人文学之士，如邢抱朴于景宗"保宁初，为政事舍人、知制诰，累迁翰林学士"；[1]圣宗统和三年正月，以"左拾遗、知制诰刘景，吏部郎中、知制诰牛藏用并政事舍人"；[2] 刘六符"有志操，能文。重熙初，迁政事舍人，擢翰林学士"；[3] 孟初于道宗寿昌中"授知制□（诰），□拜中书舍人"。[4] 这些例子可以说明辽朝任用汉人文臣为政事（中书）舍人，多兼知制诰，其主要职责就是草拟制诰诏敕。正因为此，政事（中书）舍人在辽代亦为机要之官，常备顾问，如室昉于"保宁间，兼政事舍人，数延问古今治乱得失，奏对称旨"；[5] 甚至在某些时候获准参预朝议，如马得臣于"保宁间，累迁政事舍人、翰林学士，常预朝议，以正直称"。[6] 室昉、邢抱朴、张俭、杜防等人皆曾担任政事舍人，后被拔擢为宰辅，足见此草拟制诰之职的重要性。

其三，掌礼仪。《亡辽录》称"中书门下共一省，兼礼部"，透露出辽中书（政事）省还兼领有制定礼仪、执掌礼制的职能，这并非承袭自唐代中书门下，而是由于政事省建立之初的用人因素所产生的。上文提到，辽世宗建政事省皆赖韩延徽之力，韩延徽是辽太祖身边的核心谋士，为辽朝开国的礼仪法度建设做出了卓越贡献，史称"太祖初元，庶事草创，凡营都邑，建宫殿，正君臣，定名分，法度井井，延徽力也"。[7] 天禄四年，世宗命韩延徽筹建政事省，

1　《辽史》卷八〇《邢抱朴传》，第 1409 页。

2　《辽史》卷一〇《圣宗纪一》，第 122 页。

3　《辽史》卷八六《刘六符传》，第 1457 页。

4　天庆七年《孟初墓志》，见梅宁华主编《北京辽金史迹图志》下册，第 175 页。

5　《辽史》卷七九《室昉传》，第 1401 页。

6　《辽史》卷八〇《马得臣传》，第 1409 页。

7　《辽史》卷七四《韩延徽传》，第 1358 页。

以其为首任长官，次年六月，"河东使请行册礼，帝诏延徽定其制，延徽奏一遵太宗册晋帝礼，从之"。[1] 可见因韩延徽精通礼制，辽帝多命其制定礼仪，从而使政事省在初建之时便已有职掌礼制的实际功能，此后一直延续不断。如在辽代石刻材料中有一个比较典型的例子。《耶律庆嗣墓志》记载大安八年庆嗣卒于军前，"皇上震悼叹息，遣近侍泊叔弟乙信，典护神襯以归。诏下丞相府曰，若公之勤可记，乃赠中书令。将葬请谥，礼官曰公之行可迹，按谥法云：'图国忘死曰贞，佐国遭忧曰愍。'遂以贞愍合而赐之"。[2] 辽道宗命"丞相府"为耶律庆嗣追给赠官、拟定谥号，此处"丞相府"指的应该就是中书省，丧葬之礼为其所掌管。

以上通过十分有限的史料，大致窥测出辽代政事（中书）省的三项具体职掌。尽管尚不全面，但仍有助于我们更好地理解在辽朝"中书枢密院体制"之下，中书（政事）省与枢密院之间的职能分工与协同运作。

三　辽朝官制的"超越北南"

上文所述"中书枢密院体制"主要针对辽朝南面官系统而论，然辽代的北院枢密使亦会兼政事（中书）令，那么这一中枢体制是否也适用于北面官系统呢？由于北面官的史料比南面官更少，目前还不能确言，但辽朝的中枢辅政机制往往需要以北、南院枢密使为首的宰辅共同参与，共商国是，从而在决策层面突破北、南面官的界限，形成一个核心领导圈。如上文提到景宗朝，南院枢密使、

1　《辽史》卷七四《韩延徽传》，第 1358 页。

2　向南：《辽代石刻文编》，第 457 页。据辽宁省博物馆编《辽宁省博物馆藏碑志精粹》所收拓本校正（北京：文物出版社、东京：日本中教出版株式会社，2000 年，第 198 页）。

知政事令高勋与北院枢密使萧思温"每朝，必命坐议国事"，高勋还被时人称作"大丞相"，[1] 保宁八年《王守谦墓志》载"大丞相渤海高公保厘天邑，专总朝政"。[2] 圣宗统和初，承天皇太后摄国政，与北院枢密使耶律斜轸、南院枢密使兼政事令韩德让"参决大政"，[3] 当时另一南院枢密使兼政事令室昉"与韩德让、耶律斜轸相友善，同心辅政，整析蠹弊，知无不言，务在息民薄赋，以故法度修明，朝无异议"。[4] 以上两例均为北、南面宰辅共掌朝政，有时甚至汉官南院枢密使（如高勋）的权势更盛。辽帝亦时常召集北、南枢密院长官商议国事，如兴宗重熙十年十二月，"上闻宋设关河，治壕堑，恐为边患，与南、北枢密吴国王萧孝穆、赵国王萧贯宁谋取宋旧割关南十县地"；[5] 道宗大康九年九月，"召北、南枢密院官议政事"。[6] 这也表明以北、南院枢密使为首的宰辅共同组成了一个辅弼朝政的领导班底，其中如上所述南枢密院官基本皆兼任政事（中书）省长官，而北院枢密使亦兼政事（中书）令，这提示我们辽朝的政事（中书）省或许并不仅仅是南面官系统下的一个纯粹处理汉人事务的机构，在参议朝政、集体决策层面已超越了北、南面官的

1　《辽史》卷七九《耶律贤适传》谓"大丞相高勋、契丹行宫都部署女里席宠放恣，及帝姨母、保母势熏灼"（第 1403 页）。

2　梅宁华主编《北京辽金史迹图志》下册，第 127—128 页。此处"高公"即指高勋，"渤海"当为其郡望，而非渤海人，参见周峰《辽代前期汉人重臣高勋生平发微》，《北方文物》2011年第 1 期，第 52—56 页。

3　《辽史》卷七一《后妃传·景宗睿智皇后萧氏》，第 1322 页。卷八三《耶律斜轸传》谓"统和初，皇太后称制，益见委任，为北院枢密使"（第 1434 页），卷八二《耶律隆运传》称韩德让"征为南院枢密使。景宗疾大渐，与耶律斜轸俱受顾命，立梁王为帝，皇后为皇太后，称制，隆运总宿卫事，太后益宠任之。统和元年，加开府仪同三司，兼政事令"（第 1422页，按本纪载韩德让兼政事令在统和三年）。

4　《辽史》卷七九《室昉传》，第 1402 页。

5　《辽史》卷一九《兴宗纪二》，第 259 页。

6　《辽史》卷二四《道宗纪四》，第 327 页。

界限。北院枢密使等北面官宰辅在政务处理中，必然也会涉及与政事（中书）省的协同运作，因此存在于南面官系统中的“中书枢密院体制”很可能也适用于北面官系统，只有由于目前资料缺乏尚不能完全揭露罢了。

实际上，辽世宗设政事省晚于北、南枢密院的建置，且任用自辽太祖以来的元勋重臣韩延徽为长官，并不兼枢密使，或有在两枢密院之外另建中枢机构的用意。但世宗不久被杀，自穆宗以后逐渐形成北、南枢密院与政事（中书）省长官互兼的定制，从而使枢密院与政事（中书）省在政务运作中构成一体化的“中书枢密院体制”。如此看来，辽代的政事（中书）省长官很可能也包括北面宰辅在内，共同参决谋议。其实可想而知，对于辽朝这样一个统治多族群的庞大国家来说，中枢政务的处理十分复杂，在很多情况下难以明确区分出哪些属于部族之事、哪些为汉人事务，往往需要北、南面臣僚共同商议谋划。譬如上文所举兴宗时“闻宋设关河，治壕堑”，就不仅是汉地边患这么简单，需召集北、南院枢密使共谋，欲取宋关南地。《贾师训墓志》记载大安二年，贾师训为南院枢密副使，“曾奏事御所，有诏迁奚中其部所居汉民四百户。宰相承诏趋出，公独侍，上问之，公前对曰：‘自松亭已北距黄（潢）河，其间泽、利、潭、榆、松山、北安数州千里之地，皆霫壤也。汉民杂居者半，今一部之民可徙，则数州之人尽可徙矣。然则恐非国家之利，亦如辽东旧为渤海之国，自汉民更居者众，讫今数世无患，愿陛下裁察。’上悟，其事遂止”。[1] 据此可知，至道宗时辽朝原本的奚人生活区早已迁入了大量汉民，于是在处理奚地问题时就不再是纯粹的部族事务，而需听取南面汉官的意见。天祚帝天庆中女真叛辽，

1 向南：《辽代石刻文编》，第 479 页。

参议军国大事的宰辅"数人皆昏谬，不能裁决"，"当时国人谚曰：'五个翁翁四百岁，南面北面顿瞌睡。自己精神管不得，有甚心情杀女直。'远近传为笑端"。[1] 从这个嘲讽当朝宰辅的民间谚语可以看出，征讨女真此等大事，辽帝亦需召集北、南面宰辅共同商议。另外，像上文提到的中书省为耶律庆嗣追给赠官、拟定谥号之事，庆嗣为契丹人，卒于西南路招讨任上，属北面官，但赠官、定谥又为汉制，此类礼仪之事恐不分南北，皆由中书（政事）省职掌。

总之，就宰辅议政决策而言，辽朝中枢很可能是不严格区分北、南面的。李锡厚先生在考察辽代官制时曾指出，辽朝设置契丹行宫都部署和汉人行宫都部署分别管理帝后斡鲁朵诸宫卫中的契丹、奚及汉儿、渤海民户，亦分为北、南面，但同时又在二者之上设"诸行宫都部署"进行统辖，遂将其视为辽朝设官"超越北南"的一个例证。[2] 然据杨若薇考证，所谓超乎契丹、汉人行宫都部署之上的"诸行宫都部署"乃是元朝史官编修《辽史·百官志》时产生的误会，它其实就是汉人行宫都部署之重出，辽朝仅有契丹、汉人行宫都部署作为斡鲁朵宫卫系统中的北、南面最高长官，且不隶属北、南枢密院的政务系统，是相对独立的存在。[3] 尽管李氏之说有误，不过他首先注意到辽朝官制的"超越北南"问题，颇有学术眼光。后来，林鹄在全面考订《辽史·百官志》的基础上，谈及辽朝职官体系复原时说道："虽然北枢密院掌部族之军政、民政及方州军政，南枢密院仅掌州县民政，不掌军政，分工明确，但北南之

---

[1] 《契丹国志》卷一〇《天祚皇帝上》，第 123—124 页。按此事当有宋代文献为据。

[2] 李锡厚：《论辽朝的政治体制》，《历史研究》1988 年第 3 期，第 127—133 页。后李锡厚、白滨著《辽金西夏史》采纳此说（上海：上海人民出版社，2003 年，第 69 页）。

[3] 杨若薇：《契丹王朝政治军事制度研究》，第 153—171 页；另参见林鹄《辽史百官志考订》，第 76—77 页。按斡鲁朵宫卫系统分北、南面始于辽景宗保宁年间，很可能是受到了北、南枢密院行政体系的影响。

分也不宜绝对化。因为北南枢密使除了是北南枢密院长官之外，一般情况下还是宰辅。……枢密院只是政务执行机构，中枢决策权属于皇帝及包括北南枢密使在内的宰执群体，而这一决策群体显然是超越北南的。"[1] 这一观点洵为卓见，可惜点到为止，没有展开论述，未能引起学界的足够重视，有待进一步申论。以往辽史学者因受《辽史·百官志》所谓"官分南、北，以国制治契丹，以汉制待汉人"的影响，往往将辽朝的北、南面官制看成一种截然二分的职官制度，犹如契丹牙帐之内的排班站位一般泾渭分明。但实际上，辽代的政务运行和职官制度远比这要复杂得多，我们对辽朝官制有必要加以检讨。

首先，辽朝的确存在以北、南枢密院为首分别管理部族与汉人事务的两套行政机关系统，但在日常中枢决策层面则是由辽帝与北、南面宰辅共同"参决大政"。[2] 如前所述，辽朝宰辅大多身兼枢密院与政事（中书）省长官，形成两府一体化的"中书枢密院体制"，宰辅群体既参议朝政，又督率枢密院执行政令，决策与行政合一。因北、南院枢密使兼政事（中书）令，故政事（中书）省实际可能包容北、南两面，处理政事亦不严格区分南北，而是辽帝领导之下的宰辅机构。圣宗统和十七年九月，北院枢密使耶律斜轸卒，命南院枢密使韩德让兼知北院枢密使事，[3] 不久韩德让"拜大丞

1　林鹄：《辽史百官志考订》绪论，第 29 页。

2　需要说明的是，笔者此处所说辽帝与北、南面宰辅共参大政的"日常中枢决策"乃是辽世宗建立枢密院和政事省之后逐渐形成的中枢体制。在此之前，受契丹部落联盟传统军民主制的影响，承担最高决策职能的是贵族大会（参见李桂芝《契丹贵族大会钩沉》，《历史研究》1999 年第 6 期，第 68—88 页）。又辽中后期，每年在夏、冬捺钵举行"南、北臣僚会议"（《辽史》卷三二《营卫志中》，第 426 页），这是一种例行性的臣僚大集会，召开次数很少，与辽帝、宰辅随时商议处理国事的日常决策会议性质迥然不同。

3　《辽史》卷一四《圣宗纪五》，第 168 页。

相"，"总二枢府事"，[1] 统和二十九年《韩德让墓志》所见完整题衔为"故经天纬地匡时致主霸国功臣、枢密使、开府仪同三司、大丞相、兼政事令、晋国王、食邑二万户、食实封陆阡户、赠尚书令、谥文忠"。[2] 知韩德让乃是在枢密使兼政事令之上又加封大丞相，总摄北、南枢密院，位极人臣。其"大丞相"之职当为政事省首脑，这一设置或许有提升政事省地位使其凌驾于两枢密院之上的意图。但韩德让权势熏天引起圣宗忌惮，故他死后"大丞相"被罢废，终辽一代未再除授。辽朝中枢体制的常态很可能是宰辅身兼北、南枢密院与政事（中书）省长官共同辅政议事的"中书枢密院体制"。政事（中书）省的地位并未完全超越两枢密院，而是以长官互兼的形式保持政务运行的协作关系（见图一）。

其次，辽朝所谓"官分南、北，以国制治契丹，以汉制待汉人"只是单就负责实务的职事官而言，此外无论是"国官（契丹官）"还是"汉官"，都共享一套品秩阶序、官勋爵禄的虚衔系统。自中晚唐以降，随着使职行政体系的发展，原本的三省六部寺监官逐渐阶官化，至五代、北宋形成官、职、差遣分离的职官制度，这种实职与虚衔相混杂的官制同样也被辽朝所继承。尽管已有不少学者对辽朝职官中的寄禄官阶、散官、勋官、封爵、食邑、宪衔、遥领、检校官、功臣号等各种虚衔做过系统整理和研

1　《辽史》卷八二《耶律隆运传》，第 1422 页。"总二枢府事"后来演变为辽朝皇储的专任职衔，称"判北南院枢密使事""领北南枢密院""领北南枢密院事"或"总北南院枢密使事"，参见邱靖嘉《再论辽朝的"天下兵马大元帅"与皇位继承——兼谈辽代皇储名号的特征》，《民族研究》2015 年第 2 期，第 98—100 页。

2　此据中国社会科学院古代史研究所康鹏整理录文，墓志拓片见辽宁省文物考古研究院、锦州市博物馆、北镇市文物处《辽宁北镇市辽代韩德让墓的发掘》，《考古》2020 年第 4 期，第 70 页。

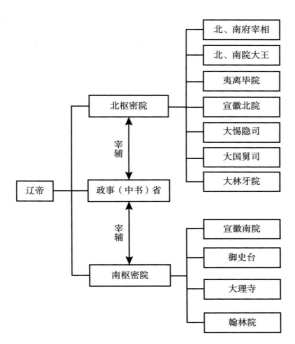

图一　辽朝中枢体制关系

究，[1] 但均未利用这些资料对辽代的北、南面官制提出反思，甚至
还有学者倾向于将这些虚衔皆系于辽南面汉官下，[2] 似乎与北面契丹

1　代表性论著有王曾瑜《辽朝官员的实职和虚衔初探》，第 159—181 页；余蔚《论辽代府州
　　遥领制度》，《历史地理》第 23 辑，上海：上海人民出版社，2008 年，第 39—52 页；陈晓
　　伟《辽朝文官阶制再探——以新近出土的〈梁颖墓志铭〉为中心》，辽宁省辽金契丹女真史
　　研究会编《辽金历史与考古国际学术研讨会论文集》，沈阳：辽宁教育出版社，2012 年，下
　　册，第 608—617 页；王玉亭《辽朝官员的本官、实职与阶及其关系——以辽代碑志文为中
　　心》，《辽金史论集》第 14 辑，北京：中国社会科学出版社，2016 年，第 150—170 页；曾
　　震宇《辽朝检校衔探析——兼谈武散官的使用问题》，《汉学研究》第 38 卷第 3 期，2020 年，
　　第 125—166 页；等等。
2　如唐统天《辽代汉官的散阶制》，《社会科学辑刊》1988 年第 3 期，第 67—71 页；杨军《辽
　　朝南面官研究——以碑刻资料为中心》，《史学集刊》2013 年第 3 期，第 3—19 页。

官员无关。但实际上，我们在辽代石刻中可以清楚地看到，辽朝契丹和汉人官员的职衔构成并无二致，例如萧孝穆和张俭两人的终官结衔：

> 萧孝穆：推诚协谋致理同德佐国功臣、枢密使、开府仪同三司、守太师、兼政事令、齐国王、食邑四万户、食实封五千户、赠大丞相。[1]
>
> 张俭：贞亮弘靖保义守节耆德功臣、洛京留守、开府仪同三司、守太师、尚父、兼政事令、上柱国、陈王、食邑二万五千户、食实封贰仟伍佰户。[2]

契丹人萧孝穆于重熙十二年死于北院枢密使任上，[3] 汉人张俭致仕后卒于重熙二十二年，[4] 两人题衔除萧孝穆实职枢密使和张俭遥授洛京留守不同外，其余十字功臣号，文散官"开府仪同三司"，检校官"守太师"，使相"政事令"（枢密使兼者为真宰相），封爵王号，食邑、食实封，勋官、赠官，这些虚衔的性质和构成是完全相同的。此外，我们还能看到更多契丹人的完整结衔，例如：

> 景宗保宁间《耶律琮神道碑》："大契丹国推忠奉国佐运功臣、镇国军节度使、华商等州观察处置等使、特进、检校太师、赠兼政事令、使持节华州诸军事、行华州刺史、上柱国、漆水郡开国公、食邑三千户、食实封三百户。"[5]

1　大康元年《萧德温墓志》，见向南《辽代石刻文编》，第371页。

2　重熙二十二年《张俭墓志》，见向南《辽代石刻文编》，第265页。

3　《辽史》卷一九《兴宗纪二》，第262页。

4　《辽史》卷八〇《张俭传》，第1408页。

5　向南：《辽代石刻文编》，第56页。

圣宗统和二十六年《耶律元宁墓志》："大契丹国故忠义奉节功臣、金紫崇禄大夫、检校太尉、东京中台省左平章事、上柱国、漆水县开国子、食邑五百户。"[1]

道宗咸雍九年《萧德恭墓志》："忠正军节度留后、银青崇禄大夫、检校司空、使持节寿州诸军事、寿州刺史、兼侍御史、上骑都尉、兰陵县开国子、食邑五百户。"[2]

天祚帝天庆二年《萧义墓志》："大辽故推诚保义守正崇仁全德功臣、北宰相、武宁军节度、徐宿等州观察处置等使、开府仪同三司、检校太尉、守太傅、兼中书令、行徐州大都督府长史、上柱国、兰陵郡陈国公、食邑六千户、食实封陆佰户、致仕赠守太师。"[3]

以上诸例所见不同时期的契丹官员结衔，也是由功臣号、寄禄官、散官、检校官、使相、遥领、宪衔、勋官、封爵、食邑等常见要素所构成的，除耶律氏和萧氏的郡望分别为"漆水""兰陵"较特殊外，其余组成部分与辽代汉人官衔结构完全一致。

由此可见，辽朝官员应当共同袭用一整套繁复的虚衔系统，并无北南契汉之分，对此辽人其实有很明确的记载。重熙十四年《萧德顺墓志》云："夫自大圣皇帝之有天下也，始制文字，以革本朝之政，由是诰命行焉。逮传祚已来，世建诸职，或诏发于北面，或辞演于西掖，故国官品列皆拟于汉官矣。"[4] 这里说自辽太祖开始辽朝便已有给诰命官之制，所谓"诏发于北面"，并非指辽北面官，而

1　拓片及录文见盖之庸编著《内蒙古辽代石刻文研究（增订本）》，第197、200页。

2　录文见辽宁省文物考古研究所编著《关山辽墓》，第89页，拓片见图版五二。

3　向南：《辽代石刻文编》，第622页。

4　拓片及录文见李俊义、张梦雪《〈辽萧德顺墓志铭〉考释》，第66—67页。

是采用汉文化中君主坐北朝南的概念，借指辽帝，以与下句"辞演于西掖"相对仗，"西掖"乃中书省的别称，[1] 颁发官诰敕牒正是辽中书（政事）省的职掌之一，"国官品列皆拟于汉官"说明契丹官标志品位阶秩的名衔与汉官相等同，指的就是辽朝的虚衔系统。以往学者论及辽代官制时，常常径称"官分南、北"，不大考虑实职与虚衔的区别。纵然辽朝由于统驭国内多族群的实际需要，确实采用北、南两套职事官系统分管部族和汉人事务，但在代表品秩阶序、官勋爵禄的虚衔方面却又是统一的体系。讨论辽代官制的特点当然应该将虚衔系统包括在内，这就不免会让人产生一些困惑，既然虚衔不分南北，那么我们又该如何理解辽朝的北、南面官制呢？

学界历来视北、南面官制为辽朝二元政治的突出表现，但是北、南面官又以北、南枢密院为行政领导机构，杨若薇指出辽朝设置北、南二枢密院仿自晚唐以来中原王朝的两枢密制，并非辽朝的独创。[2] 不仅如此，其实整个辽朝职官制度都是在学习和继承中原汉制的基础上建立起来的。如上所述，辽代的"中书枢密院体制"即与唐代中书门下体制和五代枢密院的发展有着直接的渊源关系；辽代官制亦呈现出晚唐、五代以来形成的官、职、差遣分离的特点，各种虚衔全部承袭自中原王朝；就连体现契丹特色的斡鲁朵宫卫长官称"行宫都部署"也是来源于中原官制，[3] 这些足以说明效仿汉制是辽朝职官制度建设的基本原则和取法样板。在汉式官僚制度的框架之下，辽朝出于统治契丹、奚等非汉族群的需要又保留了许多传统的部族官，如南北府宰相、南北院大王、夷离毕等，并在此基础上整合出一套北面官系统，说明辽朝在制度建设过程中具

1　杜文玉：《唐大明宫西掖、西院考》，《陕西师范大学学报》2020 年第 3 期，第 72—74 页。

2　杨若薇：《契丹王朝政治军事制度研究》，第 129—137 页。

3　李锡厚：《论辽朝的政治体制》，第 132 页。

有很强的务实性和灵活性，并不完全拘泥于汉式官制，而善于结合自身的部族本色，进行某种制度创新，体现出辽朝"因俗而治"的特征。所谓"官分南、北"仅限于具体实职的区分，不宜泛化为辽代官制所有组成部分的二元分立。实际上，辽朝的职官制度在如中枢体制、虚衔系统等方面恐怕是不分南北的，具有一体性，辽代的北、南面官制应理解为总体模仿汉式官僚制度之下的"一体两面"，而非契、汉之间的截然二分。

结　语

综上所述，本文以余靖《契丹官仪》有关辽朝宰辅的记载为切入点，充分搜讨辽宋文献与辽代石刻材料，全面考察了辽代宰辅群体的职衔构成及排序情况，特别关注枢密院、中书（政事）省长官与使相等加衔之间的关联性，从而加深我们对辽代宰辅职衔体系的认识。自辽世宗以后建立起来的辽朝官僚制度是在总体效仿中原汉制的基础之上，融合契丹本民族的传统旧俗而形成的，以往辽金史学者多强调北、南面官制的辽朝特色，而对其承袭中原王朝官制的一面重视不够。辽代宰辅大多身兼北、南枢密院与中书（政事）省长官的现象，前人虽已有所注意，但未予深究，本文则将其置于唐宋官制发展演变的大背景下进行思考，透过辽代政务运行的视角，借鉴唐代"中书门下体制"的概念，提出辽朝宰辅身兼枢密院与中书（政事）省长官，具有决策与行政合一的特点，从而将两府联结为一个整体，在政务处理中协同运作，可称之为"中书枢密院体制"，它明确存在于南面官系统之中，北面官系统尽管史料很少，但推测亦当适用。这一中枢体制乃是在继承晚唐、五代以来中央官制发展基础上的创新，同时这种贯通唐、五代、辽、宋的制度史研究取径也具有学术意义。[1]

辽中后期的中枢辅政机制，应是辽帝与以北、南院枢密使兼中书（政事）令为首的宰辅群体共同"参决大政"，从而在决策层面突破了北、南面官的界限，形成一个核心领导圈，表现出"超越北南"的特征。借此我们亦可对辽北、南面官制度加以检讨，其实所谓"官分南、北"仅限于具体职事官部分，而在如中枢体制、虚衔系统等方面则不分南北。过去研究者多强调辽朝政治制度中契、汉二元之分野，以彰显契丹王朝的独特性；然而随着近年来辽史研究的不断深化和思维转变，我们应从整体史观的角度，更多地考虑辽朝国家建立的基本模式、制度渊源，以及与中原王朝之间的互动关系和对华夏政治文化的吸纳融会。就本文所讨论的职官制度而言，辽朝总体上即是效仿中原汉式的官僚制度，只不过在其中融入了契丹部族制度的某些因素，进行"因俗而治"的创新性改造和调适，从而呈现出"一体两面"的特性。所谓的"两面"就是北、南面官，而"一体"则是源于华夏政治文化的制度框架和运作模式。

我们在研究辽史时，需要注意区分辽朝的契丹人和契丹人建立的辽朝。前者应着意考察在多民族融合的大背景下，契丹本族的文化传统如何赓续与涵化；而后者则应充分把握辽朝国家政权组织的基本形态乃是承袭自唐宋时期中原王朝的政治制度，这也是辽朝立

1　近年来在学者的大力呼吁下，唐宋政治制度史研究已逐渐突破了传统的研究路数走向注重"过程"和"关系"的"'活'的制度史"（参见邓小南《走向"活"的制度史——以宋代官僚政治制度史研究为例的点滴思考》,《浙江学刊》2003 年第 3 期, 第 99—103 页;《再谈走向"活"的制度史》,《史学月刊》2022 年第 1 期, 第 103—111 页）。但辽金政治制度史研究受史料缺乏的限制，难以将制度建立运行的完整"过程"及其牵涉的各种"关系"全面揭示出来，很多时候只能是管中窥豹，不免以偏概全。不过本文研究已注意利用有限的材料尝试尽可能以"活"的问题意识，来讨论辽代宰辅职衔的搭配关系和动态调整，以及辽代中枢政务运行的体制问题，亦有收获，但因先天不足很难做到唐宋史研究的纵深程度。

国的制度基础。因此，辽朝历史的研究绝不应是脱离中国史观的北方民族史，而要坚持将其置于中国古代政治制度发展演变与辐射的脉络之下，去探察契丹王朝吸纳融会华夏政治文化的过程路径和发明创新，而本文所论辽代官制的"一体两面"可以说是这一研究视野的具体展现，有助于我们更好地理解辽代契丹人向华夏制度文明的融入方式，也为中国古代各民族之间的交往交流交融提供了制度例证。

原载《历史研究》2022 年第 3 期

辽金韩知古家族新证
——元至元六年《故宣武大将军韩公墓志》考释

辽代汉人世家大族首推韩、刘、马、赵四姓，[1] 其中尤以玉田韩氏最为显赫。自韩知古辅佐辽太祖耶律阿保机开国，此后累世显贵，备受尊宠，长盛不衰。关于韩知古家族的系统记载，今本《辽史》有韩知古及其子匡嗣、孙德让和德威等诸人传记，但叙述比较简略。20 世纪 90 年代韩匡嗣家族墓地于内蒙古赤峰市巴林左旗白音勿拉苏木的白音罕山被发现，[2] 并先后出土了十余方韩氏家族成员

1　如王恽《题辽太师赵思温族系后》云："辽氏开国二百载，跨有燕云，雄长夷夏。……迄今燕之故老谈勋阀富盛、照映前后者，必曰韩、刘、马、赵四大族焉。呜呼盛哉！"（杨亮、钟彦飞点校《王恽全集汇校》卷七三，北京：中华书局，2013 年，第 7 册，第 3086 页）

2　内蒙古文物考古研究所等：《白音罕山辽代韩氏家族墓地发掘报告》，《内蒙古文物考古》2002年第 2 期，第 19—42 页。

的汉文及契丹小字墓志，[1] 加之辽宁朝阳、河北迁安也有几方韩氏后
人墓志出土，从而大大丰富了有关这一家族世系的资料。辽史学者
利用这些传记资料，对韩知古家族的研究较多，涉及家世、政治、
婚姻及汉人契丹化等问题，成果显著。[2]

　　2011 年，西安市长安区博物馆编著出版《长安新出墓志》，收
录了一方当地出土的《故宣武大将军韩公墓志》（以下简称《韩
志》）。[3] 该墓志主人是生活于金末元初的韩知古家族后裔韩瑞，[4]
大概由于此墓志撰于元至元六年（1269），著录为元代石刻，故未
引起辽金史学者的注意。仅见时为北京师范大学硕士研究生的刘
奕彤发表过一篇简单的考释文章《元〈故宣武大将军韩公墓志铭〉
及墓主身份考略》（以下简称《考略》）。[5] 然而作者因不了解相关
辽金史事，并未完全读懂志文，其论述可谓错漏百出，对于墓主

1　这些墓志资料均收录于刘凤翥等编著《辽上京地区出土的辽代碑刻汇辑》，北京：社会科学
　　文献出版社，2009 年。
2　如专著有政协巴林左旗委员会编《大辽韩知古家族》，呼和浩特：内蒙古人民出版社，2002
　　年；王善军《世家大族与辽代社会》，北京：人民出版社，2008 年；蒋金玲《辽代汉族士人
　　研究》，吉林大学博士学位论文，2010 年；于超《辽代玉田韩氏家族研究》，长春师范大学
　　硕士学位论文，2014 年。代表性论文有王民信《〈辽史·韩知古传〉及其世系证补》，原载
　　台湾《幼狮学报》第 2 卷第 1 期，1959 年，后收入氏著《契丹史论丛》，台北：学海出版社，
　　1973 年，第 118—133 页；李锡厚《试论辽代玉田韩氏家族的历史地位》，原载《宋辽金史
　　论丛》第 1 辑，北京：中华书局，1985 年，后收入氏著《临潢集》，保定：河北大学出版社，
　　2001 年，第 98—123 页；爱新觉罗·乌拉熙春《韩知古家族世系考》，原载《立命馆文学》
　　第 591 号，2005 年，后收入氏著《爱新觉罗乌拉熙春女真契丹学研究》，京都：松香堂书店，
　　2009 年，第 247—265 页；都兴智、赵浩《关于辽代玉田韩氏家族契丹化的几个问题》，《辽
　　宁师范大学学报》2011 年第 3 期，第 116—119 页；等等。
3　墓志拓片及录文见西安市长安博物馆《长安新出墓志》，北京：文物出版社，2011 年，第
　　340—341 页。另北京大学图书馆也藏有此墓志拓本，见胡海帆、汤燕、陶诚编《北京大学
　　图书馆藏历代墓志拓片目录》，上海：上海古籍出版社，2013 年，下册，第 908 页。
4　按辽宁朝阳曾发现一方大安八年《韩瑞墓志》（见向南《辽代石刻文编》，石家庄：河北教
　　育出版社，1995 年，第 448—449 页），与此处韩瑞并非一人。
5　刘奕彤：《元〈故宣武大将军韩公墓志铭〉及墓主身份考略》，《卷宗》2013 年第 3 期，第 2—
　　3 页。

身份的判断有误，而且也没有真正指出该墓志的价值所在，因此实有重新考证研究的必要。据笔者所见，该墓志远溯辽金时期韩知古家族世系情况，可与传世文献记载及此前所出诸韩氏家人墓志互证发明，尤其是所记韩匡嗣诸子名字有助于相关契丹小字资料的解读，另其载韩德让事迹较为详细，有的内容或可补史文之阙，值得注意。

一 始祖韩知古及其子嗣

《韩志》首载墓主"公讳瑞，字国祥，世贯古燕"，即源出蓟州玉田韩氏。其后记墓主先祖云："始祖令公，深天文历数之学，仕晋为司空。晋运代革，归契丹，事王姚辇，册大圣即帝位，国号大辽。进秩令公，年四十八薨。一子职仆射，嗣圣立，辅相之。后卒，并敕葬皇坟内。"这段记载存在一些错乱，需要辨正。

辽代玉田韩氏发迹于韩知古。据《辽史》本传，"太祖平蓟时，知古六岁，为淳钦皇后兄欲稳所得。后来嫔，知古从焉"。[1] 罗福颐以"太祖平蓟时"在唐天复三年（903），[2] 韩知古时仅六岁，若以此推之，则其后发生的种种事迹均显知古年龄过小，不合情理，故怀疑此处所记有误。[3] 陈述点校《辽史》，遂判断"六岁"前"疑有漏字"。[4] 后有学者进一步考证，根据《辽史》与石刻文献的相关记载，并参考阿保机与淳钦皇后结婚生子的时间，认为韩知古被俘并

---

1 《辽史》卷七四《韩知古传》，北京：中华书局点校修订本，2016 年，第 1359 页。以下引用《辽史》若无特别说明，皆据此本。

2 《辽史》卷一《太祖纪上》记是年"十月，引军略至蓟北，俘获以还"（第 2 页）。

3 罗福颐：《满洲金石志》卷二辽《宣徽南院使韩橁墓志》跋，《石刻史料新编》第 1 辑，台北：新文丰出版公司，1982 年，第 23 册，第 17262 页下栏—17263 页上栏。

4 原点校本《辽史》卷七四《韩知古传》校勘记二，北京：中华书局，1974 年，第 1235 页。

不在天复三年的这次平蓟之役，而可能是指9世纪末的另一场战役，韩知古生年当不早于公元880年，《辽史》称其六岁俘虏入契丹或不误，[1] 当言之有理。韩知古因为淳钦皇后之媵臣，逐渐为辽太祖阿保机所知。史载："太祖召见与语，贤之，命参谋议。神册初，遥授彰武军节度使。久之，信任益笃，总知汉儿司事，兼主诸国礼仪。……顷之，拜左仆射，与康默记将汉军征渤海有功，迁中书令。天显中卒，为佐命功臣之一。"[2] 韩知古家族由此显耀，其后人墓志追溯先祖往往皆始于知古。唯较早的韩知古之子《韩匡嗣墓志》见"曾祖讳懿，不仕"，"王父讳融，任蓟州司马"，品级不高，[3] 可知韩知古先世并不足道。

韩知古身前拜左仆射、中书令，这两个职衔常为韩氏家族墓志所提及，或简称为"仆射""令公"。[4] 由此看来，《韩志》所谓"始祖令公"应指韩知古，但却又称"一子职仆射"。按韩知古有数子，名中皆带"匡"字，《韩志》下文另有交代，此处"一子职仆射"当非韩知古诸子之一。《考略》以"始祖令公"即韩知古，而完全没有理会"一子职仆射"的记载。实际上，《韩志》所述"始祖令公"

---

1 李锡厚：《试论辽代玉田韩氏家族的历史地位》，第99—101页；唐统天：《韩知古入辽年令商榷》，《契丹辽金女真史研究》1986年第2期，第11—13页。李月新《〈辽史·韩知古传〉研究》认为韩知古应生于公元882年前后（《宋史研究论丛》第11辑，保定：河北大学出版社，2010年，第135—137页）。

2 《辽史》卷七四《韩知古传》，第1359—1360页。参见李月新《〈辽史·韩知古传〉研究》，第133—142页。

3 统和三年《韩匡嗣墓志》录文见《辽上京地区出土的辽代碑刻汇辑》（第1页），参见同书收录刘凤翥、金永田《韩匡嗣与其家人三墓志铭考释》，第313—314页。又统和九年《韩瑜墓志》见"曾祖为大司马"，即指韩知古之父韩融（《辽代石刻文编》，第93页）。

4 如咸雍八年《耶律宗福（韩涤鲁）墓志》即称"高祖讳廷你（按此系韩知古之契丹语名），仆射、令公"，录文见《辽上京地区出土的辽代碑刻汇辑》（第22页）。"中书令"，因后代机构沿革有墓志或记作"政事令"，参见李桂芝《〈辽史·韩知古传〉校补》，《中国边疆民族研究》第1辑，北京：中央民族大学出版社，2008年，第124页。

与"一子职仆射"云云应当皆为韩知古事迹，盖该墓志撰于元初，离辽代已远，韩氏后人对祖先的记忆已较为模糊，故记载不确，误分为两人。在具体记事上，《韩志》也有淆乱之处。据上文可知，韩知古入契丹应在 9 世纪末。按《辽史》的说法，当时的契丹可汗为遥辇氏，阿保机时为挞马狘沙里，[1] 后在韩知古等人的辅佐下取代遥辇氏为可汗，又建国称帝。《韩志》谓知古"事王姚辇，册大圣即帝位"，[2] "姚辇"即"遥辇"之异译，"大圣"系辽太祖之尊号，与史相合。然而《韩志》又称知古"仕晋为司空，晋运代革，归契丹"，则与史实不符，后晋建立时韩知古已卒。又神册元年（916）辽太祖建国，号"大契丹"，至太宗会同元年（938）始创立"大辽"国号，[3] 也在韩知古死后，故《韩志》言阿保机称帝"国号大辽"，亦不确。

尽管《韩志》有关始祖韩知古的记载存有错乱，但仍提供了一些有价值的新史料。其一，韩知古"深天文历数之学"，仅见于此，盖所言有据。其二，《辽史·韩知古传》称其为辽太祖佐命功臣，"天显中卒"，而《韩志》谓"嗣圣立，辅相之。后卒"，按"嗣圣"乃辽太宗之尊号，太宗于天显二年（927）即位，不改元，则韩知古当卒于辽太宗朝，且可知其享年四十八。其三，韩知古死后"敕葬皇坟内"，当指陪葬辽太祖之祖陵。[4]

1　《辽史》卷一《太祖纪上》，第 1 页。

2　此句《长安新出墓志》录文误标点作"事王姚。辇册大圣，即帝位"，语义不通。《考略》照引录文，没有发现其错误。

3　参见刘浦江《辽朝国号考释》，《松漠之间——辽金契丹女真史研究》，北京：中华书局，2008 年，第 27—51 页。

4　经踏查，辽祖陵位于今内蒙古巴林左旗查干哈达苏木石房子嘎查西北（中国社会科学院考古研究所内蒙古第二工作队、内蒙古文物考古研究所：《内蒙古巴林左旗辽代祖陵陵园遗址》，《考古》2009 年第 7 期，第 46—53 页）。

　　《韩志》载韩知古"有子五：一匡嗣，封秦王，赐姓耶律，兼
人户一万户；二匡美，□□封郏王，亦各有赐葬地。三匡赞，户部
使。四匡图，五匡道，俱登显仕"。《辽史·韩知古传》仅载一子匡
嗣，然据《韩匡嗣墓志》，知古实有十一子，匡嗣行三，上"有兄
二人：彰国军衙内都将匡图；天成军节度使、司徒匡业"，下"有
弟八人：临海军节度使、太傅匡祐；燕京统军使、天雄军节度使、
太师、政事令、郏王匡美；户部使、镇安军节度使、太保匡胤；镇
安军节度使、司徒匡赞；殿中侍御史匡文；东头供奉官匡道；彰武
军中军使图育氏；熊军将军唐兀都"。[1]《韩志》仅记有匡嗣、匡美、
匡赞、匡图、匡道五人，且行次混乱。

　　其中，韩匡嗣"封秦王""兼人户一万户"，可以得到佐证。
《韩匡嗣墓志》载其结衔即有"秦王、食邑一万户"，《辽史·景宗
纪》乾亨元年（979）十二月乙卯，"燕王韩匡嗣遥授晋昌军节度使，
降封秦王"。[2]但《韩志》称匡嗣"赐姓耶律"，绝无此事，《考略》
对此已有所辨说（韩氏被赐国姓实在韩德让时，说详下文）。这也
是韩氏后人传说失实所致，辽重熙十一年（1042）《耶律（韩）遂
忠墓志》在记述其祖父韩匡嗣之后，紧接着说"皇上恩赐国姓耶律
氏"，[3]遂滋歧义，说明这一讹传可能早在辽兴宗时期即已产生。韩
匡美"□□封郏王"，前两字《韩志》原石似有残泐，拓片不清，
故《长安新出墓志》录文留空，经笔者仔细辨识，尚可据残存笔
画、字形判断其应为"保宁"二字，《辽史·景宗纪》载保宁三年
（971）正月辛酉，"南京统军使魏国公韩匡美封郏王"，[4]即可为证。

1　《韩匡嗣墓志》录文，《辽上京地区出土的辽代碑刻汇辑》，第2页。
2　《辽史》卷九《景宗纪下》，第111页。
3　重熙十一年《耶律（韩）遂忠墓志》录文见《辽上京地区出土的辽代碑刻汇辑》，第17页。
4　《辽史》卷八《景宗纪上》，第99页。

《韩志》谓匡嗣、匡美"亦各有赐葬地"，今已知这两支家族墓地分别在今内蒙古赤峰市巴林左旗白音罕山和辽宁朝阳地区，[1] 确如墓志所言。

二　韩匡嗣九子名字考

《韩志》于韩氏"匡"字辈下，专记秦王韩匡嗣九子之名及其职衔。这可与汉文《韩匡嗣墓志》及《韩匡嗣妻秦国太夫人墓志》的记载相参照，兹表列如下（见表一）。

表一　三方汉文韩氏墓志有关秦王韩匡嗣九子的记载 [2]

《故宣武大将军韩公墓志》	《韩匡嗣墓志》	《韩匡嗣妻秦国太夫人墓志》	备注个人传记资料
长曰苏司，嗣相位。	长曰德源，始平军节度使、太尉。	长曰德源，始平军节度使、太师。	《辽史》卷七四附《韩德源传》
次曰成古，守司徒。	次曰德庆，左监门卫将军、司徒。	次曰德庆，左监门卫上将军、司徒。	
次曰天保，守太傅。	次曰德彰，毡毯使、左散骑常侍。	次曰德彰，毡毯使、左散骑常侍。	
次曰德让。	次曰德让，枢密使、太师、兼侍中。	次曰德让，枢密使、洛京留守、守司徒、兼政事令、楚王。	《辽史》卷八二《耶律隆运传》及《契丹国志》卷一八《耶律隆运传》

1　按辽宁朝阳地区出土有韩匡美之子韩瑜墓志、孙韩橁墓志。

2　《韩匡嗣墓志》及《韩匡嗣妻秦国太夫人墓志》，《辽上京地区出土的辽代碑刻汇辑》，第2、5页。

《故宣武大将军韩公墓志》	《韩匡嗣墓志》	《韩匡嗣妻秦国太夫人墓志》	备注个人传记资料
次曰万命，侍中。	次曰德威，西南面招讨使、兼五押、彰武军节度使、太师。	次曰德威，西南面招讨使、兼五押、彰武军节度使、同中书门下平章事。	《辽史》卷八二附《韩德威传》及统和十五年《韩德威墓志》
次合喝，户部、侍中。	次曰德冲，户部使、威胜军节度使、太尉。	次曰德冲，武定军节度使、太师。	"德冲"，《辽史》卷七四《韩匡嗣传》作"德崇"
次定哥，相公。	次曰德颙，右神武大将军、太尉。	次曰德颙，右神武军大将军、太尉。	《辽史》卷七四附《韩德凝传》及统和二十九年《耶律隆祐墓志》*
次迷哥，郎君。	次曰德晟，未仕而终。	次曰德晟，未仕而卒。	
次福哥，守司徒。	次曰德昌，任卢龙军节院使。	次曰德昌，卢龙军节度使。	统和三年《韩德昌墓志》

* 《辽史》所见之韩德凝与墓志之耶律隆祐，即韩德颙，参见刘凤翥、唐彩兰、高娃、李建奎《辽代〈耶律隆祐墓志铭〉和〈耶律贵妃·迪里姑墓志铭〉考释》，《辽上京地区出土的辽代碑刻汇辑》，第399—400页。

据表一，《韩志》与韩匡嗣夫妻墓志所见九子名，除德让外，余皆不同。后两者名中均带有"德"字，系正式的汉名，而前者《韩志》所记多为契丹语名之音译，并夹杂有汉字小名，不尽统一。辽代的韩知古家族具有明显的契丹化色彩，其后人除汉名外，往往都会有一套契丹语名字，[1] 他们的汉文墓志大多记汉名，有时也会用契丹语名的汉字音译，而契丹字墓志则基本皆记契丹名。契丹小字

---

1 参见王玉亭《从辽代韩知古家族墓志看韩氏家族契丹化的问题》，《北方文物》2008年第1期，第59—64页。

《耶律（韩）高十墓志铭》系统记载了韩匡嗣诸子的契丹语名字，[1] 此前学者释读研究主要依据对契丹小字的已有认识进行构拟，而缺乏汉字对译材料加以验证，今《韩志》则为我们解读这些契丹文字提供了直接的史料，这是此墓志的一个重要价值，以下逐一考述说明。

1. 韩德源—"苏司"。此人见契丹小字《耶律（韩）高十墓志铭》第 4 行 又及 丙交方伏 伞升木列 伞廾 几太（"长延宁·苏里赫相公"）。辽人完整的契丹语名字包含小名和第二名，全称时第二名在前，小名在后。此处 丙交方伏 即为韩德源的契丹语第二名，可拟音为"延宁"；伞升木列 为其小名，刘凤翥先生拟音为"苏里赫"，[2] 乌拉熙春拟为"苏阿里合"，[3] 实际上，该词的第三个原字录文有误，核诸拓本 镞料，当更正为 伞升木列。[4] 该词由四个原字组成，第一个原字 伞 在契丹小字词语中出现频率很高，音值明确为 s，第二个原字 升 表示阳性圆唇元音 υ，[5] 二者即可拼合为"苏"；第四个原字 列 是一般用于形动词附加成分，拟音 ɣ(ɑ)，[6] 在此可能表示入声词尾，刘凤翥、乌拉熙春音译作"赫"或"合"。至于第三个原字 卡 曾有争议，刘凤翥起初构拟

1　契丹小字《耶律（韩）高十墓志铭》录文见刘凤翥编《契丹文字研究类编》，北京：中华书局，2014 年，第 3 册，第 740—757 页。刘凤翥先生初撰《契丹小字〈韩高十墓志〉考释》（《揖芬集——张政烺先生九十华诞纪念文集》，北京：社会科学文献出版社，2002 年，第 517—522 页），后又与青格勒合撰《辽代〈韩德昌墓志铭〉和〈耶律（韩）高十墓志铭〉考释》做了进一步研究，原载《国学研究》第 15 卷，北京：北京大学出版社，2005 年，后又经修订收入《契丹文字研究类编》第 1 册，第 114—123 页。

2　刘凤翥、青格勒：《辽代〈韩德昌墓志铭〉和〈耶律（韩）高十墓志铭〉考释》，《契丹文字研究类编》第 1 册，第 116 页。

3　乌拉熙春：《契丹小字墓志综考》，《契丹语言文字研究》，京都：东亚历史文化研究会，2004 年，第 288 页。后《韩知古家族世系考》又译作"苏速葛"（第 253 页）。

4　刘浦江、康鹏主编《契丹小字词汇索引》收录该墓志录文已更正，北京：中华书局，2014 年，石刻录文部分第 225 页。

5　清格尔泰、刘凤翥等：《契丹小字研究》，北京：中国社会科学出版社，1985 年，第 92、135 页。

6　清格尔泰、刘凤翥等：《契丹小字研究》，第 140 页。

为 dur，[1] 清格尔泰拟音 der，[2] 乌拉熙春则拟作 tu，[3] 后因契丹小字《萧太山和永清公主墓志》第 12 行出现一个契丹名〔契丹字〕，对应汉文《永清公主墓志》中的"蒲速里"，刘凤翥遂考释出〔契丹字〕的音值为 su。[4] 按"速"与"司"的中古音相近，[5] 可知《韩志》所见"苏司"对应的就是韩德源的契丹语小名〔契丹字〕，只是在此省译了入声韵尾。

　　2. 韩德庆—"成古"。此人见契丹小字《耶律（韩）高十墓志铭》第 5 行〔契丹字〕（"第二崇翁司徒"）。汉字《耶律宗教墓志》谓宗教长子曰"崇骨德"，[6] 在契丹小字《耶律宗教墓志》中对应的契丹字为〔契丹字〕，第一个原字〔契丹字〕的音值为 tʂ'~tʂ'u，第二个原字〔契丹字〕常用于拼写汉字中、同、公等字的韵尾，拟音为 uŋ，第三个原字〔契丹字〕确知读 t。[7] 因〔契丹字〕前两个原字与〔契丹字〕相同，而第三个原字又重复一〔契丹字〕字，故刘凤翥构拟为"崇翁"。[8] 辽金时期音译民族语名，往往

1　刘凤翥：《最近二十年来的契丹文字研究概况》，《燕京学报》新第 11 期，北京：北京大学出版社，2001 年，第 235 页。

2　清格尔泰：《契丹小字释读问题》，东京：日本东京外国语大学亚非言语文化研究所，2002 年，第 37 页。

3　乌拉熙春：《契丹小字的表音文字》，《契丹语言文字研究》，第 16 页。

4　刘凤翥、袁海波：《契丹小字〈萧太山和永清公主墓志〉再考释》，原载《文史》2005 年第 1 辑，误将原字〔契丹字〕录作另一原字〔契丹字〕，收入《契丹文字研究类编》时更正（第 1 册，第 170 页）。后吴英喆、乌拉熙春等学者亦持此说，Wu Yingzhe and Juha Janhunen, *New Materials on the Khitan Small Script: A Critical Edition of Xiao Dilu and Yelü XiangWen*, UK: Global Oriental Press, p.260；吉本智慧子（乌拉熙春）《契丹小字の音価推定及び相关问题》，《立命馆文学》第 627 号，2012 年，第 102 页。

5　"速"的中古音为 suk，其音近字如肃、宿、夙等读如 sîəuk，与"司"的中古音 sîə 相近，参见郭锡良《汉字古音手册（增订本）》，北京：商务印书馆，2010 年，第 95、164 页。

6　重熙二十二年《耶律宗教墓志》录文见《辽上京地区出土的辽代碑刻汇辑》，第 212 页。

7　即实：《〈旅奋墓志〉释读》，《谜田耕耘——契丹小字解读续》，沈阳：辽宁民族出版社，2012 年，第 6 页；清格尔泰：《契丹小字释读问题》，第 47、93 页；清格尔泰、刘凤翥等：《契丹小字研究》，第 88—89 页。

8　刘凤翥、青格勒：《辽代〈韩佚昌墓志铭〉和〈耶律（韩）高十墓志铭〉考释》，第 116 页。乌拉熙春《契丹小字墓志综考》拟音作"崇严"（第 288—289 页），欠妥。

会省译阳声韵尾，所以也可译作"崇骨"，与《韩志》所见"成古"音近，知此即为韩德庆之契丹小名。

3. 韩德彰—"天保"。此人亦见契丹小字《耶律（韩）高十墓志铭》第 5 行 [契丹小字]（"第三范司徒"）。此处组成契丹小名 [契丹小字] 的三个原字早已释出，拼合后读音为 fen，[1] 故刘凤翥构拟为"范"，[2] 与"天保"差异很大。可知《韩志》记此人采用的并非其契丹语名，"天保"有可能是韩德彰的汉字小名。

4. 韩德让。契丹小字《耶律（韩）高十墓志铭》第 5—6 行记其契丹语全名为 [契丹小字] [契丹小字]，契丹小字《耶律（韩）迪烈墓志》第 4 行同，[3] 刘凤翥构拟为"兴宁·姚哥"，[4]《韩志》皆未载。

5. 韩德威—"万命"。汉文《韩德威墓志》称其讳"德威，字可畏"，[5] 契丹语全名见于契丹小字《耶律（韩）高十墓志铭》第 6 行写作 [契丹小字] [契丹小字] [契丹小字]，契丹小字《耶律（韩）迪烈墓志》第 5 行同。[6] [契丹小字] 系契丹语第二名，汉文《耶律宗福（韩涤鲁）墓志》记作"普你"，[7] 刘凤翥即采用这一音译，[8] 但契丹语第二名皆带有辅音 -n 词尾附加成分，该词即以标志性的 -in 音原字 [契丹小字] 收尾，[9] 故乌拉

---

1   清格尔泰、刘凤翥等：《契丹小字研究》，第 97、104、91 页。

2   刘凤翥、青格勒：《辽代〈韩德昌墓志铭〉和〈耶律（韩）高十墓志铭〉考释》，第 116 页。

3   契丹小字《耶律（韩）迪烈墓志》录文见《契丹文字研究类编》第 3 册，第 861 页。

4   刘凤翥、青格勒：《辽代〈韩德昌墓志铭〉和〈耶律（韩）高十墓志铭〉考释》，第 116—117 页。乌拉熙春《契丹小字墓志综考》译作"兴宁·尧哥"（第 289 页），《韩知古家族世系考》又作"兴宁·药哥"（第 253 页）。

5   统和十五年《韩德威墓志》录文见《辽上京地区出土的辽代碑刻汇辑》，第 9 页。

6   契丹小字《耶律（韩）迪烈墓志》，第 861 页。

7   咸雍八年《耶律宗福（韩涤鲁）墓志》录文见《辽上京地区出土的辽代碑刻汇辑》，第 22 页。

8   刘凤翥、青格勒：《辽代〈韩德昌墓志铭〉和〈耶律（韩）高十墓志铭〉考释》，第 117 页。

9   参见刘浦江、康鹏《契丹名、字初释——文化人类学视野下的父子连名制》，原载《文史》2005 年第 3 辑，后收入刘浦江《松漠之间——辽金契丹女真史研究》，第 123—175 页。

熙春据《辽史》人名用例译作"蒲邻"较妥，[1]"普你"乃是省译词尾的称法。**甬 盎买**是契丹小名，刘凤翥初译作"德韩"，乌拉熙春译作"锁韩"，均不确，陈晓伟已更正为"大汉"。[2] 由此看来，《韩志》所见"万命"既不是韩德威的汉文名字，也不是契丹语名音译，怀疑它与上文"天保"类似，也是一个汉字小名。

6.韩德冲—"合喝"。此人见契丹小字《耶律（韩）高十墓志铭》第7行 **灰长 盎为 引为 丸夊 丹夊**（"第六汉阿哈户部"）。这里的契丹语名 **盎为 引为**，所涉三个原字均已释出，**盎**拟音为 xɑ，**为** 音值 ɑ，[3]**引** 上文已指出音 γ(ɑ)。拼合后刘凤翥构拟为"汉阿哈"，乌拉熙春译作"哈噶"，后又作"何葛"，[4] 与《韩志》所见"合喝"音近，知此即为韩德冲之契丹小名。

7.韩德颙—"定哥"。此人亦见契丹小字《耶律（韩）高十墓志铭》第7行 **六丹长 伞为乃伏 釜夬娈 丸芬 伞丹 丸太**（"第七三宁·定哥相公"）。按汉文《耶律（韩）迪烈妻萧乌卢本娘子墓志》记载耶律宗福（韩涤鲁）过继给了叔祖父"定哥相公家"，[5] 据刘凤翥考证，此"定哥"就是韩德颙契丹语小名 **釜夬娈 丸芬** 的音译，[6] 当无疑问。《韩志》可为这一释读结果再添一新证。

1　乌拉熙春：《韩知古家族世系考》，第 253 页。

2　陈晓伟：《释〈辽史〉中的"大汉"一名——兼论契丹小字原字**甬**的音值问题》，《民族研究》2012 年第 2 期，第 62—68 页。

3　清格尔泰、刘凤翥等：《契丹小字研究》，第 117、98 页。

4　刘凤翥、青格勒：《辽代〈韩德昌墓志铭〉和〈耶律（韩）高十墓志铭〉考释》，第 117 页；乌拉熙春：《契丹小字墓志综考》，第 289 页；乌拉熙春：《韩知古家族世系考》，第 253 页。

5　大安七年《耶律（韩）迪烈妻萧乌卢本娘子墓志》录文见《辽上京地区出土的辽代碑刻汇辑》，第 38 页。

6　刘凤翥、唐彩兰、高娃：《辽代萧乌卢本等三人的墓志铭考释》，《契丹文字研究类编》第 1 册，第 190 页；刘凤翥、青格勒：《辽代〈韩德昌墓志铭〉和〈耶律（韩）高十墓志铭〉考释》，第 117 页。

8.韩德晟——"迷哥"。按韩匡嗣共有九子，然契丹小字《耶律（韩）高十墓志铭》仅记有八子，所缺者即德晟，大概由于此人早夭，"未仕而终"，故不载。从以上人名分析来看，《韩志》所见"迷哥"应当是韩德晟的契丹语小名。

9.韩德昌——"福哥"。此人见契丹小字《耶律（韩）高十墓志铭》第9行 ⿱丕化 ⿰夲 ⿰兀岑 ⿰廿 ⿰劣（"第八福哥司徒"）。⿰夲是一个很常见的原字，可单独音译汉字府、傅、父等，音值确定为fu，[1] ⿰兀岑拟音为ke，[2] 两词构成韩德昌的契丹小名，刘凤翥构拟为"富哥"，[3] 乌拉熙春译作"福哥"，[4]《韩志》可为这一音译提供明确证据。

综上，《韩志》载韩匡嗣九子，其中，"苏司""成古""合喝""定哥""迷哥""福哥"六子之名皆为契丹语小名的汉字音译，且大多是首次发现于韩氏家族墓志记载之中，并可与已知契丹小字资料相参证，可信度很高。至于《韩志》所记九人职衔，与其他墓志记载互有异同之处，可能有所错乱，在此姑置勿论。

三 韩德让事迹辨析

《韩志》记韩匡嗣九子，大多仅有名字、职衔，唯独提及韩德让，却用了一百八十三字具体介绍其经历事迹，篇幅甚至超过了对墓志主人的叙述。关于韩德让，在传世文献中最集中的记载见于《辽史》卷八二本传，[5] 此外《辽史》其他纪传、宋代文献及韩氏

1　清格尔泰、刘凤翥等：《契丹小字研究》，第97页。

2　第一个原字⿰兀字音值明确为 k，参见清格尔泰、刘凤翥等《契丹小字研究》，第89—90页；第二个原字岑拟音为 e，参见清格尔泰《契丹小字释读问题》，第94页。

3　刘凤翥、青格勒：《辽代〈韩德昌墓志铭〉和〈耶律（韩）高十墓志铭〉考释》，第118页。

4　乌拉熙春：《契丹小字墓志综考》，第289页。

5　《辽史》卷八二《耶律隆运传》，第1421—1423页。以下引韩德让本传皆出于此，不复注。

家族墓志亦多有提及，近年考古工作者又发现了韩德让墓，[1] 且出土《韩德让墓志》，[2] 从而为我们研究这个人物提供了最直接的一手材料，十分珍贵。通过文字内容的对照考察可知，《韩志》所记韩德让事迹多有讹误，不过其中也有一些值得注意的内容，需要仔细辨析。兹将《韩志》相关记载引录于下：

> （德让）年二十五，一命防御使。以战功加节度使，入朝为点检兼枢密使。三十，封楚王。景宗崩，圣宗三岁，公为丞相。太后以圣宗幼小，未能莅政，特有旨，可自今后凡朝，丞相坐，怀中抱圣宗，代行政事。至十八，始能自行国政。特加十字功臣"经天纬地匡时致力立国功臣"，大丞相兼政事令，封晋国王。赐连御名隆运，圣宗名隆绪。及赐手诏，称兄不名，令乘辇上殿。七十有疾，圣宗日往视之，专令仁德皇后晨昏省问。薨之日，葬礼与景宗同，葬于广宁府闾山官坟，额名"皇兄大丞相晋国王"。

据《辽史》及《韩德让墓志》记载，韩德让卒于圣宗统和二十九年（1011）三月，[3] 享年七十一，由此推之，他当生于太宗会同四年（941）。二十五岁为穆宗应历十五年（965），《韩志》谓是年韩德让"一命防御使"，而《辽史》本传未言其出仕于穆宗朝，只称"侍景宗，以谨饬闻，加东头承（供）奉官"，《韩德让墓志》更

1　辽宁省文物考古研究院、锦州市博物馆、北镇市文物处：《辽宁北镇市辽代韩德让墓的发掘》，《考古》2020年第4期，第58—76页。

2　墓志拓片见《辽宁北镇市辽代韩德让墓的发掘》（第70页），录文及考释见万雄飞、司伟伟《辽代韩德让墓志考释》，《考古》2020年第5期，第111—120页。以下引《韩德让墓志》皆出于此，不复注。

3　《辽史》卷一五《圣宗纪六》，第185页。

明确说他在景宗即位后的第二年（即保宁二年），方"起家东头供奉官"，[1] 当时韩德让已年三十。因此《韩志》称德让"年二十五，一命防御使。……三十，封楚王"，所记有误，韩德让实未曾出任过防御使，封楚王则当在圣宗统和七年（989），[2] 时年已四十九。不过，《韩志》谓韩德让出仕后"以战功加节度使，入朝为点检兼枢密使"，概述其仕履经历大体不误。《辽史》本传记德让"加东头承奉官"之后："补枢密院通事，转上京皇城使，遥授彰德军节度使。代其父匡嗣为上京留守，权知京事，甚有声。寻复代父守南京，时人荣之。宋兵取河东，侵燕，五院糺详稳奚底、统军萧讨古等败归，宋兵围城，招胁甚急，人怀二心。隆运登城，日夜守御。援军至，围解。及战高梁河，宋兵败走，隆运邀击，又破之。以功拜辽兴军节度使。"韩德让在辽景宗朝逐渐受到重用，代父为南京留守，乾亨元年（979）遇宋太宗北伐，坚守城池，击败宋军，《韩志》所谓"以战功加节度使"当指拜辽兴军节度使。[3] 后又"入朝为点检兼枢密使"，《辽史·景宗纪》乾亨三年十二月，"以辽兴军节度使韩德让为南院枢密使"，[4] 即其事，本传称"征为南院枢密使"，[5] 据《韩志》可知德让又兼任殿前都点检。

《韩志》谓"景宗崩，圣宗三岁，公为丞相"。按景宗长子隆绪

1　"东头供奉官"，《辽史》卷八二《耶律隆运传》作"东头承奉官"，系金人避章宗父允恭嫌名而改"供"为"承"，说明今本《辽史》此传的史源当为金陈大任《辽史》。

2　《辽史》卷一二《圣宗纪三》统和七年二月，"枢密使韩德让封楚国王"（第144页）。本传称德让统和四年"封楚国公"，后"封楚王"，《韩德让墓志》略同。

3　《韩德让墓志》记此事云："而属赵氏渝盟，王畿被犯。彼则乘走丸之势，我则逼累卵之危。虽四面急攻，而一心坚守。婴城摩垒，保都会于金汤；却敌解围，免生灵于涂炭。论功第一，天子嘉之，独异常伦，寻行赏典。出领辽兴军节度、平滦营等州观察处置等使，加太师、同政事门下平章事。"

4　《辽史》卷九《景宗纪下》，第113页。

5　《韩德让墓志》仅言"征拜枢密使"。

生于保宁三年十二月,[1] 至乾亨四年九月景宗崩,隆绪即位,是为圣宗,"时年十二",[2] 知《韩志》记圣宗年龄有误。

　　景宗卒,隆绪母睿智皇后摄国政,当时的政治局势复杂微妙。受契丹传统世选制的残余影响,辽廷笼罩着皇位争夺的阴霾,[3] 加之当时正与宋交兵,故"后泣曰:'母寡子弱,族属雄强,边防未靖,奈何?'"[4] 时耶律斜轸、韩德让二人受景宗顾命,辅助皇后攘外安内,拥立圣宗,尤其是韩德让在这一过程中发挥了关键作用。《契丹国志·耶律隆运传》云:"景宗疾亟,隆运(即韩德让)不俟诏,密召其亲属等十余人并赴行帐。时诸王宗室二百余人拥兵握政,盈布朝廷。后当朝虽久,然少姻媛助,诸皇子幼稚,内外震恐。隆运请于后,易置大臣,敕诸王各归第,不得私相燕会,随机应变,夺其兵权。时赵王等俱在上京,隆运奏召其妻子赴阙。景宗崩,事出仓卒,布置已定,乃集番汉臣僚,立梁王隆绪为皇帝。"[5]《契丹国志》系元代书贾抄撮宋代文献而成的伪书,以上内容部分见于《续资治通鉴长编》,[6] 知其自有可靠来源,虽说出于宋人记载,可能有些夸大之处,但应基本符合实情。韩德让因此立下大功,深得睿智皇后信任。圣宗即位后,尊睿智皇后进为承天皇太后,仍称制

1　《辽史》卷八《景宗纪上》,第100页。

2　《辽史》卷一〇《圣宗纪一》,第115页。

3　参见邱靖嘉《辽朝皇位继承史事考》,《辽金历史与考古》第6辑,沈阳:辽宁教育出版社,2015年,第128页。

4　《辽史》卷七一《后妃传·景宗睿智皇后萧氏》,第1322页。

5　旧题叶隆礼《契丹国志》卷一八《耶律隆运传》,贾敬颜、林荣贵点校,北京:中华书局,2014年,第197页。

6　李焘《续资治通鉴长编》卷二三太平兴国七年末彔云:"明记(系辽景宗小名)疾亟,德让将兵在外,不俟召,率其亲属赴行帐,白萧氏,易置大臣,立隆绪。"(北京:中华书局,2004年,第1册,第533页)

摄政，"与斜轸、德让参决大政"。[1]《辽史》韩德让本传称其"总宿卫事，太后益宠任之"，统和元年加开府仪同三司，三年兼政事令，七年封楚国王；十二年为北府宰相，仍领枢密使；十七年耶律斜轸死后，又兼知北院枢密使事；后又拜大丞相，进王齐，总二枢府事，从而总揽国政。[2] 可见韩德让位极人臣，《耿延毅妻耶律（韩）氏墓志》将其誉为"曹公辅汉，运霸世之机筹；伊尹匡殷，树格天之勋伐"。[3] 宋人通过谍报、出使等渠道，也十分清楚韩德让在辽朝的权势。辽圣宗即位后不久，知雄州贺令图等人便向宋太宗奏言"契丹主年幼，国事决于其母，其大将韩德让宠幸用事"；[4] 宋大中祥符元年（辽统和二十六年，1008）宋搏等使契丹还，谓"国相韩德让专权既久"，[5] 都可从侧面说明韩德让之地位煊赫。由于韩德让深受承天太后的宠幸，甚至传出两人存在暧昧关系，颇引人注目，[6] 但真实性存疑。

《韩志》称德让为丞相，且说"太后以圣宗幼小，未能莅政，特有旨，可自今后凡朝，丞相坐，怀中抱圣宗，代行政事"。这一记载可反映出韩德让在圣宗朝专权揽政的真实情况，但所谓太后让"丞相坐，怀中抱圣宗"云云恐不可信，这估计是根据上述"景宗崩，圣宗三岁"的说法而编造出来的情节，或出于韩氏后人的矫饰之辞。

1　《辽史》卷七一《后妃传·景宗睿智皇后萧氏》，第 1322 页。

2　以上韩德让仕履及年代依据《辽史·圣宗纪》及本传，《韩德让墓志》的记载与《辽史》相合，然未记明确的迁转时间。

3　统和三十年《耿延毅妻耶律（韩）氏墓志》录文见《辽上京地区出土的辽代碑刻汇辑》，第 69 页。

4　《续资治通鉴长编》卷二七雍熙三年正月戊寅条，第 2 册，第 602 页。

5　《续资治通鉴长编》卷六八大中祥符元年三月丁卯条，第 3 册，第 1527—1528 页。

6　关于承天太后与韩德让的暧昧关系，可参见李锡厚《试论辽代玉田韩氏家族的历史地位》，第 115—121 页；葛华廷《浅说辽代名相韩德让——兼就韩德让与萧绰的关系与李锡厚先生商榷》，《北方文物》2005 年第 2 期，第 80—89 页。

又辽圣宗在位前期，承天太后一直临朝称制，至统和二十七年死前方归政于圣宗，[1] 亦非《韩志》所谓圣宗"至十八，始能自行国政"。

《韩志》载"特加十字功臣'经天纬地匡时致力立国功臣'，大丞相兼政事令，封晋国王"。据《辽史·圣宗纪》，韩德让拜大丞相当在统和十七年九月至十九年三月间，[2] 封晋国王为二十二年十二月事，[3] 则加十字功臣似当在任大丞相之前。然而《韩德让墓志》记载，"拜大丞相，改封齐王，加食邑八千户、食实封肆千户，兼赐'嘉谋神智功臣'"，后"改封晋国王，加食邑二千户、食实封壹千户，仍别赐'经天纬地匡时致主霸国功臣'"，可见韩德让在拜大丞相时尚且只有四字功臣号，至封晋国王时才加十字功臣，知《韩志》所载时序有误，且所记十字功臣号也不完全准确，当以《韩德让墓志》为准。

《韩志》接着说"赐连御名隆运，圣宗名隆绪。及赐手诏，称兄不名，令乘辇上殿"。据《辽史·圣宗纪》，统和十九年三月，"赐大丞相韩德让名德昌"；二十二年十二月，"皇太后赐大丞相齐王韩德昌姓耶律"；二十八年，葬承天太后之后，又"赐大丞相耶律德昌名曰隆运"，[4] 可知韩氏被赐国姓耶律乃是韩德让时事，且德让曾先后被御赐过两个名字，初赐名"德昌"，后改赐"隆运"。[5] 关于

---

1 《辽史》卷一四《圣宗纪五》统和二十七年十二月，"皇太后崩于行宫"（第178页）。《续资治通鉴长编》卷七二大中祥符二年十二月末记"契丹国母萧氏卒"，言"始归政于契丹主，未逾月而卒"（第3册，第1645—1646页）。

2 《辽史》卷一四《圣宗纪五》统和十七年九月"以韩德让兼知北院枢密使事"，十九年三月"赐大丞相韩德让名德昌"（第168、170页），知韩德让拜大丞相当晚于此。

3 《辽史》卷一四《圣宗纪五》，第175页。

4 《辽史》卷一四《圣宗纪五》，第170、175页；卷一五《圣宗纪六》，第183页。

5 《韩德让墓志》仅记赐国姓耶律及赐名隆运，未载赐名"德昌"事。万雄飞、司伟伟《辽代韩德让墓志考释》认为韩德让九弟名德昌，故德让不当再赐名"德昌"，疑《辽史》所记有误，但笔者以为韩德让所赐"德昌"之名三次见于《圣宗纪》，当源自辽朝的原始记载，恐怕不能简单地以讹误来解释，有待进一步考索研究。

这一改名，出土石刻及传世文献均强调其与圣宗连讳的性质，《韩志》即谓"连御名"，《韩德让墓志》曰"乃连御讳，赐名隆运"，《韩橁墓志》言"赐名隆运，联其御讳"，[1]《耶律遂正墓志》称"上赐国姓，兼连御署"，[2]《契丹国志·耶律隆运传》"论曰"则有"玉谱联名"之文，[3] 似乎都在标榜韩德让（耶律隆运）特殊的政治地位。其实，圣宗此举背后蕴含深意，值得玩味。圣宗即位时尚幼，无力掌控政局，承天太后倚仗韩德让治理朝政，圣宗唯其母之命是从，对韩德让十分信任尊重，史载"隆绪每以父事隆运，日遣其弟隆裕一问起居，望其帐即下车步入"，[4]《契丹国志》也记曰"帝念其功，父事之"。[5] 然而随着圣宗年长，韩德让专权日久，君臣之间难免心生嫌隙，待承天太后一死，圣宗立即有所动作，改赐名"隆运"，似褒实贬，表面上使德让享受与皇帝连讳的殊荣，其实旨在将二人的关系由父子降为兄弟，《韩志》说圣宗"赐手诏，称兄不名"，韩德让死后碑额名"皇兄大丞相晋国王"，包含的就是这一层意思。今新见《韩德让墓志》明确记载"今皇上念虽天子必有长也，言有兄也"，遂赐名隆运，与《韩志》可以相互印证，说明《韩志》的记载应当属实，同时也为我们理解圣宗对韩德让态度的转变提供了重要史料，这也是此墓志的一个亮点。另外，这里还提到"令乘辇上殿"，《续资治通鉴长编》亦称德让"赐不拜，乘车上殿"，[6] 可为佐证。

关于韩德让之死，《韩志》称其"七十有疾，圣宗日往视之，专

1　重熙六年《韩橁墓志》，《辽代石刻文编》，第204页。

2　太平七年《耶律（韩）遂正墓志》录文见《辽上京地区出土的辽代碑刻汇辑》，第15页。

3　《契丹国志》卷一八《耶律隆运传》，第199页。

4　《续资治通鉴长编》卷二三太平兴国七年末，第534页。

5　《契丹国志》卷七《圣宗天辅皇帝》，第81页。

6　《续资治通鉴长编》卷二三太平兴国七年末，第534页。

令仁德皇后晨昏省问"。《辽史》本传谓"从伐高丽还，得末疾，帝
与后临视医药"，按伐高丽在统和二十八年，次年正月班师，韩德
让于此时得病，圣宗与仁德皇后亲视医药，《契丹国志·耶律隆运
传》云"隆运疾，帝与太后祷告山川，召番汉名医胗视，朝夕不离
左右"，[1] 此处"太后"当为"皇后"之误。《韩志》与传世文献所
载相合。韩德让"薨之日，葬礼与景宗同，葬于广宁府阖山官坟"，
其卒于统和二十九年三月，享年七十一。此前二十八年四月，圣宗
已赐韩德让陪葬地，[2]《辽史》及《契丹国志》本传均称葬于"乾陵
侧"，《韩德让墓志》则谓"陪葬于乾陵之乙地"。乾陵是辽景宗的
陵墓，圣宗于此地置乾州，[3] 至金朝改为广宁府阖阳县，[4] 以其地处医
巫阖山之南得名。《韩志》所谓"广宁府阖山官坟"当即指辽乾陵，
该墓志撰于元初，故沿用金代地名。《韩志》称德让"葬礼与景宗
同"，而《契丹国志》本传曰"及薨，帝与后、诸王、公主已下并
内外臣僚制服行丧，葬礼一依承天太后故事"，[5] 此说当源出宋人记
载，与《韩志》说法不同。事实上，如今韩德让墓业已发现，《韩德
让墓志》明确称"命奉常考亲王之礼"下葬，根据该墓葬的考古发
掘情况来看，韩德让的葬礼级别确实是"亲王之礼"，[6] 这就可以破
除《契丹国志》与《韩志》之说。因宋人有韩德让与承天太后萧氏
"同柩而葬"的传讹，[7] 笔者怀疑由此遂衍生出德让"葬礼一依承天

1　《契丹国志》卷一八《耶律隆运传》，第 198 页。

2　《辽史》卷一五《圣宗纪六》，第 183 页。

3　《辽史》卷三八《地理志二》，第 527 页。

4　《金史》卷二四《地理志上》，北京：中华书局，1997 年，第 559—560 页。同书卷七一《斡
　　鲁古传》云："乾州后为阖阳县，辽诸陵多在此。"（第 1636—1637 页）

5　《契丹国志》卷一八《耶律隆运传》，第 198 页。

6　万雄飞、司伟伟：《辽代韩德让墓志考释》，第 119 页。

7　《续资治通鉴长编》卷七二大中祥符二年十二月末，第 1646 页。点校本标点有误。

太后故事"的说法，而《韩志》谓"葬礼与景宗同"，大概是韩氏后人的夸大虚饰之辞，亦不足信。

四　金代的韩氏余脉

《韩志》追溯辽代的韩氏远祖，截至韩匡嗣九子为止，其下仅称"子孙蕃盛，当代莫比"，笼统带过，随后便记述墓主韩瑞的直系祖先。首先提到的是"高祖企先，仕金为右丞相，封濮王"。韩企先是金初名士，其九世祖即是韩知古，《金史》卷七八有传。企先为燕京人，辽末乾统年间中进士，女真灭辽，归附金朝，在金太宗时期获得重用，天会十二年（1134）"以企先为尚书右丞相"，熙宗皇统元年（1141）"封濮王"。[1] 金世宗尝谓韩企先"自本朝兴国以来，宪章法度，多出其手"，[2] 以其配享太祖庙。[3] 总的来看，韩企先的个人经历与韩知古颇有相似之处。

其次，《韩志》云："曾祖德元，东上阁门副使。祖钢，沁南军节度使，迁河东北路兵马都总管。"按韩德元暂不可考，韩钢则在传世文献中有疑似记载。南宋乾道六年（金大定十年，1170），范成大出使金朝，曾见一人为宣徽副使韩钢，[4] 此人同年又为金贺正旦使，出使宋朝，[5] 不过在《金史》中却被记作"韩纲"。[6]《金史》还记载

1　《金史》卷七八《韩企先传》，第 1777—1778 页。

2　《金史》卷六《世宗纪上》，第 150 页。

3　《金史》卷三一《礼志四》，第 762 页。

4　周必大：《周益公文集》卷六一庆元元年《资政殿大学士赠银青光禄大夫范公（成大）神道碑》，《宋集珍本丛刊》影印明澹生堂钞本，北京：线装书局，2004 年，第 49 册，第 296 页。

5　《周益公文集》卷一一六《大礼御札》"乾道七年正月答贺正旦"条，注曰"使富察愿、副韩钢"（第 785 页）。

6　《金史》卷六一《交聘表中》大定十年十一月，"以太子詹事蒲察蒲速越、同知宣徽院事韩纲为贺宋正旦使"（第 1427—1428 页）。

这个"韩纲"尝于大定三年出使高丽，[1]《高丽史》记此事又称金使为"韩钢"。[2] 同一人南宋、高丽方面的记载一致，疑《金史》所记有误，当作"韩钢"，他有可能就是《韩志》提到的韩钢，"沁南军节度使，迁河东北路兵马都总管"应是他后来担任的最高官职。需要指出的是，《韩志》所记韩企先子孙存有一个疑点。《金史》见"韩铎字振文，企先次子"，[3] 而未载企先长子。韩铎与韩钢的名字均带有"钅"旁，似为同辈人所用之名。从韩铎的仕履来看，当为韩企先子无疑，如此则笔者怀疑韩钢有可能实为企先长子，《韩志》此处记载舛乱，误混入韩德元。《韩志》其下记韩钢之子、墓主韩瑞之父竟称"亡其讳"，可知该墓志撰者所能见到的墓主近世资料匮乏残缺，其对韩企先子孙世系的叙述产生错误也不是没有可能。

复次，《韩志》谓韩瑞父"以资荫补官，累加怀远大将军"，在金代为武散官从四品下。[4] 韩瑞又因其父之官而得荫补，《韩志》云："公用是宰永宁、长水县，及瓜代，居民辄留，凡历六考。壬辰之乱，不知所从。郡君蒲察氏。"永宁、长水均为金河南府嵩州属县，[5] 韩瑞先后任两县县令，颇有政绩，受民爱戴，每当及瓜而代之时，民皆请留，遂连续在两县任职六考。金天兴元年壬辰（1232），蒙古军大举进攻河南，围困汴京，哀宗出逃，后蔡州城破，金朝覆亡，韩瑞亦解官流离，无所适从。韩瑞妻为女真人蒲察氏，《韩志》题首称"故宣武大将军韩公墓志"，知韩瑞武散官系宣武将军，为

1　《金史》卷六《世宗纪上》大定三年四月己卯，"以引进使韩纲为横赐高丽使"（第 131 页），《金史》卷六一《交聘表中》同（第 1419 页）。

2　郑麟趾：《高丽史》卷一八《毅宗世家二》毅宗十七年六月，"金横赐使、少府监韩钢来"（平壤：朝鲜科学院古典研究室排印本，1957 年，第 277 页）。

3　《金史》卷七八《韩铎传》，第 1778 页。

4　《金史》卷五五《百官志一》，第 1222 页。

5　《金史》卷二五《地理志中》，第 593—594 页。

从五品下，[1] 按金末封赠制度，五品武散宣武将军以上母、妻封为县君，[2] 则此处《韩志》称"郡君蒲察氏"恐有不确。

《韩志》随后记韩瑞的子女情况："子二：丑奴、元光奴，俱甫冠而卒。女三：长适国族完颜氏；次适翰林待制，即文昌之母也；次彩鸾，殁于兵中。"此处"文昌"就是《韩志》撰者"甥男秦蜀五路四川行中书省奏差孟文昌"，他是韩瑞次女之子，也就是韩瑞的外孙。

《韩志》出土于陕西西安，关于墓主韩瑞的身份，《考略》指出辽代韩知古家族的主要活动范围及葬地均在燕蓟和辽上京、东京地区，金代韩企先一系也都居于燕地，没有后代迁徙入陕的迹象，韩瑞虽长期在河南任职，但亦不及陕，那么为何韩瑞之墓在西安，且《韩志》谓葬于"先茔"呢？作者认为韩瑞并非真正的韩知古家族后裔，而是世居于陕的韩姓官员，且很可能是少数民族，墓系攀附韩知古家族。这种解释过于牵强，并不可取。其实，《韩志》本身已经交代了韩瑞葬于西安的缘由，只是我们需要结合传世文献的相关记载加以解读，方能破解疑团，而《考略》显然没有弄清这一点。

《韩志》记云："甥文昌以公实祖姊南阳郡君之弟，痛其无嗣，谨于至元六年己巳十月二十五日丁酉，葬于咸宁县龙首乡九曲池西原先茔之左，用世其祭享云。"此段文字是以撰者孟文昌为主语而言的，所谓"公实祖姊南阳郡君之弟"似乎有些费解，这里需要解释孟文昌的家世背景。《韩志》末署立石人"女翰林待制、同修国史孟宅韩氏、甥男孟文昌"，知韩瑞第二女嫁于翰林待制、同修国

1　《金史》卷五五《百官志一》，第1222页。

2　《金史》卷五五《百官志一》："五品文散朝列大夫、武散宣武将军以上母妻封乡君（小注：承安二年为县君）。"（第1230页）

史孟氏，核诸史书，可证此人即金末元初的名士孟攀鳞，《元史》本传称其"世祖中统三年，授翰林待制、同修国史"。[1] 李俊民曾为孟攀鳞撰写过一篇《孟氏家传》，详细记述孟氏家世，谓攀鳞"妻韩氏，濮王之后"，"濮王"指韩企先，此韩氏即为韩瑞之女，《孟氏家传》接着又说她是攀鳞"继母韩氏之侄女也"。[2] 按孟攀鳞之父泽民，原配张氏，后又娶韩氏，攀鳞妻是继母之"侄女"，则这位"继母韩氏"应是韩瑞的姊或妹，结合《韩志》来看，孟文昌说韩瑞"实祖姊南阳郡君之弟"，这里的"祖姊南阳郡君"当即指文昌祖父孟泽民的续配韩氏，她实为韩瑞之姊，则韩瑞亦是孟文昌的舅爷，由此又多了一层亲属关系。孟文昌"痛其无嗣"，是说韩瑞二子早夭，无人侍奉，三女中幼女已死，长女嫁女真完颜氏，或许在金末之乱中不知所终，唯独次女可以依靠，甚至很可能在金亡之后韩瑞便随次女生活。因此韩瑞死后，由韩氏及孟文昌母子收葬，于至元六年十月二十五日"葬于咸宁县龙首乡九曲池西原先茔之左"，此处"先茔"并非属韩氏，而是指孟氏先茔。孟攀鳞原为云内人，《元史》本传称其"丙午为陕西帅府详议官，遂家长安"，[3]知蒙古定宗元年丙午（1246）举家迁居长安，至元四年（1267）孟攀鳞卒，即葬于长安，具体位置应当就是《韩志》所载"咸宁县龙首乡九曲池西原"。[4] 两年后，韩瑞去世，因其早已与韩氏宗族失联，又无子送其归葬故里，遂被安葬于联姻亲家孟氏坟茔之侧，也能够理解。这就是韩瑞墓之所以在西安的原委，《韩志》撰

1　《元史》卷一六四《孟攀鳞传》，北京：中华书局，1976年，第3860页。

2　李俊民：《庄靖集》卷八《孟氏家传》，影印山东海丰吴氏石莲盦汇刻本《九金人集》，台北：成文出版社，1967年，第625页。

3　《元史》卷一六四《孟攀鳞传》，第3860页。

4　参见骆天骧《类编长安志》卷一《杂著·管治郡县》咸宁县建置沿革，黄永年点校，西安：三秦出版社，2006年，第26—27页。

者孟文昌实已交代得十分明白，韩瑞系韩知古家族后裔的身份当无疑问。

　　《韩志》的撰写时间题为"峕大朝至元六年十月二十五日"。我们知道，至元八年（1271）元世祖方建国号"大元"，此前皆称"大朝"。[1]《韩志》的书丹者是孟文昌的好友"前司天台判骊山骆天骧"。[2]

　　综合以上考释结果来看，《韩志》追溯辽朝先世，因年代久远，记忆不清，叙述容有一些讹误，但其世系传承和人物事迹大体符合传世史籍及辽代石刻的记载，基本可信。推测韩氏家族当有谱牒、家传之类的文献传至金末，可为孟文昌撰文所取资。反而至金朝韩企先以下，虽时代较近，却事迹简略，甚至连韩企先子孙的记载都可能存有舛误，墓主父名竟已亡佚，似可说明金代韩氏谱牒不修，已渐衰颓。辽金时期，玉田韩氏久负盛名，自韩知古以下，子孙繁盛，人才辈出，韩匡嗣、韩德让等权臣多仕至高位，又与皇室联姻，故能枝繁叶茂，长盛不衰。然而金初韩企先虽亦拜相封王，煊赫一时，但此后子孙零落，显而不彰，久无贵人，只能在"燕之故老谈勋阀富盛"时称颂韩氏昔日之辉。这方《韩志》虽字数不多，但所述内容源远流长，可描摹出辽金时代玉田韩氏的兴衰变迁，亦可珍宝。

1　　萧启庆：《说"大朝"：元朝建号前蒙古的汉文国号——兼论蒙元国号的演变》，原载《汉学研究》第 3 卷第 1 期，1985 年，后收入氏著《内北国而外中国——蒙元史研究》，北京：中华书局，2007 年，第 62—78 页；于采芑《蒙古汗国国号"大朝"考》，《内蒙古社会科学》（汉文版）2005 年第 6 期，第 45—50 页。

2　　按孟文昌与骆天骧常合作撰碑，如《类编长安志》卷一〇《石刻》收录至元十四年《皇子安西王盛德之碑》由孟文昌撰、骆天骧篆额，至元十六年《皇子安西王文庙释奠记》系孟文昌撰、骆天骧隶书并篆额（第 299 页）。

附《故宣武大将军韩公墓志》拓片及录文

故宣武大將軍韓公墓誌并銘」

甥男秦蜀五路四川行中書省奏差孟文昌撰」

前司天臺判驪山駱天驤書丹」

公諱瑞，字國祥，世貫古燕。

始祖令公，深天文歷數之學，仕晉為司空。晉運」代革，歸契丹，事王姚輦，冊大聖即帝位，國號大遼。進秩令公，年四十八薨。」

一子職僕射，嗣聖立，輔相之。後卒，並勑葬皇墳内。

有子五：一匡嗣，封秦王」，賜姓耶律，兼人户一萬户；二匡美，□□（保寧）封鄴王，亦各有賜葬地。三匡贊，户」部使。四匡圖，五匡道，俱登顯仕。

秦王九子：長曰蘇司，嗣相位。次曰成古，守」司徒。次曰天保，守太傅。次曰德讓，年二十五，一命防禦使。以戰功加節度」使，入朝為點檢兼樞密使。三十，封楚王。景宗崩，聖宗三歲，公為丞相。太后」以聖宗幼小，未能莅政，特有旨，可自今後凡朝，丞相坐，懷中抱聖宗，代行」政事。至十八，始能自行國政。特加十字功臣“經天緯地匡時致力立國功」臣”，大丞相兼政事令，封晉國王。賜連御名隆運，聖宗名隆緒。及賜手詔，稱」兄不名，令乘輦上殿。七十有疾，聖宗日往視之，專令仁德皇后晨昏省問」。薨之日，葬禮與景宗同，葬于廣寧府閭山官墳，額名“皇兄大丞相晉國王”」。次曰萬命，侍中。次合喎，户部、侍中。次定哥，相公。次迷哥，郎君。次福哥，守司」徒。子孫蕃盛，當代莫比。

高祖企先，仕金為右丞相，封濮王。

曾祖德元，東上」閤門副使。

祖鋼，沁南軍節度使，遷河東北路兵馬都總管。

父亡其諱，以資」廕補官，累加懷遠大將軍。

公用是宰永寧、長水縣，及瓜代，居民輒留，凡歷」六考。壬辰之亂，不知所從。郡君蒲察氏。

子二：丑奴、元光奴，俱甫冠而卒。女」三：長適國族完顏氏；次適翰林待制，即文昌之母也；次綵鸞，殁于兵中。

甥」文昌以公實祖姊南陽郡君之弟，痛其無嗣，謹於至元六年己巳十月二」十五日丁酉，葬于咸寧縣龍首鄉九曲池西原先塋之左。用世其祭享云」。又為之銘曰」：

膏之沃者光必明，根之茂者枝必榮。鬱哉佳城，是阡是銘，以利我」後生。」

嵓大朝至元六年十月二十五日，女翰林待制、同修」國史孟宅韓氏、甥男孟文昌立石」。

原载《中国史研究》2022 年第 3 期

"上畔"解
——辽金之际的语义衍化与统治变迁

　　"上畔"一词本为上边之义，与"下畔"相对而言。东汉郑玄《尚书考灵耀》注云："地盖厚三万里，春分之时地正当中。自此，地渐渐而下。至夏至之时，地下游万五千里，地之上畔与天中平。夏至之后，地渐渐向上，至秋分，地正当天之中央。自此，地渐渐而上，至冬至，上游万五千里，地之下畔与天中平。自冬至后，地渐渐而下。"[1] 这里的地之"上畔""下畔"就是指大地的上、下边缘。类似的用法又如《礼记·玉藻》唐孔颖达疏解释"缝齐倍要"

1　《礼记正义（附释音礼记注疏）》卷一四《月令》孔颖达疏引郑注《考灵耀》，阮元校刻《十三经注疏》本，北京：中华书局影印本，1982 年，第 1352 页中栏。

句，谓"齐谓裳之下畔，要谓裳之上畔，言缝下畔之广倍于要中之广"；[1] 南宋林希逸《鬳斋考工记解》云："钟有四带，上畔一带，下畔一带，中二带。"[2] 有学者注意到在宋金时期的北方口语中，"上畔"由上边引申为指上司、上级，其用例见于《三朝北盟会编》一书中。[3] 其实，若仔细稽考文献史料可知，"上畔"一词乃是辽、金两朝统治下的北方地区所惯常使用的一个语词，它并非只是对上司、上级的一般泛称，而是具有其特定含义，并且随着辽金易代，其指称对象亦发生流转，从中可折射出辽金之际北方汉地的统治变迁。[4]

一 "上畔"专称由辽主至女真元帅府的转变

南宋徐梦莘撰《三朝北盟会编》（以下简称《会编》）详细记载了两宋之际宋、辽、金之间的和战史事，保存有许多时人对话谈判的白话口语资料，十分珍贵。[5] 已有学者指出，《会编》所见"上畔"一词乃指上司、上级，审其所举用例皆出自北方金人之口。但实际上，北人称呼"上畔"早在之前的辽代即已广泛通行，且有着特定的指向。北宋元丰六年（1083），蔡京为贺辽主生辰使，出使辽朝，其子蔡絛所撰《北征纪实》记载其时辽道宗在位，命人邀请宋使参观皇孙出阁礼，蔡京问其故，辽人答道："上畔老矣，独此皇孙，今亦欲分付南

1 《礼记正义（附释音礼记注疏）》卷二九《玉藻》，第 1477 页中栏。

2 林希逸：《鬳斋考工记解》卷上，清《通志堂经解》本，叶 54a。

3 范朝康：《〈三朝北盟会编〉口语词选释》，《贵州大学学报》2000 年第 2 期，第 66—69 页。

4 景爱《陈述先生遗稿叙录》称 1937 年陈述先生所作《说南纪牙思》一文尾末一页下方手书"述别有《官家上畔解》，拟合并发表"，然今存陈述遗稿中不见《官家上畔解》一文，疑已遗失不可寻矣（《辽金历史与考古》第 2 辑，沈阳：辽宁教育出版社，2010 年，第 7 页）。按陈述《官家上畔解》是目前仅知的一篇专门考察"上畔"一词的文章，惜已不得见。

5 参见梅祖麟《〈三朝北盟会编〉里的白话资料》，原载《书目季刊》第 14 卷第 2 期，1981 年，后收入《梅祖麟语言学论文集》，北京：商务印书馆，2000 年，第 28—59 页。

朝也。"此处有注曰"虏人自来呼其主'上畔'"。[1] 由此可知，辽人以
"上畔"为辽朝皇帝的专称，这与宋人称宋主为"官家"类似，皆为
时人习语。北京门头沟地区发现的辽末天庆元年（1111）墓幢题记，
有"奉宣诸道使臣<u>上畔</u>并留衙指挥管内壮士都提点"之文，[2] 可以印证
辽人确有"上畔"之称，此题记所见"上畔"似当指辽天祚帝。

　　女真灭辽伐宋，占有北方，"上畔"之称亦为金人所因袭，然
其所指已发生转变。北宋末，范仲熊任怀州河内县丞，靖康元年
（金天会四年，1126）十一月金军攻破怀州，仲熊被俘，收管于郑
州，至次年四月方被放还归宋，撰有《北记》。书中提到，范仲熊
被掳后曾联络降金仕官的前知泽州高世由，希望召其返回洛阳故乡
居住，此事上报至金国相元帅粘罕（汉名宗翰）处，粘罕不乐，称
"范仲熊是结连背叛、不顺大金之人"，予以严词拒绝，且"令元帅
<u>府上畔</u>依此批下"。[3] 此处"上畔"与元帅府连称，显为特指，这就
要说到金初的元帅府体制及其对汉地的统辖问题。

　　据《金史·兵志》，"太宗天会元年，以袭辽主所立西南都统府
为西南、西北两路都统府。三年，以伐宋更为元帅府，置〔都〕元
帅及左、右副，及左、右监军，左、右都监"。[4] 当时任命的七位

1　李焘：《续资治通鉴长编》卷三三八元丰六年八月乙酉条及其下小注考异引《北征纪实》，北
　　京：中华书局，2004 年，第 14 册，第 8144 页。"虏人"点校本原作"北人"，今据《长编》
　　四库底本改（北京：中华书局影印本，2016 年，第 33 册，第 18765 页）。

2　鲁琪：《辽墓壁画》，原载《旅游》1980 年第 4 期，收入苏天钧主编《北京考古集成》第 5 册
　　《宋辽卷》，北京：北京出版社，2000 年，第 138 页。

3　徐梦莘：《三朝北盟会编》卷六三靖康元年十一月十八日"康王渡河至濬州"条引范仲熊
　　《北纪》，《中华再造善本》影印国家图书馆藏明抄本，北京：国家图书馆出版社，2013 年，
　　叶 17a—17b。按范仲熊书原名当作《北记》，见于尤袤《遂初堂书目》著录。

4　《金史》卷四四《兵志》，北京：中华书局，1997 年，第 1002 页。按《三朝北盟会编》卷
　　四五靖康元年四月记云："金人建元帅府，设置官属，都元帅、左右副元帅、左右监军、左
　　右都监凡七人。"（叶 9b）又《金史》卷三《太宗纪》天会三年十月，"诏诸将伐宋。以谙班
　　勃极烈杲兼领都元帅"（第 53 页），知《兵志》"置元帅"当作"置都元帅"。

元帅中，都元帅完颜杲（女真名斜也）居守京师，不领军，实际由左、右副元帅宗翰、宗望分掌东、西路之军指挥作战，单独开府。[1] 随着战事的推进，金军所占领的中原地区亦分别由两路元帅直接管理，于是元帅府便成为实际统辖汉地的最高军政机构，具有高度的自主权。[2]"上畔"遂由原本对辽主的专称转而成为元帅府的特指，并多以连称的形式出现。

除范仲熊《北记》的记载之外，另有一例亦颇典型。南宋道士白玉蟾记述江西洪州（今南昌）玉隆万寿宫的建观历史，云："建炎中，金人寇江右，欲火宫庭，俄而水自楹桷间出，火不能爇。虏酋大惊，乃书壁云：'金国龙虎上将军来献忠，被授元帅府上畔都统，大军届兹，遍观圣像，庄严华丽，不敢焚毁。时天会八年正月初二日记，主观想知悉。'写毕，戢兵而去。"[3] 按金天会六年十月，"宗翰、宗辅会于濮，伐宋"，[4] 此前原东路军统帅右副元帅宗望卒，遂由完颜宗辅继任右副元帅，与宗翰军会合，再次兴兵伐宋，令"挞懒、宗弼、拔离速、马五等分道南伐"。[5] 其中，有一路金兵侵入江西，《建炎以来系年要录》（以下简称《要录》）载建炎三年（金天会七年，1129）十二月乙未，"金人屠洪州。先是，金帅马五太师留洪州月余，取索金银宝物、百工伎艺之属皆尽"。[6] 知"马五太师"即

1　参见王曾瑜《金朝军制》，保定：河北大学出版社，1996年，第5—9页。

2　参见程妮娜《金朝前期军政合一的统治机构都元帅府初探》，《吉林大学社会科学学报》1999年第3期，第27—31页；《金前期军政合一机构都元帅府职能探析》，《史学集刊》2000年第2期，第17—21页。按因都元帅居守京师，故元帅府的统辖职权实际由左、右副元帅行使。

3　白玉蟾：《修真十书玉隆集》卷三四《御降真君册诰表文》，正统《道藏》，北京：文物出版社、上海：上海书店、天津：天津古籍出版社，1988年，第4册，第763页上栏。

4　《金史》卷三《太宗纪》，第59页。

5　《金史》卷七四《宗翰传》，第1698页。

6　李心传：《建炎以来系年要录》卷三〇建炎三年十二月乙未条，胡坤点校，北京：中华书局，2013年，第2册，第693页。小注曰："马五太师陷洪州，他书不见，惟叶夏卿劾疏有之。"

此路金军之统帅，[1] 其军在洪州"大肆屠戮，焚掠殆尽"，[2] 盖亦祸及西郊万寿宫，幸而真君显灵未遭焚毁。金统兵将领来献忠在万寿宫壁上留下了题记，称"被授元帅府上畔都统"，是指受宗翰元帅府之命任统军长官，率军至此。

在金初，北人平日亦可单称"上畔"，所指仍为元帅府。如靖康二年（金天会五年，1127），宋徽宗、钦宗二帝为金军所掳北迁，有从行者曹勋详细记录了陷金中事，撰成《北狩闻见录》，[3] 言及徽宗自二月入居金人寨二十余日，"自制札子一通，令与相国"，表示对宋朝败约失盟深至悔恨，希望能"以身代嗣子（指钦宗），远朝阙庭"，赴金请罪。"札子去后一日，有番使来云：'承示文字，但三关之盟，初不怼地。止说子孙不绍，社稷倾危，虽承札子，却不敢背元约，更容取<u>上伴</u>指挥。请上皇心下不要烦恼，但且宽心。'"至四月初一日起程北行，徽宗初见金"二太子"，再次表达了"近尝求代嗣子远朝大国，望为主张"的请求，然"太子曰：'<u>上伴</u>不肯。'"[4] 这里出现了两处"上伴"，按"伴"与"畔"同音，[5]《会编》引《北狩闻见录》，其中前一句"更容取上伴指挥"删落未见，而后一句正作"上畔未肯"，[6] 盖《北狩闻见录》原当皆作"上畔"，后

1　按金世宗大定间所定衍庆宫功臣中有"金吾卫上将军耶律马五"（《金史》卷八〇《阿离补传》，第 1811 页），即此人。

2　《三朝北盟会编》卷一三五建炎三年十二月二十二日"金人屠洪州"条，叶 8b。

3　陈振孙：《直斋书录解题》卷五杂史类著录《北狩闻见录》一卷，解题云："幹当龙德宫曹勋功显撰。勋扈从北狩，以徽庙御札，间道走行在所，以建炎二年七月至南京。"（徐小蛮、顾美华点校，上海：上海古籍出版社，2006 年，第 156 页）

4　曹勋：《北狩见闻录》，朱凯、姜汉椿整理，《全宋笔记》第三编，郑州：大象出版社，2008 年，第 10 册，第 183—185 页。按此书原名当作《北狩闻见录》。

5　参见郭锡良《汉字古音手册（增订本）》，北京：商务印书馆，2011 年，第 312 页。

6　《三朝北盟会编》卷八九靖康二年三月二十九日"太上皇帝、渊圣皇帝銮舆北狩"条引曹勋《北狩闻见录》，叶 5b。

在传抄过程中被写作"上伴"。徽宗所撰札子乃是"令与相国",此"相国"是指当时主持伐宋战事的金移赉勃极烈兼左副元帅完颜宗翰,时人多称之为"国相元帅"。金国使者回复徽宗称"更容取上伴(畔)指挥",即意谓须向宗翰统领的元帅府请示。而徽宗见到的"二太子"即金太祖阿骨打第二子完颜宗望(女真名斡离不),时任右副元帅,在军中的地位仅次于宗翰。[1] 对于徽宗的请求,宗望直截了当地回答"上伴(畔)不肯",应该也是指宗翰元帅府。可见"上畔"当为"元帅府上畔"的省称。

除口语称呼外,这种"上畔"单称亦见于正式文书。建炎元年(金天会五年,1127)五月,康王赵构于应天府即皇帝位,七月遣傅雱出使金朝,通报即位之事,后傅雱将其出使经过及与金人议论等事撰成《建炎通问录》[2]。其中记载傅雱被命往"河东路奉使国相元帅",前去觐见宗翰。然因当时金朝尚未承认新建立的南宋政权,只认可张邦昌的大楚,故傅雱一行在金国控制的河阳府渡黄河时受到阻拦,后经河阳知府张巨居间沟通,向上请示,终得令南使摆渡放行。河阳府给宋使的回牒称"是国号不同,未敢擅便放令人使渡河,已申取上畔指挥,候得指挥,别行关报前去",关报又云:"今来已得上畔指挥,许令南使渡河,仍打减人从,方得摆渡。"这里的两处"上畔"见于金对宋外交文书,属于比较正式的场合,所谓申取或已得"上畔指挥"皆是指当时管理河东及云中地区的最高军政机构元帅府。其后傅雱与金国接伴使副的问答,谈及张邦昌为何

---

1 《金史》卷三《太宗纪》天会四年"八月庚子,诏左副元帅宗翰、右副元帅宗望伐宋"(第55页)。按当时左、右副元帅分别统领云中—河东与燕京—河北两大区域,两者似无轩轾,但金初实行中央辅政勃极烈的特殊体制,宗翰为移赉勃极烈,显然身份地位更高。
2 《直斋书录解题》卷五杂史类著录《建炎通问录》一卷,解题云:"宣教郎傅雱撰。建炎初,李丞相纲所进。"(第155页)

归政于宋，金使称"此段事上畔人当时亦曾预料，他日大楚必须如此"云云，[1] 所谓"上畔人"则应是指左副元帅宗翰。

　　由上可知，"上畔"一词在辽代原为辽主的专称，金灭辽后，则转而特指实际统辖北方地区的女真元帅府，既可与元帅府连称，也可单独使用。该词无论如何都不是一个对上司、上级的普通泛称，从辽到金，"上畔"的指称对象乃随着统治者的更迭而流转。

二　"上畔"指称所见金初汉地统治机构的变化

　　值得注意的是，除"元帅府上畔"外，后来在金代公文中，还出现了其他机构与"上畔"连称的情况。立于山西平阳府的《都总管镇国定两县水碑》（见图一）记述了金初赵城、洪洞两县的灌溉用水之争始末。平阳府"东北九十余里，有山曰霍山，山阳有泉，曰霍泉，涌地以出，派而成河。居民因而导之，分为两渠，一名南霍，一名北霍。两渠游赵城、洪洞县界而行，其两县民皆赖灌溉之利以洽生也"。北宋庆历五年（1045），两县人户就"霍泉河灌溉水田分数"的问题产生过争议，最后裁定"赵城县人户合得水七分，洪洞县人户合得水三分，两词自此而定"，立碑为证。然至金朝天会十三年，赵城县使水人户虞潮等状告"有洪洞县人户盗使水"，平阳府多次差官均未能解决。十五年十月，又委派府判高金部规画，"定于母渠上置木隔子，更隔上岸，水势匀流"，并取得两县具结文状，但不久纠纷再起：

　　至天眷元年四月八日，<u>准奉枢密院上畔</u>，"元帅府札子咨送

1　《三朝北盟会编》卷一一〇建炎元年七月四日引傅雱《建炎通问录》，叶 1a—3a。

图一　金《都总管镇国定两县水碑》

封题到平阳府赵城县张山等状告高府判创行填塞了南岸海水泉
眼，更于元置定霍河三七分限口次东五步外海泉出水口顿然刱
修石堰一道，匼起水势，高涨于上面，流过诸处，泛出泉眼，
合流入南霍河，增益水多山等，北霍河水见减二分，乞去除刱
起石堰”，下本府仍分析所告虚的。府衙具前后争告、使水不
均及差官定夺词因申过枢密院。

　　当年八月二十六日，准奉枢密院上畔，“据所申因依，缘
不见得指定一十一村因甚未肯准伏，再委厅幕与两县知县并

一十一村人户，依准积年体例，从长规画，仍责两县人户各无词诉文状申上。"为本府阙员，申覆枢密院去后，于十月十一日，<u>准奉上畔</u>，"已下钱帛都勾判官朱申计会两县知县及勾取一十一村人户，从长规画，依准积年体例，立定三七分限口，分使水利，仍取责两县各无词诉文状连申"。

天眷二年二月二十七日，<u>准奉行台尚书省上畔</u>，"据新授中京留判官朱申告，为定水公事头使乞更差官一员，同共规画，已下绛阳军节度副使杨桢同共规定"。

当年四月九日，洪洞县人户张方等经元帅监军行府，状告府判官高金部定水不均及朱勾判亦定不均，乞差新到任近上官员与杨桢奉直同共定夺。今下河东南路兵马都总管、镇国上将军完颜谋离也，将带两县官吏并合千人户，亲诣□定水头，子细检验，及参照积古体例定夺，务要两便。

<u>准奉上畔</u>，差委前去定夺赵城、洪洞两县人户水利不均公事。寻亲诣到两县所争分水处验觑，得先前高府判�立水柜并分水去处，委是不依古旧置定到痕迹，是有不均，遂行去坼了当，及将两县元置定分水碑文内照得该写"赵城县陡门内水南北阔一丈六尺一寸，深一尺七寸；洪洞县陡门内东西阔六尺九寸，深一尺六寸"。遂再将陡门内见行流水等，量得赵城县深一尺四寸，比旧时霍水浅三寸，洪洞县深五寸，比旧时霍水浅一尺一寸。其洪洞县见今水数不及三分，寻□两县见流水相并等，量得共深一尺九寸。依古旧碑文内各得水分数比附，内赵城县合得一尺，洪洞县合得九寸。若便依此分定，缘□两县陡门外地势低下，水流紧急，减一寸只合得水深八寸，赵城县水只与深一尺，又缘陡门外地势高仰，水流澄漫，以此更添深一寸，共合得一尺一寸。遂将两渠水堰塞，令别渠散流。两陡门

内阔狭依古旧尺寸外，将两渠陡门中用水斗量，定于洪洞县限口西壁向北照直添立石头，阔二尺，拦水入南霍渠内，以此立定：赵城县水七分，洪洞县水三分，考验古碑水数无异。各已取到两县官吏并使水人户准伏，"□无偏曲"执结文状，具解申覆元帅府并行台尚书省照验讫，<u>却奉上畔</u>。[1]

这通碑文详细记录了平阳府就赵城、洪洞两县分水问题与上级行政机构之间的文书往来，为完整呈现其所载公文的全貌，故在此引录全文，不过其间的具体争议与本文主题关系不大，此处需重点关注公文中提及的上级机构。天眷元年（1138）四月八日，平阳府收到"枢密院上畔"封送的元帅府札子，要求对赵城县张山等人的状告内容进行核实，平阳府遂将以往案卷及处理情况申报给枢密院。八月二十六日，平阳府又接到"枢密院上畔"的指示，要求再派员与两县知县及涉事人户"从长规画"，平阳府以"本府阙员"为由申覆枢密院。十月十一日，再次"准奉上畔"，仍应指枢密院，特派钱帛都勾判官朱申前来负责会同处理两县分水事宜。至次年二月二十七日，平阳府准奉的上级机构变更为"行台尚书省上畔"，其时朱申改任中京留守判官，故改差绛阳军节度副使杨桢办理。四月九日，因洪洞县人户张方等再次状告，"乞差新到任近上官员与杨桢奉直同共定夺"，于是命河东南路兵马都总管、镇国上将军完颜谋离也直接负责处理此事，才最终将事情解决，平阳府"具解申覆元帅府并行台尚书省照验讫"。末段所见"准奉上畔"和"却奉上

1　胡聘之：《山右石刻丛编》卷一九金《赵城洪洞水利碑》，《续修四库全书》影印清光绪二十七年刻本，上海：上海古籍出版社，2002年，第907册，第425页下栏—427页上栏。据《三晋石刻大全·临汾市洪洞县卷》所载录文（太原：三晋出版社，2009年，上册，第39页，拓片见第38页）校正文字。

畔"，当均指行台尚书省。这里涉及天会中后期至天眷年间金朝汉地统治机构的变化。

　　金军占领北方中原地区后，由东、西两路元帅直接统辖，元帅府是实际的最高军政机构，并形成燕京—河北与云中—河东两大统治区，各设枢密院以统之。张汇尝"陷金十五年"，颇知金事，绍兴十年（1140）归宋后撰《金虏节要》，[1] 其中记载："窝里孛初寇燕山，粘罕初寇河东，称都统府，至是改曰元帅府，乃刘彦宗之建议也。……东路之军斡里孛主之，西路之军粘罕主之，虏人呼作'东军'、'西军'。东路斡孛不建枢密院于燕山，以刘彦宗主院事；西路粘罕建枢密院于云中，以时立爱主院事，虏呼'东朝廷'、'西朝廷'。"[2] 此处所见"窝里孛""斡里孛"皆为宗望女真名斡离不之异译，而"斡孛不"乃斡离不之误。这段记载说明左、右副元帅宗翰、宗望各统西、东两路，分区统治北方汉地，且设有专门机构进行管理，俨然形成地方小朝廷。然至天会六年十月，"领燕京枢密院事刘彦宗以病死，并枢密院于云中，除云中留守韩企先为相，同时立爱主之"。[3] 据学者研究，两枢密院的合并结束了分治局面，统一了管辖华北汉地的事权，且大约在天会十二年枢密院由云中迁至燕京。至天眷元年九月，又"改燕京枢密院为行台尚书省"，[4] 作为中

1　《直斋书录解题》卷五伪史类《金国节要》解题，第141页。书名"金国"二字系清人讳改，原当作"金虏"。

2　《三朝北盟会编》卷四五靖康元年四月十五日"金人建元帅府"条引《金虏节要》，叶9b—10a。有学者认为金初并无两枢密院制（唐英博：《金初枢密院建制辨析》，《蒲峪学刊》1997年第4期，第45—47页），笔者并不赞同，参见邱靖嘉《从两翼分兵到东西分治——论金初女真军的两翼战法及其对华北统治方式之影响》，《军事历史研究》2021年第5期，第29—34页。

3　《三朝北盟会编》卷一三二建炎三年"兀朮请于粘罕入寇江上，粘罕等归"条引《金虏节要》，叶5b。刘彦宗卒日见《金史》卷三《太宗纪》（第59页）。

4　《金史》卷四《熙宗纪》，第73页。

央朝廷尚书省的派出机构，治理黄河以北地区。[1] 实际上，自天会六年十月宗翰、宗辅率军伐宋后，元帅府尽管仍是名义上的汉地最高统治机构，但其职能可能更偏重于军事防控和对宋作战，而将日常行政管理权皆交由合并重组之后的枢密院，后又改为行台尚书省。

上引碑文所载天眷元年平阳府公文皆称"准奉枢密院上畔"，天眷二年公文则作"准奉行台尚书省上畔"，恰好可以反映这两年间北方汉地行政管辖机构名称的变化。而且在公文中亦可体现出元帅府的地位，尽管此番赵城、洪洞两县分水纠纷起初很可能是由县民向元帅府申告，如其中提到"洪洞县人户张方等经元帅监军行府，状告"云云，此处"元帅监军行府"是指元帅右监军撒离喝，[2] 当时他驻军于河中府，管辖河东路，[3] 张方等人先是向这位元帅提告，撒离喝接受诉状后并没有以元帅府的名义直接命令平阳府处理，而是先下达给枢密院或行台尚书省，再由枢密院或行台尚书省向平阳府转送元帅府札子，传达指令，由此可见枢密院或行台尚书省与平阳府之间具有直接的上下级关系，而元帅府虽地位更高，但并不直接受理民事。天眷二年，即有明确诏令："诸州郡军旅之事，决于帅府。民讼钱谷，行台尚书省治之。"[4] 在明了以上背景之后，我们再来看公文中出现的"上畔"之称。这里的"上畔"明确是指枢密院或行台尚书省，且在上级机构名首见时使用连称的形式，而提到元帅府则不加"上畔"，此外无论是"枢密院上畔""行台尚书

1　参见李涵《金初汉地枢密院试析》，《辽金史论集》第4辑，北京：书目文献出版社，1989年，第180—195页；鲁西奇《金初行台尚书省与汉地统治政策》，《江汉论坛》1994年第10期，第58—62页。

2　《金史》卷八四《呆传》谓其"天会十四年，为元帅右监军。天眷三年，宗弼复取河南。撒离喝自河中出陕西"（第1878页）。按此人汉名与上文提到的都元帅完颜呆重名。

3　王曾瑜：《金朝军制》，第9页。

4　《金史》卷七七《宗弼传》，第1754页。

省上畔"，还是单独称"上畔"，在碑文中均于词前提空，或另提行，以示敬意，这种平阙格式说明"上畔"在此显然是一种特称，应是指平阳府之上的最高行政统辖机构。

不过，在军队系统中，可能仍继续称元帅府为"上畔"。如《要录》载绍兴九年（金天眷二年，1139）十一月，"金人自河中府以马军八队出城，遣人招同州巡检官白美入城议事。美为言：'自今各守疆界，无令北军私过黄河。'萧千户者遂言：'上畔即无不得过河指挥，既有此桥，我有千二百军在此，得指挥毋令骚扰南界地，于二十里外硬探。'"[1] 此处萧千户口中的"上畔"当指元帅府无疑。说明天眷年间在军事系统中仍沿用此前的习惯，以"上畔"称呼其最高指挥部门，但在行政体系中"上畔"的指称对象实已发生流转，先后变为特指实际负责汉地治理事务的枢密院和行台尚书省。

三 "上畔"转称金之朝廷

金朝以元帅府统辖中原汉地是金初特殊时期的一种统治方式。熙宗即位后推行官制改革，加强中央权威，完善国家体制。[2] 天眷元年九月"改燕京枢密院为行台尚书省"，似已显露出金国内地朝廷欲直接掌管中原汉地的意图。"皇统元年，以燕京路隶尚书省，西京及山后诸部族隶元帅府。"[3] 始将燕京、河北地区直接划归中央朝廷管辖，侵夺了元帅府的势力范围。此后海陵王天德二年（1150）十二月，"罢行台尚书省"，又将都元帅府改为纯军事机构枢密院，

1　《建炎以来系年要录》卷一三三绍兴九年十一月癸未条，第6册，第2481页。

2　参见赵永春《金熙宗的官制改革及其历史地位》，《北方民族文化》（赤峰）1991年增刊，第78—82页。

3　《金史》卷二四《地理志上》，第564页。

消除了元帅府的独立性；紧接着次年三月“诏广燕城，建宫室”，四月“诏迁都燕京”，至贞元元年（1153）正式迁都，[1] 金朝的统治重心由上京会宁府（今黑龙江哈尔滨阿城区）完全转移至中原汉地，进行直接统治。在这一背景之下，北方汉地流行的“上畔”之称再度发生了语义转变。

南宋绍兴二十九年（1159），周麟之以皇太后韦氏崩使金告哀，[2] 归来后将其途中见闻写成《中原民谣》十首，其中《过沃州》诗有“胡人惊呼上畔知”句，小注曰：“虏称朝廷为‘上畔’，多见于公文。”[3] 此说亦可得到金代石刻材料的印证。山东泰安徂徕山古四禅寺立有一《四禅寺牒记碑》，分为上下两部分，上层刻金世宗大定二年（1162）《尚书礼部牒》，其内容称是年四禅寺住持法润等人经官纳钱，请朝廷赐额，牒文谓“依奉上畔，已经本军军资库纳讫，合有钱数，乞立寺额，须至给赐者，牒奉敕可特赐‘法云禅寺’”。[4] 于是四禅寺改名为法云禅寺，后大定十六年张莘夫撰《重修法云寺碑》记此事曰：“住庵僧润公等……裒集钱叁百贯，‘依奉上畔，经本军军资库纳讫钱数，乞示寺额’，伏蒙朝廷特赐‘法云禅寺’。”[5] 此处引《尚书礼部牒》“依奉上畔”之文，又称“伏蒙朝廷”，显然是以“朝廷”作为“上畔”的同义语，且“上畔”之称正见于公文，知周麟之所言不虚。原来“上畔”无论是指元帅府，还是枢密院、行台尚书省，均为金国中央朝廷统治汉地州县的一个中间层级。至海陵迁都后，对于中原汉地而言，其最高统辖机构就是中央朝廷，

1　《金史》卷五《海陵纪》，第 96—100 页。

2　《建炎以来系年要录》卷一八三绍兴二十九年九月癸卯条，第 8 册，第 3533 页。

3　周麟之：《海陵集》外集《中原民谣·过沃州》，民国九年韩国钧辑《海陵丛刻》本，叶 4b。

4　唐仲冕撰，孟昭水校点集注《岱览校点集注》卷二二徂徕山《四禅寺牒记碑》，济南：泰山出版社，2007 年，下册，第 624 页。

5　《岱览校点集注》卷二二徂徕山《重修法云寺碑》，第 625 页。

于是"上畔"一词也就转而成为金国"朝廷"的特称。

在金世宗时期，我们还能见到其他文献记载中的"上畔"用例。乾道五年（金大定九年，1169），南宋遣王大猷、曾觌使金贺正旦，楼钥以书状官从行，记录途中见闻撰成《北行日录》，其中记到十二月三日至宿州，见"州城新筑，雉堞甚整，闻是'五月下旬上畔指挥重修，限四旬毕工，费一出于民'"。[1] 此处"上畔指挥重修"云云应是楼钥转述金人之语，这里的"上畔"亦指朝廷，因宿州乃宋使入金的必经之地，故金朝特命重修州城，以示国力之盛。金大定十七年《石宗璧墓志》载墓主仕履，称"至大定十三年，准上畔坐奉圣旨，兼知大和寨使"，[2] 原碑中"上畔"前有提空（见图二），又紧接"坐奉圣旨"，显为朝廷之特称。又南宋绍熙中由金入宋的归正人张棣所撰《正隆事迹》记载，[3] 金世宗末立完颜璟为皇太孙，[4] 璟奏请毁南京宋之故都及洛阳宋之丘陵，并对在押赐宋使的射弓宴上射箭不胜者加以治罪，对此左司郎中粘割没雅上言提出异议，奏上之后获得批示"奉上畔指挥，所奏至忠，并依所言，粘割没雅特转一重"。[5] 此处"上畔指挥"当与上引楼钥《北行日录》所记同义，皆谓奉朝廷旨令。

1　楼钥：《攻媿集》卷一一一《北行日录上》，《四部丛刊初编》景印武英殿聚珍本，上海：商务印书馆，1922年，叶12b。

2　录文及拓片见鲁晓帆、龚向军《金代石宗璧墓志与北京通州之得名》，《收藏家》2018年第9期，第85—92页；拓片又见北京市文物研究所编《北京市文物研究所藏墓志拓片》，北京：北京燕山出版社，2003年，第63页。

3　关于张棣的入宋年代，参见孙建权《关于张棣〈金虏图经〉的几个问题》，《文献》2013年第2期，第131—137页。

4　《金史》卷八《世宗纪下》大定二十六年十一月庚申条，"立右丞相原王璟为皇太孙"（第195页）。

5　《三朝北盟会编》卷二三三绍兴三十一年十月八日"金人立葛王褎于辽阳府"条引张棣《正隆事迹》，叶9a—10b。

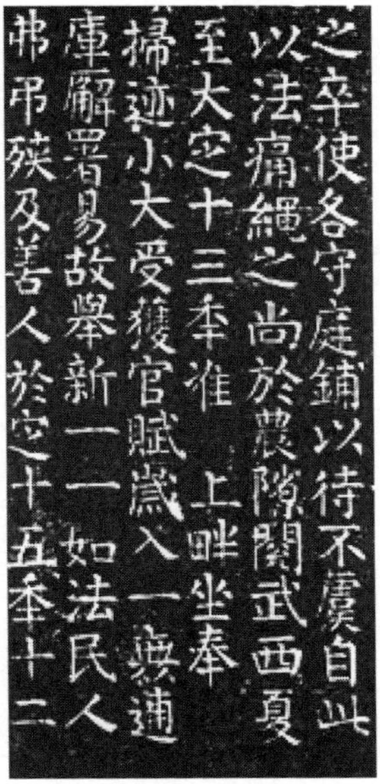

图二 金《石宗璧墓志》局部

经上文梳理分析，我们可以了解"上畔"一词语义衍化的大致过程。"上畔"本义为上边，可引申指上司、上级，但在辽金时期的北方地区，这一词语有其特定的指称。辽代以"上畔"称呼辽朝皇帝，金朝入主中原后，以高度军政一体化的元帅府统辖汉地，此后元帅府又将日常行政管理权交由枢密院，后又改为行台尚书省，"上畔"之称遂依次特指这三个权力机构。最终随着海陵王迁都燕京，金朝对中原汉地全面实行直接统治，消除了中间管理层级，"上畔"遂转变为对金国中央朝廷的专称，并频繁出现于金代公文之中。"上畔"指称对象的流转，折射出的是辽金之际北方汉地的统治变迁，这可谓是政治因素影响语义变化的一个典型案例。

原载刘迎胜主编《中西元史》第 1 辑，北京：商务印书馆，2023 年

说"完颜"
——关于女真族的历史记忆与姓氏辨说

      历史上，每个族群聚落形成时自然会产生一些有关其祖先来源的传说故事，当该族群发展壮大乃至称霸一方、建立政权之后，又会对其早期族源历史的若干片断记忆加以整理、缀合、演绎，最终形成本民族起源崛兴的定型文本。辽金时期的契丹、女真族亦是如此。契丹人流传着神人乘白马、天女驾青牛相遇而生八子繁衍为八部的传说。[1] 相较于契丹青牛白马的族源神话，女真人则循着英雄

---

1   刘浦江：《契丹族的历史记忆——以"青牛白马"说为中心》，《松漠之间——辽金契丹女真史研究》，北京：中华书局，2008 年，第 99—122 页；苗润博：《"青牛白马"源流新论——一种契丹文化形态的长时段观察》，《北京大学学报》2022 年第 3 期，第 102—112 页。

祖先与弟兄民族的叙事模式，[1] 建构了自始祖以降世代相传的完颜氏
先祖谱系和创业开国史。此前虽已有学者针对这一历史传说中的若
干问题做过一些研究，但目前看来仍有继续讨论的余地（具体评述
详下），尤其是金、宋、高丽文献的相关记载还有进一步阐释的空
间。本文拟从女真早期历史构建的角度，谈谈完颜氏女真如何认定
本族群的发展历程，并对"完颜"这一姓氏加以辨说。

一　女真先祖谱系记忆中的早期发展史

目前有关女真早期历史最完整的记载见于《金史·世纪》（以
下简称《世纪》）。《世纪》系统记述了始祖函普、德帝乌鲁、安帝
跋海、献祖绥可、昭祖石鲁、景祖乌古乃、世祖劾里钵、肃宗颇刺
淑、穆宗盈歌、康宗乌雅束共八世十位完颜氏女真先祖的事迹，构
成了女真崛兴的族源谱系。对于这一祖先系谱，日本学者池内宏曾
做过仔细梳理，认为自始祖函普以下五代叙事简略，恐为传说虚
构，而景祖、世祖、肃宗、穆宗、康宗五代事迹较为详赡，信而有
征，当为史实，[2] 其后又有国内学者据此说进一步分析《世纪》所载
祖宗故事的虚与实。[3] 然而在笔者看来，这些先祖事迹具有浓重的
构建女真早期历史的色彩，属于后人追叙而成的一种历史书写，其
中难免会掺杂一些虚饰编造的内容，从这一角度来说，我们除了辨

1　王明珂：《英雄祖先与弟兄民族——根基历史的文本与情境》，北京：中华书局，2012 年。

2　池内宏：《金史世紀の研究》，《满鲜地理历史研究报告》第 11 册，东京：东京帝国大学文学部，1926 年，第 177—313 页。

3　韩世明：《金完颜始祖史事探赜》，《吉林大学社会科学学报》1993 年第 3 期，第 84—88 页；辛更儒：《金初的祖庙和十帝传说》，《文史知识》2007 年第 2 期，第 54—60 页；綦岩：《传说与历史之间——金代始祖函普研究》，《牡丹江师范学院学报》2012 年第 6 期，第 43—46 页。

别其虚实真伪之外，或许更应关注从中所反映出来的女真族历史记
忆，了解他们是如何认定本族群发展历程的，这是本文研究的一个
立足点。此外，在宋代及高丽文献中亦保存了一些有关完颜氏女真
先祖的记载，或可与《世纪》相参证，从而得以窥知为金朝官方定
说所隐去的某些历史信息。

　　首先，需要了解《世纪》所载祖先故事是如何整理编定的。女
真初无文字，"亦未尝有记录，故祖宗事皆不载"，唯口耳相传，为
人记颂。金初宗翰采访女真故老，留心搜集先祖事迹，"多得祖宗
遗事"。[1] 如景祖第八子阿离合懑，"为人聪敏辨给，凡一闻见，终
身不忘。始未有文字，祖宗族属时事并能默记，与斜葛同修本朝
谱牒。……或积年旧事，偶因他及之，人或遗忘，辄一一辨析言
之，有质疑者皆释其意义。世祖尝称其强记，人不可及也。天辅三
年，寝疾，宗翰日往问之，尽得祖宗旧俗法度"。[2] 可见阿离合懑
博闻强记，熟知女真先祖故事，其临终之前宗翰每日采访，以抢救
性地记录下这批珍贵的口述史料。这里提到阿离合懑曾"与斜葛同
修本朝谱牒"，据上下文判断，这可能是世祖时事。[3] 然而女真本
无文字，"及破辽，获契丹、汉人，始通契丹、汉字"，[4] 至金太祖
天辅三年（1119）才由完颜希尹创制女真字，[5] 故推测阿离合懑与
斜葛可能只是曾经梳理过本族谱系，恐未形成文本，所谓"修本朝
谱牒"大概是后人修史的追叙之语，但这似可说明女真人远在建国
之前即已有编定祖先系谱的意识。太宗天会六年（1128），"诏书求

1　《金史》卷六六《完颜勖传》，北京：中华书局，1997年，第1558页。

2　《金史》卷七三《阿离合懑传》，第1672页。

3　按斜葛为世祖叔父跋黑之子，生平活动主要在世祖至穆宗时期，其事见《金史》卷六七《乌
　　春传》及卷一三五《高丽传》。

4　《金史》卷六六《完颜勖传》，第1558页。

5　《金史》卷七三《完颜希尹传》，第1684页。

访祖宗遗事,以备国史",令完颜勗与耶律迪越掌之,始由朝廷正式命人全面搜集祖先事迹,准备着手编纂女真开国前史,但当时尚未确定女真先祖的谱系传承。熙宗即位后,天会十四年八月,"追尊九代祖以下曰皇帝、皇后",[1]并奉上始祖等十帝谥号、庙号,[2]标志着女真先祖谱系的最终确立。次年十二月,"命韩昉、耶律绍文等编修国史",以完颜勗为尚书左丞、同中书门下平章事监修,[3]皇统元年(1141)修成自始祖以下十帝《祖宗实录》三卷,[4]从而将女真先祖故事最终整理编定为一个统一文本。因完颜氏是女真崛兴过程中的核心部族,故完颜部之祖先传承即被塑造为整个女真的祖宗谱系,遂建构出自始祖以降累世经营的创业开国史,属于典型的用家族史代替民族史的叙述模式。今见于《世纪》的记载即直接源自《祖宗实录》,代表了金朝官方对其本族早期历史的追认与书写。

通过分析《世纪》所载祖先故事,并与南宋、高丽文献相参照,我们可以进一步了解有关完颜氏女真发展历程的某些历史信息。《世纪》记述其始祖事迹如下:

> 金之始祖讳函普,初从高丽来,年已六十余矣。兄阿古乃好佛,留高丽不肯从,曰:"后世子孙必有能相聚者,吾不能去也。"独与弟保活里俱。始祖居完颜部仆干水之涯,保活里居耶懒。其后胡十门以曷苏馆归太祖,自言其祖兄弟三人

---

1 《金史》卷四《熙宗纪》,第71页。

2 佚名:《大金集礼》卷三《追加谥号上·天会十四年奉上祖宗谥号》,清光绪二十一年广雅书局刻本,叶7a—9b。

3 《金史》卷四《熙宗纪》,第72页。

4 《金史》卷六六《完颜勗传》,第1558—1559页。《熙宗纪》记作《先朝实录》三卷(第78页)。

相别而去，盖自谓阿古乃之后。石土门、迪古乃，保活里之裔也。……

始祖至完颜部，居久之，其部人尝杀它族之人，由是两族交恶，哄斗不能解。完颜部人谓始祖曰："若能为部人解此怨，使两族不相杀，部有贤女，年六十而未嫁，当以相配，仍为同部。"始祖曰："诺。"乃自往谕之曰："杀一人而斗不解，损伤益多。曷若止诛首乱者一人，部内以物纳偿汝，可以无斗而且获利焉。"怨家从之。乃为约曰："凡有杀伤人者，征其家人口一、马十偶、牸牛十、黄金六两，与所杀伤之家，即两解，不得私斗。"曰："谨如约。"女直之俗，杀人偿马牛三十自此始。既备偿如约，部众信服之，谢以青牛一，并许归六十之妇。始祖乃以青牛为聘礼而纳之，并得其资产。后生二男，长曰乌鲁，次曰斡鲁，一女曰注思板，遂为完颜部人。[1]

《世纪》称始祖函普"初从高丽来"，有学者按代际推算其年代当在中原五代前期，[2] 因宋代文献又记女真始祖"出自新罗"，[3] 故围绕始祖函普的族属问题学者有所讨论。王氏高丽建于公元 918 年，935 年灭新罗，函普所生活的地域可能先后由新罗、高丽统治，故称其

---

1 《金史》卷一《世纪》，第 2—3 页。

2 《世纪》谓景祖乌古乃生于辽太平元年（1021），景祖之前有五世，有学者分别按每世 25 年和 20 年推算，皆推知函普由高丽入完颜部大约在五代前期，参见张博泉《金史简编》，沈阳：辽宁人民出版社，1984 年，第 24 页；孟古托力《女真及其金朝与高丽关系中几个问题考论》，《满语研究》2000 年第 1 期，第 65 页。

3 徐梦莘《三朝北盟会编》卷一八宣和五年六月九日条引苗耀《神麓记》，《中华再造善本》影印国家图书馆藏明抄本，北京：国家图书馆出版社，2013 年，叶 4a。洪皓《松漠记闻》卷上亦称"女真酋长乃新罗人"（《辽海丛书》本，沈阳：辽沈书社影印本，1985 年，第 203 页上栏），李心传《建炎以来系年要录》卷一靖康元年正月庚辰条谓女真"其先新罗人也"（胡坤点校，北京：中华书局，2013 年，第 1 册，第 2 页）。

出于新罗或高丽均可，并根据元朝史官所谓"金人本出靺鞨之附于高丽者"[1]及其他一些线索，推测函普一族很可能是早年迁居新罗的靺鞨人。[2] 其实，关于始祖函普的故事多为传说，恐难以凿实，在笔者看来，《世纪》所载函普"初从高丽来"，它的重点并不在于说明其族属，而是强调祖先的外来特性。

按宋元时期"高丽"与"新罗"往往互称，[3] 宋人文献记载称"出自新罗"，盖即指高丽，在女真人的历史记忆中，始祖函普来自高丽乃是流传已久的一种习惯说法。据《高丽史》，睿宗四年（1109）六月女真遣衺弗、史显等六人出使高丽，衺弗等奏曰："昔我太师盈歌尝言，我祖宗出自大邦，至于子孙，义合归附，今太师乌雅束亦以大邦为父母之国。"[4] 此处"大邦"指高丽，穆宗盈歌明确说己之祖宗出自高丽，故康宗乌雅束称高丽为"父母之国"。后金太祖阿骨打称帝，致书于高丽国王，亦称"自我祖考介在一方……高丽为父母之邦"。[5] 天会十三年（1135），于燕京城南立太

1　《金史》卷一三五《高丽传》"赞曰"，第 2889 页。

2　参见孟古托力《女真及其金朝与高丽关系中几个问题考论》，第 65—67 页；赵永春《金朝始祖与女真文明》，潘春良等主编《多维视野中的黑龙江流域文明》，哈尔滨：黑龙江人民出版社，2006 年，第 114—120 页；罗继岩、辛时代《金朝始祖函普研究》，《社会科学战线》2015 年第 12 期，第 132—137 页。

3　《钦定满洲源流考》卷七《部族七·完颜》小注云："考新罗与高丽旧地相错，辽、金史中往往二国互称，不为分别。"（《景印文渊阁四库全书》，台北：台湾商务印书馆，1986 年，第 499 册，第 536 页下栏）

4　郑麟趾：《高丽史》卷一三《睿宗世家二》睿宗四年六月庚子条，平壤：朝鲜科学院古典研究室排印本，1957 年，第 189 页。

5　《高丽史》卷一四《睿宗世家三》睿宗十二年三月癸丑条，第 209 页。关于始祖传说与王氏高丽的关系，可参三上次男《金室完颜家の始祖说话について》，《史学杂志》52 编 11 号，1941 年，收入氏著《金史研究》第 3 卷《金代政治社会の研究》，东京：中央公论美术出版，1973 年，第 17—28 页。

祖《睿德神功之碑》，此碑自序也说远祖"出于高丽"。[1] 由此可见，自穆宗盈歌以降，"祖宗出自高丽"乃是女真族群的一种共同记忆，后被正式采入《祖宗实录》，[2] 见于元修《金史》，而这种始祖外来说想必早已普遍流传于完颜氏女真社会之中，故金毓黻有言"金室之始祖，出自高丽，具有明征，虽其子孙，亦不甚讳"。[3]

金人追述祖源突出始祖的外来特性，其背后透露出女真与高丽之间的密切关系。女真之先源出黑水靺鞨，毗邻高丽之地，素来依附于当地政权，[4] 女真族形成后亦与高丽保持着紧密的政治、经济、文化联系，贡赐贸易往来十分频繁，[5] 不仅有女真人投附高丽，同时也有一些高丽人长居于女真，如《高丽史》记"有本国医者居完颜部，善治疾"，并曾为穆宗盈歌戚属治病，[6] 这说明两者之间人员杂处。而就总体社会发展水平而言，高丽明显胜于女真，故女真对高丽多有依赖，以至称其为"父母之邦"，并信奉完颜氏始祖函普来自高丽之说。同样，在高丽方面也流传着类似的故事："或曰昔我平州僧今（疑当作'金'）俊遁入女真，居阿之古村，是谓金之先。

1　陶宗仪编宛委山堂本《说郛》弓五五引文惟简《虏廷事实》"姓氏"条："（女真）盖其远祖因避罪，自高丽而至女真，后立《神功圣德碑》于燕城之西，参知政事韩昉作文，翰林承旨宇文虚中书，翰林待制吴激篆额，其碑自序出于高丽云。"（《说郛三种》，上海：上海古籍出版社影印本，1988年，第5册，第2562页下栏）《金史》卷二《太祖纪》载"天会十三年二月辛酉，改葬和陵，立《开天启祚睿德神功之碑》于燕京城南尝所驻跸之地"（第42页）。按此碑确由韩昉作文、宇文虚中书，事见二人《金史》本传，实立于燕京城南丰宜门外（酒贤：《金台集》卷二《读金太祖武元皇帝平辽碑》，叶爱欣校注《酒贤集校注》，郑州：河南大学出版社，2012年，第222页），《虏廷事实》所记立碑位置不确。

2　《金史》卷一〇七《张行信传》谓"按《始祖实录》止称自高丽而来"（第2367页），即指《祖宗实录》中有关始祖函普的记载。

3　金毓黻：《东北通史》上编，长春：社会科学战线杂志社翻印本，1978年，第343页。

4　《金史》卷一《世纪》谓"黑水靺鞨居肃慎地，东濒海，南接高丽，亦附于高丽"（第1页），此处"高丽"盖指此前的高句丽及新罗政权。

5　参见赵永春《金朝始祖与女真文明》，第120—126页。

6　《高丽史》卷一二《肃宗世家二》肃宗八年七月甲辰条，第172页。

或曰平州僧金幸之子克守，初入女真阿之古村，娶女真女。"[1] 这些说法显然是高丽人的传闻戏言，不足取信，但它们将女真之祖先皆指认为来自高丽的平州僧，却反映了与女真人相似的历史记忆，即强调女真始祖的外来性。正是这样一位出于高丽的祖先来到完颜部，从而为女真日后走上强盛之路带来了机遇，这应是金人观念中民族崛兴的起始点。

《世纪》所记始祖故事中的另一个突出元素是弟兄祖先。始祖函普本为兄弟三人，其兄阿古乃好佛，留高丽不肯从，函普与其弟保活里则迁至女真，函普居仆干水完颜部，保活里居耶懒水完颜部。宋人洪皓曾羁留金朝达十五年之久，熟悉女真旧事，其《松漠记闻》谓"女真酋长乃新罗人……兄弟三人，一为熟女真酋长，号万户，其一适他国"，[2] 盖以"熟女真酋长"指保活里，"适他国"者指阿古乃，亦强调女真先祖为三兄弟。这种"弟兄祖先历史心性"的族源叙事模式普遍流行于古今各地诸多族群的历史记忆之中，[3] 完颜氏对于其祖先来源的解释亦包含这一元素，而且函普三兄弟故事应为整个女真社会所共知。《世纪》谓"其后胡十门以曷苏馆归太祖，自言其祖兄弟三人相别而去，盖自谓阿古乃之后"，此事详见《金史·胡十门传》，胡十门本为曷苏馆女真人，辽末高永昌占据东京辽阳府，招曷苏馆人，"胡十门不肯从，召其族人谋曰：'吾远祖兄弟三人，同出高丽。今大圣皇帝之祖入女直，吾祖留高丽，自高丽归于辽。吾与皇帝皆三祖之后。皇帝受命即大位，辽之败亡有征，吾岂能为永昌之臣哉！'始祖兄阿古乃留高丽中，胡十门自言

---

1   《高丽史》卷一四《睿宗世家三》睿宗十年正月末条，第201—202页。

2   《松漠记闻》卷上，第203页上栏。

3   王明珂教授《英雄祖先与弟兄民族——根基历史的文本与情境》一书对此有系统论述。

如此，盖自谓阿古乃之后云"。[1] 按胡十门系曷苏馆人，其是否为留居高丽的阿古乃后裔是存有很大疑问的，当时胡十门迫于形势，"自谓阿古乃之后"，攀附伪冒的可能性较大，其目的是与金太祖阿骨打之族建立宗亲关系，以便于投奔归附，但这个事例或可说明有关完颜氏始祖的三兄弟故事当在女真各部中流传较广，遂为胡十门所利用。事实上，完颜氏女真也确实以此弟兄祖先之后来辨别亲疏，"金人初起完颜十二部，其后皆以部为氏，史臣记录有称'宗室'者，有称'完颜'者。称'完颜'者亦有二焉，有同姓完颜，盖疏族，若石土门、迪古乃是也；有异姓完颜，盖部人，若欢都是也"。[2] 此处所谓称'宗室'者乃出自始祖函普一系，是完颜氏中的核心部族。其余称"完颜"者中，若石土门、迪古乃，上引《世纪》称二人为函普弟保活里之裔，[3] 与宗室存在一定的血缘关系，为宗室疏族，故称同姓完颜；而其他原生完颜部成员则皆为部人，与宗室最为疏远，故称异姓完颜。有关始祖函普的兄弟故事已成为区分完颜诸部亲疏远近的一种历史依据，由此可见这种祖先传说在女真社会中的深刻影响。

《世纪》记载始祖函普六十余岁至完颜部后的经历，大意谓因完颜部人尝杀他族之人，"由是两族交恶，哄斗不能解"，函普为其化解仇怨，立誓约，禁私斗，定征偿之法，为部众所信服，娶六十之妇，生二男一女，从而终得以融入当地部族，"遂为完颜部人"。这是一个明显带有英雄祖先色彩的历史故事，然而仔细推想，不难发现上述记事似乎缺失了一些必要内容，以至于我们不禁纳闷，若

1　《金史》卷六六《胡十门传》，第 1561 页。

2　《金史》卷五九《宗室表序》，第 1359 页。

3　据《金史》卷七〇石土门、迪古乃二人本传，石土门乃耶懒路完颜部人，保活里五世孙，世为部长，其父直离海与景祖复通宗系，迪古乃系石土门之弟（第 1621—1623 页）。

仅因调解两族纠纷一事，何以能使来自外族的函普后被奉为完颜
氏始祖？对于这一疑问，其实可以从宋代文献中得到很好的解答。
《三朝北盟会编》卷一八引苗耀《神麓记》有一段关于女真先祖的
文字记载，[1] 或可补《金史》之阙，弥足珍贵，其中记述始祖云：

> 女真始祖揩浦出自新罗，奔至阿触胡，无所归，遂依完
> 颜，因而氏焉，六十未娶。是时酋豪以强凌弱，无有制度，揩
> 浦劈木为克，如文契约，教人举债生息，勤于耕种者遂致巨
> 富。若遇盗窃鸡豚狗马者，以桎梏拘贼，用柳条笞挞外，赔偿
> 七倍，法令严峻，果断不私，由是远近皆伏，号为神明。有邻
> 寨鼻察异酋长，姓结徒姑丹，小名圣者货，有室女年四十余尚
> 未婚，遂以牛马财用农作之具，嫁之于揩浦。后女真众酋结
> 盟，推为首领。[2]

苗耀《神麓记》其人其书皆不详，大概是宋人转辗抄撮源自金朝方
面的原始资料而成，其史料价值颇高，[3] 以上引文就提供了比《世
纪》更为丰富的历史信息。此处始祖"揩浦"即函普之同名异译，
"出自新罗"指从高丽来，"奔至阿触胡"加入完颜氏族，这里与
《世纪》的说法略有出入，"阿触胡"即完颜部人后来迁居的按出虎

1　《三朝北盟会编》卷一八宣和五年六月九日条引苗耀《神麓记》，叶 4a—5a。以下引述《神
麓记》皆出于此，不复一一注明。

2　"贼"原作"械"，据明抄本墨笔校勘改；"赔"原作"陪"，据清光绪三十四年许涵度刻本
（上海：上海古籍出版社影印本，2008 年）改；"圣者货"，许刻本作"圣货者"。

3　按《三朝北盟会编》书前所列引用书目，史愿《亡辽录》、张汇《金虏节要》、张棣《金虏
图经》等由金入宋的归正人著作皆注明其为"归正官"，而提及苗耀《神麓记》则无附加说
明，可见苗耀可能是一南宋人。又检《金史》，大臭于海陵朝封神麓郡王（卷八〇本传，第
1809 页），疑《神麓记》之书名可能与金朝郡望有关。参见邱靖嘉、李京泽《关于金太祖的
一则佚史——兼论金朝修史的改篡问题》，《中华文史论丛》2021 年第 4 期，第 272—277 页。

水（今哈尔滨阿城区阿什河），而函普初来时居于仆干水（今牡丹江）。接下来一段文字十分重要，当时完颜氏尚处于原始氏族部落时期，"酋豪以强凌弱，无有制度"，函普为其立法度，订契约，并教以举债生息、耕种致富等经营生产之道，从而将其部族治理得井井有条，于是"远近皆伏，号为神明"，邻寨酋长姓结徒姑丹，当即另一女真氏族徒单氏（疑此即《世纪》所谓与完颜部结怨之"它族"），遂嫁之以女，与其联姻，后来函普成为女真部落联盟的首领。从这一记载来看，函普之所以被尊奉为始祖，其真正的原因是他为女真部族建立了一套有序的社会组织制度，并被推为联盟长，故《松漠记闻》称"女真以其练事，后随以首领让之"。[1]《世纪》所载解仇怨事应当只是函普诸多事迹之一，而金朝史官则有意将其放大，作为函普的主要功绩加以宣扬，并且在某些细节上有所夸张。比如完颜部人将本部"六十之妇"嫁与函普，但据《神麓记》，函普其实是与四十余岁的邻部徒单氏酋长之女结婚，从故事的细节描述和怀孕生子的生理年龄来看，显然《神麓记》的记载更加合乎情理，而《世纪》所言有编造夸大的成分。由此判断，金人在纂修《祖宗实录》、系统建构祖先历史时做了很多加工改编的工作，可能会有意隐匿一些先祖事迹，以增添传奇色彩，幸赖《神麓记》保存了更为原始的资料，方使我们得以了解金人有关始祖函普的完整记忆。

　　据《世纪》，始祖函普生二子，长曰乌鲁，次曰斡鲁，其中乌鲁后被尊为德帝，并生安帝跋海，然未记载有关德帝、安帝的任何事迹。《神麓记》的记述也很简单，仅言始祖"生讹辣鲁，继其父

1　《松漠记闻》卷上，第 203 页上栏。

业。讹辣鲁生佯海"。"讹辣鲁"当即乌鲁,"佯海"当即跋海,[1] 所谓"继其父业"应是指讹辣鲁继始祖函普任女真首领,后佯海亦当继之。

安帝生献祖绥可,《世纪》云:"黑水旧俗无室庐,负山水坎地,梁木其上,覆以土,夏则出随水草以居,冬则入处其中,迁徙不常。献祖乃徙居海古水,耕垦树艺,始筑室,有栋宇之制,人呼其地为纳葛里。'纳葛里'者,汉语居室也。自此遂定居于安出虎水之侧矣。"[2] 献祖绥可时期是女真族发展的一个关节点。女真原本因袭自黑水靺鞨以来迁徙无常、半游牧半穴居之习俗,[3] 然献祖则带领女真人放弃旧俗,迁徙至海古水,建筑居室,耕田植树,开始定居,从而彻底改变了女真族的生产生活方式,意义重大。献祖所居海古水后来成为女真发祥之地,建号上京会宁府,该区域最主要的河流其实并非海古水,而是按出虎水,其名为"金"之义,后金朝国号即源于此,[4] 可见献祖"定居于安出虎水之侧"在女真人心目中有多么重要的历史意义。又据《神麓记》,"佯海生随阔,自幼习射采生,长而善骑射猎,教人烧炭炼铁、刳木为器、制造舟车、种植

---

1 《松漠记闻》卷上记女真十祖,称"九代祖名龛福""八代祖名讹鲁""七代祖名佯海"(第203页上栏)。"龛福"为始祖函普之异译;"讹鲁"即《神麓记》所见之"讹辣鲁",指德帝乌鲁;"佯海"与《神麓记》同,指安帝跋海。

2 《金史》卷一《世纪》,第3页。

3 《旧唐书》卷一九九下《靺鞨传》云:"无屋宇,并依山水掘地为穴,架木于上,以土覆之,状如中国之冢墓,相聚而居。夏则随水草,冬则入处穴中。"(北京:中华书局,1975年,第5358页)

4 《金史》卷二四《地理志上》:"上京路,即海古之地,金之旧土也。国言'金'曰'按出虎',以按出虎水源于此,故名金源,建国之号盖取诸此。"(第550页)据清人曹廷杰考证,上京会宁府即黑龙江阿勒楚喀城(今哈尔滨阿城区),海古水即城东北二十余里之海古勒,俗呼大海沟、小海沟,合流入阿勒楚喀河,即金之按出虎水(参见《东三省舆地图说》之《金会宁府考》,《曹廷杰集》,北京:中华书局,2014年,第166页)。知海古水为按出虎水之支流。

五谷、建造屋宇，稍有上古之风。犹是邻近每有不平，皆诣所请，遂号孛堇，臣伏契丹"。此处"随阔"即"绥可"之异译，[1] 这里记载了献祖更多的技能，除了《世纪》已提及的"种植五谷、建造屋宇"之外，还有"烧炭炼铁、刳木为器、制造舟车"等，这些既是部人生产生活的基本技能，同时也是一个部族发展壮大的物质基础，献祖因此进一步巩固了其在女真部落联盟中的首领地位，并始建号"孛堇"，对外臣服于契丹，从而为女真强大开创了良好的局面，这些内容或多为金朝官修史书所隐去。值得一提的是，一般认为，女真"孛堇"之称始于昭祖石鲁，[2] 并未注意到《神麓记》的这条史料，据此可知，"孛堇"一名的出现时间或当在献祖时。

　　献祖生昭祖石鲁，[3]《世纪》称其"刚毅质直"，立条教以治理女真诸部族，从而使"民颇听从""部落浸强"，对于"不肯用条教"者，昭祖则耀武讨伐之，[4] 进一步树立统治权威。《神麓记》谓献祖"生三子，长曰兀列，次曰失侣，幼曰乌热，为孛堇"。[5] 从人名音译而言，笔者怀疑次子"失侣"盖即昭祖石鲁，袭其父为孛堇，然未载其具体事迹。

　　昭祖生景祖乌古乃，自此以降诸位女真祖宗《世纪》皆有明确的出生年代，且记事相对比较翔实丰富。景祖的主要贡献是"稍役属诸部，自白山、耶悔、统门、耶懒、土骨论之属，以至五国之长，皆听命"，进一步凝聚女真诸部族，且蓄铁、修弓矢、备器械，发展武备，"兵势稍振"，招致"斡泯水蒲察部、泰神忒保水完

1　《松漠记闻》卷上记女真十祖，亦称"六代祖名随阔"（第 203 页上栏）。

2　程妮娜：《金初勃堇初探》，《史学集刊》1986 年第 2 期，第 18 页；王世莲：《孛堇、勃极烈考释》，《吉林大学社会科学学报》1987 年第 4 期，第 49 页。

3　《松漠记闻》卷上记女真十祖，称"五代祖孛堇名实鲁"（第 203 页上栏）。

4　《金史》卷一《世纪》，第 3—4 页。

5　"乌热"，许刻本作"乌熟"。

颜部、统门水温迪痕部、神隐水完颜部，皆相继来附"。此外，景
祖还尽力维持与辽朝的友好关系，辽遂任命景祖为生女真部族节度
使。[1]《神麓记》谓景祖名"货攞"，其实这只是一个绰号，并非景
祖本名,《世纪》记作"活罗"，系同名异译，[2] 且解释其得名之由：
"'活罗'，汉语慈乌也，北方有之，状如大鸡，善啄物，见马牛橐
驼脊间有疮，啄其脊间食之，马牛辄死，若饥不得食，虽砂石亦食
之。景祖嗜酒好色，饮啖过人，时人呼曰活罗。"[3]《神麓记》称赞景
祖"比之五祖，迥然超群，由是契丹拜为宁江军节度使，呼曰'太
师'"。按景祖实封生女真部族节度使，非宁江军，此处所记疑误；
"呼曰'太师'"是因"辽人呼节度使为太师"，金人袭之，或亦呼
为"都太师"。[4] 除以上功绩外，元朝史官还提到景祖另一项重大举
措。《金史·百官志序》言"金自景祖始建官属，统诸部以专征伐，
嶷然自为一国"，[5] 又说"金自景祖始大，诸部君臣之分始定"。[6] 由
此可知，景祖首建官属，始有君臣之分，并强化对诸部的统御，逐
渐显现出一国之气象，这对于女真族的发展而言无疑具有里程碑式
的意义。

　　景祖之后，其第二子世祖劾里钵、第四子肃宗颇剌淑、第五子
穆宗盈歌相继袭位生女真节度使，[7] 进入了兄终弟及的时代。世祖时

1　《金史》卷一《世纪》，第4—6页。

2　《松漠记闻》卷上记作"胡来"（第203页上栏），当亦为同名异译。

3　《金史》卷一《世纪》，第6页。

4　《金史》卷一《世纪》，第5页。

5　《金史》卷五五《百官志序》，第1215页。

6　《金史》卷六八"赞曰"，第1600页。

7　《神麓记》谓景祖"生五子，长曰劾阁（小注：乃粘罕祖），次劾姑逊，次劾里孛，次蒲辣
　　叔，次杨割太师"。据《世纪》，景祖共有九子，其中原配唐括氏生劾者、世祖、劾孙、肃
　　宗、穆宗五子，此处"劾阁"为劾者之异译；"劾姑逊"即"劾孙"，实当为景祖第三子，非
　　第二子；"劾里孛""蒲辣叔""杨割"之名与《世纪》有所不同，《松漠记闻》卷上则分别记
　　作"核里颜""蒲剌束""杨哥"（第203页上下栏），皆同名异译。

女真部族内部出现分裂，其叔父跋黑诱桓赧、散达、乌春、窝谋罕等谋乱，《世纪》称之"内外溃叛，缔交为寇"，形势十分严峻，世祖"天性严重，有智识"，先后平定诸方之乱，"因败为功，变弱为强"，"基业自此大矣"。[1] 其后，肃宗、穆宗继续内平叛乱，外结契丹，进一步赢得发展空间。起初，女真诸部各有信牌，穆宗用阿骨打之议，下令"擅置牌号者置于法，自是号令乃一，民听不疑矣"。并且《世纪》总结说："自景祖以来，两世四主，志业相因，卒定离析，一切治以本部法令，东南至于乙离骨、曷懒、耶懒、土骨论，东北至于五国、主隈、秃荅，金盖盛于此。"[2]

穆宗死后，节度使之位传于世祖长子康宗乌雅束。[3] 因世祖早有言"乌雅束柔善，若办集契丹事，阿骨打能之"，[4] 属意将来由第二子阿骨打继位，振兴女真，故康宗在位可视为一个过渡期，《世纪》所载事迹不多，主要是与高丽之间的一些冲突。康宗之后，便进入了金太祖阿骨打率领女真崛起、建国灭辽的全新时代。

以上通过结合《金史·世纪》与宋代、高丽文献的相关记载，梳理了女真人所建构的本民族早期历史和祖先谱系。[5] 若就具体的

---

1 《金史》卷一《世纪》，第10页。

2 《金史》卷一《世纪》，第15页。

3 《神麓记》谓世祖"生长子乌束"（许刻本作"兀啰束"），《松漠记闻》卷上记作"吴剌束"（第203页下栏），亦皆为同名异译。

4 《金史》卷一《世纪》，第10页。卷二《太祖纪》称世祖指阿骨打，谓穆宗曰"乌雅束柔善，惟此子足了契丹事"（第20页）。

5 《松漠记闻》卷上记有另一女真先祖谱系："女真酋长乃新罗人，号完颜氏……完颜年六十余，女真妻之以女，亦六十余，生二子，其长即胡来也。自此传三人至杨哥太师，无子，以其侄阿骨打之弟谥曰文烈者（按指太宗吴乞买）为子，其后杨哥生子阊辣，乃令文烈归宗。"（第203页上栏）《高丽史》卷一四《睿宗世家三》又谓："或曰平州僧金幸之子克守，初入女真阿之古村，娶女真女，生子曰古乙太师，古乙生活罗太师。活罗多子，长曰劾里钵，季曰盈歌，盈歌最雄杰，得众心。盈歌死，劾里钵长子乌雅束嗣位，乌雅束卒，弟阿骨打立。"（第202页）这些记载盖得自传闻，不足信，但或许也反映出在金朝编定系谱之前，时人对于祖先传承可能存有多种说法。

祖宗事迹而言，因年代久远，初无文字记录，故多得之于传说故事，难免真假虚实混杂，并呈现出详近略远的叙事特点。但从这些历史记忆中，我们却可以分析出一些有价值的历史信息，从而借此了解金人是如何认定女真族发展历程的。先是一位充满英雄传奇色彩的始祖函普由高丽来到女真完颜部，立法度，解仇怨，使本无制度的女真社会进入有序管理的状态，并被推为首领。后传至献祖绥可，革新女真传统的生产生活方式，定居于按出虎水。景祖乌古乃建官创制，凝聚部族，积蓄武力，乃成有国之象。世祖劾里钵平定叛乱，整合部族，变弱为强，奠定了女真壮大之基业，肃宗、穆宗、康宗守之以盛。由此可见，始祖、献祖、景祖、世祖时期实为女真族发展历程中的重要节点，尤具历史纪念意义。天会十四年八月，在追尊九代祖以下帝号的同时，即"定始祖、景祖、世祖、太祖、太宗庙皆不祧"，[1] 其中建国前祖宗的不祧之庙唯有始祖、景祖、世祖，充分说明此三祖乃是女真族崛兴过程中的关键人物。[2] 献祖虽在金修《祖宗实录》谱系中有所弱化，然而后来金朝国号即取自其所迁居之按出虎水，亦可彰显献祖之伟功。总之，尽管金人在建国后追叙建构的早期历史在史实上容有编造杜撰之处，但它或许在一定程度上仍可反映出女真早期发展的某些历史线索。

1　《金史》卷四《熙宗纪》，第 71 页。《大金集礼》卷三《追加谥号上·天会十四年奉上祖宗谥号》云："仍请以始祖景元皇帝、景祖惠桓皇帝、世祖圣肃皇帝、太祖武元皇帝、太宗文烈皇帝为永ж不祧之庙。"（叶 9a—9b，《金史》卷三二《礼志五》同）

2　《金史》卷一《世纪》"赞曰"："熙宗追帝祖宗，定著始祖、景祖、世祖庙，世世不祧。始祖娶六十之妇而生二男一女，岂非天耶。景祖不受辽籍辽印，取雅达'国相'以与其子。世祖既破桓赧、散达，辽政日衰，而以太祖属之穆宗。其思虑岂不深远矣夫。"（第 17 页）元朝史官这段评论恐未理解始祖、景祖、世祖被列为不祧之庙的真正含义。

二　"完颜"释义二说辨误

女真这一民族共同体所包含的部族甚多，后皆以部为氏，至金章宗朝，厘定女真姓氏，"凡百姓"，[1]"完颜"为其中之一耳。关于"完颜"一词的含义及由来，就目前所知有两种说法，有待辨析。

第一种是"完颜犹汉言王"说。这一说法源出洪皓《松漠记闻》（以下简称《记闻》），其云："女真酋长乃新罗人，号完颜氏，完颜犹汉言王也。"[2]因金朝尝改女真姓为汉姓，与"完颜"相对应的汉姓正为"王"，[3]故而《记闻》之说影响很大，后来各种宋元文献概述女真历史莫不采信其说，[4]直至今日，在各种金史论著中也都普遍引述这一说法，俨然视为定论。但若细究起来，《记闻》的这条记载其实存有明显疑点。所谓"女真酋长"盖即始祖函普，为"新罗人"当指从高丽来，且称始祖时"号完颜氏"，该称号相当于汉语中的"王"，下文又言"女真以其练事，后随以首领让之"云云。揆诸文义，似乎意谓"完颜"之名来自始祖的王者称号"完颜氏"。然而根据笔者上文的论述可知，这种说法显然与史实不符。女真完

1　姚燧：《牧庵集》卷一七《南京兵马使赠正议大夫上轻车都尉陈留郡侯布色君神道碑》，《景印文渊阁四库全书》第1201册，第586页下栏。女真部族的实际数量较此更多，陈述《金史氏族表》做过比较全面的统计研究（收入《金史拾补五种》，北京：科学出版社，1960年）。

2　《松漠记闻》卷上，第203页上栏。

3　《三朝北盟会编》卷三重和二年正月十日丁巳条记女真本末，载女真姓氏，于"完颜"下小注"谓王"（叶5b）；《金史·国语解》"姓氏"条亦谓"完颜，汉姓曰王"（第2896页），陶宗仪《南村辍耕录》卷一"氏族·金人姓氏"同（北京：中华书局，1959年，第14页）。

4　如《三朝北盟会编》卷三，叶9a；陈均《皇朝编年纲目备要》卷二八重和元年末附记女真事，北京：中华书局，2012年，第725页；马端临《文献通考》卷三二七《四裔考四·女真》，北京：中华书局影印万有文库本，1986年，第2571页上栏；释觉岸《释氏稽古略》卷四"女真"，《中华再造善本》影印元刻明修本，北京：北京图书馆出版社，2006年，叶46a。

颜部至少在五代即已存在，由来已久。《世纪》明确交代始祖函普
至完颜部，经过个人努力并且迎娶部女之后，"遂为完颜部人"，《金
太祖实录》亦曰"其先寓止为完颜部人，后因以为氏"；[1] 上引《神
麓记》也说始祖至，"无所归，遂依完颜，因而氏焉"。这说明始祖
乃因完颜部而得姓氏，并无所谓"完颜氏"之名号，更遑论因氏而
名部。

　　《记闻》谓"完颜犹汉言王"是与"号完颜氏"相配合而言
的，意在表明该称号具有某种类似于汉人称"王"的含义。既然已
证"号完颜氏"本无其事，那么"完颜犹汉言王"之说也就很值得
怀疑了。按女真本由各部"酋豪分治"，"不相统制"，至始祖被推为
部落联盟长，献祖"号孛堇"，"孛堇"就是女真语中表示部长、酋
长的称号，[2] 后来又有同根词"勃极烈"义为长官，[3] 如果一定要与汉
人观念中的某地之"王"相比拟的话，那么"孛堇""勃极烈"或
许尚可勉强说"犹汉言王"，而绝非"完颜"，实际上女真社会中可
能根本就没有类似于"王"的概念。在女真文字中有表示"王"的
词，写作𠑇，但它是一个汉语借词，即音 waŋ，[4] 并非女真语词，后
来满语中的"王"也是音译汉字而来，[5] 可见"王"应是女真人与汉
人接触日久之后引入的一个外来词，与"完颜"无涉。因此，无论
从女真首领称号还是义为"王"的女真文字来看，《记闻》所谓"完

1　《三朝北盟会编》卷一八宣和五年六月九日条引《金国太祖实录》，叶 6a。"完"字避宋钦宗
　　嫌名，据许刻本补。

2　《金史》卷五五《百官志序》谓"其部长曰孛堇"，第 1215—1216 页。参见王统照《金人建
　　国前后之孛堇制》，《文讯》第 8 卷第 1 期，1948 年，第 344—348 页。

3　据《三朝北盟会编》卷三记载，勃极烈义为"官人""斜官"（许刻本作"统官"），"犹中国
　　言总管云"，叶 6a。

4　金启孮编《女真文辞典》，北京：文物出版社，1984 年，第 236 页。该词源自契丹小字中表
　　示"王"的汉语借词𠅘。

5　安双成主编《汉满大辞典》，沈阳：辽宁民族出版社，2007 年，第 1072 页。

颜犹汉言王也"均是无法成立的。

　　不过，"完颜犹汉言王"之说并非空穴来风，其实它是出于对女真完颜氏取汉姓的一种误解与讹传。《三朝北盟会编》卷三载阿骨打起兵反辽，屡败辽军，这时有铁州人杨朴劝说阿骨打建国称帝，吴乞买等人皆推尊杨朴之言，于是"上阿骨打尊号为皇帝"，国号大金，且"令韩企先训字，以王为姓，以旻为名"；[1] 又卷一八引苗耀《神麓记》亦谓阿骨打册立称帝，"侍中韩企先训名曰旻"。[2] 据考证，阿骨打称帝时为其取汉姓、汉名者实当为渤海人杨朴，《神麓记》所转抄的金方史料篡改为韩企先。[3] 但无论如何，金朝女真人改汉姓确实以完颜对应"王"姓，且阿骨打之汉名确为"旻"。张汇《金虏节要》亦云"阿骨打即位，以王为姓，以文为名"，[4] 唯此处"文"当作"旻"。自阿骨打训字"以王为姓"之后，"完颜"与汉姓"王"的对应关系便确定下来，后当采入由完颜勖撰定的《女直郡望姓氏谱》。[5]

　　那么，当初杨朴为阿骨打取汉姓为何选择"王"呢？其中可能有两方面的原因。其一，"完颜"二字拼读与"王"音近。明末清初学者彭孙贻尝谓"金始祖函普，居完颜部仆干水之涯，非姓完颜也，后遂以完颜为姓。考其国语，完颜乃汉语王姓，则金于汉音固王氏也"，[6] 已意识到"完颜"与汉音"王"相近，后文廷式即直言

1　《三朝北盟会编》卷三，叶 13a。

2　《三朝北盟会编》卷一八宣和五年六月九日条引苗耀《神麓记》，叶 5a。

3　邱靖嘉、李京泽：《关于金太祖的一则佚史——兼论金朝修史的改篡问题》，第 281—282 页。

4　《建炎以来系年要录》卷一靖康元年正月庚辰条引张汇《金虏节要》，第 2 页。

5　《金史》卷六六《完颜勖传》，第 1560 页。

6　彭孙贻：《茗香堂史论》卷四《金史》，《续修四库全书》影印清光绪十年巴陵方氏刻《碧琳琅馆丛书》本，上海：上海古籍出版社，2002 年，第 450 册，第 638 页下栏。

"'王'字乃'完颜'二字之合音"。[1] 其实，"完颜"一词在女真语文中还有另一种译写形式作"王甲"（说详下文），可见它与"王"字在语音上确实有很高的相似度。

其二，从汉字"王"的字义来考虑。《朱子语类》云："初，虏入中国，问何姓最大。中原人答以'王'姓最大。虏人呼'王'为'完颜'。自是王者之后，遂姓完颜。"[2] 这条记载当出自宋人之传闻，所谓"虏人呼'王'为'完颜'"云云不确，应是沿袭《记闻》之误，不过这里提到女真入中国"问何姓最大"，"中原人答以'王'姓最大"，虽为戏言，但却提示我们，杨朴在为"完颜"选择汉姓时有可能考虑到该汉姓需显示出对女真完颜氏的尊崇，而"王"字本有王者之义，与阿骨打的身份相符，故特取"王"姓。然无论从哪一方面来说，金人"以王为姓"都与"完颜"本义无关。或许洪皓因误解"完颜，汉姓曰王"是由于女真语"完颜"有近似于"王"的含义，遂于《记闻》中留下了"完颜犹汉言王也"的记载，后为宋元时人普遍转录，甚至以讹传讹。

关于"完颜"词义及来源的第二种意见是"蜿蜒"音转说。1973 年，考古工作者在黑龙江省绥滨县新城镇东 2 公里处发现一处蜿蜒河遗址，次年 7 月进行了考古发掘，清理房址 2 座，分别编号 F1 和 F2，两者系叠压关系，F1 在上，F2 在下。根据碳 14 测定及出土文物分析，F2 当属俄罗斯远东早期铁器时代波尔采文化类型，年代大约相当于两汉；F1 则与绥滨县北部的另一处同仁遗址类型十

1 文廷式：《纯常子枝语》卷一二，《续修四库全书》影印民国 32 年刻本，第 1165 册，第 164 页下栏。

2 黎靖德编《朱子语类》卷一三三《本朝七·夷狄》，王星贤点校，北京：中华书局，1986 年，第 8 册，第 3195 页。

分相似，属同仁文化二期，年代约为两宋时期。[1] 而同仁文化据专家推定是历史上黑水靺鞨的文化遗存，[2] 于是有历史学者便据此认为黑水靺鞨中的一支傍蜿蜒河而居，遂以河名"蜿蜒"为姓氏，音转为"完颜"，后来即发展为女真完颜部。[3] 此说一出，为各种东北史地论著纷纷采纳，甚至还有人将此说与上述"完颜犹汉言王"的说法杂糅到一起，称"完颜一词是从汉语'蜿蜒'音转的女真语，天长日久，女真语'完颜'演变为汉语的'王'"，[4] 后来又有人进一步论证完颜部系因地得名，支持"蜿蜒"音转说。[5]

这种说法尽管从信者众，但却是完全经不起推敲的。考古工作者所说的蜿蜒河是指位于今绥滨县二九〇农场五分场以东，从黑龙江分岔出来向东南流入松花江的一条河流（见图一），地处黑龙江与松花江的交汇口，因其河道蜿蜒曲折，且其间又歧出一股水流连通莲花泡，故名为蜿蜒河。[6] 按这一河名始见于伪满时期编纂的《绥滨县志》，卷首《绥滨县略图》即明确标绘出这条蜿蜒河（见图

1　黑龙江省博物馆、中国社会科学院考古研究所：《黑龙江省绥滨县蜿蜒河遗址发掘报告》，《北方文物》2006 年第 4 期，第 12—20 页。后来又在邻近区域发现了一座古城，鹤岗市文物管理站：《蜿蜒河古城调查简报》，《北方文物》2005 年第 4 期，第 50—53 页。

2　黑龙江省文物考古研究所、中国社会科学院考古研究所：《黑龙江绥滨同仁遗址发掘报告》，《考古学报》2006 年第 1 期，第 115—139 页。该文撰成于 1980 年 7 月 30 日。

3　干志耿、孙秀仁：《黑龙江古代民族史纲》，哈尔滨：黑龙江省文物出版编辑室编（内部发行），1982 年，第 240 页。

4　傅朗云、杨旸：《东北民族史略》，长春：吉林人民出版社，1983 年，第 109 页。

5　王久宇、孙田：《金朝建国前女真"完颜部"略考》，《北方文物》2015 年第 1 期，第 68—71 页；韩世明：《辽代女真完颜部来源新探》，《辽金史论集》第 15 辑，北京：科学出版社，2017 年，第 97—108 页。

6　需要说明的是，1975 年，曾将发源于绥滨县西部沼泽地带由西向东横贯全县的一条时令河开凿为人工河，全长 92.4 公里，因其东端借蜿蜒河河道注入松花江，故人们也称这条人工河为蜿蜒河，参见绥滨县地方志编纂委员会编《绥滨县志》，北京：方志出版社，1996 年，第 71—72 页。黑龙江省地方志编纂委员会编《黑龙江省志》第 78 卷《地名录》则称大规模开挖河道在 70 年代末 80 年代初（哈尔滨：黑龙江人民出版社，1998 年，第 599 页）。

二）。[1] 然而若再往前追踪有关黑龙江的地志资料，会发现这其实并非此河之本名。民国年间纂成的《黑龙江志稿》记述绥滨县境内有一条"小黑河"，"在县东，黑龙江支流也，岐而为二，东流五十里，入于松花江"，[2] 从地理位置、河道流向及水路里程看来，皆与蜿蜒河相符，且该河名亦见于宣统三年（1911）《黑龙江全省舆图》（见图三）。《黑龙江志稿》于"小黑河"下又注曰"清《统志》、《盛京志》俱作额尔伯克依河"。今检乾隆朝《钦定盛京通志》，黑龙江地区有额尔伯克依河，在"（齐齐哈尔）城东二千二百七十里，即黑龙江支流，南流，分入松花江"，[3] 并解释称"蒙古语额尔伯克依，蝴蝶也"。[4]《大清一统志》则称额尔伯克依河"南流分为二，俱入混同江（即松花江之旧名）"，[5] 描述水道走势稍详，且有配图（见图四）。由上可知，此河在清代原名额尔伯克依河，取蒙古语蝴蝶之义，清末民国称小黑河，而所谓"蜿蜒河"大概是伪满洲国时期人们的一种俗称，相沿至今。至于清代以前的河名因无文献记载，不得而知。有些东北史地学者在没有考究此河历史名称演变的情况下，便武断地指认"完颜"乃是晚至近代方出现的河名"蜿蜒"之音转，极不妥当。我们不妨试想，女真完颜部早在部落氏族的蒙昧时代便已存在，当时未受任何汉文化影响，女真语中的"完颜"怎么可能是从汉语"蜿蜒"一词音变而来的呢？

1　（伪满）绥滨县公署编《绥滨县志》，《辽宁省图书馆藏稀见方志丛刊》影印伪满康德元年（1934）铅印本，北京：国家图书馆出版社，2012年，第14册，第17页。

2　万福麟监修，张伯英总纂民国《黑龙江志稿》卷四《地理志下·山川二》，崔重庆等整理，哈尔滨：黑龙江人民出版社，1992年，第196页。按此书系第一部黑龙江通志，由清末至民国历经数十年编成，据书前张伯英序，知民国八年已有金梁编纂成百数十册的资料长编。

3　阿桂、刘谨之等奉敕撰《钦定盛京通志》卷二八《山川四》"黑龙江各属"，《景印文渊阁四库全书》第501册，第538页上栏。

4　《钦定盛京通志》卷二四《疆域形胜》，第421页下栏。

5　穆彰阿、潘锡恩等纂修《嘉庆重修一统志》卷七一"黑龙江"，《四部丛刊续编》景印清史馆藏进呈写本，上海：商务印书馆，1934年，叶7a。

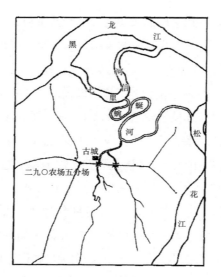

图一　今蜿蜒河示意图

（采自鹤岗市文物管理站《蜿蜒河古城调查简报》，第 50 页）

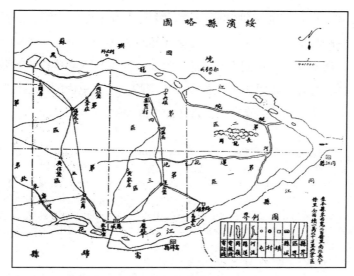

图二　（伪满）《绥滨县志》卷首《绥滨县略图》所见"蜿蜒河"

图三　宣统三年《黑龙江全省舆图》（局部）所见"小黑河"
（此图由同事胡恒老师提供，谨致谢忱！）

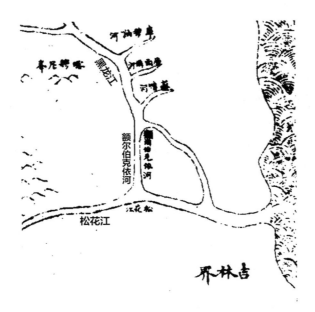

图四　《嘉庆重修一统志》卷七一《黑龙江图》（局部）所见"额尔伯克依河"
（原图文字缩印后较模糊，故予重录）

　　上述东北史地学者之所以持"蜿蜒"音转说，主要是因为他们认为完颜部是因地得名，[1] 而蜿蜒河恰好又是女真先民黑水靺鞨的居地之一，河名与"完颜"音近，遂得出这一结论。且不说蜿蜒河得名很晚，其所谓因地名部的逻辑前提也未必可靠。女真部族众多，有的部族因兼并、分化、收族、重组等缘故其下又形成了若干附属子族，如完颜十二部、徒单十四部、乌古论十四部、蒲察七部等。[2] 这些附属子族皆以居地区分，金修《祖宗实录》所定体例即谓"凡部族，既曰某部，复曰某水之某，又曰某乡某村，以别识之"。[3] 以完颜诸部为例，《金史》所见即有泰神忒保水完颜部、雅达澜水完颜部、神隐水完颜部、耶懒路（即耶懒水）完颜部、马纪岭劾保村完颜部等。这些子部族有时会直接以其居地名部，譬如《完颜希尹神道碑》径称神徒门（即保活里之裔石土门）为"移懒河部长"，[4] 即指耶懒水完颜部；迪姑迭为温迪罕部人，《金史》本传称其父阿胡迭"世为胡论水部长"，[5] 当指胡论水温迪罕部。但这并不意味着其所依附的女真主体部族也是因地得名。事实上，结合《金史·国语解》及《女真译语》资料可知，女真部族多以天文、地理、林木、鸟兽为名，如"阿不哈"义为天，"温敦"义为空，"阿典"义为雷，"仆散"义为林，"斡勒"义为石，"蒲察"义为李，"兀颜"义为猪，"尼忙古"义为鱼，等等。[6] 由此可见，传统的女真部族并不一定皆因

1　清人已有此说法，《八旗满洲氏族通谱》卷二八"完颜氏"谓"完颜本系地名，因以为姓，其氏族散处于完颜及各地方"（《景印文渊阁四库全书》第 455 册，第 455 页上栏）。

2　《金史》卷六七《留可传》，第 1584 页。

3　《金史》卷六六《完颜勗传》，第 1558 页。

4　长顺等纂修光绪《吉林通志》卷一二〇《金石志》，《续修四库全书》影印清光绪十七年刻本，第 648 册，第 869 页上栏。

5　《金史》卷八一《迪姑迭传》，第 1816 页。

6　参见王可宾《女真语言与社会历史文化》，《辽金史论集》第 6 辑，北京：社会科学文献出版社，2001 年，第 382—384 页。

所居之地而得名，[1] "完颜"部名也可能另有来源，至少所谓得自蜿蜒河的说法是毫无依据的。

总而言之，目前有关"完颜"释义的以上两种说法皆不足凭信，该词的真正含义及由来尚待继续探讨。尽管此谜团暂时未能完全破解，但笔者注意到女真语言文字资料或许可以为我们思考这个问题提供一些重要线索。

三 女真语文资料所见之"完颜"

在现存女真文字资料中，"完颜"一词已被释出，共有两种写法。

第一种写法见于金哀宗正大元年（1224）《女真进士题名碑》。此碑第 17、19、21 行四次出现 **甲 乒 叒 米** 这一姓氏，王静如先生最早将其释为"完颜"，汉字注音为"厄安牙安"（on-ya-n）。[2] 后金光平、金启孮先生肯定了王氏的释读意见，并将其拟音校正为 wo-on (g)ia-an（斡湾甲安），其中，**叒** 读音本为 gia，因受前字 wo-on 影响，读为 woɲian，[3] 与"完颜"二字的近古音 øonøian 相合。[4]

---

1 宛委山堂本《说郛》弨五五引文惟简《虏廷事实》"姓氏"条云："女真部族种类不同，有夹谷、赤盏、温孰（当作敦）、驰满、纳合、徒丹、乌古论、乌林巷（答）、纥石列等数十姓，各以其先世所居地名为列，惟完颜一姓则有异焉。盖其远祖因避罪，自高丽而至女真。"（第2562 页下栏）按宋人不知这些女真姓氏的本义，误认为其皆来自"先世所居地名"，后元人亦有同样的误解，如姚燧《牧庵集》卷一七《布色君神道碑》谓"金有天下，诸部各以居地为姓"（第586 页下栏）；而"完颜一姓则有异"，大概是受洪皓《松漠记闻》的误导，以为有一号"完颜氏"的远祖从高丽到女真，遂有此姓，故与他部皆不同。

2 王静如：《宴台女真文进士题名碑初释》，《史学集刊》1937 年第 3 期，第 61—65 页。此碑拓片见于宝林编《女真文字研究论文集》，北京：中国民族古文字研究会，1983 年，第 36—47 页。

3 金光平、金启孮：《女真语言文字研究》，北京：文物出版社，1980 年，第 308—311、313 页；金启孮编《女真文辞典》，第 12、132 页。

4 拟音依据张玉来、耿军校《中原音韵校本》，北京：中华书局，2013 年，第 154、251 页。

　　第二种写法见于朝鲜《庆源郡女真国书碑》第一面第 6 行及第四面第 4、5 行，书作 𤔡 𠅤 𡿰，金光平、金启孮先生释为"完颜"，拟音为 wo-on ja（斡湾·牙），是 𤔡 𠅤 𤔡 𡿰 之异写。[1] 关于此碑的撰写年代，碑文仅见"元年七月二十六日"，年号缺泐，金氏认为该碑可能建于金熙宗天眷元年或皇统元年，[2] 韩国学者金东昭则推断撰于海陵王正隆元年。[3] 总之，当属金代前期的女真文资料。

　　前一种写法女真字拼读为"完颜"当无疑义，但后一种写法拟音似与"完颜"有所出入，难免令人生疑。其实，这是对"完颜"的另一种译写，我们可在清代满文文献中得到印证。满洲人是女真族的后裔，今存四种清太祖满文实录均提到满洲诸部之一有"wanggiyai goloi aiman"，[4]《满洲实录》汉文本记作"完颜部"，[5] 而汉文《太祖高皇帝实录》则作"王甲部"，[6] 后曹廷杰编撰《东北边防辑要》径称"完颜（一作王甲）"，[7] 可见二者确系同名异译，且其部名用词"wanggiya(i)"即音"王甲"。需要说明的是，

1　金光平、金启孮：《朝鲜〈庆源郡女真国书碑〉译释》，《女真语言文字研究》，第 335、339 页；金启孮编《女真文辞典》，第 86 页。

2　金光平、金启孮：《女真语言文字研究》，第 332—333 页。

3　金东昭：《庆源女真字碑的女真文研究》，《女真语、满语研究》，黄有福译，北京：新世界出版社，1990 年，第 304—307 页。

4　这四种满文实录分别为《大清太祖武皇帝实录》（顺治本）、《大清太祖高皇帝实录》（康熙本）、《大清太祖高皇帝实录》（乾隆本）和《满洲实录》，今有中国第一历史档案馆、中国人民大学国学院编《清太祖满文实录大全》影印本（沈阳：辽宁民族出版社，2016 年）。四种实录所记该部名的拉丁文转写，依次见于《清太祖满文实录大全》第 10 册《拉丁字母转写与索引》，第 6 页（19/20 条）、第 122 页（17/18 条）、第 278 页（23/24 条）、第 421 页（75/76 条）。其中第 122 页（17/18 条）的转写，编者误将"wanggiyai"写作"fanggiyai"。

5　《满洲实录》卷一，《清实录》，北京：中华书局，1986 年，第 1 册，第 20 页。此书最终撰成于乾隆四十六年（1781），其文字内容主要取自先前已修成的《清太祖实录》，参见杨勇军《〈满洲实录〉成书考》，《清史研究》2012 年第 2 期，第 99—111 页。

6　《太祖高皇帝实录》卷一，《清实录》第 1 册，第 25 页。

7　曹廷杰：《东北边防辑要》卷上《明季三卫分建诸国考》，《曹廷杰集》，第 8 页。

明末清初完颜（王甲）部的境域是在今辽宁新宾至吉林通化间的
浑江、佟佳江流域，[1] 与唐宋时期生女真完颜部的活动范围黑龙江、
松花江流域相去甚远，应是明代迁徙定居的。实际上，清人早已
不晓"完颜"一词的本来含义，故其官修《钦定金史语解》本例
皆对《金史》所见女真语名加以训解，然"完颜"于卷二部族及
卷七姓氏凡两见，却均未解释其义，仅言"从《（金）史》卷一原
文"而已。[2] 不过，由于满语与女真语存在继承关系，两者相近，
故清人以"完颜"和"王甲"为同名异译，很有参考价值，上述
女真文中"完颜"的两种写法正可对应这两个译名。前一种即为
"完颜"，毋庸赘言。第二种写法甲年卟则与"王甲"音近，前
两字甲年拟音 wo-on，拼读即为"王"；后一字卟仅见于《庆源
碑》，因其与另一女真字斗字形相近，故金启孮将其判定为斗之异
体，该字音值明确为 ja（牙），所以亦将卟拟音 ja，[3] 但根据"王
甲"这一译名来看，或可将卟的音值修正为 gia（甲），[4] 与斗有所
不同。

那么，"完颜"一词为何会有两种不同的译写形式呢？两相比
较，不难发现，甲年叓米与甲年卟前两字均同，而叓、卟又同
音，故两者的主要区别在于前者多一词尾米，该字是女真文中与 a
元音固定搭配的词缀 -an。[5] 在女真语中，-n 辅音词尾是一个很典型

1　参见今西春秋《完颜部境域考》，刁书仁：《明清东北史研究论集》，长春：吉林文史出版社，
　　1995 年，第 413—416 页；张士尊《建州卫在浑江地区的活动及王甲部族源考》，《明史研究》
　　第 10 辑，合肥：黄山书社，2007 年，第 247—257 页。
2　《钦定金史语解》卷二"部族"、卷七"姓氏"，《景印文渊阁四库全书》第 296 册，第 127 页
　　下栏、166 页下栏。
3　金启孮编《女真文辞典》，第 86 页。
4　"甲"字拟音据《中原音韵校本》，第 200 页。
5　金启孮编《女真文辞典》，第 80 页。

的名词及形容词词缀，[1] 许多女真词语除有原形词干之外，往往还会有另一种附加 -n 尾音的读写形式。例如，《金史·地理志》谓"国言'金'曰'按出虎'"，[2] 会同馆《女真译语》作"安出"，[3] 而《金史·国语解》称"金曰'桉春'"，四夷馆《女真译语》音译为"安春温"，写作乑土，[4] 其中土是与元音 u 相搭配的词缀 -un，乑金启孮认为"应作'安出'（antʃu）"。[5] 又四夷馆《女真译语》地理门以圐土羊表示"国"，注音"国伦·你"，[6] 其中羊 ni（你）是所有格后置词，圐土（国伦）义为国，《金史》屡见"国论勃极烈"之"国论"即"国伦"的异译，而大金《吊伐录》载宋金往来国书皆称粘罕"骨卢你移赍勃极烈左副元帅"，[7] 此处"骨卢"是"国"的另一音译，故金启孮认为圐"应音'古鲁'（guru）"。[8] 由此可知，女真语称"金"和"国"皆分别有两种通行说法，其中带辅音 -n 尾者乃是由词干粘附一词缀而来的，"完颜"与"王甲"也属于这种情况。"王甲"应是"完颜"的原形词，它附加鼻音词尾便构成了作为部

---

1 金光平、金启孮：《女真语言文字研究》，第 191—200 页；孙伯君：《金代女真语》，北京：中国社会科学出版社，2016 年，第 145—146 页。

2 《金史》卷二四《地理志上》，第 550 页。"按出虎"，不同文献有"按出浒""阿禄祖""阿触胡""阿注浒""阿朮火""阿之古"等异译，参见《金代女真语》，第 155—156 页。

3 阿波文库本《女真译语》珍宝门，见贾敬颜、朱风辑《〈蒙古译语〉、〈女真译语〉汇编》，天津：天津古籍出版社，1990 年，第 303 页。按《女真译语》今有两种版本，一为明初四夷馆所编，二为明后期会同馆所编，本文分别称四夷馆《女真译语》和会同馆《女真译语》。

4 柏林本《女真译语》珍宝门，见罗福成编《〈女真译语〉二编》，《辽金元语文仅存录》影印1933 年辽宁大库旧档整理处石印本，台北：台联国风出版社，1960 年，叶 17a。

5 金启孮编《女真文辞典》，第 224 页。

6 柏林本《女真译语》地理门，叶 2a。

7 见《吊伐录》卷上《与童贯书》《左副元帅回书》《元帅府书》，卷下《元帅府与宋书》《与宋主书》《贺南楚书》等文书，《四部丛刊三编》景印钱曾述古堂钞本，上海：商务印书馆，1936 年。宋代文献所记同，参见《金代女真语》，第 170 页。

8 金启孮编《女真文辞典》，第 122 页。

名和姓氏的"完颜"。[1]

上文提到，女真部族多以天文、地理、林木、鸟兽为名，类似"完颜"这样在原形词后附着 -n 词尾以为部名、姓氏的做法是比较常见的，我们还可找到更多例证。

1."兀颜"，一作"乌延"。四夷馆《女真译语》鸟兽门有夂字，乃"猪"之义，音译为"兀里彦"，[2] 即"兀颜"之异译。知该姓氏本义为"猪"，后改汉姓取其谐音曰"朱"。[3] 不过，会同馆《女真译语》为"猪"注音作"兀甲"。[4] 按女真字中没有词缀的名词有约半数是以元音收声的单文语词，[5] 表示"猪"的女真字夂系一单字，无词缀，其读音当从会同馆《女真译语》作"兀甲"（ulja），而"兀颜"应是在夂字后附着词缀米 -an，四夷馆《女真译语》当有脱漏，《女真进士题名碑》第17行见兀颜氏，即写作冬米，[6] 明确带有词缀，唯前一字冬写法与夂略有不同，其中恐有一误。[7]

2."阿典"。四夷馆《女真译语》天文门有老字，乃"雷"义，

1　按《元朝秘史》卷四第132—134节多次提到"王京丞相（旁注：人名）"（见乌兰校勘本《元朝秘史》，北京：中华书局，2012年，第122—124页），《圣武亲征录》记作"丞相完颜襄"（王国维校注《圣武亲征录校注》，《王国维全集》第11卷，杭州：浙江教育出版社，2009年，第431页），王国维指出"案王京者，完颜之对音"（《观堂集林》卷一四《鞑靼考》，北京：中华书局，2006年，第638页），日本学者外山军治《金朝史研究》也说"王京即完颜之音转"（李东源译，哈尔滨：黑龙江朝鲜民族出版社，1988年，第341页）。此判断当无误，笔者认为若进一步说，"王京"一词（罗依果［Igor de Rachewiltz］译注《元朝秘史》拉丁文转写为"Ongging"）即是由"完颜"的原形词"王甲"粘附词尾 -n 辅音而来。

2　柏林本《女真译语》鸟兽门，叶 6a。

3　《金史·国语解》谓"兀颜曰朱"，第2896页。

4　阿波文库本《女真译语》鸟兽门"猪猪"注音为"塔麻兀"，静嘉堂文库本作"塔麻兀甲"，阿波文库本当脱一"甲"字（《〈蒙古译语〉〈女真译语〉汇编》，第313页）。

5　金光平、金启孮：《女真语言文字研究》，第191页。

6　金光平、金启孮：《女真语言文字研究》，第308、312页。

7　金启孮编《女真文辞典》将夂与冬两字并列（第247页）。笔者认为《进士题名碑》系金人所刻，而《女真译语》乃明人转抄，后者误写的可能性较大。

注音为"阿玷"，[1] 会同馆《女真译语》译作"阿甸"，[2] 皆系"阿典"之异译。按**老**亦为单字，无词缀，《金史·百官志》及《三朝北盟会编》记载女真姓氏皆作"阿迭"，[3] 当为**老**字之本音 adia，[4] 而"阿典""阿玷""阿甸"之译音均是以辅音 -n 收尾，所对应的女真字词当写作**老米**，见于《大金得胜陀颂碑》第 22 行。[5] 后阿典氏改汉姓即为"雷"。[6]

3."阿不罕"。四夷馆《女真译语》天文门有**丕戈**一词，乃"天"之义，音译"阿不哈·以"，[7] 其中**戈** i（以）是一个格助词，**丕**单字即表示"天"，系**壬**字之异写，音"阿不哈"（abxa）。[8] 女真姓氏"阿不罕"显然应是在**壬**字后附加 -n 辅音而来的，当写作**壬米**，本义为"天"，故改汉姓取其谐音曰"田"。[9]

4."必兰"。四夷馆《女真译语》地理门有**偈**字，乃"河"之义，音译"必阿"，[10] 会同馆《女真译语》译作"必剌"。[11] 按该字是**脈**字的异写，读音当为"必剌"（bira），[12] 知女真姓氏"必兰"亦是在**脈**字后附加 -n 辅音，当写作**脈米**，本义为"河"。

5."仆散"。四夷馆《女真译语》地理门有**杰叟**一词，乃"林"之义，音译"扎卜"，[13] 已有学者指出，此处两字音节颠倒，当订正

1　柏林本《女真译语》天文门，叶 1a。

2　阿波文库本《女真译语》天文门，《〈蒙古译语〉、〈女真译语〉汇编》，第 258 页。

3　《金史》卷五五《百官志一》，第 1230 页；《三朝北盟会编》卷三，叶 6a。

4　金启孮编《女真文辞典》，第 68 页。

5　道尔吉、和希格：《女真文〈大金得胜陀颂〉碑校勘释读》，《内蒙古大学学报》1984 年第 4 期，第 70 页。

6　《金史·国语解》谓"阿典曰雷"，第 2896 页。

7　柏林本《女真译语》天文门，叶 1a。

8　金启孮编《女真文辞典》，第 9 页。

9　《金史·国语解》谓"阿不哈曰田"，第 2897 页。

10　柏林本《女真译语》地理门，叶 2a。

11　阿波文库本《女真译语》地理门，《〈蒙古译语〉、〈女真译语〉汇编》，第 264 页。

12　金启孮编《女真文辞典》，第 188—189 页。

13　柏林本《女真译语》地理门，叶 2b。

为**夌志**，音 "卜扎"（buja）。[1] 女真姓氏 "仆散" 系由**夌志**附加鼻音词尾而来，似当写作**夌志米**，本义为 "林"，后改汉姓亦曰 "林"。[2]

通过分析以上诸例，我们可以总结出有关女真姓氏构成的一种规律性现象。女真部名、姓氏有约半数以辅音 -n 收尾，它们大多是在其原形词干之后粘附一个 -n 词缀而成，在语法功能上，因 -n 词尾具有某种形容词词性，笔者怀疑用在部名、姓氏中有可能表示 "某某之" 的含义。[3] 不过，由于词尾 -n 辅音在女真语中不大稳定，[4] 有时可以省译，所以才会出现同一部名、姓氏存有两种译写形式的情况，如上文提到的 "完颜" 与 "王甲"、"阿典" 与 "阿迭" 等。此外还可再举一例，女真姓氏 "纳兰"，《三朝北盟会编》作 "那懒"，[5] 而《金史·国语解》则记作 "纳剌"，[6] 即省译 "纳兰" 之 -n 尾，与上述情况相同。

了解女真姓氏的构词形式有助于我们进一步考察 "完颜" 一词的本义。由上可知，"完颜" 的原形词当为 "王甲"（won-gia），理应有其固定含义，在满语中虽有一些与之音近的词语，但审其词义似又不甚妥当，故这一问题尚待继续探索，本文或可为此提供一个新的思路。

原载刘迎胜、姚大力主编《清华元史》第 6 辑，北京：
商务印书馆，2020 年

1　道尔吉、和希格：《女真译语研究》，《内蒙古大学学报》增刊，1983 年，第 87 页。

2　《金史·国语解》谓 "仆散曰林"，第 2897 页。

3　女真部名、姓氏中，另一半无辅音 -n 词缀，以元音收尾，诸如夹谷、纥石烈、术虎、唐括等，它们的词源及构词形式尚不清楚，有待研究。

4　道尔吉、和希格：《女真译语研究》，第 120 页。

5　《三朝北盟会编》卷三，叶 5b。

6　《金史·国语解》谓 "纳剌曰康"，第 2896 页。孙伯君《金代女真语》认为该词与蒙古语同源，义为 "日"（第 185—186 页）。

从两翼分兵到东西分治

——论金初女真军的两翼战法及其对华北统治方式之影响

    12 世纪初，女真崛兴于东北，从一个弱小部族逐渐发展壮大，在短短十余年间，先后灭亡辽和北宋，进占中原汉地，建立起一个强盛的大金王朝。《金史·兵志序》谓"金兴，用兵如神，战胜攻取，无敌当世，曾未十年遂定大业"，[1] 若细言之，女真成功之速的原因有很多，其中就与女真军的用兵之法有关。早有前辈学者注意到，金军惯常使用一种以两翼骑兵冲击夹攻的战术，宋人俗称为

1　《金史》卷四四《兵志序》，北京：中华书局，1997 年，第 991 页。

"拐子马"。[1] 不过，关于这种战术的来源及其实际运用尚有一些待发之覆，更为重要的是，这一两翼作战的战术思维不仅屡见于单场战斗，而且还贯穿在整个灭辽伐宋战争的大战略之中，并对金初的华北统治方式产生直接影响，兹不揣谫陋，试作考述。

一　"拐子马"：女真军的两翼夹击战术及其渊源

关于金人的用兵之法，张棣《金虏图经》"用师"门有一段概括描述，很有代表性，其谓：

> 虏人用兵专尚骑，间有步者，乃签差汉儿，悉非正虏人，取胜全不责于步，惟运薪水、掘壕堑、张虚势、般粮草而已。……其临大敌也，必以步军当先，精骑两翼之，或进或退，见可而前，弓矢亦不妄发。虏流有言曰："不能打一百余个回合，何以谓马军？"盖骑先乎往来冲突而已。[2]

张棣本为北人，于南宋光宗绍熙年间由金归宋，[3] 所撰《金虏图经》向宋人介绍金朝政治、军事、制度、习俗、地理等各方面情况，是书具有很高的史料价值。他指出金军用兵"专尚"女真骑兵，其步军由签差而来的北方汉儿组成，他们在军事作战中主要承担运薪水、掘壕堑、搬粮草等后勤保障工作；遇到战事，虽以步军当先，但只是起虚张声势的作用，真正的撒手锏乃是精锐的女真骑兵从左

1　邓广铭：《有关"拐子马"的诸问题的考释》，《邓广铭治史丛稿》，北京：北京大学出版社，2000 年，第 594—612 页。

2　徐梦莘：《三朝北盟会编》卷二四四绍兴三十一年十一月二十八日条引张棣《金虏图经》，《中华再造善本》影印国家图书馆藏明抄本，北京：国家图书馆出版社，2013 年，叶 8b—9b。

3　参见孙建权《关于张棣〈金虏图经〉的几个问题》，《文献》2013 年第 2 期，第 131—137 页。

右两翼杀出，"往来冲突"，夹击敌军。这里提到"签差汉儿"，应是金人侵占华北以后的事情，所以张棣记载的这一战术当主要针对金军对宋作战而言，在宋金文献记载中，我们也确实能找到金军采用此战术的具体战例。

例如，南宋建炎三年（金天会七年，1129）闰八月的山东密州之战。据《三朝北盟会编》（以下简称《会编》）记载，金将特木也万户率军攻密州，宋遣忠州刺史、知济南府宫仪领兵救援。金人先扬言宫仪之步军强于马军，金军不能敌，且在数次袭扰中"金人佯若不胜而退去以为常"，从而使宫仪骄兵自大，麻痹懈怠。待"仪之军皆以金人为易与耳，金人知仪众皆懈，至是马步齐进。马军在前，方战马军少却，步人齐进，而马军两翼亦进，仪兵不能当，皆两边奔山高处。金人以马军径趋八十里，直犯盘石河大寨，仪犹不知，众皆奔溃"。[1] 在两军对决时，金之马军先前冲而后却，继以步兵向前推进，吸引敌人，而马军则绕至两翼突出，《建炎以来系年要录》（以下简称《要录》）记作"既而分为两翼，直攻中军"，[2] 宫仪军遂溃败奔逃，金之马军又乘胜攻打宫仪的盘石河大寨，大获全胜。此战可谓是对上引《金虏图经》所载金人两翼夹击战术的灵活运用，颇具典型性。又建炎四年（金天会八年）九月陕西富平之战。南宋知枢密院事、宣抚处置使张浚率军经略陕西，驻军于富平。[3] 金命右副元帅宗辅"专征陕西"，[4] 至富平，以"娄室为左翼，宗弼为右翼，两军并进，自日中至于昏暮，凡六合战，破之"，[5] 也

1　《三朝北盟会编》卷一三一建炎三年闰八月十四日"宫仪及金人战于密州"条，叶 2a—3a。

2　李心传：《建炎以来系年要录》卷二七建炎三年闰八月己丑条，胡坤点校，北京：中华书局，2013 年，第 2 册，第 617 页。

3　《建炎以来系年要录》卷三七建炎四年九月癸亥条，第 2 册，第 838 页。

4　《金史》卷三《太宗纪》，第 62 页。

5　《金史》卷一九《世纪补·睿宗》，第 409 页。

是两翼并击。

更为著名的例子是绍兴十年（金天眷三年，1140）六月的顺昌大战。金帅完颜宗弼（女真名兀朮）亲率大军进攻顺昌府，以其侍卫亲军"铁浮图"攻城，又"以铁骑为左右翼，号拐子马，皆是女真充之"。[1] 且金军中亦有来自河北的签军汉儿，杨汝翼《顺昌战胜破贼录》载顺昌守将刘锜指挥宋军击败金人后，"有河北签军告官军曰：'我辈元是左护军，本无斗志，所可杀者止是两拐子马，故官军力攻破之，皆四太子平日所倚仗者。'"[2] 这些河北签军原本是刘光世左护军所部人马，大概为叛将郦琼所劫持而投降伪齐，伪齐被废后又入金，遂被金军签派征发来到对宋作战前线，[3] 这些人本无斗志，很可能就被充作冲锋在前的步军，而金四太子兀朮真正所倚仗的"止是两拐子马"，这也成为宋军着力攻击的对象。邓广铭先生已考证，所谓"拐子马"乃是宋人对左右翼骑兵的称呼，形象地表示出两翼骑兵机动性强，具有迂回包抄的战术打击效果。[4]

此后，还有一些相关战例。如绍兴十一年二月，杨沂中、刘锜、王德等宋将与金军战于柘皋，双方对峙于石梁河。"虏将邢王与镇国大将军韩常等以铁骑十余万，分为两隅，夹道而陈"，宋军先出师不利，后王德与田师中渡河击金右隅，撼动其阵，于是"德乘势大呼驰击，诸军皆鼓噪。金人以拐子马两翼而进，德率众麈战"，结果"金人大败，退屯紫金山"。[5] 随后三月，金军破濠州，

---

1 《三朝北盟会编》卷二〇二绍兴十年六月十一日条引汪若海《札子》，叶 2b。

2 《三朝北盟会编》卷二〇一绍兴十年六月十一日"刘锜及兀朮战于顺昌府城下"条引杨汝翼《顺昌战胜破贼录》，叶 8a。

3 参见邓广铭《有关"拐子马"的诸问题的考释》，第 599 页。

4 邓广铭：《有关"拐子马"的诸问题的考释》，第 606—608 页。

5 《建炎以来系年要录》卷一三九绍兴十一年二月丁亥条，第 6 册，第 2617 页。点校本卷一三九卷首系年误作绍兴十三年。

张俊、杨沂中（后改名存中）、刘锜等至黄连埠，欲夺回濠州。杨沂中率军"至濠州城西岭上，列阵未定，而金人伏甲骑万余于城两边，须臾烟举于城上，伏骑分两翼而出"，宋军溃败。[1] 可见柘皋、濠州两战金人的作战策略也是依靠拐子马两翼合击，直至绍兴末隆兴初的宋金之战时，在单场战斗中金军仍然频频采用这种战术。如绍兴三十一年十二月，宋将李显忠、邵宏渊等率兵追袭金军，至"离和州三十里地名横山涧，其贼连发烟号，勾添精锐骑兵数千骑，雁翅摆列，拐子马冲击官军，当职遂分布马步军贾勇将士戮力，分头赶敌，及戒谕官兵不得斫级奔马，一拥奔入贼阵，自辰时与贼鏖战至午时，杀贼败走，追杀三十余里"。[2] 又据《李显忠行状》记载，隆兴元年（1163）五月，李显忠率宋军渡淮，金"都统萧锜领兵拒战于陡沟，张左右翼，公指谓诸将曰：'此所谓拐子马，虏之长技也。'张荣请为先锋，公授以方略，一鼓而虏骑奔溃"。[3] 这里举述的战例多为伏击战，更可发挥两翼夹攻的作用。不过，由于宋金之间长期交战，宋军对金人的惯用战术渐渐熟悉，并已有应对之策，所以在绍兴十年以后的战争中，宋军面对金兵的两翼进攻常能克敌制胜，如王德和李显忠即皆击败金军。

据邓广铭先生考证，所谓"拐子马"是宋人对左右翼骑兵的一种俗称。北宋时已见"东西拐子马"，[4] 且阵法中有一种"东西拐

1　《三朝北盟会编》卷二〇五绍兴十一年三月"张俊、杨沂中、韩世忠、刘锜皆班师"条引《淮西从军记》，叶 13b—15a。

2　《三朝北盟会编》卷二四八绍兴三十一年十二月"行宫留守司榜李显忠、邵宏渊等报捷"条，叶 3a—3b。

3　杜大珪：《名臣碑传琬琰集》下集卷二四《故太尉威武军节度使提举万寿观食邑六千一百户食实封贰千户陇西郡开国公致仕赠开府仪同三司李公行状》，《宋史资料萃编》第 2 辑影印旧钞本，台北：文海出版社，1969 年，第 3 册，第 1627 页。

4　李焘《续资治通鉴长编》卷五六景德元年六月壬辰条曰："诏北面都部署，自今与敌斗，阵既成列，除东西拐子马及无地分马外，更募使臣、军校、拳勇者，量地形远近，押轻骑以备应援。"（北京：中华书局，2004 年，第 3 册，第 1246 页）

子马阵","为大阵之左右翼也","并选精骑",主要用于西北面对辽、夏的战争,金军两翼的"拐子马"之称即来源于此。不过区别在于,宋朝的"东西拐子马阵"乃是由于"夷狄用兵,每弓骑暴集,偏攻大阵,一面捍御不及,则有奔突之患。因置拐子阵,以为救援,其兵量大阵之数,临时抽拣",[1]可见在战场上拐子马只起到辅助作用,多为临时抽调,并非主力部队;而金人作战,中军较弱,其两翼骑兵才是最为精锐的中坚力量,一般皆由勇健善战的女真人充任,在战斗中发挥主要作用,给敌人以致命打击,[2]这在以上列举的战例中均有清楚的表现。而且宋人称金军两翼为"拐子马",可能出现得比较晚。建炎二年,吕颐浩进呈给宋高宗的《上边事备御十策》云:"近年以来金人入境,我师遇之,不暇成列,辄奔溃败走者,以平原旷野,我之步人不能抗彼之骑兵故也。又金人遇中国之兵,往往以铁骑张两翼,前来围掩,为将者全不预谋,分两翼而射之,所以不能立。"[3]指的就是金军骑兵的两翼合击战术,却未使用"拐子马"之称,上引建炎三年密州之战的早期战例《会编》记载仅称金"马军两翼",亦不言"拐子马"。就目前文献所见,金军的"拐子马"之称始见于绍兴十年顺昌之战,由此推测,这大概是绍兴年间才有的称呼。

　　除"拐子马"之外,对于金人的这种两翼夹击战术还有另一种称法。石茂良《避戎夜话》载靖康元年(1126)"金人陷汴京事,盖

1　曾公亮等:《武经总要》前集卷七《制度七·东西拐子马阵》,陈建中、黄明珍点校,北京:商务印书馆,2017年,上册,第107页。

2　参见来俊杰《也论"拐子马"——读邓广铭先生〈有关"拐子马"的诸问题的考释〉札记》,《杭州师范学院学报》2004年第1期,第80—84页。

3　《吕颐浩集》卷一奏议《上边事备御十策·训强弩》,徐三见等点校,杭州:浙江古籍出版社,2012年,第6页。系年据《建炎以来系年要录》卷一八建炎二年十二月戊寅条载"吏部尚书吕颐浩上《备御十策》",第1册,第437页。

亲在围城之内记所见闻"，[1] 是书记云：金帅"粘罕、二太子优劣虽殊，然皆善将兵，其纪律严密，故下皆用命。顷在殿前，见御宝批降到金人三生阵同命队法，令姚友仲已下各陈己见以闻。凡敌人遇我师必布围，圆阵当锋，次张两阵，左右夹攻，故谓之三生阵。每队一十五人，以一人为旗头，二人为角，三人为从，四人为副，五人为缴。旗头死，从不生还，还者并斩，得胜受赏亦然，故谓之同命队"。[2] 这里提到的"三生阵"乃是金军的布围之法，以"圆阵当锋，次张两阵，左右夹攻"，与《金虏图经》所记"必以步军当先，精骑两翼之"当为同一战术，所谓"三生阵"应该是金人的正式称呼。而"同命队"则是"三生阵"的编组方式，其以十五人为一队构成最小作战单元，每队中一人为旗头，其余之人有角、从、副、缴四种不同岗位，人数依次递增，队员同赏同罚，生死与共，故称"同命队"，说明金军纪律严明，这是保证军队战斗力的一个重要因素。或许因"三生阵"之名过于正式，不如宋人"拐子马"的称呼形象通俗，所以后来流传不广。

以上所述皆为金宋之间交战时运用两翼夹击战术的情况，其实这种战法并非金军伐宋时才出现，有迹象表明，早在女真起兵反辽之初即已见于实战。收国元年（1115）正月，金太祖完颜阿骨打率军攻打辽朝设在东北的军事重镇黄龙府，与辽军战于达鲁古城："宗雄以右翼先驰辽左军，左军却。左翼出其阵后，辽右军皆力战。娄室、银术可冲其中坚，凡九陷阵，皆力战而出。宗翰请以中军助之。上使宗幹往为疑兵。宗雄已得利，击辽右军，辽

1　《四库全书总目》卷五二史部杂史类存目一《避戎夜话》提要，北京：中华书局影印浙江书局本，2008年，第469页上栏。

2　《三朝北盟会编》卷九八《诸录杂记》引石茂良《避戎夜话》，叶 4a—4b。

兵遂败。"[1] 在此战中，辽金双方三军对垒，女真军主力在左右两翼，其以右翼攻辽左军，左翼迂回至敌后攻辽右军，又从右翼中分出一支部队由娄室、银术可率领直冲辽之中军，[2] 尽管女真亦遣宗幹率中军助阵，但仅为疑兵而已。[3] 这一战术与后来金军伐宋时以签差汉儿的步兵当先、"精骑两翼之"的做法如出一辙，显然有着承继关系。此后，凡女真出兵屡屡采用这种两翼夹击的战术。如收国元年十二月，辽天祚帝亲统七十万大军征讨女真，女真"兵止二万"，阿骨打定下集中兵力攻辽主所在之中军的策略，在实际战斗中，阿骨打"使右翼先战。兵数交，左翼合而攻之。辽兵大溃"，[4] 仍是两翼出击。又天辅六年（1122）十二月，将伐燕京，命"娄室为左翼，婆卢火为右翼，取居庸关"。[5] 由此可知，这种两翼夹击战术自女真兴兵以来一直是金军的常用战法，甚至到金朝后期亦相沿不辍。[6]

若进一步追根溯源，其实，女真人的两翼作战又是沿袭北方民族的军事传统。我们知道，北方游牧民族以骑兵为主，在战斗中主力骑兵常被置于左右两翼，利用其高机动性和强冲击力突袭敌军侧翼，具有很大杀伤力，由此又衍生出一种独特的军事行政组织形式，这就是多见于北方游牧民族政权中的两翼制度。[7] 女真虽非纯游牧民族，但亦深受游牧社会的影响，"用兵专尚骑"，故其采用适

1　《金史》卷二《太祖纪》，第 27 页。

2　《金史》卷七二《娄室传》谓娄室"使隶右翼宗翰军，与银术可纵兵冲其中坚，凡九陷阵，皆力战而出"（第 1649 页）。

3　《金史》卷七六《宗幹传》亦谓"达鲁古城之战，宗幹以中军为疑兵"（第 1741 页）。

4　《金史》卷二《太祖纪》，第 28 页。

5　《金史》卷二《太祖纪》，第 39 页。

6　参见王曾瑜《金朝军制》，保定：河北大学出版社，2004 年，第 144 页。

7　参见肖爱民《中国古代北方游牧民族两翼制度研究》，北京：人民出版社，2007 年。

宜于骑兵的两翼夹击战术是很自然的事情，其直接来源或许就是辽朝契丹人的行军战术。上文提到的辽金达鲁古城之战，辽军按左、中、右两翼三军布阵，与女真军的"三生阵"战术大致相同。在辽代采用两翼作战的例子并不少见。如辽太宗天显中，讨伐后唐，"以突吕不为左翼，攻唐军霞沙寨，降之"，[1] 此处虽仅提及左翼军，然想必当另有一路右翼军与之相呼应。景宗乾亨元年（979），宋军攻燕京，在高梁河之战中，耶律斜轸与耶律休哥"分左右翼夹击，大败宋军"。[2] 圣宗太平九年（1029），大延琳之乱，以萧孝穆"为都统讨之。战于蒲水，中军稍却，副部署萧匹敌、都监萧蒲奴以两翼夹击，贼溃"。[3] 此外，在契丹人的狩猎习俗中也有"设围，命猎夫张左右翼"的做法，[4] 对于游牧民族而言，畋猎活动也是一种军事演习。[5] 由此推测，女真人的两翼夹击战术可能是受到了契丹军事传统的影响。

二 金军在战争中的两路出击战役法

上文所论为单场战斗交锋中金军常用的两翼夹击战术，实际上这种战术思维还贯穿于整个灭辽伐宋战争的战役行动之中，表现为女真发兵往往采取两路出击的行军策略。这在金宋文献记载中屡见不鲜。

女真起兵叛辽、建立金国后，一度与辽朝议和，希望获得辽朝

---

1 《辽史》卷七五《突吕不传》，北京：中华书局点校修订本，2016 年，第 1369 页。

2 《辽史》卷八三《耶律休哥传》《耶律斜轸传》，第 1431、1434 页。

3 《辽史》卷八七《萧孝穆传》，第 1465—1466 页。

4 《辽史》卷五一《礼志三》，第 942 页。

5 肖爱民：《中国古代北方游牧民族两翼制度研究》，第 230 页。

的册封认可，但最终和议未成，[1] 加之在此期间金、宋结成海上之盟，约定共同夹攻辽朝。于是从天辅四年（1120）开始，女真发动了武力灭辽的全面战争，并很快攻下辽上京和中京，天祚帝西逃。六年三月，金两路出击，由"都统杲出青岭，宗翰出瓢岭，追辽主于鸳鸯泺"；十二月，伐燕京，以"宗望率兵七千先之，迪古乃出得胜口，银术哥出居庸关"，[2] 也是兵分两路。需要说明的是，女真所分两路兵马并非各行其是，而是要相互配合，且事先应有比较缜密的谋划，并约定两军会合的时间、地点。如完颜杲与宗翰率军追击辽主之前，曾"约以奚王岭会议"，[3] "既会，始定议，杲出青岭，宗翰出瓢岭，期羊城泺会军"。[4] 可见两位统帅在出师前需共同商议具体的行军计划，先分路而行，约定在羊城泺会军，再合兵进击，这其实就是女真军两翼夹攻合击战术的升级，从一场战斗的具体打法提升为一次战役的整体部署，两者的基本作战思路应当是一致的。金朝的这一军事策略在后来的伐宋战争中得到了更为显著的运用。

金灭辽后，于太宗天会三年（宋宣和七年，1125）十月，大举伐宋。"以谙班勃极烈杲兼领都元帅，移赉勃极烈宗翰兼左副元帅先锋，经略使完颜希尹为元帅右监军，左金吾上将军耶律余睹为元帅右都监，自西京入太原。六部路军帅挞懒为六部路都统，斜也副之，宗望为南京路都统，阇母副之，知枢密院事刘彦宗兼领汉军都统，自南京入燕山。"[5] 显然，此次伐宋金军兵分东、西两路，西路

1　参见《金史》卷八四《耨盌温敦思忠传》，第 1881 页。

2　《金史》卷二《太祖纪》，第 36、39 页。

3　《金史》卷七四《宗翰传》，第 1694 页。

4　《金史》卷七六《完颜杲传》，第 1738 页。末句《宗翰传》作"期于羊城泺会军"。

5　《金史》卷三《太宗纪》，第 53 页。

军自辽西京大同府出兵攻宋之太原，东路军自金南京平州出兵攻宋
所占之燕山府（即燕京）。且金朝为此还改革了军事领导机构，将
之前袭辽所设西南、西北两路都统府"更为元帅府"，置"都元
帅、左右副元帅、左右监军、左右都监凡七人"，[1] 其中都元帅居守
京师，不出征，而由左、右副元帅分掌东、西两路之军指挥作战。[2]
天会三年伐宋时宗翰为左副元帅率领西路军，而东路军实际应由
南京路都统宗望负责（说详下文），次年六月正式任命宗望为右副
元帅。[3]《金史·完颜杲传》谓"天会三年伐宋，杲领都元帅，居京
师。宗翰、宗望分道进兵"，[4]《会编》亦载"斡离不既得燕山，与
粘罕分东、西两路入寇"，[5] 均表明宗翰（女真名粘罕）、宗望（女
真名斡离不）为两路统帅的身份。由此可见，这次征伐仍旧采用左
右两路出兵的策略，而且还为此设置了专门的统军元帅之职以及相
应的元帅府机构，从而将两翼作战的传统战法进一步提升为一种军
事组织制度。不过，此次伐宋宗翰的西路军在太原受阻，仅宗望东
路军抵汴，在逼迫宋朝签订城下之盟，割让中山、河间、太原三
镇并索要大量财物后撤退，并未实现会军。但不久，金军又卷土
重来。

天会四年（宋靖康元年，1126）八月，"诏左副元帅宗翰、右副
元帅宗望伐宋"，"宗翰发西京"，"宗望发保州"，仍分东、西两路挥
师南下。据《会编》记载，在此次伐宋之前，宗翰、宗望曾率东、

1　《金史》卷四四《兵志》，第1002页；《三朝北盟会编》卷四五靖康元年四月"金人建元帅府"
　　条，叶9b。
2　参见王曾瑜《金朝军制》，第5—6页。
3　《金史》卷三《太宗纪》，第55页。
4　《金史》卷七六《完颜杲传》，第1740页。
5　《三朝北盟会编》卷二四宣和七年十二月"斡离不既得燕山，与粘罕分东、西两路入寇"条，
　　叶15b。

西两路军主要将领"会于山后草地避暑，议论事"，[1] 想必就是在商讨再次伐宋的具体计划。金军第二次伐宋，东、西两路进军都颇为顺利，九月宗翰军克太原，宗望军克真定。十月，宗翰、宗望二帅又在位于河东与河北中间的平定军再次会面，决计直取汴梁，"于是粘罕与斡离不分归本路，约会于东京"，[2] 这与上文所举天辅六年完颜杲与宗翰追击辽主的战例十分相似。十一月"宗翰自太原趋汴"，"宗望自真定趋汴"，两路兵马很快就会师于汴京城下，十二月宋钦宗举城降，金军入汴。[3] 次年二月，金人将宋徽宗、钦宗废为庶人，宣告北宋灭亡，三月"立宋太宰张邦昌为大楚皇帝"，随后宗翰、宗望掳徽、钦二帝北归。[4] 有意思的是，徽、钦二帝竟然也是由东、西两路金军分别押送前往燕京。曹勋《北狩闻见录》记载："（宋靖康二年）三月二十九日，有语分路去：徽庙同二太子由河北路；渊圣同国相由河东路，约会于燕京。"[5] 此处"二太子"指宗望，"国相"即宗翰，当时金人制定的北归方案是徽宗随宗望东路军走河北路，钦宗随宗翰西路军走河东路，最后在燕京会合。其押解俘虏的方式竟与行军作战如出一辙，可见这种兵分两路的战役法在金军中是一以贯之的。

　　金军北归后不久，天会五年（南宋建炎元年，1127）五月康王赵构在宋南京应天府即皇帝位，杀张邦昌，建立南宋政权，于是金、宋之间的战事再启。张汇《金虏节要》记云："粘罕知张邦昌

1　《三朝北盟会编》卷四九靖康元年六月"金人西路粘罕、兀室、余睹，东路斡离不、挞懒、阇母，会于山后草地避暑，议论事"条，叶 7b。

2　《三朝北盟会编》卷五七靖康元年十月"粘罕、斡离不会于平定军，议再入寇"条引《金虏节要》，叶 4a—4b。

3　《金史》卷三《太宗纪》，第 55—56 页。

4　《金史》卷三《太宗纪》，第 56—57 页。

5　曹勋：《北狩见闻录》，朱凯、姜汉椿整理，《全宋笔记》第三编，郑州：大象出版社，2008年，第 10 册，第 184 页。按此书原名当作《北狩闻见录》。

之废，故约诸酋分寇河南。东路窝里嗢入寇山东，西路粘罕入寇京西。粘罕又除女真万户娄室为陕西路先锋都统，以女真万户撒离喝孛堇、黑峯以副之，寇陕西。"[1] 因是年六月右副元帅宗望卒，故七月金朝以宗辅为右副元帅，[2] 接替宗望统率东路军，这里提到的"窝里嗢"即宗辅之女真语名。[3]《金史·世纪补》载"十一月，分遣诸将伐宋"，[4] 指的应当就是《金虏节要》所记宗翰、宗辅两路"分寇河南"之事，且宗翰军还另外派出一支部队去攻略陕西。

至天会六年（南宋建炎二年），赵构一面"奉表请和"，另一面又"密以书招诱契丹、汉人"，于是七月金"太宗下诏伐康王"，[5] 再度发动大规模南征。不过此时分别驻扎在河北与河东的两路金军，对于用兵方略产生分歧，据《金史》记载，"伐宋，河北、河东诸将议不决，或欲先定河北，或欲先平陕西，太宗两用其策"。[6] 两路军将领在议论伐宋之策时意见不一，"河北诸将欲罢陕西兵，并力南伐"，而"河东诸将不可"，表示反对，宗翰坚持先平定陕西，以确保南伐无后顾之忧。[7] 最后金太宗"两用其策"，既命宗翰率西路军与东路军会合南伐，又允许其留娄室等部兵马继续进攻陕西。[8] 于是

---

1 《三朝北盟会编》卷一一四建炎元年十一月"粘罕约诸酋分寇河南"条引《金虏节要》，国家图书馆藏明湖东精舍抄本，叶3a。按此卷《中华再造善本》影印国家图书馆藏明湖东抄本阙，故据明湖东精舍本，以下遇类似情况，径自标注明湖东精舍本。

2 《金史》卷三《太宗纪》，第57页。

3 《金史》卷一九《世纪补·睿宗》记作"讹里朵"（第408页），与"窝里嗢"为同名异译。

4 《金史》卷一九《世纪补·睿宗》，第408页。按金世宗即位后追尊其父宗辅为睿宗。

5 《金史》卷三《太宗纪》，第59页；卷七四《宗翰传》，第1698页。

6 《金史》卷一九《世纪补·睿宗》，第408页。

7 《金史》卷七四《宗翰传》，第1698页。

8 《金史》卷七二《娄室传》谓"宗翰往洛阳，使娄室取陕西。……宗翰会宗辅伐康王，命娄室、蒲察专事陕西，以婆卢火、绳果监战"（第1651—1652页）。不过，娄室虽受命专征陕西，但仍分出一部分兵力支援宗翰南下，《三朝北盟会编》卷六一靖康元年十一月六日载"娄宿孛堇自平阳分兵，一由郭山，一由冀城，赴粘罕怀州之约"（叶5b），同样也是兵分两路而行。

按照约定，"宗翰会东军于黎阳津"，十月宗翰又在濮州与宗辅会面，议伐宋。[1] 会师后，金军一路扫平河南、山东，下淮东，次年二月兵锋直抵当时赵构所在的扬州，迫使赵构仓皇渡江，逃往江南。

随后金军继续南下，《金史·宗翰传》称遣"挞懒、宗弼、拔离速、马五等分道南伐"，[2] 说得比较含糊，但其实大体仍是分东、西两路进击，《会编》即谓"金人举兵由淮东、淮西两路入寇"。[3] 其中，东路军由宗弼统领，由淮东渡江取建康，往东南方向追击赵构，相继攻克湖州、杭州、越州等地，逼迫赵构逃入海中，远遁温州，宗弼军追至明州，"阿里、蒲卢浑等自明州行海三百里，追之弗及"，方才罢休，回师北上途中又攻取秀州、平江府，在黄天荡受到韩世忠的阻击，最终于天会八年（南宋建炎四年）四月得以渡江北还。[4]

宗弼的这一路金军在宋金交战史上十分著名，为人所熟知，而对于同时南伐的西路军则很少有人注意，相关记载主要见于南宋文献。据《会编》，建炎三年（金天会七年）十月二十五日，金西路军由淮西攻取黄州，[5] 次日"自黄州渡江，取路寇洪州"，[6] 赵甡之《中兴遗史》称"金人渡武昌，入洪州，江西郡县闻风畏怖"。[7] 因是年秋"高宗自金陵将幸浙西避狄，先请隆祐皇太后奉祖宗神主、

---

1 《金史》卷七四《宗翰传》，第 1698 页；卷三《太宗纪》，第 59 页。

2 《金史》卷七四《宗翰传》，第 1698 页。

3 《三朝北盟会编》卷一三二建炎三年闰八月"金人举兵由淮东、淮西两路入寇"条，叶 3a。

4 《金史》卷三《太宗纪》，第 60—61 页；卷七四《宗翰传》，第 1698 页；卷七七《宗弼传》，第 1752—1753 页；卷八〇《斜卯阿里传》，第 1800 页。

5 《三朝北盟会编》卷一三三建炎三年十月二十五日"金人陷黄州"条，叶 2b。

6 《三朝北盟会编》卷一三三建炎三年十月二十六日"金人自黄州渡江，取路寇洪州"条，叶 8b。

7 《三朝北盟会编》卷一三三建炎三年十月二十五日"金人陷黄州"条引《遗史》，叶 5a—5b。《建炎以来系年要录》卷二八建炎三年十月庚子条谓"金人自黄州济江……自大冶县径趋洪州"（第 2 册，第 660 页）。

神御往南昌，六宫百司皆从"，[1] 南昌即洪州，所以金军趋洪州，想必是要追击隆祐皇太后一行。于是隆祐皇太后及六宫从洪州出逃，[2] 自吉州趋虔州避敌。[3] 金军进入江西后大肆劫掠州县，十一月相继攻陷吉州、袁州、抚州多地，[4] 十二月二十二日又"屠洪州"。[5] 金人在江西袭破诸州之后，又转而向西进犯湖南，次年正月攻潭州，[6]《要录》谓"时敌自南昌掠袁、筠，至长沙城下，遂围之"；[7] 二月二日，"金人陷潭州"，"掠潭州六日，屠其城而去"，[8] 遂退兵。由此可见，金之西路军从湖北入江西，又犯湖南，最远打到长沙城下，其深入南宋腹地的程度并不亚于宗弼的东路军。那么这一路金军的统帅是谁呢？《要录》在记"金人屠洪州"事时言"先是，金帅马五太师留洪州月余，取索金银宝物、百工伎艺之属皆尽"，[9] 这条记载的主体内容当源自《会编》，但《会编》并未提及"金帅马五太师"，据李心传小注称"马五太师陷洪州，他书不见，惟叶夏卿劾疏有之"，说明其依据为绍兴二年二月时任知饶州叶夏卿所上劾疏，[10] 从而留下了金西路军统帅的关键记载。"马五太师"即上引《宗翰

1　李心传：《建炎以来朝野杂记》乙集卷三"建炎巡幸六宫数"条，徐规点校，北京：中华书局，2010年，下册，第555页。

2　《三朝北盟会编》卷一三四建炎三年十一月"隆祐皇太后及六宫出洪州"条，叶11a—11b。

3　《三朝北盟会编》卷一三五建炎三年十一月"隆祐皇太后自吉州进幸虔州"条，叶1a。

4　《三朝北盟会编》卷一三四建炎三年十一月"金人寇吉州""金人寇袁州"条，叶17a；卷一三五建炎三年十一月"金人寇抚州"条，叶1b。

5　《三朝北盟会编》卷一三五建炎三年十二月二十二日"金人屠洪州"条云："金人在洪州，取索金银宝货、百工技艺皆尽，是日大肆屠戮，焚掠殆尽。"（叶8b）

6　《三朝北盟会编》卷一三六建炎四年正月"金人犯潭州"条，明湖东精舍本，叶5b。

7　《建炎以来系年要录》卷三一建炎四年正月丁卯条，第2册，第712页。

8　《建炎以来系年要录》卷三一建炎四年二月乙亥条，第717页。

9　《建炎以来系年要录》卷三○建炎三年十二月乙未条，第2册，第693页。

10　《建炎以来系年要录》卷二九建炎三年十一月戊午条小注提及"绍兴二年二月甲申，叶夏卿劾疏"（第2册，第671页），又卷五○绍兴元年十二月壬申条谓"左朝奉郎叶夏卿直秘阁、知饶州"（第3册，第1037页）。

传》提到的诸将领之一"马五"，此人系契丹人，全名耶律马五，[1]
金天会七年至八年间的这次伐宋就是由宗弼与他分统东、西路军南
下，但由于两军的追击目标不同，所以没有会师。

天会八年七月，金朝册立刘豫为大齐皇帝，[2]建立伪齐政权以统
治河南、陕西地区。金熙宗即位后，天会十五年十一月，金废伪齐；
天眷元年（1138）八月，将河南、陕西地还与南宋。三年五月，又
"诏元帅府复取河南、陕西地"，"命都元帅宗弼以兵自黎阳趋汴，右
监军撒离合出河中趋陕西"，[3]仍然沿袭两路出击的惯用战法。直至
海陵王正隆六年（1161）南征时，方变换策略，改为多路进击，[4]不
过在形式上仍以诸军"分隶左右领军大都督府"。[5]

通过以上史事梳理可知，金人将单次战斗中女真传统的两翼夹
击战术进一步提升为一场战役乃至战争的行军组织方式，即采取两
路出击的策略。一般而言，两路军的统帅在出征之前需召开会议，
制定具体的行军计划，并约定会师的时间和地点，然后各自率军出
发，至预定地点会合。这种战法普遍运用于金初灭辽伐宋的战争之
中，且屡试不爽，常常取得胜利，发挥了重要作用。

三 "东、西朝廷"：由两翼战法衍生出的华北分区统治模式

金初在灭辽伐宋的过程中，不仅惯常采用两路进击的战法，而

1　按金世宗大定间所定衍庆宫功臣中有"金吾卫上将军耶律马五"（《金史》卷八〇《阿离补
　传》，第 1811 页），即此人。

2　《三朝北盟会编》卷一四一建炎四年七月二十七日"金人立刘豫于北京"条并附载金朝册文，
　明湖东精舍本，叶 1a。《金史》卷三《太宗纪》称是年"九月戊申，立刘豫为大齐皇帝，世
　修子礼，都大名府"（第 62 页），当为正式举行册立仪式。

3　《金史》卷四《熙宗纪》，第 72—75 页。

4　《金史》卷五《海陵纪》，第 115 页。

5　《金史》卷八四《完颜昂传》，第 1887 页。

且还将新占领的辽宋之地直接交给两路军的统帅进行管理，从而形成了一种特殊的政治生态，甚至出现了"东、西朝廷"之称。这可谓是女真行军战术对金朝统治华北方式所产生的直接影响。

　　天辅六年，完颜杲与宗翰率军攻取辽西京，在"抚定西路州县部族"后，又随金太祖阿骨打攻下燕京。按照金宋之间的约定，金朝答应将燕京及附近六州之地还与北宋，而西京及燕京以东平、营、滦三州则为金国所有，宋将燕京改名为燕山府。次年四月交割燕京事毕，阿骨打离燕，欲"往白水泊过夏"；[1] 六月行至鸳鸯泺，"不豫，将还京师"，"命移赉勃极烈宗翰为都统，昃勃极烈昱、迭勃极烈斡鲁副之，驻兵云中，以备边"，[2] 实际控制辽西京道及山后地区的西南、西北两路。天辅七年正月，金军得平州，二月"改平州为南京"，以降将张觉为留守，五月张觉据平州复叛。[3] 金太宗吴乞买即位后，十一月命宗望"以其兵讨张觉"，次年平定平州之乱，宗望遂驻军于南京，后被任命为南京路都统。[4]

　　宗望、宗翰分别驻军于南京平营地区和西京云中，即构成了后来伐宋的东、西两路军事力量。宗翰、宗望作为两路统帅，除了履行弹压地方的军事职能之外，还具有相当广泛的行政权力。天会元年（天辅七年八月金太祖卒，九月金太宗即位，改元天会）十月，"诏以空名宣头百道给西南、西北两路都统宗翰，曰：'今寄尔以方面，如当迁授必待奏请，恐致稽滞，其以便宜从事。'"[5] 金太宗授予宗翰全权处理西南、西北两路事务的权力，"当迁官资者，以便宜除授"，[6]

1　《三朝北盟会编》卷一六宣和五年四月"金人阿骨打交割燕山毕"条，叶5b。

2　以上参见《金史》卷二《太祖纪》，第36—41页；卷七四《宗翰传》，第1694—1695页。

3　《金史》卷二《太祖纪》，第39—41页。

4　《金史》卷三《太宗纪》，第48页；卷七四《宗望传》，第1703—1704页。

5　《金史》卷三《太宗纪》，第48页。

6　《金史》卷七四《宗望传》，第1695页。

使宗翰又成为该地区的最高行政长官。次年正月，又"以空名宣头
五十、银牌十给宗望"；二月，"诏谕南京官僚，小大之事，必关白军
帅，无得专达朝廷"，又"命宗望，凡南京留守及诸阙员，可选勋贤
有人望者就注拟之，具姓名官阶以闻"。[1] 同样委任军帅宗望全权统
辖南京路大小事务，可便宜行事。对于这一权力分配，宋人亦有记
载。蔡絛《北征纪实》云："金人既得虏地，因分两道，燕山之东平、
营一带斡离不主之，云中之地、西北则粘罕主之。"[2] 当得其实。

　　天会三年金朝举兵伐宋，宗望、宗翰分率东、西路军南下，不
久即灭北宋，占领黄河以北地区，于是又将两路军帅分治其地的统
治方式推广到了华北汉地。张汇《金虏节要》记云：

　　　　窝里孛初寇燕山，粘罕初寇河东，称都统府，至是改日元
　　帅府，乃刘彦宗之建议也。……东路之军斡里孛主之，西路之
　　军粘罕主之，虏人呼作"东军"、"西军"。东路斡孛不建枢密
　　院于燕山，以刘彦宗主院事；西路粘罕建枢密院于云中，以时
　　立爱主院事，虏呼"东朝廷"、"西朝廷"。[3]

张汇于北宋末"宣和中随父官保州，陷金十五年，至绍兴十年归
朝"，[4] 撰作《金虏节要》记述其陷金时的亲身见闻。此处所见"窝

1　《金史》卷三《太宗纪》，第49页。

2　《三朝北盟会编》卷二四宣和七年十二月十日"斡离不陷燕山府"条引《北征纪实》，叶
　　10b。

3　《三朝北盟会编》卷四五靖康元年四月十五日"金人建元帅府"条引《金虏节要》，叶9b—
　　10a。

4　陈振孙：《直斋书录解题》卷五伪史类《金国节要》解题，徐小蛮、顾美华点校，上海：上
　　海古籍出版社，2006年，第141页。按张汇之书原名当作《金虏节要》，今《直斋书录解题》
　　系清四库馆臣的《永乐大典》辑本，将此处书名讳改为《金国节要》。

里孛""斡里孛"皆为宗望女真名斡离不之异译，而"斡孛不"乃斡离不之误。上文提及，金将都统府改为元帅府即天会三年伐宋时事。据此记载，宗望、宗翰的东、西路军在攻取燕山府及河东后，分别在燕京与云中建枢密院，是为两路统军元帅领导之下的行政机构，金人俗称为"东朝廷""西朝廷"。不过，有学者对张汇的这条记载提出质疑，认为金初并无两枢密院制，[1] 因此需要先澄清此处所涉枢密院建置问题。

关于金初枢密院的设置沿革，李涵先生有过细致研究（以下简称"李文"），[2] 以下依据文献记载及李文考证加以概述。天辅六年十二月，金军攻燕京，"辽知枢密院左企弓、虞仲文，枢密使曹勇义，副使张彦忠，参知政事康公弼，金书刘彦宗奉表降"，[3] 这些降臣都是原辽朝南面官系统中的高官。次年按照金宋之约，燕京城需交与北宋，但金人在离燕之前，将降附之辽官及燕京豪族、工匠等人户皆迁往金国内地。为了安置这些辽朝旧臣，并管理汉人事务，金朝仿照辽南面官之制，"始用汉官宰相赏左企弓等，置中书省、枢密院于广宁府"。[4]《金史·百官志》谓"天辅七年以左企弓行枢密院于广宁，尚踵辽南院之旧"，[5] 金枢密院的设置即始于此，且中书省与枢密院合署办公，[6] 故左企弓实以中书令领枢密院。然而当年五月

1　唐英博：《金初枢密院建制辨析》，《蒲峪学刊》1997年第4期，第45—47页。

2　李涵：《金初汉地枢密院试析》，《辽金史论集》第4辑，北京：书目文献出版社，1989年，第180—195页。以下引述文中观点，不复出注。

3　《金史》卷二《太祖纪》，第39页。

4　《金史》卷七八《韩企先传》，第1777页。卷七五《左企弓传》云："太祖驻跸燕京城南，企弓等奉表降，太祖俾复旧职，皆受金牌。企弓守太傅、中书令，（虞）仲文权枢密使、侍中、秦国公，（曹）勇义以旧官守司空，（康）公弼同中书门下平章事、枢密副使权知院事、签中书省，封陈国公。"（第1724页）

5　《金史》卷五五《百官志一》，第1216页。

6　金末亦有此类情况，《金史》卷一七《哀宗纪上》正大五年三月，"群臣请依祖宗故事，枢密院听尚书省节制"，然哀宗不从（第380页）；后至天兴元年四月，"以尚书省兼枢密院事"（第387页）。此处所谓"祖宗故事"盖即指金初中书省与枢密院之合署。

左企弓等人一行在东迁途中为南京平州守将张觉所杀，燕京辽降臣中唯有刘彦宗此前被金主阿骨打带走，扈从西巡，[1] 幸免于难，六月"太祖至鸳鸯泺，不豫，还上京，留宗翰都统军事，留彦宗佐之"。[2] 十一月，宗望率军讨伐平州，击败叛军，张觉奔宋，"张忠嗣、张敦固以南京降"，然张敦固很快又杀金使复叛。[3]《金史·刘彦宗传》云："及张觉败奔于宋，众推张敦固为都统，杀使者，乘城拒守，攻之不肯下。彦宗同中书门下平章事、知枢密院事、加侍中，佐宗望军。宗望奏，方图攻取，凡州县之事委彦宗裁决之。"[4] 可知刘彦宗本留在西路军中辅佐宗翰，平州张敦固复叛后，他被调往东路军辅佐宗望，拜为同中书门下平章事、知枢密院事，[5] 替代左企弓掌管中书省和枢密院事，履行行政职能，负责处理"州县之事"。《太宗纪》天会二年三月，"宗望以南京反复，凡攻取之计，乞与知枢密院事刘彦宗裁决之"，[6] 因枢密院又兼统汉军，[7] 故刘彦宗亦参与军事谋划。五月，宗望军"克南京，杀都统张敦固"，[8] 随后便"移置中书、枢密于平州"。[9] 三年十月，东、西两路金军大举伐宋，"知枢密院事刘彦宗兼领汉军都统"随宗望东路军自南京入燕山，十一月"以张忠嗣权签南京中书、枢密院事"，[10] 十二月宋宣抚使、知燕山府蔡靖

---

1 《三朝北盟会编》卷一七宣和五年五月"金人阿骨打西巡"条，叶2a。

2 《金史》卷七八《刘彦宗传》，第1769—1770页。

3 《金史》卷三《太宗纪》，第48页。

4 《金史》卷七八《刘彦宗传》，第1770页。标点有所改动。

5 李文认为刘彦宗被调往广平府任知枢密院事在天会元年"十一月或稍早"，不确，根据《金史》纪、传的记载来看，此事当在十一月张敦固复叛之后，不晚于天会二年三月。

6 《金史》卷三《太宗纪》，第50页。

7 《金史》卷四四《兵志》谓"燕山既下，循辽制立枢密院于广宁府，以总汉军"（第1002页）。

8 《金史》卷三《太宗纪》，第51页。

9 《金史》卷七八《韩企先传》，第1777页。

10 《金史》卷三《太宗纪》，第53页。

以城降。[1] 宗望既得燕京，四年遂又将中书、枢密移置于此。[2]

　　根据上引《金虏节要》的记载，东路宗望军在燕山建枢密院、以刘彦宗主院事的同时，西路宗翰也在云中建枢密院，以时立爱主院事，换言之，当时曾设有东、西两枢密院，且两者具有一定的独立性，金人呼为"东朝廷""西朝廷"。李文指出这"适应金朝侵宋时兵分两路的实际状况"，应当是可信的，然而唐英博对这一记载的可靠性加以否定，认为金初不曾有过两枢密院（以下简称"唐文"），主要理由有三：其一，从《金史》的记载来看，金初只设立过一个枢密院，未言两枢密院之制；其二，《金虏节要》称东路"建枢密院于燕山"，但其实应是"移枢密院于燕山"，所述有误；其三，《金虏节要》称西路云中枢密院"以时立爱主院事"，但《金史·时立爱传》称天会三年宗望攻下燕山后，"立爱从宗望军数年，谋画居多"，[3] 说明时立爱常年追随东路宗望军，不可能去西路辅佐宗翰主枢密院事。[4]

　　针对唐文的这三条理由，其中第二条可能由于《金虏节要》的作者张汇不了解枢密院由平州迁移至燕山的背景，故误称"建"，记述不大准确。但细审其文，此处称燕京、云中分建枢密院，旨在强调两者的独立性，就语义而言似乎也未尝不可，并不足以否定整段记载的可靠性。至于第三条有关时立爱任官的质疑，李文已有解

1　《三朝北盟会编》卷二四宣和七年十二月十日"斡离不陷燕山府"条，叶 1a。

2　《金史》卷七八《韩企先传》，第 1777 页。李文推测此事可能发生在天会四年四月斡离不还师燕京之后。

3　《金史》卷七八《时立爱传》，第 1776 页。

4　唐英博：《金初枢密院建制辨析》，第 46 页。按唐文此处分析并非直接依据《金虏节要》，而是《大金国志》，但其实《大金国志》的记载即来自《金虏节要》。又张喜丰《金代枢密院研究》亦沿袭唐英博的观点（吉林大学博士学位论文，2019 年，第 20—22 页），否定《金虏节要》的这条记载，主要理由大体相同。

释。皇统三年（1143）《时立爱墓志》云："天会三年乙巳冬，太宗文烈皇帝诏元帅府大军复收燕蓟，公欣然率子侄及诸孙，持武元旧所授宣敕超谒麾下。右元帅许国囗（王）见之流涕，复其旧秩，仍命其子丰、侄孙长国、赞国从军而南。四年，权签书枢密院事，数从元帅府征讨。"[1] 由墓志可知，当时收复燕山时右副元帅宗望确实接收了时立爱一族，天会四年任命时立爱为权签书枢密院事，不过其谓"数从元帅府征讨"一句语义有些暧昧，究竟是从右副元帅宗望，还是左副元帅宗翰呢？天会五年，南宋派往觐见宗翰的通问使傅雱亲眼见到过时在宗翰军中的"知枢密院事时立爱"，[2] 这可以为《金虏节要》所记宗翰以时立爱主云中枢密院事提供有力的佐证。李文推测天会四年因刘彦宗从宗翰军处调往东路辅佐宗望，于是西路军中便缺乏此类熟谙汉地事务的人才，时立爱可能就在此时从宗望处被调往西路辅佐宗翰，遂拜为权签书枢密院事，当合乎情理。《时立爱墓志》所记"数从元帅府征讨"，在明昌六年所刻《时立爱神道碑》中衍化为"从军数年，多赞谋画"，[3] 而《时立爱神道碑》应是《金史·时立爱传》的史源之一，[4] 盖元朝史官误将其理解为单从宗望，遂改写作"从宗望军数年，谋画居多"。由此看来，唐文的第三条质疑理由并不能成立。

比较棘手的是唐文提出的第一条质疑理由，《金史》未载金初有

1　录文见石永士、王素芳、裴淑兰编《河北金石辑录》，石家庄：河北人民出版社，1993年，第282页。
2　《建炎以来系年要录》卷八建炎元年八月末记云："（完颜）希尹与右监军耶律余睹、知枢密院事时立爱席地重毡参坐堂上，兵部尚书高庆裔立其傍，雱跪听其语。"（第1册，第236—237页）按其史源当为傅雱所撰《建炎通问录》。
3　《时立爱神道碑》拓本见《北京图书馆藏中国历代石刻拓本汇编》，郑州：中州古籍出版社，1997年，第46册，第29页。
4　参见邱靖嘉《〈金史〉纂修考》，北京：中华书局，2017年，第188页。

两枢密院就能否定《金虏节要》的记载吗？问题的关键应是如何解释燕京与云中枢密院之间的关系。天辅七年于广宁府始置枢密院，但由于左企弓等人被杀，实际未能建立，大概至天会二年刘彦宗被调至宗望军任知枢密院事后，才真正建置起枢密院机构，且迁至平州。值得注意的是，此时平州枢密院的管辖范围。"天会二年，诏彦宗曰：'中京等两路先多拒命，故遣使抚谕，贳其官民之罪，所犯在降附前者勿论。卿等选官与使者往谕之，使勤于稼穑。'"[1] 命刘彦宗抚谕"中京等两路"，当指辽中京道地区及宗望、刘彦宗所在之南京路平、营、滦三州，这也应是此时宗望东路军控制的势力范围。由此可见，刘彦宗所主之枢密院当受军帅宗望节制，实际掌管中京、南京两路的行政事务，并不涉及宗翰所控制的西南、西北两路地区。自天会三年伐宋后，枢密院又兼管燕京及河北州县，[2] 不久遂将枢密院迁至燕京。与此同时，西路宗翰军亦仿照东路，在云中建立枢密院机构管辖其所控制的西南、西北两路及宋河东州县，并从东路军中调时立爱前来主院事，是完全有可能的。天会四年，时立爱任权签书枢密院事，应该是以东路枢密院外派官员的身份赴云中佐宗翰建枢密院。云中枢密院虽然独立处理西路事务，但在名义上当属于燕京枢密院的派出机构，可称"行枢密院"。[3] 天会五年，南宋通问使傅雱在宗翰军中见到"知枢密院事时立爱"，说明时立爱确实是云中枢密院的首长，不过他当时的正式职官应是权签书枢密院事，傅雱所记官称有所不确，据《时立爱墓志》直至天会九年

1　《金史》卷七八《刘彦宗传》，第 1770 页。

2　《金史》卷七八《刘彦宗传》谓"蔡靖以燕山降。诏彦宗凡燕京一品以下官皆承制注授"（第 1770 页）。

3　行枢密院的设置在金末较为多见，例如《金史》卷一四《宣宗纪上》贞祐三年十月"诏枢密副使仆散安贞行枢密院于徐州"（第 314 页）。

正月立爱才"真拜侍中、知枢密院事"。[1] 厘清这一关节对于我们理解金初枢密院的设置沿革十分重要，这样看来《金史》与《金虏节要》的记载似乎并不冲突，反而可以互补，当可信从。

这种燕京、云中两枢密院并立的情形是由东、西路军分治华北的军事占领所决定的。由于金国的中央朝廷远在金源内地上京会宁府（今黑龙江哈尔滨阿城区），若凡事"必待奏请，恐致稽滞"，多有不便，遂授权东、西两路军的统帅直接管辖其所得之地，于是两路元帅府便演变为各统一方的军政合一机构。[2] 不过，两路军帅毕竟不熟悉汉地的政务处理，遂分别建立枢密院，"凡汉地选授、调发、租税皆承制行之"，[3] 委任辽朝降官刘彦宗、时立爱等人负责具体的行政事务，并兼统汉军，[4] 以至出现了"东朝廷""西朝廷"的俗称。归根结底，这一统治华北的独特方式即是由女真两翼作战的军事传统所带来的，是故具有鲜明的军管色彩。

不过，这一两枢密院并立的局面持续时间不长，大约仅维持了三年。天会六年十月，"知枢密院事刘彦宗薨"；次年正月，"以西京留守韩企先同中书门下平章事、知枢密院事"，[5] 接替刘彦宗，从而使枢密院格局发生了重大变化。《金虏节要》云："领燕京枢密院事刘彦宗以病死，并枢密院于云中，除云中留守韩企先为相，同时立爱主之。"[6]《金史·韩企先传》亦谓企先"宗翰为都统经略山西，表

1　《河北金石辑录》，第 282 页。

2　参见程妮娜《金前期军政合一机构都元帅府职能探析》，《史学集刊》2000 年第 2 期，第 17—21 页。

3　《金史》卷七八《韩企先传》，第 1777 页。标点有所不同。

4　上文提到，伐宋时东路军刘彦宗领汉军都统，在西路军中，时立爱之子时丰"领枢密院行营都提点"（《河北金石辑录》，第 284 页），说明云中枢密院亦统兵。

5　《金史》卷三《太宗纪》，第 59—60 页。

6　《三朝北盟会编》卷一三二建炎三年闰八月"兀朮请于粘罕入寇江上"条引《金虏节要》，叶 5b。

署西京留守。天会六年，刘彦宗薨，企先代之，同中书门下平章事、知枢密院事"。[1] 韩企先在西京接任知枢密院事，燕京枢密院不再另外委派官员，这意味着枢密院的主导权由燕京转移至云中，原来的云中"行枢密院"亦随之变为正枢密院，这恐怕就是《金虏节要》所谓"并枢密院于云中"的真实含义，其时时立爱仍当为权签书枢密院事，自天会七年始，云中枢密院即由韩企先与时立爱共同主事，且其管辖区域打破了此前东、西路分治的局面，改由枢密院统辖整个华北地区。《金虏节要》记载：

> 枢密院：河间府为河北东路，真定府为河北西路，平阳府为河东南路，太原府为河东北路，去中山、庆源、信德、河中府名，复旧州名。去庆祖、庆成军名，复旧县名。改安肃军为徐州，广信军为遂州，威胜军为沁州，顺安军为安州，永宁军为宁州，北平军为永平县，乐寿县为寿州，肃宁城为肃宁县。[2]

即由枢密院主持对河北、河东全域的行政区划和建置名称做了大幅调整，这些地理沿革均可得到《金史·地理志》的印证，且《地理志》明确称此多为天会七年事，[3] 说明此时两枢密院确实整合为一

1　《金史》卷七八《韩企先传》，第1777页。

2　《三朝北盟会编》卷一三二建炎三年闰八月"兀朮请于粘罕入寇江上"条引《金虏节要》，叶5a。

3　《金虏节要》此处所记地理建置调整，《金史·地理志》除永平、肃宁二县未记沿革外，其余均有记载，其事大多系于天会七年，如《金史》卷二四《地理志上》大兴府下谓"天会七年析河北为东、西路"（第573页）等。不过，其中有三条系于天会六年：卷二六《地理志下》河东北路下谓"天会六年析河东为南、北路"（第629页），河中府"天会六年降为蒲州"（第636页），沁州"宋威胜军，天会六年升为州"（第639页）。按河中府、沁州皆属河东路，本为云中枢密院辖地，推测这一地理建置改革于天会六年即已由云中枢密院启动，至七年合并燕京枢密院后，遂推广至河北、河东全境。

了。李文认为两枢密院合并的原因是原东路军统帅宗望死后，新任右副元帅宗辅的威望无法与西路军宗翰相抗衡，以致燕京枢密院并入云中，可姑备一说。此番枢密院建制的调整开启了金朝对华北统治的一元化改革进程，此为后话，本文兹不赘述。[1] 不过无论如何，在金初曾一度出现东、西两路军分统华北汉地的状况，金人呼为"东朝廷""西朝廷"，这与金军两翼作战的军事传统不无关系。

通过以上论述可知，女真军在战斗行动中习惯使用一种以左右两翼骑兵冲击夹攻的战术，屡屡克敌制胜，其来源当为北方游牧民族的两翼军事传统。不仅如此，女真人建立的金国还将这种战术提升为战役法，在灭辽伐宋的战争中，频频采取两路出击的作战方式，从而凭借强悍的军事力量迅速发展壮大。随着金军占据华北，东、西两路金军又对其各自的占领地分而治之，时人称为"东朝廷""西朝廷"。

由此可见，从女真军的两翼夹击战术到两路出击的行军组织方式，始终贯穿着一种两翼作战的军事传统，并进而影响到金初的华北统治方式。这为我们考察金朝建国之初的特殊政治生态提供了一个军事史的视角。

原载《军事历史研究》2021 年第 5 期

1　参见前揭李涵《金初汉地枢密院试析》及鲁西奇《金初行台尚书省与汉地统治政策》(《江汉论坛》1994 年第 10 期，第 58—62 页)。唐英博《金初枢密院建制辨析》一文对天会七年以后枢密院之沿革亦有一些不同意见，但其史料辨析和论述逻辑都存在很大漏洞，不如李涵先生论证绵密可信。

宋金盟誓岁输"绿矾"解
——兼论金初的尚色与德运

金天辅七年（北宋宣和五年，1123）三月，金、宋两朝就交割燕京、岁输物资等事项达成协议，订立誓书，见于金宋往来文书汇编大金《吊伐录》第七篇《宋主誓书》。[1] 这份誓书是宋朝依据金国誓草修订而成的，[2] 其中在宋约定每年交送给金国的物资中，特别增添了一项"每年并交绿矾二千栲栳"。"绿矾"，文献记载或写作

1　佚名：《吊伐录》卷上《宋主誓书》，《四部丛刊三编》景印钱曾述古堂钞本，上海：商务印书馆，1936 年，叶 6a—7a。

2　按《宋主誓书》下有题注曰"系依草再立"，金国誓草见于徐梦莘《三朝北盟会编》卷一四宣和五年二月九日癸巳条，《中华再造善本》影印国家图书馆藏明抄本，北京：国家图书馆出版社，2013 年，叶 11a—12a。

"碌矾",它是一种矾类化学制品,在宋辽金时代与盐类似属于官府的禁榷货品。"栲栳"是笆斗一类用竹篾或柳条编织成的盛物器具,形体中空而圆,[1] 在此作为一种计量单位,其具体相当于多少斤两却已不详。不妨以装盐的箩斗作一参照,南宋福建地区的盐箩,每箩省秤约为 107.5 斤。[2] 绿矾与盐同为颗粒状结晶体,其计量单位或有可比之处,若按一"栲栳"百斤计,则"二千栲栳"为二十万斤,即使保守估算,可能至少也有十几万斤,数量不可谓少。清代学者俞樾曾有疑问:"按绿矾之数多至如此,不知金国何所用之也。"[3] 这是一个饶有趣味的问题,然当代学者无人在意,未作解释。其实,如若细究,这条看似不起眼的记载颇堪玩味,或许还能牵扯到其他一些历史问题,有必要展开讨论。

一 绿矾的产地和用途

"矾"是人类日常生活中应用十分广泛的一类化学必需品,在自然界中可供直接使用的天然矾很少,而需要通过对矾矿石进行焙烧、煎炼和加工提纯才能获取。中国古代很早就已掌握了这种技术工艺,提炼出来的"矾"品种繁多,最常见的主要有五种:绿矾(亦名青矾)、白矾、黄矾、黑矾、绛矾。[4] 其中,绿矾的化学组成

---

1 牛尚鹏:《试谈"栲栳"之词义、语据及语源》,《唐山学院学报》2011 年第 5 期,第 84—86 页。

2 参见郭正忠《三至十四世纪中国的权衡度量》,北京:中国社会科学出版社,2008 年,第 113 页。

3 俞樾:《茶香室丛钞·四钞》卷二八"绿矾二千栲栳"条,《续修四库全书》影印清光绪二十五年刻《春在堂全书》本,上海:上海古籍出版社,2002 年,第 1199 册,第 374 页上栏。

4 苏敬等撰,尚志钧辑校《唐·新修本草(辑复本)》草玉石等部上品卷三"矾石"条注云:"矾石有五种:青矾、白矾、黄矾、黑矾、绛矾。"(合肥:安徽科学技术出版社,1981 年,第 98 页)

式为 $FeSO_4 \cdot 7H_2O$，今学名七水硫酸亚铁，纯者为浅绿色透明结晶，是中国古代最早被制造和利用的一种矾，大多通过焙烧黄铁矿（古称"涅石"）而制得。至宋代，有的地方又出现了一种新的制取方法，以铁釜煮胆水（即天然硫酸铜溶液）炼铜，通过置换反应获得绿矾溶液，再经煎熬便成绿矾晶体。这种绿矾是炼铜的副产品，成本更低廉。[1]

从五代时起，"矾"的生产和销售便被官府垄断，成为一大宗禁榷商品，[2] 宋、金因袭之。[3]《文献通考·征榷考》记云："榷矾者……五代以来，创务置官吏。宋朝之制，白矾出晋、慈、坊州、无为军、汾州之灵石县，绿矾出慈、隰州，池州之铜陵县，各置官典领，有镬户煮造入官。"这里提到北宋时期绿矾的主产地有山西的慈州、隰州和安徽池州铜陵县，其中慈州兼产白矾和绿矾，隰州制绿矾主要是在温泉县，此外"汾州灵石亦有绿矾"。[4] 这些地方采用的都是以当地所出矾矿石煮造煎炼的传统制取方法，[5] 其工匠单列为"镬户"。其年产量在宋太宗至道年间为"绿矾四十万五千余斤"，

---

1   以上皆参见赵匡华《中国古代化学中的矾》，《自然科学史研究》1985 年第 2 期，第 106—119 页。

2   《资治通鉴》卷二八九后汉隐帝乾祐三年十一月"（王）章聚敛刻急"条胡三省注曰："至于矾禁，新、旧《唐书·食货志》皆未著言其事，是必起于五代之初。"（北京：中华书局，2011 年，第 20 册，第 9559 页）

3   《宋史》卷一八五《食货志下七》专记榷矾，北京：中华书局，1977 年，第 4533—4537 页。《金史》卷四九《食货志四》记"金制，榷货之目有十"，其中就包括"矾"（北京：中华书局，1997 年，第 1093 页）

4   马端临：《文献通考》卷一五《征榷考二》"盐铁、矾"，上海师范大学古籍研究所、华东师范大学古籍研究所点校，北京：中华书局，2011 年，第 441 页。《宋史》卷一八五《食货志下七》亦有同源记载，第 4533 页。

5   唐慎微撰，曹孝忠校勘《重修政和经史证类备用本草》卷三玉石部上品"晋州矾石"条引《图经》曰："今白矾则晋州、慈州、无为军，绿矾则隰州温泉县、池州铜陵县，并煎矾处出焉。初生皆石也，采得碎之，煎炼乃成矾。"（《四部丛刊初编》景印金泰和甲子晦明轩刊本，上海：商务印书馆，1922 年，叶 14a）

至真宗末年"增二万三千余斤"，[1] 后来到北宋末应该又有所增加。如此算来，金人向宋朝索要的"绿矾二千栲栳"，或许能占北宋绿矾主产区年产量的四分之一到三分之一。

在与北宋并峙的辽朝，也有一处出产矾石的矿藏。《辽史·地理志》载西京道奉圣州有矾山县（今河北省涿鹿县矾山镇），乃因其地"山出白绿矾，故名"，[2] 辽朝应当在此地设置了专门炼制白矾、绿矾的场务。女真人起兵灭辽，建立金国，在天辅六年攻取辽西京后，[3] 必定也占领了矾山县。[4] 不过，天辅七年二月赵良嗣使金求取西京地，金太祖阿骨打遂特许将"西京、武、应、朔、蔚、奉圣、归化、儒、妫等州并土地、民户"给与宋朝，并遣银术可（或异译作"宁术割"）持国书及白札子使宋订立誓书。[5] 遵照此意，则奉圣州及其属县矾山当割属宋朝，那么金国将失去其境内唯一一处矾石产地，无法制取绿矾，因此银术可才在与宋宰相王黼商议修订誓书内容时，特别指出"已许了西京，要碌矾二千栲栳"，[6] 也就是让宋朝每年给金国输送一定数量的绿矾作为物质补偿。大概宋朝方面也知晓这一情况，所以表示了理解和应允，遂将"每年并交绿矾二千栲栳"写入誓书。

实际上，"矾"这一类化学品在古代社会中的应用范围很广，如

1　《文献通考》卷一五《征榷考二》"盐铁、矾"，第441页。

2　《辽史》卷四一《地理志五》，北京：中华书局点校修订本，2016年，第582页。

3　《金史》卷二《太祖纪》天辅六年三月，金军至，西京先降复又叛乱，至四月"复取西京"（第36—37页）。

4　按天辅六年十月金主阿骨打即驻军于矾山县所在的奉圣州（《金史》卷二《太祖纪》，第38页），直至十二月伐燕京。

5　《吊伐录》卷上《答宋主书》《白札子》，叶2a—3b。又《金史》卷六〇《交聘表上》记云："（天辅七年二月）癸卯，遣宇童银术可、铎剌报聘于宋，许以武、应、朔、蔚、奉圣、归化、儒、妫等州，其于西北一带接连山川及州县，不在许与之限。"（第1389页）

6　《三朝北盟会编》卷一五宣和五年三月一日甲寅条引赵良嗣《燕云奉使录》，叶1b。

制药、炼丹、冶金等，需求量大，但其最主要的用途乃是染色。其中，绿矾又是最重要的一种。绿矾与某些草木果实中的鞣质相结合可生成黑色化合物，是古代染黑工艺中的媒染剂。这种技术工艺至晚在先秦战国时代即已出现，染色也是绿矾最先被人应用的生活领域。[1] 因古时黑色亦称皂色，而绿矾用于染黑，遂又名"皂矾"，[2] 可见绿矾在染色业中的重要作用。因此，笔者认为金人之所以向宋朝索要大量绿矾，恐怕主要不是为了炼制什么灵丹妙药，而应与绿矾最主要的日常社会功用有关。

二　金初军中的旗服尚黑

关于金国索要大量绿矾的主要原因，张棣《金虏图经》为我们提供了一条值得注意的线索，其记云：

一、旗帜。虏人以水德，凡用师行征伐，旗帜尚黑，虽五方皆具，必以黑为主。寻常车驾出入，上用一色日旗，与后同乘，加月焉。三旗相间而陈，或数百队，或千余队。日旗即以红帛为日，刺于黄旗之上；月旗即以素帛为月，刺于红旗之上。又有大绣日月旗二。如祫享、大礼、册封，一一循古制，

1　以上皆参见赵匡华《中国古代的矾化学》，《化学通报》1983 年第 12 期，第 55—58 页；赵匡华《中国古代化学中的矾》，第 107 页；赵匡华、周嘉华《中国科学技术史·化学卷》，北京：科学出版社，1998 年，第 507—508 页；赵承泽主编《中国科学技术史·纺织卷》，北京：科学出版社，2002 年，第 276—277 页。关于"矾"的主要用途，漆侠《宋代经济史》亦谓"矾主要充作染色之用，染坊以及家庭煮染都离不了它"（上海：上海人民出版社，1987 年，下册，第 912 页）。

2　李时珍：《本草纲目》卷一一石部"绿矾"条记云："绿矾可以染皂色，故谓之皂矾。"（北京：人民卫生出版社校点本，1975 年，第 677 页）

旗无大小，皆备焉。然五方、五星、五岳、青龙、白虎、朱
雀、玄武、神凤外，又有五星连珠一，日月合璧一，象二，天
王二，海马二，鹰隼二，太白二。近御又张一大旗，其制极
广，绀绘神物，以猛士执之，又有数十人护之，各施大绳，以
备风势，名曰"盖天"。[1]

张棣本为金人，后投归南宋，撰《金虏图经》一书，陈振孙《直斋
书录解题》著录书名作《金国志》二卷："承奉郎张棣撰。淳熙中
归明人，记金国事颇详。"[2] 此书今已佚，唯见《三朝北盟会编》卷
二四四引录，涉及金朝的女真风俗、政治制度、地理建置等多方面
内容，各条记载年代断限不一，史料价值很高，有学者考证其记事
下限为金章宗明昌三年（1192），张棣应是宋"绍熙中"而非"淳
熙中"归明人，具体入宋时间当在南宋绍熙三年（1192）或其后不
久。[3] 以上有关金人用旗制度的记载，提到的各种旗帜大多见于《金
史·仪卫志》，当有所据。其中最引人注目的内容，就是起首所谓
"虏人以水德，凡用师行征伐，旗帜尚黑"，即使除黑旗外还有其
他颜色旗帜，[4] 但"必以黑为主"。这里牵涉到金朝德运的问题，按
有确切记载表明金世宗朝定为金德，而《金虏图经》称"虏人以水

1　《三朝北盟会编》卷二四四绍兴三十一年十一月二十八日丙申引张棣《金虏图经》，叶 5b—
　　6a，文字据国家图书馆藏明湖东精舍抄本、明郁冈斋抄本及许涵度刻本校正。此段记载又
　　见于旧题宇文懋昭《大金国志》卷三四"旗帜"条（见崔文印校证《大金国志校证》，北京：
　　中华书局，2011 年，第 481 页），系抄自张棣《金虏图经》，个别文字稍有不同。
2　陈振孙：《直斋书录解题》卷五伪史类，徐小蛮、顾美华点校，上海：上海古籍出版社，
　　2006 年，第 141 页。
3　孙建权：《关于张棣〈金虏图经〉的几个问题》，《文献》2013 年第 2 期，第 131—137 页。
4　如《三朝北盟会编》卷六三靖康元年十一月十五日丙子引《河东逢虏记》谓金军至河阳，
　　"皆黑旗、黄旗、白旗"（叶 10b）。

德"反映的应是金初至海陵王时期的情况，对此下文另有讨论。[1]
在此期间，金人"凡用师行征伐，旗帜尚黑"，可以找到其他史料
来加以佐证。

　　南宋绍兴四年（1134）王绘出使金朝，路遇一队金兵，"有百余
骑拥一老胡，皂旗高旌皆全装，老胡容儿秀整，乃聂儿孛堇"。[2] 这
支由女真聂儿孛堇率领的部队，旌旗招展即为皂黑之色。早前靖康
元年（1126）初，金帅斡离不率军围困北宋都城汴梁，一夜忽有人
将"红灯笼置诸城上，又城西北隅易建独脚皂旗，其中饰以雁，非
本朝军中物"，[3] 后得知此乃金人安插在城中的内应所为，"皂旗亦金
人之所建者"。[4] 可知这种装饰有大雁图案的"独脚皂旗"当是金军
的标志性旗帜，聂儿孛堇骑队所举皂旗或即此类。

　　其实，在金人攻城时，有一种很独特的战法是"多用黑旗上
城"，[5] 宋金之际的相关战例不少。例如靖康元年十一月，金军攻怀
州，宋守将范仲熊记录城破时的情景，"蕃人已打散城上兵，城上十
数黑旗子"，[6] 即是金人举黑旗登城。闰十一月，陈州之战，宋人谓
金军"云梯辐凑，来者不绝。……一贼身带十数旗，其卒争取，各
诣其长求赏，但见黑旗旁午，人方疑骇而走，泊六人者登城，众遂

1　参见曾震宇《金初"以水德王"探析：立足于金海陵王一朝的考察》，戴仁柱（Richard L.
　　Davis）、曹家齐、韦祖松主编《岭南宋史论丛》，广州：南方日报出版社，2016 年，第
　　604—633 页。关于所谓金初"水德"的说法，尚有疑问，说详下文。

2　《三朝北盟会编》卷一六二绍兴四年九月十九日乙丑条引王绘《绍兴甲寅通和录》，叶 3a。

3　《三朝北盟会编》卷三三靖康元年二月三日己亥"尚书左丞蔡懋为行营使"条引沈良《靖康
　　遗录》，叶 8b。

4　《三朝北盟会编》卷三四靖康元年二月五日辛丑条引朱邦基《靖康录》，叶 11a。

5　李心传：《建炎以来系年要录》卷七建炎元年七月壬寅"起复朝请郎王圭言"条，胡坤点校，
　　北京：中华书局，2013 年，第 1 册，第 206 页。

6　《三朝北盟会编》卷六一靖康元年十一月六日丁卯条引范仲熊《北记》，叶 14a—14b。

披靡",[1] 意谓有金兵在军前争取黑旗,奋勇登城,致使宋军疑骇溃散。同月,金军攻汴京宣化门,搭桥渡护城河,二十一日,"桥成。先有黑旗子三人(按恐当作'三十余人')先登岸",被宋军击退,不久"黑旗子复如前登岸,城中弓弩箭如雨,贼兵略不顾",击溃城下宋兵;二十四日,金人推火梯攻城,据称"贼皆登城,舞黑旗鼓噪",然因遭到宋军顽强抵抗,遂退。[2] 二十五日,金兵再登城,宋将吴革"率使臣亲兵赴南薰门东策应,手射死执黑旗者十许人",[3] 但最终城陷。这几次战斗金军无一例外皆是先令黑旗子冲锋上城,舞旗鼓噪,其目的大概是鼓舞己方士气,同时对宋军构成心理震慑,故宋鸿胪寺主簿邓肃作《靖康行》诗描述此战云:"雪花一日放濛濛,皂帜登城吹黑风。我师举头不敢视,脱兔放豚一埽空。"[4] 至南宋绍兴四年,金围攻濠州,"将官杨照跃上角楼,以枪刺贼之执黑旗者",[5] 可知金人的攻城战法依旧是"多用黑旗上城"。以上这些事例可以说明金人行军作战惯用黑旗,足证金初女真人"凡用师行征伐,旗帜尚黑",所言不虚。[6]

有迹象表明,金军不仅"旗帜尚黑",而且其将官兵卒的衣着可能也多为黑色。蔡絛《铁围山丛谈》记有这样一个故事:

1　汪藻撰,王智勇笺注《靖康要录笺注》卷一三靖康元年闰十一月二十五日条,成都:四川大学出版社,2008年,第1391页。

2　石茂良:《避戎夜话》卷上,程郁、余珏整理,《全宋笔记》第四编,郑州:大象出版社,2008年,第8册,第67页。按《三朝北盟会编》卷六八靖康元年闰十一月二十日辛亥条谓"金人攻宣化门急,欲涉河而过,先有黑旗子三十余人已登岸"(叶13b),与《避戎夜话》所记二十一日战斗为一事。

3　《靖康要录笺注》卷一六靖康二年三月六日"又云",第1712页。据《三朝北盟会编》卷八四靖康二年三月六日丙申条引文(叶2a)可知,此段记载当出自《宣和录》一书。

4　《三朝北盟会编》卷一〇〇引邓肃《靖康行》,叶4a。

5　《建炎以来系年要录》卷八一绍兴四年十月丙申条,第4册,第1540页。

6　按《金史》卷一〇七《张行信传》记载金宣宗朝参议官王浍提出"本朝初兴,旗帜尚赤,其为火德明矣",遭张行信批驳,称"浍所言特狂妄者耳"(第2366—2367页),不足凭信。

建炎当三祀，北马将饮江。于是天子幸明而越。隆祐太
后龙舆驻豫章，行台从焉。时警报益亟，有郎官侯懋、李幾凡
三人者，每至城东南隅，得园林僻寂，私相谓曰："使敌一不
可避，得相与匿于是，宜死生以之。"未几，行宫南迈，仓卒
之际果不克奔，而敌骑已遽入矣。三人者得如约，共窜于林，
因伏堂之巨梁上，夜则潜下取食而还伏焉，累十数日矣。幸略
无人至者。一旦忽多人物且沓至，三人但伏梁之上，计："此
岂皆避敌者耶，胡为而至哉？"语未已，即有黑衣数十百人继
来，共坐于堂，命左右逻捕男女，无少长悉以挺敲杀之，积尸
傍午，向暮尽死始去。当是时，三人者伏据于梁，惵惵然，向
脱一仰其首见，必死矣。黑衣既散，皆谓得免，况已昏夜。[1]

它说的是建炎三年（1129）金军挥师南下，欲剿灭宋高宗赵构政权，
宋室分两路南逃，一路是赵构奔江南至越州、明州，另一路则是隆
祐太后往江西，中途驻跸于豫章洪州（即南昌），金人亦分兵追击。
洪州方面不断接到金军将至的警报，从行宋官中有侯懋、李幾等三
人，为躲避金兵，找到城东南隅的一处僻静园林，相约如敌来则伏
于园中厅堂的大梁之上。后金兵果至，三人依计躲藏。一日天明，
忽"有黑衣数十百人继来，共坐于堂"，将捕捉到的男女老幼全部
敲杀，直至昏夜这群"黑衣"才散去。显然这些滥杀无辜的残暴之
徒就是一支金军小队，约有百人，而且他们皆身穿"黑衣"，这是一
条能够反映金兵服色的史料。又《金史》记载，大定十五年（1175）
二月，"有司言东京开觉寺藏睿宗皇帝皁衣展裹真容，敕迁本京祖庙

1　蔡絛：《铁围山丛谈》卷四，冯惠民、沈锡麟点校，北京：中华书局，2006年，第68页。

奉祀，仍易袍色"。[1]"睿宗皇帝"是金世宗之父，本名完颜宗辅，在金初灭辽伐宋的战争中领军四处征讨，功勋卓著，官至左副元帅，天会十三年（1135）卒于军中，世宗即位后被追尊为帝。[2]金东京辽阳府开觉寺所藏睿宗真容像应该是世宗即位以前供奉的，画中睿宗身穿"皁衣展裹"。按"展裹"是辽金时期对公服的一种称法，[3]"皁"即"皂"之异体字，由此可知，长期担任军帅的完颜宗辅亦着"黑衣"，其后世宗朝将睿宗真容像迁入东京祖庙奉祀，盖因当时睿宗已被尊为皇帝，故需"易袍色"，这一细节亦可透露出金世宗以前军中的尚黑之俗。此外，南宋前期出使金朝者，"故事，使者入北境，当服黑带鞾"，[4]或许也有助于说明当时金人的服色偏好。

综上所述，金初师行征伐，旗帜、服饰皆崇尚黑色，而旗、服为消耗品，金正规军人数至少有数万，[5]再考虑到民用需求，这就需要大量的黑色染料用于纺织。尽管绿矾也可以用于冶金、制药，但这方面的用量相对较少，绿矾最主要的功用还是作为染黑工艺所必需的原料。[6]基于这一社会生产生活的常识，再结合以上对金初

---

1 《金史》卷三三《礼志六》，第789页。

2 《金史》卷一九《世纪补·睿宗》，第408—410页。

3 《辽史》卷五六《仪卫志二》记载"公服：谓之'展裹'"（第1008页）。

4 《建炎以来系年要录》卷一八三绍兴二十九年十一月丁亥条，第8册，第3537页。

5 金军围攻汴京时，《三朝北盟会编》卷三二靖康元年正月二十七日癸巳条引李纲《传信录》曰："金人张大其势，然得其实数，不过六万人，又大半皆奚、契丹、渤海杂种，其精兵不过三万人。"（叶4a）这六万人应该是金军的最主要战力，其中又以三万女真人为精锐，这些正规军想必要配备相当数量的黑旗、黑衣。此外，金军中还有大量强征河北、河东汉人所组成的签军，《三朝北盟会编》卷二九靖康元年正月八日甲戌条引郑望之《奉使录》记金人萧三宝奴云："河东国相二十万（原注：国相谓粘罕），皇子郎君一头项三十万。"（叶4b）这一数量估计是包括签军而言的。

6 按如前所述，绿矾主要作为媒染剂应用于古代染黑工艺，这已是科技史学界的共识。但文献中并无绿矾在染色时具体用量的记载，而现代染色工艺与古法不同，目前尚未见复原古法染黑的定量研究。不过，既然绿矾在古代社会中的最主要用途是染色，则想必其需求量应该是最大的。

军中旗服尚黑的论述，我们有理由推断，金国在特许将西京及部分附属州县让与宋朝从而失去矾矿的情况下，要求宋朝每年"交绿矾二千栲栳"，其主要目的是保证这种染黑原料的供应来源，[1] 既可保障军需，也可掌控这一禁榷物资，这也是目前看来较为合理的解释。不过，此后不久金主阿骨打病逝，其弟吴乞买即位，撕毁誓约，出兵伐宋，最终并未将西京之地交与宋朝，所以岁输绿矾之事也就作罢了。

三　女真尚色与金初德运

上文尝试解释了金朝向宋索要绿矾的主要用途，这得益于张棣《金虏图经》提供的关键线索。不过关于这条记载，还有一个遗留问题有待讨论解析。《金虏图经》谓"虏人以水德，凡用师行征伐，旗帜尚黑"。如上所述，金人行军作战旗帜、服饰确实多尚黑色，但这种服色喜好是否与德运有关呢？

自秦汉时代正统观念确立之后，历代王朝都要讲求正统，宣示其政权合法性来源，这成为传承久远的中国古代政治文化，而"五德终始说"（又称"五运说"）则是正统观最重要的表现形式，由汉迄宋历代王朝皆热衷于议定德运，借由五德终始的理论框架来阐释其统治合法性，金朝则是最后一个以德运寻求正统的王朝。[2] 据学

1　至于在此之前，女真人如何获得染黑原料，因史料匮乏尚不可考，估计可能有贸易、掠夺等途径，但物资来源并不稳定，所以金人才在盟誓中特别提出要求宋朝岁输绿矾，以保障供应。

2　参见顾颉刚《五德终始说下的政治和历史》，《古史辨》第 5 册，上海：上海古籍出版社，1982 年，第 404—617 页；刘浦江《正统与华夷：中国传统政治文化研究》，北京：中华书局，2017 年。

者研究，金朝曾多次议德运，可以明确的是金世宗朝定为金德，[1] 章宗泰和二年（1202）十一月甲辰，"更定德运为土，腊用辰"，[2] 后宣宗贞祐二年（1214）二月又重议德运，但不了了之，直至金末仍奉行土德。[3] 然而关于金世宗以前的德运问题，则尚存争议。《金虏图经》记载"虏人以水德"，"旗帜尚黑"，这无疑明确表示金朝前期曾为水德。而且无独有偶，在宋代文献中似乎还有一条旁证。《新刊宣和遗事前集》记有这样一个故事：

> （宣和五年某日夜，宋徽宗与林灵素飞天，同游广寒宫）见二人于清光之下，对坐弈棋：一人穿红，一人穿皂，分南北相向而坐。二人道："今奉天帝敕，交咱两个弈棋，若胜者得其天下。"不多时，见一人喜悦，一人烦恼。喜者穿皂之人，笑吟吟投北而去；烦恼之人穿红，闷恹恹往南行。二人既去，又见金甲绛袍神人来取那棋子、棋盘。徽宗使林灵素问："早来那两个弈棋是甚人？"神人言曰："那着红者，乃南方火德真君霹雳大仙赵太祖也；穿皂者，乃北方水德真君大金太祖武元皇帝也。"言罢，神人已去。[4]

1　佚名《大金集礼》卷三五载大定十五年"长白山封册礼"册文云："厥惟长白，载我金德。"（任文彪点校，杭州：浙江大学出版社，2019年，第342页）《金史》卷六《世宗纪上》大定三年"十二月丁丑，腊，猎于近郊，以所获荐山陵，自是岁以为常"（第133页）。"以丑为腊"正与金德相配，知金德确立当不晚于大定三年。

2　《金史》卷一一《章宗纪三》，第259页。

3　参见陈学霖《金国号之起源及其释义》，《辽金史论集》第3辑，北京：书目文献出版社，1987年，第289—300页；陈学霖《大宋"国号"与"德运"论辩述义》，《宋史论集》，台北：东大图书股份有限公司，1993年，第31—40页；刘浦江《德运之争与辽金王朝的正统性问题》，《中国社会科学》2004年第2期，第189—203页。

4　佚名：《宣和遗事》前集，上海：古典文学出版社，1958年，据《士礼居黄氏丛书》本排印，第63—64页。

在这个故事中，身穿红、皂两色的对弈者是宋太祖赵匡胤和金太祖完颜阿骨打，因北宋定本朝德运为火德，色尚赤，[1] 故宋太祖穿红，而金为水德，色尚黑，故金太祖穿皂，这与《金虏图经》所记相合。美籍华裔学者陈学霖先生首先注意到这条材料，并解释说金前期当继承辽朝之水德。[2] 然刘浦江先生的看法不同（以下简称"刘文"），认为"《金虏图经》和《宣和遗事》的水德说分别代表金、宋两国民间的说法"，"建立在五德相胜说的基础之上"，与汉以后王朝德运例来以五德相生说为理据不符，且明确表示金初直至海陵王时代，"金朝尚未确定其德运所尚"。[3] 近年，中国香港学者曾震宇又撰文发表新论（以下简称"曾文"），他在上述两条史料之外，又找了几则其他记载认为可以印证金初德运确为水德，并解释金以水德王的原因是女真人出自北方的玄武神崇拜信仰和以水克火的五德相克说，又称金水德乃是来源于辽朝为金德。[4] 然而这一论断存在漏洞，并不能成立。

曾文坚信金初为水德，除《金虏图经》和《宣和遗事》的说法外，还举出了四条以黑色代指金人或金国的记载，分别见于蔡絛《铁围山丛谈》和赵彦卫《云麓漫钞》。其中一条是上文已征引过的建炎三年侯懋、李幾等三人所见滥杀无辜的那群"黑衣"人，即指金兵，另外三条史料是：

---

1 参见刘复生《宋朝"火运"论略——兼谈"五德转移"政治学说的终结》,《历史研究》1997年第 3 期，第 92—106 页。

2 陈学霖：《宋金二帝弈棋定天下——〈宣和遗事〉考史一则》,《宋史论集》，第 211—240 页。

3 刘浦江：《德运之争与辽金王朝的正统性问题》，第 193—195 页。为避烦冗，以下提及刘文，不复出注。

4 曾震宇：《金初"以水德王"探析：立足于金海陵王一朝的考察》，第 604—633 页。为避烦冗，以下提及曾文，不复出注。

（1）洛阳古都，素号多怪。宣和间，忽有异物如人而黑，遇暮夜辄出犯人。相传谓掠食人家小儿，且喜啮人也。于是家家持杖待之，虽盛暑不敢启户出寝，号曰"黑汉"。繇是亦多有偷盗奸诈而为非者，逾岁乃止。此《五行志》所谓"黑眚"者是也。不数年，金国寒盟，遂有中土，两都皆覆。[1]

（2）朱雀、玄武、青龙、白虎，为四方之神。祥符间避圣祖讳，始改玄武为真武，玄冥为真冥，玄枵为真枵，玄戈为真戈。后兴醴泉观，得龟蛇，道士以为真武现，绘其像为北方之神，被发黑衣，仗剑蹈龟蛇，从者执黑旗。自后奉祀益严，加号"镇天佑圣"，或以为金虏之谶。[2]

（3）绍兴三十一年七月二十六日侵晨，日出如在水面，色淡而白，中有二人，一南一北；南者色白，北者色黑，相与上下，甚速。至日中，光彩射人，以水照之，只见南白一人，余不见。是年十二月逆亮送死于淮南，方悟黑人为亮云。[3]

从内容来看，这三条记载均属符谶之说。第一条相传北宋末洛阳地区夜晚有怪物掠食小儿，号称"黑汉"，后南宋人硬将其说成是正史《五行志》中提到的"黑眚"，因水生祸，视为金国败盟伐宋之征兆。第二条谓因兴建醴泉观得龟蛇而绘北方之神真武像，[4]"被发黑衣"，"从者执黑旗"，按五方配五色的习俗，北方为黑，故画黑

1　《铁围山丛谈》卷三，第45页。
2　赵彦卫：《云麓漫钞》卷九，傅根清点校，北京：中华书局，2007年，第148页。
3　《云麓漫钞》卷一〇，第177—178页。
4　《三朝北盟会编》卷七宣和四年五月十八日乙亥条引蔡絛《北征纪实》记云："（宣和四年）雄州地震，已而雄州之正寝忽元（玄）武见，龟大如钱，朱蛇仅若筋，每行必相逐。二帅（指童贯、蔡攸）拜之，藏以银合，置于城北楼真武庙。明日启合视之，龟蛇皆死矣。"（叶2b）亦属此类事件。

衣、黑旗本不足为奇，然南宋人却以此为"金虏之谶"。第三条记金海陵王完颜亮征南宋，一日清晨日出时有人见水面上浮现南白、北黑两人，然水中倒影却只有南白一人，后完颜亮兵败被杀，南宋人遂以北黑者指亮。它们显然都是金灭北宋、掳走二帝之后，在民间散布的种种传说，纯属牵强附会，其故事本身荒诞不经，但它们的共同特点是皆以黑色为北方金人或金国之隐喻。按照曾文的思维逻辑，既然以黑指金，自可说明金行水德，其最主要的依据还是上引《金虏图经》的记载。诚然，金初金军旗帜、服饰尚黑，但这一定是代表五德终始说中的水德吗，会不会有其他解释呢？

实际上，在女真族习俗中本有尚白和尚黑两种颜色喜好。金朝将女真集团各氏族厘定为"白号之姓"和"黑号之姓"两大姓氏群体。[1] 其中，宗室完颜氏乃"白号"之首，金人在解释"大金"国号时明确称"完颜部色尚白"，[2] 又《三朝北盟会编》卷三载女真风俗亦言"其衣服则衣布，好白衣"。[3] 由此推测，所谓"白号之姓"盖即得名于女真人的尚白之俗，同理"黑号"之名恐怕就与女真人的尚黑之俗有关。其实作为人类最朴素的视觉审美，这种对于白、黑两色的崇尚观念在北方民族中并不罕见，如蒙古人也同时存在着

1　按《金史》卷五五《百官志一》记"白号之姓"包括金源郡二十七姓、广平郡三十姓、陇西郡二十六姓，"黑号之姓"包括彭城郡十六姓（第 1229—1230 页），共计九十九姓。而姚燧《牧庵集》卷一七《南京兵马使赠正议大夫上轻车都尉陈留郡侯布色君神道碑》则谓"金源郡三十有六，广平郡三十，皆白书"，即"白号之姓"；"陇西郡二十有八，彭城郡十有六，皆黑书"，即"黑号之姓"（《景印文渊阁四库全书》，台北：台湾商务印书馆，1986 年，第 1201 册，第 586 页下栏），共一百十姓。两者对女真氏族的划分不同，有学者认为前者可能是金初完颜勖撰《女直郡望姓氏谱》所定，而后者系金章宗时重新改定的姓氏谱，参见朱希祖《金源姓氏考》，原载国立中山大学《文史学研究所月刊》第 2 卷第 3、4 合期，1934 年，后收入氏著《中国史学通论》，南昌：江西教育出版社，2018 年，第 368—374 页。

2　《金史》卷二《太祖纪》，第 26 页。

3　《三朝北盟会编》卷三重和二年正月十日丁巳条记女真始末，叶 4a。

尚白和尚黑两种颜色喜好。[1] 契丹人尽管可能以尚黑为主，但在辽代流传的“青牛白马”祖源传说中，“青牛”其实就是黑色，[2] 与“白马”相对，亦显示出这一对色彩的重要意义。[3] 不过，白、黑两色所代表的含义当有所不同，在象征统治权力的首领旗纛上黑色似更为尊崇。例如《南齐书·魏虏传》记载鲜卑人的车服之制，“轺车建龙旗，尚黑”，[4]《魏书·太祖纪》也提到魏太祖拓跋珪出行车驾“车旗尽黑”。[5]《元史·舆服志·仪仗》首列“皂纛，建缨于素漆竿。凡行幸，则先驱建纛，夹以马鼓。居则置纛于月华门西之隅室”。[6] 这种源自北方民族传统的“皂纛”亦被中原王朝所承用，成为皇帝卤簿仪仗的必备元素。[7] 因此，我们有理由推断，金初女真军“凡用师行征伐，旗帜尚黑”，可能就是来源于北方民族旗纛尚黑，进而影响到军旅服色。至于女真人原本的尚白之俗，则在议定国号等其他方面得以体现，兹不赘述。总之，金初军中的旗帜、服饰尚黑，只是金人源自本俗的颜色喜好而已，实与德运之说没有任何干系，

---

1 参见李自然《蒙古族尚白原因及表现方式》,《黑龙江民族丛刊》1994 年第 3 期，第 115—117 页；白翠英《蒙古孛额教的尚黑习俗》,《黑龙江民族丛刊》1998 年第 3 期，第 102 页。

2 参见陈述《哈喇契丹说——兼论拓拔改姓和元代清代的国号》,《历史研究》1956 年第 2 期，第 67—77 页。

3 如王可宾即将契丹“青牛白马”传说归入北方民族以黑、白划分氏族集团的习俗，参见氏著《女真人从血缘组织到地缘组织的演变》,《辽金史论集》第 2 辑，北京：书目文献出版社，1987 年，第 212—213 页。

4 《南齐书》卷五七《魏虏传》，北京：中华书局点校修订本，2017 年，第 1092 页。

5 《魏书》卷二《太祖纪二》，北京：中华书局，1974 年，第 42 页。

6 《元史》卷七九《舆服志二·仪仗》，北京：中华书局，1976 年，第 1957 页。关于蒙古旗纛，参见马晓林《马可·波罗所见蒙古皇家旗纛》,《马可·波罗与元代中国：文本与礼俗》，上海：中西书局，2018 年，第 115—129 页。

7 《宋史》卷一四八《仪卫志六·卤簿仪服》记云：“皂纛，本后魏纛头之制。唐卫尉器用，纛居其一，盖旄头之遗象。制同旗，无文采，去镣首六脚。《后志》云：‘今制，皂边皂斿，斿为火焰之形。’金吾仗主之，每纛一人持，一人拓之。乘舆行，则陈于卤簿，左右各六。”（第 3465 页）

世人往往见到"尚黑"就附会为"水德"是极不可取的。[1]

由于金军一路南下，攻城略地，所向披靡，其标志性的黑旗、黑衣给宋人造成了强烈的视觉冲击和心理震撼，故有邓肃《靖康行》诗所谓"皂帜登城吹黑风"之叹。正是这样一种深刻的心理印象，使得南宋时人们附会出了各种传说，将许多与"黑"有关的怪异之事视为"金虏之谶"，如上引三条《铁围山丛谈》和《云麓漫钞》的记载；并按照汉人的五德终始观念比附为水德，如《宣和遗事》的故事就是由此而来。《宣和遗事》的文献性质乃是平话小说，今传本是元代书会在宋代话本基础上重新整理编定的，[2]不能当作一手史料来看待，前引红、皂二人对弈的故事显然是杜撰出来的，其以金太祖为"北方水德真君"，应是宋元时人的穿凿附会，不可当真。而曾文却又据此及《云麓漫钞》所载"金虏之谶"，强作解人，推定金人受道教思想影响有北方玄武神崇拜的信仰，为奉行水德的一大动机，又失之远矣。

那么，张棣《金虏图经》记载"虏人以水德"又是否可信呢？上文提到，张棣大约是在金章宗明昌三年或稍后归宋的，当时金朝已定为金德，但张棣却未言及，刘文解释说可能是金世宗未将本朝德运诏告天下，一般士民未必家喻户晓。除去世宗一朝，曾文认为张棣的记载可反映金初至海陵王时期当为水德。然而刘文举出了一条很有力的史料，可以证明金前期未定德运。《大金德运图说》收录有一通"省奏"云："尚书省奏准尚书礼部举，窃闻王者受命开

1　譬如众所周知，《史记》记载秦为水德，色尚黑，但最新研究表明，秦朝并未采用五德终始说，秦人尚黑乃是当时人的一种普遍审美，所谓秦用水德之说其实是西汉正统观形成之后，汉儒为支持革除秦政的政治主张而构拟出来的，参见陈侃理《如何定位秦代——两汉正统观的形成与确立》，《史学月刊》2022年第2期，第5—18页。

2　参见王利器《〈宣和遗事〉解题》，《文学评论》1991年第2期，第57—63页。

统，皆应乎五行之气，更王为德。方今并有辽、宋，统一区夏，犹未定其所王。"[1] 据刘文考证，这份尚书省奏当作于海陵王天德三年至贞元元年间（1151—1153），金主完颜亮已有一些正统意识，欲一统天下，[2] 但这通"省奏"说得很清楚，当时"犹未定其所王"，说明金前期朝廷尚未讨论德运，故张棣所载"水德"之说恐怕只是金朝民间流传的一种说法。

这种"水德"说之所以会在金代民间流行，盖一者金初军中尚黑，恰巧与水德之色相合，二来或与海陵朝"以水克火"的符谶有关。《金史·地理志》谓沃州，本为宋庆源府，金"天会七年改为赵州，天德三年更为沃州，盖取水沃火之义"。[3] 此事宋人亦有记载，周辉《清波杂志》云："虏改吾赵州为沃州，盖取以水沃火之义。识者谓沃字从'天'、'水'，则著国姓，中兴之谶益章章云。"[4] 关于金改赵州为沃州的原因，绍兴二十九年出使金朝的周麟之留下了记录："沃，吾古赵州也。予过赵，问所以易名者，州人曰：'往年此邦忽天开，有声如雷，流火涌出。虏疑其为赵氏复兴之祥也，改今名，且取夫以水沃火之义。'或又曰：'沃之文，天水也。赵氏之兴，其谶愈昭昭矣。'语虽不经，不可不纪。"[5] 由此可知，赵州更名是由于海陵王时期当地忽有流火涌出，而赵宋为火德，故金恐为"赵氏复兴之祥"，遂改名沃州以厌之，取"以水沃火之义"，不料民间反因

1　佚名：《大金德运图说》，《景印文渊阁四库全书》，台北：台湾商务印书馆，1986年，第648册，第321页下栏。

2　关于金朝正统观的形成过程，可参见宋德金《正统观与金代文化》，《历史研究》1990年第1期，第70—85页。

3　《金史》卷二五《地理志中》，第603—604页。

4　周辉撰，刘永翔校注《清波杂志校注》卷一二《虏改沃州》，北京：中华书局，1994年，第515—516页。

5　周麟之：《海陵集》外集《中原民谣·过沃州》诗序，民国九年韩国钧辑《海陵丛刻》本，叶4b。

"沃"字从"天""水"而衍生出"赵氏之兴"的谶言。这说明金代社会也流行五德相胜的观念及与其相关的符谶言论，曾文以此为金初定水德的动机之一，然上文已言明，金海陵朝官方未定德运，这些"以水克火"的符谶可能只是诱生了民间流传的金为"水德"之说。[1]

此外，据曾文解释，金初之所以定为水德，还与辽朝的德运有关。辽咸雍元年（1065）《耶律宗允墓志》言"我国家荷三神之顾谌，乘五运之灵长"，[2] 说明辽朝亦有五运之说，但具体是什么德运，目前所见辽代文献及石刻资料均缺乏记载。前辈学者仅从《大金德运图说》中找到一条金人的说法，金章宗朝讨论德运时，"秘书郎吕贞幹、校书郎赵泌以为圣朝先（按当作克）辽国以成帝业，辽以水为德"。[3] 冯家昇、陈学霖、刘浦江等诸位先生皆认为金人以辽为水德，当可信从。[4] 然而曾文却以此系孤证，不以为然，并找了两条史料试图说明辽朝当为金德。其一，辽大安九年（1093）《景州陈宫山观鸡寺碑铭》云："我巨辽启运，奄有中土。……土俗传说，曾观山峰有金鸡之瑞，因以名焉。"[5] 曾文以此处"金鸡之瑞"为辽金德之证。按此陈宫山观鸡寺始建年代不详，但至少北魏时即已存在，见于郦道元《水经注》记载，[6] 故所谓以"金鸡之瑞"而名

1　类似这样的情况也发生在元代，参见曹金成《元朝德运问题发微：以水德说为中心的考察》，《中国史研究》2021年第3期，第140—153页。

2　向南：《辽代石刻文编》，石家庄：河北教育出版社，1995年，第319页。

3　《大金德运图说》，第313页上栏。

4　冯家昇：《契丹名号考释》，《冯家昇论著辑粹》，北京：中华书局，1987年，第25页；陈学霖：《宋金二帝弈棋定天下——〈宣和遗事〉考史一则》，第219页；刘浦江：《德运之争与辽金王朝的正统性问题》，第189—192页。

5　《辽代石刻文编》，第452页。

6　郦道元撰，陈桥驿校证《水经注校证》卷一四"鲍丘水"引《魏土地记》云："蓟城东北三百里有右北平城。鲍丘水又东，巨梁水注之，水出土垠县北陈宫山，西南流迳观鸡山，谓之观鸡水。水东有观鸡寺。"（北京：中华书局，2007年，第343页）

寺乃北魏以前事，与辽朝德运风马牛不相及。其二，建炎元年七月
傅雱使金所撰《建炎通问录》记载他与金馆伴使的对话，傅雱问金
朝崛起有何"朕兆以应受命之符"，馆伴云："别无符谶，只是大辽
曾占国中金气旺盛，以此应谶。"[1] 曾文径以此所谓"金气"证辽为
金德，但据上下文义可知，时人显然是将"金气旺盛"视为金国兴
起之符谶，亦与辽朝德运无关。曾文此后又列举了几条宋人记载指
佛为"金狄"的说法，试图进一步解释辽为金德与佛教有关，但其
实，这些记载同样也都是以"金狄"指金国，而与辽朝无涉。[2] 总
之，曾文所举辽为金德的史料皆理解有误，其论点无法成立。

　　就目前所知，文献记载中仅提到"辽以水为德"。除了上引
《大金德运图说》秘书郎吕贞幹、校书郎赵泌之说外，其实在同书
中还有另一处较为隐蔽的记载，前人皆未注意：

> 翰林学士承旨党怀英取苏轼《书传》之说，以为禹以治水
> 得天下，故从水而尚黑，《书》云"禹锡玄圭"是也。殷人始以
> 兵王，故从金而尚白，《诗》曰"有客有客，亦白其马"是也。
> 钦惟太祖皇帝兴举义兵，剪辽平宋，奄有中土，与殷以兵王
> 而尚白理同。本朝宜为金德，此盖遵太祖之圣训，有自然之符
> 应。谓宜依旧为金德，而不问五行相生之次也。[3]

1　《三朝北盟会编》卷一一〇建炎元年七月四日壬辰条引傅雱《建炎通问录》，叶9a。"占"字
　　原涂改不清，今据国家图书馆藏明郁冈斋抄本校正。

2　例如叶寘《坦斋笔衡》云："徽宗崇尚道教，凡当时诏命与夫表章，皆指佛为金狄。……其
　　后女真起海上，灭辽国，陷中原，以金国为号，正谶金狄之祸。"（叶寘：《爱日斋丛抄》附
　　录一《叶寘〈坦斋笔衡〉二十一则》"金狄"条，孔凡礼点校整理，北京：中华书局，2010
　　年，第150页）

3　《大金德运图说》，第312页下栏。

金章宗朝的德运之争，党怀英主张定为金德，他援引大禹开创夏朝
为水德尚黑、殷商代夏为金德尚白的典故，指出金灭辽的情况当与
商革夏相仿，言下之意，即以辽朝与禹夏同为水德，故金朝可循殷
商之先例为金德，而不必顾忌五德相生的传统理论。党怀英乃是金
代中期的文坛领袖，自大定二十九年至泰和中致仕之前，奉命刊修
《辽史》十余年，[1] 想必对辽朝掌故十分稔熟，所以他称辽为水德，
很可能有辽代文献的原始依据，可印证前引吕贞幹、赵泌"辽以水
为德"之说。至于辽朝水德的来源，刘文解释乃是继承石晋之金
德，可备一说，[2] 此外或许也与契丹人尚黑之俗有关。若辽为水德，
按照五德转移理论，辽金鼎革，金朝无承用胜朝德运之理。从总体
的记载情况来看，金初当未定德运，张棣《金虏图经》所谓"虏人
以水德"之说并不能代表金朝的官方立场。

结　语

　　本文研究的起因是对宋金盟誓约定岁输"绿矾二千栲栳"这
样一件小事产生兴趣，试图解释其缘由，然在文献记载中没有任何
现成答案，那么我们就要从绿矾是什么、有何功用入手去加以思
考。这就需要了解绿矾的化学组成、制取工艺、主要产地、实际用
途等相关科技史知识，再结合当时的历史背景，方能予以解释。因
金初金军旗帜、服饰尚黑，而绿矾正是用于染黑的主要原料，需求
量大，金国在答应将包含矾矿的辽西京部分地区给与宋朝，以致无

1　参见《金史》卷一二五《党怀英传》，第 2726—2727 页。

2　苗润博《被改写的政治时间：再论契丹开国年代问题》(《文史哲》2019 年第 6 期，第 104—
　　105 页) 对辽朝正统性来源问题提出异议，认为辽人当承唐统而非晋统。但关于辽朝的确切
　　德运，目前尚缺乏辽人的直接记载，仍需存疑待考。

法自行生产绿矾的情况下，所以特别要求宋朝每年"交绿矾二千栲栳"，也就容易理解了。这一研究案例所带来的启示是：第一，掌握科技史知识或可为某些历史问题的考察提供新的研究思路，而历史学问题意识的引入则可为科技史的外史研究开辟新的问题空间；第二，对于某些无任何直接记载的历史问题，我们的研究思路不必逐奇求异，而是从人类社会生产生活的"常识"方面去加以考虑分析，或许自可通解。

至于本文附带讨论的金初尚色与德运问题，笔者想要强调的是，金初军中旗帜、服饰尚黑，其实源自北方民族固有的尚色习俗，与中原王朝的德运之说无关，后世学者不应将此类"尚黑"现象视为"水德"表征。

原载《中山大学学报》（社会科学版）2023 年第 1 期

完颜挞懒死事之讹变

——《金史》与宋代文献记载的对读

一　问题之缘起

完颜挞懒，汉名昌，系女真建国之前的穆宗盈歌之子，为金太祖阿骨打之从弟。他在女真灭辽伐宋过程中立下赫赫战功，并曾力主立刘豫为帝，建伪齐，后又率军废之。熙宗天眷元年（1138），挞懒还与当时主政的宗磐、宗隽合谋，定议将河南、陕西之地割与南宋。[1] 然而就是这样一位在金初政坛炙手可热的宗室权贵，却很

1　《金史》卷七七《挞懒传》，北京：中华书局，1997 年，第 1762—1765 页。

快于天眷二年被诛，这是金熙宗朝政治斗争中的一件大事。[1]

关于挞懒之死，寻绎《金史》可略知其原委。金熙宗即位后，从伯宗翰、皇叔宗磐皆为辅政重臣。天会十五年（1137）宗翰死后，宗磐日益跋扈。天眷元年，左副元帅挞懒、东京留守宗隽入朝，党附于宗磐，宗隽遂拜为尚书左丞相，后又进位领三省事，与宗磐一同在朝秉政。挞懒则仍在外领兵，持兵柄以相应。[2] 宗磐等人骄恣妄为、连结党与的行径早已招致熙宗不满，他们又与宗幹、宗弼、完颜希尹等其他宗室权贵有着不可调和的矛盾，终致天眷二年七月辛巳（初三）日宗磐、宗隽以谋反伏诛；丁亥（初九）日，"以诛宗磐等诏中外"。[3] 不过，挞懒虽为宗磐同党，但却得到宽大处理，"诏以挞懒属尊，有大功，因释不问，出为（燕京）行台尚书左丞相，手诏慰遣"。[4]《熙宗纪》亦谓七月己丑（十一）日，"以左副元帅挞懒为行台左丞相，杜充为行台右丞相，萧宝、耶律晖行台平章政事"。[5] 此举看似宽恕挞懒，其实是忌惮他时任左副元帅手握重兵，若遽然处置，恐引发兵变。所以熙宗一方面以挞懒位尊功高为由赦其罪，予以安抚；另一方面又先于七月丙戌（初八）日"以右副元帅宗弼为都元帅"，[6] 军职在挞懒之上，加以牵制，稍后又将挞懒调为燕京

1　关于金熙宗朝的政治斗争，可参见张博泉《论金完颜亶时期统治阶级内部的矛盾和斗争》，《吉林大学社会科学学报》1978 年第 4 期，第 80—86 页；刘京雨《简论金太宗、熙宗时统治阶级的内部斗争》，《满族研究》1988 年第 2 期，第 10—13 页。

2　《金史》卷七六《宗磐传》，第 1730 页；卷七七《挞懒传》，第 1764—1765 页。《宗磐传》谓"宗隽遂为右丞相，用事"，据卷四《熙宗纪》天眷元年十月癸酉，"以东京留守宗隽为尚书左丞相兼侍中"（第 73 页），卷六九《宗隽传》、卷七九《王伦传》亦皆作"左丞相"，知《宗磐传》作"右丞相"有误。

3　《金史》卷四《熙宗纪》，第 74 页。

4　《金史》卷七七《挞懒传》，第 1765 页。

5　《金史》卷四《熙宗纪》，第 74 页。

6　《金史》卷四《熙宗纪》，第 74 页。卷七七《宗弼传》谓"宗弼自军中入朝，进拜都元帅"（第 1754 页）。

行台尚书省的长官，使其脱离军队，显然是为削其兵权。[1] 然挞懒至燕京后，不但没有收敛悔罪，反而"愈骄肆不法，复与翼王鹘懒谋反"，且朝廷"渐知其初与宋交通而倡议割河南、陕西之地"，这时又"有上变告挞懒者"，于是"熙宗乃下诏诛之"。[2] 此事在《宗弼传》中也有明确记载："宗弼察挞懒与宋人交通赂遗，遂以河南、陕西与宋，奏请诛挞懒，复旧疆。是时，宗磐已诛，挞懒在行台，复与鹘懒谋反。……诏宗弼为太保，领行台尚书省，都元帅如故，往燕京诛挞懒。"[3] 可知亲赴燕京诛杀挞懒者即为宗弼。结果，是年八月辛亥（初四）日，"行台左丞相挞懒、翼王鹘懒及活离胡土、挞懒子斡带、乌达补谋反，伏诛"。[4]《挞懒传》对其死事记载稍详，称"挞懒自燕京南走，追而杀之于祁州，并杀翼王及宗人活离胡土、挞懒二子斡带、乌达补，而赦其党与"。[5]《宗弼传》所记略同，谓"挞懒自燕京南走，将亡入于宋，追至祁州，杀之"。[6]《王伦传》亦言"会挞懒复谋反，捕而杀之于祁州"。[7] 此即《金史》所见挞懒被诛之始末。

　　从《金史》方面来看，挞懒谋反事发，遂畏罪自燕京南逃，后被杀于祁州，所记较为简略，然而在宋代文献中却留下了有关挞懒之死更为详细的记载。《三朝北盟会编》（以下简称《会编》）卷一九七于绍兴九年（金天眷二年，1139）八月十一日戊午"金人族

1　《金史》卷七九《王伦传》即云："熙宗诛宗磐、宗隽，以挞懒属尊，赦其死，以为行台尚书省事左丞相，夺其兵权。"（第 1794 页）又《大金国志》卷一〇《熙宗孝成皇帝二》也说"宗盤（即宗磐）之难，挞懒预谋，时方握兵在外，难以遽诛，仍除挞懒为燕京行台左丞相"（旧题宇文懋昭撰，崔文印校证《大金国志校证》，北京：中华书局，1986 年，第 151 页）。

2　《金史》卷七七《挞懒传》，第 1765 页。

3　《金史》卷七七《宗弼传》，第 1754 页。

4　《金史》卷四《熙宗纪》，第 75 页。

5　《金史》卷七七《挞懒传》，第 1765 页。

6　《金史》卷七七《宗弼传》，第 1754 页。

7　《金史》卷七九《王伦传》，第 1794 页。

诛鲁国王、都元帅挞懒"条下，征引张汇《金虏节要》、苗耀《神
麓记》、赵甡之《中兴遗史》、洪皓《松漠记闻》、李大谅《征蒙记》
等书，记述挞懒被诛前后相关史事甚详，[1] 如《建炎以来系年要录》
（以下简称《要录》）等其他文献也多有涉及。其中，有史料提到挞
懒在被捕前曾有北逃沙漠之举，《征蒙记》还说挞懒"长男胜都花引
大族下骑兵及万户北入沙漠部省亲"，挞懒伏诛后"虏掠北遁"。[2]
王国维根据《金史》的记载，明确指出挞懒当南逃奔宋，"未尝北至
沙漠"，并考证李大谅《征蒙记》乃是南宋人编造的伪书，其记事
甚谬，不足为信。[3] 近来，李寒箫对王氏论断加以补充、修正，他
认为挞懒北逃之说的确难以成立；不过，关于挞懒子胜都花北入沙
漠部之事，在另一部亦被王国维断为伪书的王大观《行程录》中也
有所提及，称"鲁国王昌既诛，其子胜花都郎君者，率其父故部曲
以叛，与蒙古通"。[4] 此处"胜花都"即《征蒙记》所见之"胜都
花"，两者必有一倒误，李寒箫将以上两书记载勾连起来，认定挞
懒此子叛金通蒙其动机、条件皆合乎情理，当实有其事。[5] 然而笔
者在仔细研读宋方文献所保存的相关记载之后，感到这个问题恐怕
没有前人所说的那么简单，许多史料有待做进一步的考证辨析，才
有可能还原挞懒死事经过的真相。

---

1 徐梦莘：《三朝北盟会编》卷一九七绍兴九年八月十一日戊午条，《中华再造善本》影印国家
  图书馆藏明抄本，北京：国家图书馆出版社，2013 年，叶 6b—11b。

2 《三朝北盟会编》卷一九七绍兴九年八月十一日戊午条引李大谅《征蒙记》，叶 11a。

3 王国维：《观堂集林》卷一五《南宋人所传蒙古史料考》，彭林整理《观堂集林（外二种）》，
  石家庄：河北教育出版社，2001 年，第 368—380 页。

4 李心传：《建炎以来系年要录》卷一四八绍兴十三年四月末条，胡坤点校，北京：中华书局，
  2013 年，第 6 册，第 2805 页。"蒙古"，点校本径改作"蒙兀"，欠妥，今据中华书局排印
  本（2013 年，第 3 册，第 2388 页）改。

5 李寒箫：《完颜挞懒败亡及其子通蒙事迹商榷》，《重庆文理学院学报》2016 年第 6 期，第
  67—73 页。

二　挞懒死事钩沉

上文提到，《会编》卷一九七征引诸书，保存了有关挞懒之死的许多细节，需作深入辨析。首先来看苗耀《神麓记》的这段佚文：

> 鲁国王挞懒罢都元帅，以四太子兀术代之。差吏部尚书亨作天使，就祁州问罪。挞懒鞅鞅，谓无罪见诬，遂与三子宗武、宗旦、宗望（原注：乃秦桧伴读者也）同妻荣哥妃共议曰："虽夺我元帅府兵马，尚有本府千户及强壮得力家人、部曲，可从山后，诈为趋凉径往阙下，问因何罪如是罢权。"忽有亲信契丹人召哲郎君知其谋，遂告讦于兀术。急点兵强五百骑，追至虎北口，逢挞懒父子车营，诱而执之。闻奏，遂赐死于祁州，三子及妃皆遇害。[1]

按苗耀撰《神麓记》见于《会编》书前所列引用书目著录，[2] 但其人其书皆不详。且此书早已亡佚，今仅存若干佚文见于《会编》，《要录》亦多有采据。从这些佚文来看，此书记金朝杂事，其下限迄于世宗即位、海陵被弑，推测其成书年代或在金世宗初，作者苗耀可能是由金入宋的归正人，[3] 其内容多源自金朝方面的原始资料，史料价值很高。[4]

1　《三朝北盟会编》卷一九七绍兴九年八月十一日戊午条引苗耀《神麓记》，叶 7b。

2　《三朝北盟会编》卷首《书目》，叶 13a。

3　刘浦江：《关于金朝开国史的真实性质疑》，《辽金史论》，沈阳：辽宁大学出版社，1999 年，第 7 页。

4　参见傅朗云《评苗耀〈神麓记〉的史料价值》，《北方文物》1987 年第 4 期，第 74—76 页；邱靖嘉、李京泽《关于金太祖的一则佚史——兼论金朝修史的改纂问题》，《中华文史论丛》2021 年第 4 期，第 272—277 页。

上引《神麓记》首句"鲁国王挞懒罢都元帅，以四太子兀朮代之"，指的就是宗磐、宗隽伏诛后，挞懒罢帅而以宗弼为都元帅之事，兀朮乃宗弼的女真语名，时人呼作"四太子"。不过，此处称挞懒为"都元帅"，稍有不确。检《金史》，天会五年（1127），金灭北宋，俘宋徽、钦二帝北归时，以挞懒为元帅左监军，后转任右副元帅，十五年十月又进为左副元帅，封鲁国王。[1] 可知挞懒所担任的最高军职乃是左副元帅，并未官至都元帅。实际上，在宗弼之前任都元帅者为宗翰，他卒于十五年七月，此后两年间都元帅之位缺而未授，故此处当作"鲁国王挞懒罢左副元帅"。

其后谓"差吏部尚书亨作天使，就祁州问罪"。按完颜亨系宗弼之子，《金史》卷七七有传。因左副元帅挞懒长居于祁州元帅府，[2] 故完颜亨受命赴祁州，向卷入宗磐谋反案的挞懒问罪，并宣谕挞懒罢帅、改任燕京行台左丞相的诏命。[3]

挞懒遭此责难，且被削夺兵权，快快不乐，认为自己"无罪见诬"，遂与其三子宗武、宗旦、宗望及妻荣哥妃商议对策。上文提到，《金史》记载挞懒伏诛时其二子斡带、乌达补亦皆被杀，此外洪

1　《金史》卷七七《挞懒传》，第 1764 页；卷三《太宗纪》，第 57 页；卷四《熙宗纪》，第 72 页。

2　《建炎以来系年要录》卷四七载，绍兴元年秋，"金左副元帅宗维（即宗翰）尽迁祁州居民，以其城为元帅府"（第 3 册，第 999 页），挞懒自任元帅左监军起便长年居守于祁州元帅府，如《建炎以来系年要录》卷五八绍兴二年秋，"左监军昌守祁州"（第 3 册，第 1178 页）；卷九〇绍兴五年夏，"右副元帅鲁王昌还祁州"（第 4 册，第 1747 页）；卷一〇九绍兴七年，"金左副元帅、鲁国王昌居祁州"（第 5 册，第 2057 页）。

3　《三朝北盟会编》卷一九七绍兴九年八月十一日戊午条引张汇《金虏节要》谓绍兴九年（金天眷二年）挞懒避暑于蔚州麻田大岭下，"发诸蕃军，分诣诸路，搜捕被虏亡者"，引发民变，"黎元穷感，群起为盗"，且评曰"挞懒将反，故使民为乱，而籍以起兵也"（叶 9b—10a）。按挞懒在蔚州麻田大岭避暑或为夏六月事，七月宗磐事发、问罪挞懒时，朝廷很可能命其回祁州接受诏令，以便削夺其兵权及交接元帅府事务，至于将挞懒遣军搜捕被虏亡者与其谋反联系起来，则明显是出于事后附会。

皓《松漠记闻》还说挞懒"被诛，其子太拽马亦被囚，因赦得出"，[1]
由此可知挞懒确有三子，《金史》及《松漠记闻》所记为其女真语
名，而宗武、宗旦、宗望则为其汉名，其中宗望与金太祖第二子斡
离不的汉名相同。上引《神麓记》记事又见于《靖康稗史》所载
《呻吟语》引《燕人尘》，可能与《神麓记》有着共同的史源，[2]其所
记挞懒三子汉名全同，可见原始出处的文字即是如此，则要么最初
记载便已有了文字讹误，抑或挞懒有一子确与斡离不重名。且《神
麓记》于宗望下注曰"乃秦桧伴读者也"。按汴京城破后，秦桧亦
随徽、钦二帝北迁，但他与其他被俘官员的命运不同，"至金国，见
虏主文烈（此系金太宗谥号）帝，高其不附立异姓之节，以赐其弟

1　洪皓：《松漠记闻》卷上，《辽海丛书》本，沈阳：辽沈书社影印本，1985 年，第 203 页下
　　栏。洪皓将挞懒记作"闼辣"，系同名异译。其又称"庶子乌拽马，名晶，字勉道，今为
　　平章"，按此人即完颜晶（《金史》卷六六有传），实乃挞懒之弟，非其庶子，洪皓所记有误。

2　确庵、耐庵编，崔文印笺证《靖康稗史笺证》卷六《呻吟语笺证》引《燕人尘》："兀室谋诛
　　宗磐、宗隽后，贬挞懒为燕京左丞相。挞懒语次妇荣德公主，子宗武、宗旦、宗望云：'夺
　　我元帅，尚有本部万户，何患无人从者。'密告兀室，诱执之，八月十一日伏诛。"（北京：
　　中华书局，1988 年，第 234 页）可以看出，此处所记当与上引《神麓记》为一事，但《燕
　　人尘》节略过甚，语义并不完整，且存有明显讹误，如将"兀朮"误为"兀室"，此外还掺
　　杂了来自他书的记载，如"八月十一日伏诛"当源出《金虏节要》。按《呻吟语》详载徽、
　　钦二帝北狩事，据今人研究，其原作者乃是曾随二帝北迁至绍兴十二年（1142）与韦太后一
　　同归宋的李浩，其子李成茂后来又有所增订，补入了《燕人尘》的相关记载，此书收入确庵
　　编订于宋隆兴二年（1164）的《同愤录》，确庵疑即李成茂（参见邓子勉《〈靖康稗史〉暨
　　〈普天同愤录〉及其编著者等考辨》，《文史》2000 年第 3 辑，第 169—177 页），而《神麓记》
　　则成书于金世宗大定元年（1161）以后，由此推断，《燕人尘》的这段记载可能不是直接采
　　自《神麓记》，而是两书有共同史源。最近，有人提出《靖康稗史》中的《青宫译语》与
　　《呻吟语》可能是南宋人根据各种反映靖康史事与北方地理的文献编撰而成的伪书（帅克：
　　《〈靖康稗史〉之〈青宫译语〉〈呻吟语〉献疑——从书中所载宋徽宗渡河路线谈起》，《史志
　　学刊》2022 年第 2 期，第 24—30 页），甚至还有人认为《靖康稗史》全书系清末文人伪造
　　（杨君：《〈靖康稗史〉成书时间献疑及其与袁绍安本〈三朝北盟会编〉关系初探》，《黑龙江史
　　志》2023 年第 1 期，第 39—43 页），据笔者所见，关于《靖康稗史》所收《呻吟语》等诸
　　种文献的真实性及其史料来源，尚有较为复杂的问题有待进一步商榷讨论，今姑从旧说。

挞懒为任用。任用者，执事也。挞懒亦高其节，甚相亲信"，[1] 知秦桧受金太宗赏识，被赐予挞懒为任用，与挞懒甚为亲善。[2] 又女真权贵例皆以宋降臣或被扣使者教授其子弟，如穆宗盈歌幼子完颜昻"受师于本朝主客员外郎范正图"，[3] 更著名的是宋使洪皓羁留金朝期间，受陈王悟室（即完颜希尹）之命"诲其八子"。[4] 由此可见，秦桧既为挞懒亲信，挞懒遂命他教授其子汉文化是完全有可能的。此外，上面提到与挞懒议事诸人中还有"妻荣哥妃"，《燕人尘》记作"挞懒语次妇荣德公主"，此人乃是宋徽宗次女，名赵金奴，封荣德帝姬，下嫁左卫将军曹晟，[5] 后随徽宗北掳，"入达赉（此即挞懒之异译）寨"，[6] 遂成了挞懒的次妃。

挞懒与其妃、子商议决定亲自去面见熙宗，"问因何罪如是罢权"。因此时挞懒已移居燕京，宗弼定会派人对其举动加以监控防范，于是挞懒等人商定采取的应对策略是令王府本部兵马"千户及强壮得力家人、部曲"自燕京走山后，"诈为趋凉径往阙下"。[7] 关于此句的理解尚有歧义，需要辨析。这些挞懒部下诈趋之地当为金西京路桓州之凉陉，此系辽金时期夏捺钵的一处避暑胜地，引文中

1　《建炎以来系年要录》卷三八建炎四年十月辛未条引赵甡之《遗史》，第 2 册，第 849 页。

2　《靖康稗史笺证》卷六《呻吟语笺证》云"（建炎元年）十月，虏迁从官陈过庭等至显州，惟秦桧依达懒，居留弗遣"（第 205 页）；熊克《皇朝中兴纪事本末》卷一五引朱胜非《秀水闲居录》谓"秦桧自京城随虏北去，为大酋挞辣郎君任用"（国家图书馆藏清雍正九年抄本，叶 4b）；又罗大经《鹤林玉露》甲编卷五《格天阁》亦称秦桧"既至虏廷，情态遂变，谄事挞辣，倾心为之用"（王瑞来点校，北京：中华书局，2008 年，第 78 页），皆可为佐证。

3　《三朝北盟会编》卷一六六绍兴五年正月"金主元（完）颜亶立"条引《神麓记》，叶 3a。

4　洪适：《盘洲文集》卷七四《先君述》，《四部丛刊初编》景印宋刊本，上海：商务印书馆，1922 年，叶 5a。

5　《宋史》卷二四八《公主传》，北京：中华书局，1977 年，第 8783 页。

6　《靖康稗史笺证》卷七《宋俘记笺证》，第 275 页。

7　笔者核对过《三朝北盟会编》的多种明清抄本、刻本，"诈为趋凉"句诸本大多相同，唯国家图书馆藏不不通阁抄本及日本京都大学藏清抄本作"诈为趋凉州"。按金代无凉州，此当为臆补。

之"径"字与"陉"字形十分接近，这里可能存在误字或脱漏两种可能，或为"诈为趋凉陉，往阙下"，或作"诈为趋凉陉，径往阙下"。从下文挞懒父子被擒于虎北口（即古北口）[1] 的情况来看，当时制订的计划应是兵分两路：一方面，由"本府千户及强壮得力家人、部曲"出居庸关，诈趋凉陉，做出欲往捺钵驻夏的假象，吸引人注意；另一方面，挞懒父子乘坐车帐潜行，[2] 走虎北口（见图一），实欲赴阙觐见熙宗，当面质辩。[3] 如此则《神麓记》似当读作"尚有本府千户及强壮得力家人、部曲，可从山后，诈为趋凉陉。径往阙下，问因何罪如是罢权"，"诈为趋凉陉"以前是指前一路派出的疑兵，而"径往阙下"句主语发生转变，指挞懒本人亲自赴阙，多一"径"字更能表示出两路人马之区别。应当说挞懒的计划是比较周密的，但此时"忽有亲信契丹人召哲郎君知其谋，遂告讦于兀术"，以致败露。上文引《金史·挞懒传》提及"有上变告挞懒者"，此人姓名其实在《金史》中有明确记载。《萧裕传》提到前御史中丞萧招折，并称"招折尝上挞懒变事"，[4] 此告变者也就是《神麓记》所说的挞懒亲信"契丹人召哲郎君"，其族属和名字音

1　《资治通鉴》卷二八〇后晋天福元年九月辛丑条《考异》曰："按幽州北山口名虎北口，亦名古北口。"（北京：中华书局，2011 年，第 19 册，第 9275 页）

2　《神麓记》谓"逢挞懒父子车营"，说明挞懒父子乃乘车出走。其所坐之"车"大概就是当时在北方十分流行的奚车，这种车有"卓毡帐覆之，寝处其中，谓之车帐"（《资治通鉴》卷二七一后梁龙德二年正月甲午条胡三省注，第 19 册，第 8995 页），可见其隐蔽性较强，符合挞懒欲潜行赴阙的意图。

3　金朝皇帝遵循每年春水秋山的捺钵制度（参见刘浦江《春水秋山——金代捺钵研究》，《松漠之间——辽金契丹女真史研究》，北京：中华书局，2008 年，第 289—328 页），不过天眷二年熙宗的夏捺钵地点不明。从上文缕述七月初三日诛宗磐、宗隽至八月初四日诛挞懒的过程来看，熙宗很可能就在山后一带驻夏，这样才能在短短一月之间了断诸多事宜，《金史·熙宗纪》记载次年六月"上次凉陉"（第 75 页），亦可说明熙宗常到山后地区避暑。若此则挞懒"往阙下"当指赴熙宗所在之捺钵。

4　《金史》卷一二九《萧裕传》，第 2791 页。

译完全吻合。宗弼得知挞懒之谋，急忙派军追赶，循东北方至虎北口，果然抓获了挞懒父子。随后宗弼向熙宗奏报，挞懒"遂赐死于祁州，三子及妃皆遇害"。既然挞懒被擒于燕京，却为何赐死于祁州呢？这个疑问下文将会解答。这里需要指出的是，此处称"三子及妃皆遇害"，并不准确。前文提到，挞懒二子斡带、乌达补被杀，而另一子太拽马则由于某种特殊原因"因赦得出"，并未遇难；又挞懒次妃荣德帝姬亦未死，而是"没入宫"，其后皇统二年（1142）还被封为夫人。[1]

综合以上考证来看，上引《神麓记》这段记载所提到的地点、人物皆可在金、宋文献中得到印证，而且其所述挞懒死事经过亦合情合理，尽管在挞懒元帅名号及其妃、子遇害情况两个小细节上有所差误，但总体而言这则史料的可信度应该是很高的。由此推测，挞懒转任燕京行台左丞相后，欲赴阙面君，然因萧招折告密事泄，被宗弼擒获，宗弼早就与挞懒有嫌隙，本欲除之，故他在向上奏报时很可能将此事说成是挞懒谋反叛乱事件，以使熙宗速"下诏诛之"。张汇《金虏节要》对此事的记载就给人以这样的印象。

《会编》卷一九七引《金虏节要》云：

> 初，挞懒为元帅，宗盘（按即宗磐）为上相，二人据内外之权，共图不轨。兀术既平宗磐之难，驰至燕山，以图挞懒。除鲁国王挞懒为燕京行台左丞相，除签书杜充为燕京行台右丞相。命初下，挞懒谓使者曰："我开国之功臣也，何罪而使我与降奴杜充为伍耶？"不受命，遂叛。初欲南归朝廷，不克。既

---

1 据《靖康稗史笺证》卷六《呻吟语笺证》，（绍兴九年，即金天眷二年）八月，"虏诛鲁国王、都元帅挞懒及其子斡带、乌达补、翼王鹘懒及活离胡土，荣德帝姬没入宫"（第233页）；绍兴十二年（金皇统二年）三月，封"荣德帝姬夫人"（第239页）。

而北走，至沙漠儒州望云凉甸。兀朮遣右都监挞不也追而获
之，下祁州元帅府狱，至八月十一日伏诛。[1]

《金虏节要》的作者张汇"宣和中随父官保州，陷金十五年，至绍
兴十年归朝"，[2] 其所记金朝见闻史料价值颇高，不过其中也夹杂着
一些不实的传言，需加甄别。此处谓挞懒因不愿与降奴杜充为伍，
不肯受拜行台左丞相之命，遂叛。据《金史》，天眷二年七月十一
日，"以左副元帅挞懒为行台左丞相，杜充为行台右丞相"，杜充确
为宋朝降将，[3] 但挞懒当时应当是接受了这一诏命，《挞懒传》即明确
称其"至燕京"到任，[4] 宗弼也是"往燕京诛挞懒"，《金虏节要》在
此也说兀朮"驰至燕山，以图挞懒"，可见所谓挞懒不受命之说是
靠不住的。

《金虏节要》称挞懒叛变，"初欲南归朝廷，不克。既而北走，
至沙漠儒州望云凉甸"。《金史》记挞懒之叛皆称其"自燕京南走"，
而宋代文献有关此事的记载更详，却均未言及挞懒尝有南逃奔宋的
举动，也许诚如《金虏节要》所言，挞懒或曾考虑过往南投宋，但
终未付诸行动，而是北走"至沙漠儒州望云凉甸"。辽金时期，望
云县属奉圣州，[5] 然金初儒州为奉圣州支郡，[6] 可能一度辖有望云县，
其地确有一避暑凉甸，名望国崖（一作旺国崖），"在儒州望云县

1　《三朝北盟会编》卷一九七绍兴九年八月十一日戊午条引张汇《金虏节要》，叶 6b—7a。

2　陈振孙：《直斋书录解题》卷五伪史类《金国节要》解题，徐小蛮、顾美华点校，上海：上
　　海古籍出版社，1987 年，第 141 页。

3　《金史》卷三《太宗纪》天会八年正月，"宋副元帅杜充以其众降"（第 61 页）。

4　《金史》卷七七《挞懒传》，第 1765 页。

5　《辽史》卷四一《地理志五》西京道，北京：中华书局点校修订本，2016 年，第 582 页；《金
　　史》卷二四《地理志上》西京路，第 567 页。

6　余蔚：《中国行政区划通史·辽金卷》，上海：复旦大学出版社，2017 年第 2 版，第 750 页。
　　皇统元年，儒州废为缙山县，并入奉圣州。

北"。[1] 由上可知,《神麓记》载挞懒出走,派遣一路疑兵诈趋桓州凉陉,望云恰好就在燕京与凉陉之间(见图一),恐非巧合。据笔者揣测,宗弼得知挞懒之谋,一面派军追至虎北口捉拿挞懒父子,同时也不会任由包括挞懒府兵和家人、部曲在内的大队人马北窜,当会出兵追击,最终这路疑兵可能就在半路被拦截于去沙漠不远的儒州望云凉甸,故而留下了记载。

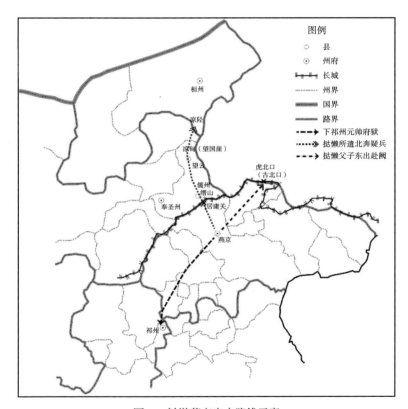

图一 挞懒燕京出走路线示意

1 《大金国志》卷六《太宗文烈皇帝四》,《大金国志校证》,第 102 页。

《金虏节要》又说"兀术遣右都监挞不也追（挞懒）而获之"。此挞不也系渤海人大挞不也，汉名臭，长年跟随宗弼行军作战，[1] 天会十五年（南宋绍兴七年，1137）废伪齐时为右都监，[2] 曾从宗弼守汴京，[3] 当为宗弼亲信，故受命追捕挞懒，擒获后"下祁州元帅府狱"。按挞懒罢帅，迁往燕京，宗弼升任都元帅，祁州元帅府遂为宗弼所占据，成为其统率金军的大本营，如天眷三年（南宋绍兴十年，1140）宗弼伐宋时即"举国内兵尽赴祁州大阅"，[4] 故宗弼将挞懒关押于祁州元帅府狱中，待奏报熙宗后再行处置，亦合情理，这也就可以解释《神麓记》所谓"闻奏，遂赐死于祁州"之语，《金史》亦言"杀之于祁州"。《金虏节要》明确称挞懒"至八月十一日伏诛"，其后《会编》《要录》等南宋史书皆采用此说，而《金史》于八月初四日，记曰"行台左丞相挞懒、翼王鹘懒及活离胡土、挞懒子斡带、乌达补谋反，伏诛"，大概是意谓挞懒等人谋反事发在初四日，伏诛则很可能在此之后，《金虏节要》谓十一日，当有所据。

由以上分析可知，《金虏节要》与《神麓记》有关挞懒死事的记载在某些具体细节上可以相互补充。然两者相较，《金虏节要》将挞懒出走完全定性为一场叛乱，且仅言其北走"至沙漠儒州望云凉甸"，而不提挞懒实欲赴阙之事，这很有可能就是宗弼奏报熙宗的说辞，如此一来就可愈加证实挞懒的谋反之罪，促使熙宗下诏赐死。由此，挞懒北逃沙漠之说便流传开来。

1　《金史》卷八〇《大臭传》，第1807—1809页。

2　《建炎以来系年要录》卷一一七绍兴七年十一月乙巳条记载"以女真万户拔束为元帅府左都监，屯太原；渤海万户大挞不也为右都监，屯河间"（第5册，第2171页）。

3　《建炎以来系年要录》卷一一九绍兴八年四月末引张汇《金虏节要》云："绍兴八年夏，挞懒自东京北归祁州，留兀术、大挞不也守东京。"（第5册，第2217页）

4　《建炎以来系年要录》卷一三六绍兴十年六月己亥条引《顺昌破虏记》，第6册，第2558页。

后来的南宋史书记述挞懒之死，主要依据的就是上引《神麓记》和《金虏节要》之说。《金史》称"挞懒自燕京南走，将亡入于宋"，"追而杀之于祁州"，而宋代文献所载除挞懒诛于祁州的结果相同外，其事件经过却与《金史》迥然不同，皆未提到挞懒南逃奔宋之事。按理说，像挞懒这样的金朝头面人物欲前来投奔南宋，事先当有所交通联络，宋人应该不会毫无记载。[1] 反观《神麓记》所述挞懒伏诛始末原委班班可考，不像是市井传闻，更不大可能出于杜撰，而应有比较可靠的史源，恐怕更接近事情的真相，而前人研究均未充分认识到其史料价值。今《金史》所记挞懒死事当源出《熙宗实录》，金朝史官编纂时一方面盖因袭宗弼上奏朝廷的说法，将挞懒出走定性为谋反叛乱之实据；另一方面，可能出于某种原因又将北窜沙漠改为南逃奔宋，从而留下了这样的记载。

三 《征蒙记》《行程录》记事辨析

其实，关于挞懒之死，除上引《神麓记》和《金虏节要》之外，还有两条相关记载见于旧题李大谅撰《征蒙记》和王大观撰《行程录》中，亦有必要加以讨论说明。

《会编》卷一九七引"伪官李成男李大谅《征蒙记》"曰：

> 天眷元年，都元帅、鲁国王挞辣，总四辅南行府，都统河

1　《三朝北盟会编》卷一九七绍兴九年八月十一日戊午条引赵甡之《遗史》谓秦桧归宋拜相后派其心腹高益恭至祁州投书，欲劝挞懒以鲁地自立，"为人所告，金人遂杀挞懒一族良贱八百余口，而益恭以烹死"（叶7b—8a），这是目前所见南宋尝欲与挞懒相交通的唯一记载，但这段记事与史实存在较大差误，并不可信，王曾瑜先生已辨其非，参见氏著《关于秦桧归宋的讨论》，《历史研究》2002年第3期，第171—172页。

南诸路军兵公事。忽副都元帅大王四太子至京，追呼四辅谕曰：
"都元帅割三京还南宋，何缘不与吾计议？其中都元帅必有逆
谋，欺罔国朝，恐与南宋别有异图，其理未当。尔等四辅，自
今后都元帅府应有行移军文字，如吾不在府第，无吾手押，不
得承受回报。故来面谕尔等，切宜谨守。祗待吾急赴国朝，整
会割还地土。"是时，大谅父成在中山府，谓大谅曰："今北狄
狂獗，非吾所忧。吾虑者副元帅兀朮性刚，恐还朝有异议。又
都元帅长男胜都花引大族下骑兵及万户北入沙漠部省亲，恐副
元帅北征相遇未便。吾虽走骑报知，令回避，未知如何？"次
年皇统元年，副元帅诏至行府，数都元帅鲁国王挞辣南和宋
好，包逆甚明，已将金贼诛废。外有长男胜都花知罪惧诛，虏
掠北遁，分遣精骑，追袭杀捕。[1]

李大谅《征蒙记》一卷见于《直斋书录解题》著录，[2] 主要记金熙宗
朝与蒙古和战之事。此书早已亡佚，唯在《会编》、《要录》及《蒙
鞑备录》中尚存若干佚文。早在 20 世纪 20 年代，王国维已将此书
断为伪作，主要依据是他认为熙宗时期金、蒙之间并未发生过大规
模的交战，知"征蒙本事之无根"，且书中的内容记载漏洞百出，
荒谬失实，当出于南宋人之托名伪作。[3] 后来日本学者外山军治利
用《完颜希尹神道碑》及《金史》的相关记载，证实蒙古侵扰确为

1　《三朝北盟会编》卷一九七绍兴九年八月十一日戊午条引李大谅《征蒙记》，叶 10b—11a。
　　"数都元帅鲁国王挞辣南和宋好"，"都元帅"原作"元都帅"，今据国家图书馆藏明湖东精舍
　　抄本及清光绪五年袁祖安活字本、三十四年许涵度刻本校正。
2　《直斋书录解题》卷五伪史类，第 141 页。
3　王国维《南宋人所传蒙古史料考》一文，初刊于《清华学报》第 4 卷第 1 期，1927 年，后
　　收入氏著《观堂集林》卷一五，见《观堂集林（外二种）》，第 368—380 页。

金初一大边患，熙宗时曾多次派军北征蒙古，[1] 从而颠覆了王国维有关早期金蒙关系的说法，尽管如此，但外山军治也承认《征蒙记》是一部伪书，他想要说明的是，伪书记事未必全然没有根据，需结合其他文献记载进行仔细考辨。此后，学界对《征蒙记》性质及其史料利用的态度基本因循了外山军治的看法，[2] 这也是我们分析以上这段《征蒙记》文字的立足点。

上引《征蒙记》所称"都元帅、鲁国王挞辣"即挞懒，其记事看似详赡，实则谬误甚多。王国维已指出"挞懒未尝为都元帅"，宗弼请诛挞懒在天眷二年而非皇统元年。[3] 除此之外，还有不少细节描述及行事逻辑都有很大问题。所谓"四辅南行府"的说法仅见于此，揣摩其意，大概与金初的元帅府体制有关。据《金史·兵志》，天会三年（1125），太宗因伐宋将此前的西南、西北两路都统府，改为元帅府，"置〔都〕元帅及左、右副，及左、右监军，左、右都监"七人，[4]《要录》亦谓金太宗改革官制，"元帅府置都元帅、左右副元帅、左右监军、左右都监"。[5] 在金太宗朝，都元帅由皇储谙班勃极烈兼任，常居守京师（即上京会宁府），实际由左、右副元帅分掌东、西路之军指挥作战，熙宗即位后，宗翰任都元帅，也不再直接领兵。而且元帅府的数量和驻地均不固定，除京师当有都元帅府外，左右副元帅、左右监军、左右都监皆可单独设府，且所

1　外山军治：《金熙宗朝に于ける蒙古讨伐の事实》，《东洋史研究》第 2 卷第 2 号，1936 年，此据氏著《金朝史研究》，李东源译，哈尔滨：黑龙江朝鲜民族出版社，1988 年，第 298—313 页。

2　近年，赵宇《再论〈征蒙记〉与〈行程录〉的真伪问题——王国维〈南宋人所传蒙古史料考〉补正》又进一步论证了《征蒙记》的伪书性质（《元史及民族与边疆研究集刊》第 32 辑，上海：上海古籍出版社，2017 年，第 160—169 页）。

3　王国维：《观堂集林》卷一五《南宋人所传蒙古史料考》，第 373—374 页。

4　《金史》卷四四《兵志》，第 1002 页。

5　《建炎以来系年要录》卷八四绍兴五年正月末，第 4 册，第 1603—1604 页。

在地也会经常变动。[1] 例如天会十五年，左副元帅挞懒的帅府在祁州，右副元帅宗弼开府于燕京，右监军撒离喝居云中元帅府，[2] 左都监拔束屯太原，右都监大挞不也屯河间，[3] 而左监军阿离补驻地不详。[4] 次年，以废伪齐，新取河南、陕西之故，调右监军撒离喝屯长安，左都监拔束屯凤翔，[5] 两人帅府亦随之迁移。《征蒙记》误将左、右副元帅挞懒、宗弼记作都元帅、副都元帅，所谓"四辅"盖指二人之下的左、右监军和左、右都监，"南行府"应是置于燕云及原宋地的诸元帅府。

天眷元年，挞懒在诸元帅中位阶最高，且负责对宋事务，故行"都统河南诸路军兵公事"之权。《征蒙记》谓此时四太子宗弼忽"至京"，追呼四辅，责备四人不与他计议便迎合挞懒，将河南、陕西三京之地割还南宋，遂谕令四辅"今后都元帅府应有行移军文字，如吾不在府第，无吾手押，不得承受回报"。这段记载疑点颇多。首先，宗弼所至之"京"，按理说当指京师，亦即都元帅府之所在，但此年并无记载表明元帅左、右监军和左、右都监曾同时远赴京城，况且宗弼谕令言"祗待吾急赴国朝，整会割还地土"，称其即将去朝廷面君，奏报还地事，说明宗弼当时尚未赴京，如此则

1　参见王曾瑜《金朝军制》，保定：河北大学出版社，1996 年，第 5—9 页。

2　《建炎以来系年要录》卷一〇九绍兴七年三月末云："（是春）金左副元帅、鲁国王昌居祁州，右副元帅、沈王宗弼自黎阳归燕山，左监军撒离喝居云中。"（第 5 册，第 2057 页）又卷一二〇绍兴八年六月末谓是夏"金左监军撒离喝自长安归云中元帅府"（第 5 册，第 2248 页）。两处均称撒离喝为"左监军"，然据《金史》撒离喝本传，天会十四年为元帅右监军，天眷三年以后迁右副元帅（卷八四《杲传》，第 1878 页），非"左监军"。

3　《建炎以来系年要录》卷一一七绍兴七年十一月乙巳条记载"以女真万户拔束为元帅府左都监，屯太原；渤海万户大挞不也为右都监，屯河间"（第 5 册，第 2171 页）。

4　《金史》八〇《阿离补传》，第 1811 页。

5　《建炎以来系年要录》卷一一八绍兴八年正月末，第 5 册，第 2195 页。"左都监拔束"，原作"右都监"，然《金史》卷七二《拔离速传》谓"天会十五年，迁元帅左都监。宗弼再定河南……陕西平。迁元帅左监军"（第 1665 页），按拔离速即"拔束"，未迁元帅右都监，且上文引《建炎以来系年要录》卷一一七亦作"左都监"，知此处"右"当为"左"之误。

与"至京"之语相矛盾。若"京"指燕京或汴京，倒便于召集四辅，然却又与其聚于都元帅府的语境不符。

其次，宗弼指责四辅未与他计议，便附和都元帅挞懒还地于宋。实际上，将河南、陕西地割与宋朝，此等大事绝非几位元帅商议便可决定。据《金史·挞懒传》，"挞懒朝京师，倡议以废齐旧地与宋，熙宗命群臣议"，当时参与廷议的除挞懒外，还有宗磐、宗干、宗隽、宗宪、完颜勗等朝中重臣，经过激烈争论，后因"太宗长子宗磐为宰相，位在宗干上，挞懒、宗隽附之，竟执议以河南、陕西地与宋"，[1]《宗宪传》亦谓"挞懒、宗隽唱议以齐地与宋，宗宪廷争折之"。[2]可知当时商议此事乃是在金朝的中央朝廷，最终宗磐、挞懒一派的意见占据上风，从而促成河南、陕西之地归宋，并获熙宗批准，[3]颁布了诏令，[4]由此可见，还地大事绝非元帅府所能私定。而且在此过程中，宗弼虽未预廷议，但也不是完全没有参与计议。《要录》记载挞懒废伪齐后，尝言"不若因以河南地锡与大宋"，"宗弼时为右副元帅，力不能争"，[5]说明他早已知晓挞懒之谋，并表达了明确的反对意见。不过，在朝廷定议还地于宋后，宗弼也只能无奈接受这一结果，并遵照执行，"以割地诏下宿州"，[6]并于天眷二年三月在汴京亲自主持交割事宜，[7]其间并无"急赴国朝，整会割还地土"这样的举动。至于四辅，可能也表示过对还地一事的看法，但恐怕不会都支持挞懒，至少由上文可知，右都监大挞不也系宗弼心腹，他应当会站在宗弼一边，遇事及时通报，不大会出现四辅绕开

1　《金史》卷七七《挞懒传》，第1764—1765页。

2　《金史》卷七〇《宗宪传》，第1615页。

3　《金史》卷四《熙宗纪》天眷元年八月己卯，"以河南地与宋"（第73页）。

4　此诏见《建炎以来系年要录》卷一二五绍兴九年正月丙申条，第5册，第2369页。

5　《建炎以来系年要录》卷一三五绍兴十年五月丙戌条，第6册，第2520页。

6　《建炎以来系年要录》卷一二五绍兴九年正月丙申条，第5册，第2369页。

7　《建炎以来系年要录》卷一二七绍兴九年三月丙申条，第5册，第2395页。

宗弼、唯挞懒之命是从的情况。

再次，宗弼谕令四辅，今后都元帅府公文，如他不在府，未经其手押批准，不得承受回报。然而如前所述，诸位元帅均分别领兵驻扎在外，并不合署办公，故无所谓在不在府第的问题。

《征蒙记》接下来的一段记载与本文所论挞懒死事相关，同样也有许多疑点。其谓"是时，大谅父成在中山府"，李成即《征蒙记》题名作者李大谅之父，本为宋将，后降金，《金史》卷七九有传。天眷元年时，李成为知冀州，[1]晚至海陵王正隆元年（1156）才"以李成知中山府"，[2]此处所言不确。李成对其子言："都元帅长男胜都花引大族下骑兵及万户北入沙漠部省亲，恐副元帅北征相遇未便。吾虽走骑报知，令回避，未知如何？"上文提到，挞懒有三子，但无名胜都花者，此处称胜都花为都元帅挞懒长子，引本族兵入沙漠部省亲，揣度文义，则只能理解为挞懒尝娶沙漠部（即指鞑靼或蒙古）女子为妻，生长子胜都花，故有此省亲之举。按女真本与鞑靼、蒙古相去较远，恐无甚来往，至伐辽时才开始有所接触，然是时鞑靼、蒙古助辽攻金，直到金天辅六年（1122）方降附金国，[3]恰于此年挞懒任奚六路军帅，[4]其驻防之地邻近鞑靼、蒙古，因此挞懒若要娶鞑靼、蒙古之女，则当在天辅六年后。此时挞懒年三十余，[5]

1　《建炎以来系年要录》卷一二二绍兴八年九月末，第 5 册，第 2276 页。

2　《三朝北盟会编》卷二二四绍兴二十六年十二月末，叶 7b。

3　参见王国维《观堂集林》卷一五《萌古考》，《观堂集林（外二种）》，第 348—349 页。

4　《金史》卷七七《挞懒传》云："太祖自将袭辽主于大鱼泺，留辎重于草泺，使挞懒、牙卯守之。奚路兵官浑黜不能安辑其众，遂以挞懒为奚六路军帅镇之。"（第 1763 页）检卷二《太祖纪》，太祖"追辽主于大鱼泺"在天辅六年八月（第 38 页）。

5　据《金史》卷一《世纪》，挞懒之父穆宗盈歌生于辽重熙二十二年（1053），大安十年（1094）袭位为完颜部首领，年四十二（第 13 页）。金太宗吴乞买生于辽大康元年（1075），初为穆宗养子，后穆宗生长子挞懒，吴乞买遂归宗（《松漠记闻》卷上，第 203 页上栏）。又穆宗第五子完颜晸，生于辽寿昌五年（1099）。由此推算，挞懒当生于 1075—1094 之间，至金天辅六年时想必至少已有三十余岁。

早已有一女真正妻名作"一车婆"，[1] 前文提及的挞懒三子可能就是正室所生。如此看来，即便挞懒后来又迎娶鞑靼、蒙古之女为侧室，其所育之子也不会是挞懒长男。

李成担心副元帅宗弼北征与胜都花相遇，欲派人报知胜都花，令其回避。这句话也有问题。《征蒙记》上文说宗弼欲"急赴国朝"处理割还三京之事，此处却又突然话锋一转称宗弼北征，前后事项矛盾。王国维也指出"挞懒父子北走，当在宗弼往燕京图挞懒之后，不在其自军中入朝之时"。[2] 且据记载，天眷二年金朝确有一次北征蒙古的军事行动，但统兵者为女真万户胡沙虎，[3] 而非宗弼。另外，从金、宋双方的记录来看，李成与挞懒并没有什么亲密关系，却为何甘冒风险向挞懒之子通风报信。《征蒙记》下文还说"次年皇统元年……已将金贼诛废"云云，当指天眷二年诛挞懒一事，非在皇统元年；又李大谅为金朝官员，却竟然在其书中以宋人口吻称呼"金贼"。

总之，从以上分析来看，上引李大谅《征蒙记》的记载过于蹊跷，疑点重重，其叙事虽看似首尾详赡，但实际上内容细节完全经不起推敲，大多与史实不符，且存在明显的行事逻辑于理不通问题。再考虑到《征蒙记》的伪书性质，我们可以基本断定这段文字记载总体是不足凭信的，恐怕多有演义的成分。

上文指出，王大观《行程录》也提及挞懒子胜都花北入沙漠部之事。《行程录》一书亦早已不存，其佚文今见于《要录》：

> （南宋绍兴十三年，金皇统三年，1143）是月（四月），蒙

1　《建炎以来系年要录》卷三八建炎四年十月辛未条小注引赵甡之《遗史》，第2册，第850页。

2　王国维：《观堂集林》卷一五《南宋人所传蒙古史料考》，第374页。

3　《建炎以来系年要录》卷一三三绍兴九年末，第6册，第2492页。

古复叛，金主宣命将讨之。初，鲁国王昌既诛，其子胜花都郎
君者，率其父故部曲以叛，与蒙古通。蒙古由是强，取二十余
团寨，金人不能制。（原注：此据王大观《行程录》。）[1]

关于《行程录》的真伪目前还有些争议，[2] 不过这并不影响我们对单
独这条记载的分析。这里讲的是皇统三年四月蒙古复叛，金熙宗命
将征讨，并追述蒙古此时叛金的原因是挞懒被诛后其子胜花都叛入
蒙古，遂使蒙古强大难制，"胜花都"即《征蒙记》所见之"胜都
花"（尚不知何者为误，姑且统称"胜花都"）。李寒箫将两书记载
联系起来，认为胜花都因挞懒之乱"知罪惧诛"，遂率其父部曲北
遁通蒙，合乎情理，当属可信。[3] 按尽管胜花都当非挞懒长子，但
也不排除其为挞懒幼子的可能。前文提到，挞懒从燕京出走时令
"本府千户及强壮得力家人、部曲"组成一支疑兵诈趋凉陉，半路
"至沙漠儒州望云凉甸"被宗弼派出的追兵截获。其中，有一部分
人被抓捕入狱，后随挞懒一并处死，如当时在宗弼手下任事的王山
即言"兀朮之戕其叔挞懒也，帛练拉杀之，其家三百余口皆以帛练

1 《建炎以来系年要录》卷一四八绍兴十三年四月末，第 6 册，第 2805 页。"蒙古"，点校本径
  改作"蒙兀"，欠妥，今据中华书局排印本改。

2 自王国维《南宋人所传蒙古史料考》判定《行程录》为伪书之后，学界大多认同其说，上
  引赵宇《再论〈征蒙记〉与〈行程录〉的真伪问题——王国维〈南宋人所传蒙古史料考〉补
  正》一文又做了补充论证，但近来李寒箫撰文重新讨论《行程录》之真伪，认为不可将《行
  程录》与《征蒙记》等而视之，并详细指出王国维证中的种种问题，然后结合金朝史料
  和域外文献具体论述《行程录》记载之可信，从而得出《行程录》绝非伪书的结论［《再论
  〈行程录〉的真伪问题》，《历史教学（下半月刊）》2019 年第 3 期，第 61—72 页］。但实际上，
  王大观《行程录》的真伪问题更为复杂，参见邱靖嘉《王大观〈行程录〉真伪暨金熙宗朝征
  蒙史事考》，《文献》2021 年第 6 期，第 65—87 页。

3 李寒箫：《完颜挞懒败亡及其子通蒙事迹商榷》，第 67—73 页。

拉杀,合焚其尸",[1] 这"三百余口"中想必包括那些参与北逃的家人、部曲;此外,很可能还有一部分人与宗弼军激战后逃脱,或许就在胜花都的带领下,经凉陉,[2] 北窜沙漠,降于蒙古。[3] 这些金人的加入不仅给蒙古提供了许多金国情报,而且可能还带来了一些新的技术和物资,从而帮助蒙古逐渐强盛。因此,《行程录》的记载恐非空穴来风,或有所本。若如此则亦有助于说明,当时挞懒出奔的方向应往北,而不朝南。且由此推测,《征蒙记》所谓"都元帅长男胜都花引大族下骑兵及万户北入沙漠部省亲"之事,有可能是在胜花都率众叛入蒙古一事的基础上衍生出来的讹传。

综上所述,天眷二年,金朝内部的政治斗争风起云涌,连发谋反大案。先是七月宗磐、宗隽伏诛,左副元帅挞懒因为宗磐同党而罢帅,削夺兵权,改任燕京行台尚书左丞相,不久八月亦以谋反被杀。关于挞懒死事经过,《金史》称其自燕京南走,将亡入宋,追而杀之于祁州;宋代文献的记载更详,却无法印证《金史》的说法,反而说挞懒出奔,北逃沙漠。笔者通过钩稽考索宋、金双方史料,认为苗耀《神麓记》和张汇《金房节要》的记载值得引起高度重视,挞懒从燕京出走,实欲赴阙面君,然为掩人耳目,遣其府兵及家人、部曲诈趋凉陉,但因亲信萧招折告发事泄,以致被擒,下祁州元帅府狱赐死。那支北奔的疑兵"至沙漠儒州望云凉甸"亦被

---

1 《三朝北盟会编》卷一九七绍兴九年八月十一日戊午条引"王山言",叶11b。《建炎以来系年要录》卷一三五绍兴十年五月壬寅条谓"有王山者,旧为宗弼所用,尝知顺昌府"(第6册,第2531页)。《三朝北盟会编》卷一九七又引赵甡之《遗史》称金人杀"挞懒一族良贱八百余口"(叶8a)。

2 《金史》卷二四《地理志上》桓州有"景明宫,避暑宫也,在凉陉"(第566页)。卷九六《许安仁传》谓明昌四年春,章宗将幸景明宫,安仁等人劝谏言称其地"邻沙漠,隔关岭,万一有警,何以应变"(第2132页),故可略知其地理环境。

3 《三朝北盟会编》卷九宣和四年九月三日己未条引赵良嗣《燕云奉使录》谓"沙漠之间系是鞑靼、蒯古子(即蒙古)地分"(叶8a)。

拦截，后因宗弼奏报将挞懒出走定性为叛乱，仅言其北窜事，从而产生了挞懒北逃沙漠一说。相反，《金史》的"南走"说较为可疑，有可能出于金朝史官的追改。此外，《行程录》所载挞懒之子胜花都"率其父故部曲"叛入蒙古之事，可能与那支诈趋凉陉的疑兵残部投附蒙古有关，而至《征蒙记》则又衍生出"都元帅长男胜都花引大族下骑兵及万户北入沙漠部省亲"的不实之说。

原载《文史》2021 年第 3 辑

第三编　纪念刘浦江老师

刘浦江先生的学术历程与治学思想

刘浦江先生，北京大学历史学系暨中国古代史研究中心教授、博士生导师。祖籍重庆垫江，1961 年出生于上海。2015 年 1 月 6 日 23 时 57 分不幸在家乡病逝，享年 54 岁。

纵观刘浦江先生的学术生涯，他的专业领域十分广泛，长期致力于宋辽金史、中国北方民族史、四库文献学及思想文化史的研究，先后在《中国社会科学》《历史研究》《文史》等一流刊物上发表各类学术文章百余篇，生前出版《辽金史论》《二十世纪辽金史论著目录》《松漠之间——辽金契丹女真史研究》《契丹小字词汇索引》四部论著，[1]

1　刘浦江：《辽金史论》，沈阳：辽宁大学出版社，1999 年；《二十世纪辽金史论著目录》，上海：上海辞书出版社，2003 年；《松漠之间——辽金契丹女真史研究》，北京：中华书局，2008 年；《契丹小字词汇索引》（与康鹏合编），北京：中华书局，2014 年。刘浦江先生逝世后，弟子们又为其编辑出版了两部遗著《宋辽金史论集》《正统与华夷：中国传统政治文化研究》（北京：中华书局，2017 年）。

在国内外史学界赢得了很高的学术声誉。同时，他又富于思想，对自己的研究方向和学术道路始终有清醒的认识和深远的思考，并对其毕生追求的学术事业怀有由衷的敬畏和深切的体悟，最后，他的那些点滴之思凝聚成了一套独具风采的治学思想。

作为受业弟子，在蒙受先生言传身教的日子里，他时常会与我们说起他的学术经历和所思所想，其中很多心曲是不为外界所知的。如今斯人已去，遽归道山，学生谨在此对恩师的生平学术作一全面的梳理和评述，希望能够比较客观地呈现他这一生的学术历程与治学思想，以缅怀我们心中最为敬爱的导师。

一　别开生面的辽金史学研究

刘浦江先生自幼酷爱读书，学习十分刻苦。1979 年，他从垫江一中考入北京大学历史学系中国史专业，在求学期间，就已展现出对文献的浓厚兴趣，[1] 打下了良好的基础。大学毕业后，分配到中共中央党校文史教研部任教，但对他而言，这并不是一份理想的工作。1987 年 10 月，他忐忑不安地来到邓广铭先生家，本想请邓先生介绍他去中华书局，可未曾想到，他叩开的是"一扇通往学术殿堂的大门"，在晤谈两小时之后，邓先生对这位年轻人格外赏识，当即决定要把他调到北京大学中国中古史研究中心。经邓先生竭力争取，他终于半年后顺利进入北大。[2]

1　受业弟子共书《走出辽金史——刘浦江先生笃行而未竟的事业》，《光明日报》2015 年 1 月21 日，第 14 版；收入邓小南、荣新江、张帆主编《大节落落　高文炳炳——刘浦江教授纪念文集》，北京：中华书局，2016 年，第 19—23 页。

2　刘浦江：《不仅是为了纪念》，《读书》1999 年第 3 期，第 126—131 页。按发表稿多有删节，全文见《宋辽金史论集》，第 335—342 页。

　　刘浦江先生调入北大中古史研究中心后，师从邓广铭先生，长期担任其科研助手。据刘师自述，当时邓先生布置给他的第一项任务是彻底解决《大金国志》一书的真伪问题，于是他花费了半年时间，逐条查找此书的史料来源，并写出《再论〈大金国志〉的真伪问题》一文，[1] 这是他接触辽金史的最初机缘。但此后几年，他一度心有旁骛，直至 1992 年才最终确定了其学术坐标，说来不免有晚学之恨。[2] 就在这一年，邓先生命他协助自己完成《三朝北盟会编》的点校工作，[3] 在之后的五六年里，他全身心地投入到此书的整理与研究之中。据他后来回忆，那些年，他基本上是每年上半年做金史方面的专题研究，下半年则要点校数十卷《三朝北盟会编》，其深厚的文献功底及对宋代文献之稔熟主要就是在此期间奠定的，同时这也更坚定了其从事辽金史研究的信念，所以这项工作可谓令他终身受益。就这样，正是在邓先生的鼓励与引导下，刘浦江先生逐步走上辽金史学研究的道路。

　　先生生前常跟我们说："要做一流学者必须得有一门拿得起来的断代史或专门史作为看家本领，首先要成为这个领域的专家，然才能谈得上向外拓展。"对于他而言，辽金契丹女真史研究无疑就是他最主要的学术阵地。

　　在先生看来，辽金史在中国史学传统的断代史研究格局中素以冷僻著称，"直到今天，我国辽金史研究的总体水平还没有超过战前日本学者曾经达到的那种高度，辽金史研究至今仍未走出萧条"。

1　此文发表时题为《再论〈大金国志〉的真伪——兼评〈大金国志校证〉》，《文献》1990 年第
　　3 期，第 96—108 页。

2　刘浦江：《辽金史论》自序，第 1 页。

3　刘浦江：《邓广铭先生与辽金史研究》，张世林主编《想念邓广铭》，北京：新世界出版社，
　　2012 年，第 191—196 页。

在这种学术氛围之下从事辽金史研究是一桩很寂寞的事情，"不时有一种垦荒的感觉"。[1] 他早年以研治金史起家，从 20 世纪 90 年代后期开始将注意力转向辽史，此后长期在辽金史学领域耕耘开拓，至今已有二十多个年头，发表了许多重要的研究成果，引起了海内外学界的广泛关注，被公认为当今辽金史界的领军人物。在我们学生草拟的《刘浦江教授生平简介》中，称他"将辽金史研究推升到一个前所未有的高度"。这并非一句溢美之词，对于长期沉寂萧条、只有数量增长而缺乏高质量精品的辽金史研究现况而言，先生的研究成果可以称得上是别开生面，在前人基础上取得了重大的突破。愚以为，具体来说，刘浦江先生对于辽金史研究的学术贡献主要可以概括为以下三个方面。

第一，对辽金史上诸多关涉重大的核心问题进行系统研究，并解决了许多悬而未决的重大难题。先生的辽金史研究完全是以问题为导向，据其自述，他对于研究课题的选择，向来有两个基本原则："一是追求重大题材，即关注重要的、关键的、核心的问题；二是追求难度系数，偏好难度较大的、前人没有发现或者未能解决的问题。"[2] 翻开先生的论著目录我们会发现，他所研究过的辽金王朝开国史、民族政策、宗教政策，辽朝国号、部族制度、头下军州，金代户口、捺钵、财政税收制度等诸多问题，无不是辽金史上最为核心、关键的重大议题。这些题材基本上都是前人研究十分薄弱甚至长期无人问津的，而先生则穷尽史料，对其做了迄今为止最为彻底的清理，使我们对辽金王朝核心层面的诸问题有了更深入的理解，从根本上推动了辽金史整体认识水平的提高。

---

1   刘浦江：《辽金史论》自序，第 2 页。

2   刘浦江：《松漠之间——辽金契丹女真史研究》自序，第 2 页。

追求难度系数也是先生辽金史研究的一大亮点。他长期关注辽金史领域内那些悬而未决的疑难问题，并曾总结有"辽金史上的十大难题"，[1] 他的许多文章就是专门为了破解这些难题而做的实证研究。其中，最令先生满意的两文当数《再论阻卜与鞑靼》和《金中都"永安"考》。[2] 阻卜与鞑靼之谜是困扰自王国维以来中外学人的一道世纪难题，先生通过全面考索宋辽金元文献及契丹、女真语文资料，证明辽金史中的阻卜（阻𩏂）绝非元朝史臣凭空杜撰，该词源出契丹语，后为女真语所因袭，终于解开了这一百年谜团。金海陵王迁都燕京之初，曾改燕京析津府为永安府，这是清代学者施国祁精心考证而得的一个重要发现，这一结论虽已被辽金史、历史地理和北京史研究者视为定谳，但在先生看来，这个问题仍存有很大疑点，果然他的研究最终推翻了前人成说，证明"永安"一名乃是海陵王天德三年所改的燕京新地名，所谓"永安府"事实上是子虚乌有的。类似这样的问题在辽金史研究中是具有较高难度的，而先生却均能将其彻底解决，眼光之独到，考证之精审，论述之缜密，在辽金史学界实属少见。他的研究堪称是辽金史学"精耕细作"、向深度挖掘的典范之作。

第二，拓展辽金史研究的手段和方法，充分利用民族语文资料和跨学科知识进行历史研究。先生在谈及辽金史研究的困厄与出路时，曾说辽金史学要想走出困境必须在材料和方法上寻求突破，前

1　据先生自己解释说，所谓"几大"难题，绝不是有意凑数，其中并没有什么噱头可言，其所开列的都是他在研究过程中认为最为重要、最具代表性的一系列难题。而且随着学力的增长，这些难题的数量也在不断增多，起初只有"八大"，后来增至"十大""十二大"，据我所知，后来他列出的题目已有十五个之多，其中有些是他业已解决的，而更多的则仍有待探索。

2　刘浦江：《再论阻卜与鞑靼》，《历史研究》2005年第2期，第28—41页；《金中都"永安"考》，《历史研究》2008年第1期，第183—189页。

者除了指大力挖掘传世文献史料之外，更要充分利用民族语文资料，而后者则是指采用跨学科的研究方法。[1] 他本人的研究就向我们全面展示了此二者对于推动辽金史研究的重要价值。

在辽金汉文史料严重缺乏的状况下，契丹、女真文字资料的出现无疑给辽金史研究带来了新的机遇。然而诚如先生所言，"长期以来，辽金契丹女真史学界与民族语文学界彼此十分隔膜：一方面，辽金史研究者大都不能掌握利用契丹、女真文字资料；另一方面，民族语文学家又未能向历史学家充分展示这些资料在历史研究方面的价值"。[2] 于是先生就力图打破这两者之间的隔阂，将民族语文资料真正应用于历史研究之中，并获得了巨大的成功。如上文提到的阻卜与鞑靼问题的解决，即全赖契丹小字和女真字石刻材料所提供的关键线索。而最能体现契丹语文资料之于辽史研究价值的，就是先生关于契丹人名、字问题的研究。[3] 他通过对契丹大小字石刻材料所见契丹人名、字的考释，结合相关汉文史料，揭开了从不为人所知的契丹族父子连名制的奥秘，这一研究是运用契丹文字资料研究契丹史的力作，代表着辽金史研究的学术前沿。因此，著名契丹文字专家刘凤翥先生总结刘浦江先生在辽金史领域的贡献，其中之一就是"用契丹文字研究辽史，刘浦江先生开风气之先"。[4]

1　刘浦江：《穷尽·旁通·预流：辽金史研究的困厄与出路》，《历史研究》2009 年第 6 期，第 24—29 页。

2　刘浦江：《松漠之间——辽金契丹女真史研究》自序，第 1 页。

3　刘浦江：《契丹名、字初释——文化人类学视野下的父子连名制》（与康鹏合著），《文史》2005 年第 3 辑，第 219—256 页；《再论契丹人的父子连名制——以近年出土的契丹大小字石刻为中心》，《清华元史》第 1 辑创刊号，北京：商务印书馆，2011 年，第 283—314 页。

4　《刘凤翥谈刘浦江的五大学术贡献》，中国社会科学网，2015 年 1 月 9 日，见 http://www.cssn.cn/zx/bwyc/201501/t20150109_1473248.shtml。另参见刘凤翥《怀念刘浦江先生》，《大节落落　高文炳炳——刘浦江教授纪念文集》，第 24—28 页。

先生曾指出:"今天的辽金史研究,尤其需要跨越语言学、民族学、人类学、民俗学等学科屏障——不仅仅是吸取这些学科的材料及其研究成果,更重要的是要掌握各个学科不同的研究方法。"[1] 在他自己的研究中,就不乏运用跨学科知识和方法解决并升华问题的成功案例。如关于契丹人名、字问题的研究,除了利用契丹语文资料进行探索之外,还是运用跨学科方法研究中国民族史的作品。其文通过考释契丹文字发现契丹人父子连名的现象之后,又结合中外民族志资料与文化人类学理论,进一步分析了这一父子连名制的具体类型和语言学、民族学特征,其学术意义和旨趣已超出了辽史研究本身,而为中国民族史研究探索出一条新的道路。又如《契丹人殉制研究——兼论辽金元"烧饭"之俗》这篇长文,[2] 在钩索宋辽金元及域外文献的基础上,充分结合考古学材料以及古今中外的民族志资料,对契丹社会的人殉制及北方民族的殉葬传统进行了系统研究,并引入文化人类学中"割体葬仪"的概念分析述律后"断腕"故事的原型,同时又从民族学和民俗学的角度,对辽金元"烧饭"之俗的含义界定及源流情况做了深入考察,其所涉学科之广泛,面相之丰富,令人耳目一新。先生在采用跨学科研究方法方面所做的开创性工作,对于辽金史研究的"学术突围"而言,具有示范性的意义。

第三,能够将具体的辽金历史考证问题升华为牵涉全局、观照面广的中观或宏观议题。先生平日常常教导我们,在做微观具体研究时,绝不能仅仅就事论事,而要时刻有"上层次"的问题意识。所谓"上层次"主要是指在考证具体问题的基础上,能够以小见

1　刘浦江:《穷尽·旁通·预流:辽金史研究的困厄与出路》,第 27 页。
2　刘浦江:《契丹人殉制研究——兼论辽金元"烧饭"之俗》,《文史》2012 年第 2 辑,第 179—205 页。

大，在一个更高、更广的层面申发其历史意义。这种能力正是先生的过人之处，他在做学术研究时，总能见微知著，"大处着眼，小处着手"，由微观实证牵引出一系列中观或宏观的重大议题，从而大大提升了其辽金史研究的整体层次。如关于金朝初叶国都问题的研究，[1] 他首先对金上京会宁府的国都地位及其真实形态做了细致的考证辨析，然后又将其置于女真政权从部族体制向帝制王朝转型过程中所存在的一种特殊政治生态下去加以解读，进而揭示出北方民族政权政治体制变迁的某些共性，其思路之开阔，眼光之高远，令人叹服。又如《德运之争与辽金王朝的正统性问题》一文，[2] 以论证辽金两朝的德运之争为基础，进一步系统剖析辽金元明清历代对北方民族政权的政治定位问题，从而勾勒出近千年来华夷观念的演变轨迹，充分彰显出先生高瞻远瞩、把控全局的宏观思辨能力。他的这些成果将辽金史实证研究升华为层次更高且具贯通性的历史问题，为辽金史研究整体水平的跃升作出了重要贡献。

从以上三方面来看，刘浦江先生在辽金史领域所取得的研究成果，别开生面，为长期沉闷的辽金史学研究注入了新的活力。他对辽金史上诸多重大问题均有相当精深的系统研究，并拓展了辽金史研究的手段和方法，推动了辽金史整体研究水平和层次的提升。就这些非凡的学术成就而言，他不愧为当今辽金史学界的中流砥柱。先生曾对我们说，他毕生有两大心愿，这第一就是希望他所做的辽金史研究能够超越此前的所有辽金史学者。不知在他心中，这一学术目标是否已经遂愿了呢？

1　刘浦江：《金朝初叶的国都问题——从部族体制向帝制王朝转型中的特殊政治生态》，《中国社会科学》2013 年第 3 期，第 161—179 页。

2　刘浦江：《德运之争与辽金王朝的正统性问题》，《中国社会科学》2004 年第 2 期，第 189—203 页。

二　“旁通之道”：从宋辽金到辽金元

　　刘浦江先生研治辽金史二十余载，对于这一断代史的总体状况始终有着全面的认识和深刻的思考。史料匮乏是辽金史研究一道永恒的难题，这也是辽金史在各断代史研究中处于相对落后地位的根本症结所在。辽金史研究要想走出困厄，改变辽金史学的冷落局面，就必须想方设法地寻求突破，这就是先生所说的“学术突围”。那么，究竟应当如何突围呢？其实，先生对此已有很成熟的考虑。

　　20 世纪末，他在撰写王曾瑜先生《金朝军制》的书评时，就已对 20 世纪的辽金史研究做了深刻的反省，并首次提出 21 世纪辽金史研究的新出路，他概括为“必须从上下、左右两个方向去寻求突破”。[1] 据他解释，所谓“左右”，主要是解决史料不足的问题，辽金史研究的史料范围应该扩大到五代十国、两宋、西夏、蒙元、高丽、日本，尤其是宋、元文献，史料挖掘的余地还很大。所谓“上下”，主要是解决研究方法的问题，比如研究辽金汉制，不妨着眼于唐宋；研究契丹、女真制度，不妨从东胡系民族或清朝历史中去寻求答案。后来，他又将上下、左右这两个方向进一步阐发为“穷尽史料”与“旁通之道”这两条可能的出路。[2] 关于“穷尽史料”，先生素以文献见长，尤精于宋元文献，故对他而言，这可以说是一种学术自觉，勿需赘言。在此，我想结合先生的学术经历，重点谈谈他个人的“旁通之道”。

1　刘浦江：《〈金朝军制〉平议——兼评王曾瑜先生的辽金史研究》，《历史研究》2000 年第 6 期，第 166—172 页。

2　前揭《穷尽·旁通·预流：辽金史研究的困厄与出路》。以下关于“旁通之道”的解释，皆出此文。

先生指出，"旁通之道"的要义之一就是"突破断代史的藩篱"，[1] 其中又包括两层具体的含义。首先，辽金史研究绝不能就《辽史》论辽史、就《金史》论金史，而应该兼治辽史和金史、契丹史和女真史。先生起初主攻金史，后由金史入辽史，并始终坚持二史兼治，自不待言。其次，辽金史研究者最好能够兼治宋史，或兼治蒙元史，或兼治民族史。他解释说："兼治宋史对于扩大辽金史的史料范围最为有利，兼治蒙元史或民族史则可拓展学术视野，以收触类旁通之功，前辈学者在这方面不乏成功的范例。"不过，他自称："这种治学路数也一直是笔者的学术理想与学术追求，可惜心向往之而力不能至。"实际上，"旁通之道"不仅是他心向往之的学术理想，而且更是其努力践行的学术追求。

从先生的学术背景和实际研究来看，他始终与宋史有着不解之缘。他最初就是在邓广铭先生的引导下，通过在宋代文献中查找《大金国志》的史源以及点校《三朝北盟会编》这部宋人史籍，而进入辽金史研究领域的。此后，他一直对宋史有着长期的关注，并致力于宋代文献及政治文化的研究。在他的论著中，就有若干篇研究宋代文献的作品，比较有代表性的如《范成大〈揽辔录〉"佚文"真伪辨析——与赵克等同志商榷》《〈三朝北盟会编〉研究》《宋代使臣语录考》等。[2] 在他所研究的宋代文献中，大多含有辽金方面的重要史料，所以他说"兼治宋史对于扩大辽金史的史料范围最为有利"，可谓其研治宋史的经验之谈。

政治文化史一直是先生很感兴趣的一个研究领域，因宋代在

1　"旁通之道"的另一层含义是指采用跨学科的研究方法，关于这一点上文已有论述。

2　刘浦江：《范成大〈揽辔录〉"佚文"真伪辨析——与赵克等同志商榷》，《北方论丛》1993年第5期，第91—96页；《〈三朝北盟会编〉研究》（与邓广铭先生合著），《文献》1998年第1期，第93—117页；《宋代使臣语录考》，张希清等主编《10—13世纪中国文化的碰撞与融合》，上海：上海人民出版社，2006年，第253—296页。

中国传统政治文化变迁中具有重大的转型意义，故他对宋代政治文化关注尤多，且做出了极为重要的研究成果。其中，影响最大的非《"五德终始"说之终结——兼论宋代以降传统政治文化的嬗变》莫属。[1] 此文对历代王朝用以阐释政权合法性的五德终始说之消亡过程进行了深入的探考，结果发现五运说之终结其实是宋代儒学复兴、道德教化的结果，并进一步指出其在宋代所面临的危机并不是一个孤立的现象，而是中国传统政治文化的一种共同境遇，宋代知识精英对五运说、谶纬、封禅、传国玺等传统政治文化均做了全面的清算，从学理上消解它们的价值，从思想上清除它们的影响，宋儒的那些政治伦理观念后来成为元明清时期的价值观，这向我们指引了宋元明清时代思想史的基本走向。该文视野宏阔，卓有识见，论证分析鞭辟入里，解决了中国传统政治文化中的核心问题，故一经发表即引起国内外学术界的强烈反响，先后被翻译为英文、日文，如今更已成为中国古代史研究生的必读篇目。此外，先生还曾对宋代宗教的世俗化与平民化、宋太祖誓约及誓碑之真伪等问题做过专题考察，[2] 亦为其宋史研究的精品之作。

　　由此可见，先生的学术领域实不限于辽金史研究，而是一直将宋史作为兼治的对象。尽管他曾谦称自己"没有打通宋辽金史的野心"，[3] 但邓小南教授认为，其实"他心中是真正要把宋辽金进行通体研究的"。[4] 在《松漠之间——辽金契丹女真史研究》一书勒口处

1　刘浦江：《"五德终始"说之终结——兼论宋代以降传统政治文化的嬗变》，《中国社会科学》2006 年第 2 期，第 177—190 页。

2　刘浦江：《宋代宗教的世俗化与平民化》，《中国史研究》2003 年第 2 期，第 117—128 页；《祖宗之法：再论宋太祖誓约及誓碑》，《文史》2010 年第 3 辑，第 145—158 页。

3　刘浦江：《辽金史论》自序，第 2 页。

4　《邓小南追忆刘浦江："质犹近古，纯正笃实"》，中国社会科学网，2015 年 1 月 9 日，见 http://www.cssn.cn/zx/bwyc/201501/t20150109_1473102.shtml。

的作者简介中，先生将自己的专业领域界定为"辽金史、民族史，兼治宋史"，这或许才是先生对自我学术定位的真实反映。

　　不过，随着学术研究的不断深入，他逐渐认识到，兼治宋史固然对扩大辽金史料范围及借助唐宋制度研究辽金汉制方面有所帮助，但仍存在明显的局限性。这主要是由于宋代文献中的辽金史料大多出自宋人的转辗记载，容有许多以讹传讹乃至演义杜撰的内容，莫辨真伪，而且缺乏涉及契丹、女真传统民族制度及核心政治议题的史料，故仅仅打通宋史，还不足以使辽金史研究全面走出困境。近年来，先生日渐意识到"旁通之道"的另一个突破方向——打通蒙元史的重要性。

　　契丹与蒙古同属北方游牧民族，两者在民族传统、部族制度等诸多方面都有着天然的共性，女真与契丹、蒙古的民族谱系虽有所不同，但金元政治制度之间的内在联系尤为密切，加之元代文献中也保存着不少辽金史料，因而打通蒙元史对于辽金史学者而言，或许是更为迫切的事情。对此，先生早就心知肚明，不过由于他最近几年的研究重心主要放在政治文化及思想文化史上面，故而未能集中精力开辟蒙元史这一新的专业领域。不过其实，先生近年也已开始尝试朝蒙元史方向寻求新的学术突破。譬如，他从文献学的角度，对元代治河文献《河防通议》一书的源流及其内容做了详细探讨，并从中发现了金《泰和律令·河防令》的十一条令文。[1] 其遗著《历史是怎样写成的？——郝经雁帛书故事真相发覆》，[2] 则更是一篇纯元史的作品。此文对流传甚广的郝经雁帛书故事进行抽丝

1　刘浦江:《宋、金治河文献钩沉——〈河防通议〉初探》，北京大学中国古代史研究中心编《舆地、考古与史学新说——李孝聪教授荣休纪念论文集》，北京：中华书局，2012 年，第 372—382 页。

2　此文今已收入《正统与华夷：中国传统政治文化研究》，第 116—142 页。

剥茧般的辨析，最终探明了这个故事的来龙去脉及其产生的社会背景，为我们还原了"历史"的书写过程。先生的这两篇文章仅仅是他涉足蒙元史的尝试之举，若天假以年，他或许会在这一领域开辟出一片新的天地。

在我印象中，大约自 2010 年以后，打通辽金元是先生训诫我们学生时反复强调的一个问题。他希望这个学术理想能够在学生身上得以实现，故思之深，责之切。出于这一目的，近年来，他指导博士研究生论文选题时，首先考虑的就是要找一个能够贯通辽金元史的题目。例如，他让陈晓伟博士研究北方民族政权的行国政治，这就牵涉到辽金元时代的捺钵、斡鲁朵、行朝等方面的核心问题。至于目前在读的两位博士生苗润博和赵宇，先生对他们的论文选题也有同样的要求，这也是他患病期间始终难以释怀的一桩心事。先生临终前，特意将二人托付给张帆教授，就是希望他们能够在张帆教授的指导下，顺利地进入蒙元史领域，最终实现打通辽金元史的目标。先生生前的第二大心愿是希望他培养出来的学生将来能够在学术上超越自己，在他看来，贯通辽金元史是超越他的一条可行之路。

纵观先生的学术生涯，他虽以辽金史名家，但并不满足于在该领域内所取得的现有成果，而是时刻思考着辽金史研究的出路在何方。为此他朝各个方向努力践行着其所谓的"旁通之道"，从兼治宋史到打通蒙元史，他的这些探索为后来的辽金史学人指明了方向。

三 "入于汉学，出于宋学"

刘浦江先生不仅学问精湛，而且还具有十分敏锐的学术洞察力，对历史学界的整体面貌及发展趋向都了若指掌，并时刻反省自身治学路径所存在的问题，不断调整自己的学术目标。近几年来，他思考最多的就是当今史学界普遍存在的"碎片化"问题。自 20 世纪 80 年代新史学兴起以来，历史研究日益陷入碎片式的微观实证研究。一方面，研究议题越来越琐碎，大多热衷于史事的细节考证和个案考察，缺乏全局性、整体性的观照；另一方面，专业分化越来越精细，各断代史或区域史之间壁垒森严，研究者往往穷其一生仅在某一领域内钻研探索，缺乏跨断代、跨区域乃至跨学科的贯通意识。这种倾向虽有助于史学研究的深度掘进，但也导致整体史学的衰微，宏观重大题材研究的缺失，从而呈现出一种"碎片化""边缘化"的现象，引起了史学界许多人士的诟病。

在这种状况下，历史研究者也逐渐分化为两类治学取向截然不同的群体。一类学者毕生皓首穷经，以烦琐考据和微观基础研究自矜，其学问深度虽无可挑剔，但整体器局未免过于狭隘。另一类学者则仍坚持"宏大叙事"主题的研究，擅于阐发义理，关注大理论、大关怀、大问题，格调虽高，但往往流于空疏。在有关史学"碎片化"的论争中，上述这两类学者经常互不入眼，彼此责难，前者讥后者疏阔，经不起推敲；后者讽前者细碎，上不了层次。这一现象颇类似于清代的汉学与宋学之争。几年前，有一次先生向一位考据学家请教问题，当谈到某位以义理见长的著名思想史家时，那位学者对这位思想史家的学问予以严厉批判、全盘否定，言辞颇为激烈。先生听后大为吃惊，目之为当代版的"汉宋之争"，并对这种做法很不以为然，他认为正确的学术态度"应该是取其长而弃其短，追求互补，若是矜己之长而攻人之短，势将不利于学术的进步"。[1]

1　此为 2012 年 1 月 25 日先生的邮件内容，见《收获丰厚的青春——刘浦江致弟子书》，《北京青年报》2015 年 1 月 12 日，第 B2 版，收入《大节落落　高文炳炳——刘浦江教授纪念文集》，第 15—16 页。

此后，他就时常思考史学"碎片化"及"汉宋之争"的问题，并考问着自己历史研究者究竟应该追求怎样的学术境界。在他看来，要成为一流学者，既不能陷入"碎片化"的史学而不能自拔，也不可执拗于汉宋门户之见，而应兼容并蓄，博采众长。2014 年 3 月 22 日，在北京大学历史学系第十届史学论坛的开幕式上，先生就此话题发表了一通主旨演讲，这也是他最后一次公开谈论学术的讲话。在这次演讲中，他将其认为最理想的学术研究路径精辟地概括为"入于汉学，出于宋学"的治学主张。这可谓是先生对其一生学术经历及思考心得的高度提炼，需要加以详细解读。

先生所说的"汉学"是指清代乾嘉以来形成的考据之学。他认为一切历史研究都必须建立在扎实考证的基础之上，对于历史学者而言，也唯有做实证研究才能真正进入史学的大门。由"汉学"入门给我们带来的好处是：其一，可以充分接触历史文献，接受全面的文献学训练，打下良好的文献基础；其二，养成实证研究的习惯，今后即便研究宏观问题，也能在具体论证时脚踏实地，避免天马行空般的自说自话。这两点意义是先生十分看重的，他本人的学术研究就是这样一种路数。他早年通过文献考证研究走上史学道路，练就了极为深厚的文献功底和考据功力，[1] 他的所有研究无不是以扎扎实实的考证为基础的，同时这也是他在培养学生时，对我们的一个基本要求。

"入于汉学"一语比较容易理解，这其实也是大多数学者进入

1　他不仅熟谙宋元文献，而且还在四库学方面有很深的造诣。长期为研究生开设《〈四库全书总目〉研读》的课程，最近又发表《〈四库全书初次进呈存目〉再探——兼谈〈四库全书总目〉的早期编纂史》（《中华文史论丛》2014 年第 3 期，第 295—330 页）、《天津图书馆藏〈四库全书总目〉残稿研究》（《文史》2014 年第 4 辑，第 163—184 页）、《四库提要源流管窥——以陈思〈小字录〉为例》（《文献》2014 年第 5 期，第 3—13 页）三篇四库学佳作。

历史学领域的一般路径。不过，或许对不少人来说，一旦入门可能就意味着学术畛域与路数的基本定型，今后不会有太大的改变。但在先生看来，长期浸淫于一个学术领域或重复一种学术路子未必是什么好事，可能意味着学术创造力的枯竭，[1] 因此他时常思考如何突破自己的学术瓶颈，追求更高的目标，"出于宋学"就是他认为最理想的一种学术境界。

这里所说的"宋学"可泛指与考据相对的阐发义理之学，然就具体的史学研究而言，主要包含两层意思，一是研究全局性的宏观问题，二是研究跨断代、跨区域甚至跨学科的重大题材。先生认为，当一名学者进入学术成熟期之后，就不能再把全部精力都用于做鸡零狗碎的烦琐考证，而应尽量做有分量、有影响的"大文章"。那么，怎样才能做出"大文章"呢？这就要求史学研究者，一方面要"小题大做"，在从事微观研究时，注意其背后能否牵引出更高层面的中观或宏观问题，此即上文提到的"上层次"；另一方面又要"大题大做"，突破断代史、区域史以及传统王朝格局体系的樊篱，关注和研究中国整体历史发展脉络中重大的、关键的、核心的问题。不过，对于青年学人来说，因学力尚浅，恐不足以把握牵涉面广的大问题，故可先从"小题大做"入手，但中年以后就必须朝"大题大做"而努力。[2] 以上谈到的这些就是所谓"出于宋学"的基本内容。尽管先生明确提出这一主张时间较晚，但事实上，他早已在其学术研究中默默实践着这个治学理想。上文谈道，先生的辽金史研究多具有"上层次"的问题意识，就是一个很好的反映。在

1　此语出自《松漠之间——辽金契丹女真史研究》自序，第1—2页。"重复一种学术路子"系笔者所加。

2　此即严耕望先生所云："青年时代，应做小问题，但要小题大做；中年时代，要做大问题，并且要大题大做。"（《治史三书》，沈阳：辽宁教育出版社，1998年，第54页）

此，我想着重介绍一下他在拓展学术视野、研究宏大问题方面所走过的心路历程。

大约自 2000 年以后，先生逐渐开始有意识地突破辽金史的束缚，开辟更为广阔的学术领域。他一直对中国古代政治文化史具有浓厚兴趣，通过研究辽金王朝德运之争与正统性问题这一契机，他敏锐地抓住了历代正统论、德运说、华夷观念等涉及传统政治文化及思想观念变迁的重大核心问题，进行长时段的系统研究，产出了一系列高水平的研究成果。除上文提到有关辽金正统及"五德终始"说终结的两文之外，还有《正统论下的五代史观》与《南北朝的历史遗产与隋唐时代的正统论》，[1] 若将这四篇文章整合起来会发现，他为我们勾勒出了以王朝正统论为核心的传统政治文化自魏晋以降直至明清的整部发展演变史，[2] 展现出其宽广的学术视野与宏阔的学术气局。近年，先生又申报了题为"历史学视野中的正统论——以华夷观念为中心"的国家社科基金项目，并将其研究议题转向思想文化史方面，对宋元明清乃至民国时期的民族主义、华夷观念及政治遗民等问题亦多有关注，并在远离他自身专业之外的领域做出了很有影响的研究成果。他最新发表的文章《太平天国史观的历史语境解构——兼论国民党与洪杨、曾胡之间的复杂纠葛》，竟是一篇近代史研究的作品。此文深入剖析和解构了太平天国民族

1　刘浦江：《正统论下的五代史观》，《唐研究》第 11 卷，北京：北京大学出版社，2005 年，第 73—93 页；《南北朝的历史遗产与隋唐时代的正统论》，《文史》2013 年第 2 辑，第 127—151 页。需要说明的是，后一篇文章的初稿大约写成于 2008 年，正式发表较晚。关于此文的详细评析，可参见李鸿宾《旧时的痕迹——刘浦江的生活与学术》，《东方早报·上海书评》2015 年 2 月 8 日，第 7、8 版，后改为《刘浦江忆旧》，收入《大节落落　高文炳炳——刘浦江教授纪念文集》，第 172—186 页。

2　据先生说，他以前本打算对秦汉时代的德运、正统问题亦加以考察，但读了顾颉刚《五德终始说下的政治和历史》这篇长文之后（收入《古史辨》第 5 册），觉得研究余地不大，故而作罢。

革命色彩被不断涂抹的经过，[1] 颠覆了人们对此问题的传统认识。该文发表后，赢得了近代史学界的广泛好评。一位中国古代史学者能够做出这样既有深度又有思想的近代史研究论文，殊为难得。这篇文章再加上他病中刊出的另一篇《元明革命的民族主义想象》，[2] 共同为我们揭示出自明代以来中国民族主义思想的生长过程，这种研究思路正符合先生"出于宋学"的治学理念。

先生在做学术研究时，习惯将自己的研究进展和心得体会随时记录下来，以备日后总结反思，从中我们得以了解他学术探索的轨迹。前些年，先生曾摘录了几段日记总题为"心路"，分享给我们学生参考，当时他正在着手做明清华夷秩序方面的研究，在 2011 年 10 月 10 日的日记中，他这样写道：

> 近两日反复考虑，决定先做两个题目，一是"从明代的华夷之辨到清代的华夷秩序观"，二是"文化认同与政治忠诚——遗民问题研究"。主要是考虑到这两个题目都涉及元明清时代，有些问题还有交叉或关联，所以在读书搜集材料时不妨一块做，既可以提高效率，又能相互观照。
>
> 这真是一次很大的挑战，尤其是前一个题目可能需要一直梳理到民国时期，材料、问题、学术史都很陌生，不过这对拓宽自己的学术视野是非常有利的。准备拿出半年时间来读书找

1　刘浦江：《太平天国史观的历史语境解构——兼论国民党与洪杨、曾胡之间的复杂纠葛》，《近代史研究》2014 年第 2 期，第 84—99 页。此文原有二千余字的内容讨论民国时期中国共产党和毛泽东对曾胡的态度立场问题，但在《近代史研究》发表时删去，先生原稿今已收入《正统与华夷：中国传统政治文化研究》，第 204—235 页。

2　刘浦江：《元明革命的民族主义想象》，《中国史研究》2014 年第 3 期，第 79—100 页。

材料，寒假能动笔就不错了。

　　研究这样宏大的问题既有意义，又有意思。符合严耕望先生中年时大题大做的主张。一定要坚持几年，把这本书写出来。

从这则日记我们可以清楚地看到，先生敢于挑战陌生领域的勇气，"大题大做"、研究宏大问题的意识，以及坚持不懈、持之以恒的决心。后来，经过几个月的摸索，他最终选定乾嘉时代"倒错"的夷夏观问题作为切入点，[1] 开启他的系列研究，此后的《元明革命的民族主义想象》《太平天国史观的历史语境解构》等文章都是由此生发而来的。可惜先生列出的研究题目还有很多，但天不假年，他永远无法完成这部最能体现其学术高度的书稿了，这不啻为一个巨大的遗憾！在了解了先生学术生涯中的这些心路历程之后，我们就知道他提出"入于汉学，出于宋学"的治学主张绝非信口开河，而实为其苦心孤诣得来的至理箴言。[2]

　　先生虽由"汉学"进入史学殿堂，并长期在辽金史领域耕耘，但他始终认为学无止境，一名优秀的学者不能将自己限定在某一固定的领域，复制着同一种学术路数。所以他毅然决然地开始走出辽金史，努力探寻多元的研究路径和恢宏的学术格局，并通过"出于宋学"，进入一种通达的学术境界。邓小南教授这样评价先生的学术："浦江一方面学术敏感性、悟性突出，另一方面学术自觉性、自

1　此文题为《"倒错"的夷夏观？——乾嘉时代思想史的另一种面相》，今收入《正统与华夷：中国传统政治文化研究》，第172—203页。

2　荣新江教授称"既要有实证性的硬功夫，也要有史家的识见"是邓广铭先生创建北大中古史研究中心以来的"家训"（《垫江洒泪送浦江》，《文汇报·文汇学人》2015年2月6日，第4、5版，收入《大节落落　高文炳炳——刘浦江教授纪念文集》，第192—198页），先生提出"入于汉学，出于宋学"的主张或许在一定程度上也是受此"家训"的影响。

律性很强。他对学界整体脉络、演化趋势的把握，以及对个人治学目标、学问路径的认识都了然于胸，毫不混沌。……他希望挑战重大题材，追求更为恒久的学术价值。"[1] 陈侃理博士则称"刘老师一定是以通儒自期的"。[2] 这些评论对于先生而言，是十分允当的。他可以称得上是一位悟性突出、自律性强、对自我学术路径有长远规划的"通儒"。

四　学术的尊严与品格

刘浦江先生在学术事业上成就斐然，不过需要特别指出的是，他绝不是一位只待在书斋里的学者，而是对这个社会、对这个时代都有着强烈的现实关怀。王子今教授即回忆说："作为胸怀正义的学人，他对于社会情状和民众生活，对于国家前途和民族命运，内心在应当关切的时候是关切着的，热血在应当沸腾的时候是沸腾了的。"[3] 尤需值得一提的是，先生对当今的学术环境更是有着十分透彻的观察和深刻的反思，这也深深影响着他的学术品格。他的这些思想在其所写的学术随笔中表露无遗。

早在 20 世纪 90 年代中叶，先生就写过一篇很有名的文章《唐突历史》，[4] 对现代中国的整体学术环境以及历史学家的价值取向做了深入分析，可谓入木三分。他指出，历史学家在讲述历史时几乎

1　邓小南：《天然清流，不杂渭泾：忆刘浦江教授》，《文汇报・文汇学人》2015 年 2 月 6 日，第 2 版，后改题为《天然清流，不杂渭泾：忆浦江》，收入《大节落落　高文炳炳——刘浦江教授纪念文集》，第 84—91 页。

2　陈侃理：《黯淡世界中的一道光》，《大节落落　高文炳炳——刘浦江教授纪念文集》，第 332—335 页。

3　王子今：《老泪独吟忆浦江》，《文汇报・文汇学人》2015 年 2 月 6 日，第 3 版。

4　刘浦江：《唐突历史》，《读书》1996 年第 12 期，第 32—39 页。

不可能毫无介入政治、国家、民族利益乃至个人感情。对 20 世纪中国史学研究影响最大的莫过于政治,从武则天的历史评价到岳飞的种种是非之争,皆可描绘出一个时代的政治风云,其中还牵涉到国家和民族的价值评判问题。尽管近三十多年来,历史学与政治虽拉开了一定的距离,但与此同时,历史研究中的各种非历史倾向则呈现出更加复杂的面貌,往往牵扯到许多经济利益、地方利益,从而渐渐失去了学术的味道。最后,他抛出了一句掷地有声的话:"作为一位历史学家,我想说的是,尊重历史,应该成为每一位历史学家的职业信条。"基于尊重历史、尊重学术的精神,他呼吁历史研究者都应该做"独立的历史学家"。在他看来,历史学家的理想境界应该是站在人类的立场上,"超脱于政治、民族、种族、国家、宗教信仰以及个人情感等等",[1] 研究客观真实的历史,唯有如此才能真正成为"独立的历史学家"。

说起独立的史家,我们首先想到的就是以"独立之精神,自由之思想"著称于世的陈寅恪,而先生也写过《正视陈寅恪》一文。[2] 在这篇文章中,他着重从学术与政治的角度,进一步阐述了其对"独立的历史学家"的看法。[3] 他认为,陈寅恪带给我们的重要启示就是学术必须疏离政治,史学一旦沦为政治的附庸,就无异于宣告它的灭亡,所以他一向不赞成史学为什么什么服务、与什么什么相结合的口号,"服务史学""应用史学"必然沦为庸俗史学。知识分子应具有在严酷的政治环境和令人窒息的学术空气中,仍能保持

1　刘浦江:《第三只眼睛看中国历史——评〈剑桥中国辽西夏金元史〉》,《中国文化》第 19、20 期合刊,2002 年,第 338—344 页。

2　刘浦江:《正视陈寅恪》,《读书》2004 年第 2 期,第 91—99 页。

3　先生对学术与政治的思考,另见《不仅是为了纪念》及《书生本色》(《中华读书报》2002 年 12 月 11 日,第 5 版)两文。

自由思想和独立人格的胆识。至于历史学家如何养成独立的学术品格，他的宣言是："不盲从于政治，不盲从于时代，不盲从于权威，不盲从于习惯。"同时，他还严正指出如今的史学界之所以再难见到陈寅恪这般气象恢宏的大师，问题的症结就在于今天的学术太功利了，"学术功利化的时代可以陶冶出一大批兢兢业业的专家学者，但终难铸就器宇磅礴的鸿儒"。这一席宏论至今读来仍可振聋发聩。在他眼中，史学研究是一项神圣的事业，不容许为政治所左右，这就是学术的尊严。置身于当今的时代氛围之下，固然需要社会给我们提供一个相对自由和宽容的学术环境，但更为重要的是，历史学家要努力抵御各种各样的诱惑，保持自己独立的人格和自由的思想，维护学术的尊严，做"纯粹的学者"。

先生曾说，一个人文学者的最佳境界是"能够完全凭着学术的感觉去选择自己感兴趣的研究课题，而不必有其他任何功利的考虑搀杂其间"。[1] 他自己就是这样做的，同时也以此要求我们学生。去年，我与陈晓伟博士毕业，走上工作岗位。当时先生正在接受化疗，他对我俩放心不下的是，担心我们今后处理不好学术研究与申报项目之间的关系，于是特命我们将今后若干年内准备研究的课题以及申报项目的名称、时间逐一胪列出来，发给他过目把关，并于2014年10月7日发来邮件，告诫我们说：

> 有一点要特别提醒你们，以后无论申报什么项目，一定是自己做过的或是近年打算做的真正有学术价值的题目。绝不能为了拿到项目，什么题目容易获批就报什么题目，项目要服从自己的研究计划，而不能让自己的研究计划去迁就项目。不能

---

1   刘浦江：《松漠之间——辽金契丹女真史研究》自序，第2页。

为钱活着，学术事业才是第一位的。

这番话是先生内心世界的真实写照，他为学术而生，为学术而活，学术事业高于一切，他的所有研究都是他认为最有学术价值的题目，毫无任何功利之心的驱使，而是完全出于对学术的敬畏和尊重。如今先生仙逝，再次读到这封邮件，顿时令我热泪盈眶，感动不已，我想我一定会将这番教训永远铭刻于心，终生奉守不渝。

先生对学术的尊重与执着，还表现在他平日的为人处世之中。无论是研究生招生、学位论文答辩，还是各类评奖评审、处理行政事务，他都始终坚守学术原则与道德底线，坚持纯学术的价值观，这在他去世后许多师友的纪念文章中已多有提及。[1] 在此，我想不妨再举一些例子。2006 年至 2010 年先生受命担任北京大学历史学系副主任，他见到每次学校公布的中标重大项目及各类科研奖项获奖名单中，各课题组成员排名前列的大多是学校各职能部门及院系的行政领导，他对此极为厌恶反感，认为这种领导挂名的做法纯属投机行为，严重妨碍了学术的公正性。因此，他以身作则，严正声明自己在任期间绝不参加任何评奖评选。而每当历史系需要参评校内外各级奖项时，他总会按照学术标准，积极主动地在系里物色最有实力获奖的老师，千方百计地动员他们参评，故凡经他手参与的评奖活动，历史学系老师几乎都能获奖。他用事实证明，学术可以不趋炎附势，学术标准是必须坚持的原则和底线。

谈到先生的学术态度，还有一点不得不提，那就是他对自己学

---

1 如张帆《功在学术，虽殁犹荣》，《文汇报·文汇学人》2015 年 2 月 6 日，第 5 版；阎步克《追念刘浦江君》，《东方早报·上海书评》2015 年 2 月 8 日，第 5 版；李华瑞《畏友浦江》，《东方早报·上海书评》2015 年 2 月 8 日，第 6 版。三文均收入《大节落落　高文炳炳——刘浦江教授纪念文集》，第 253—263、115—117、145—155 页。

术事业的自尊、自强与自信。众所周知，先生只有本科学历，没有
继续攻读研究生学位。据其亲友回忆，他之所以没拿学位，并不是
能力不济，而是对现行专业人才培养体制的不满和抵制。[1]他坚信
凭着自己的资质、勤奋和汗水，照样能够在学术上出人头地，要靠
自己的实力正名，而不需要用高学历来装点门面，同时他也认为这
个社会毕竟尚未沦丧到学术标准尽失的地步，他相信至少在北京大
学不会以学历取人而埋没其学术事业。正因如此，他在《正视陈寅
恪》一文中，不禁流露出对陈寅恪游学欧美十余年上过众多名牌大
学而没有拿一个博士学位的艳羡，以及对清华国学研究院竟肯给这
个既无博士头衔当时又没有什么著述的白丁发导师聘书的赞赏。邓
小南教授曾劝先生趁年轻在职申请博士学位，但他却简洁明了地回
答："谢谢小南。我不相信北大也没有学术判断力！"[2]后来，果不其
然，他凭借着自身的学术实力，跻身一流学者之列，顺利晋升为教
授、博士生导师。不以学历取人，这是北大值得骄傲和坚持的优良
传统。

　　另外，还有一事也能鲜明地反映出先生自尊自强的学术品性。
在他第一部论文集《辽金史论》自序的结尾，有这样一段令人振奋
的话语："曾有人建议我请一位前辈名流为这部论文集作序，被我断
然拒绝了。我想，既然是学术著作，何须来这种俗套？如果连这点
自信都没有，即令有名家捧场又能怎样？我们处在一个价值判断力
彻底沦丧的时代，人们不得不依靠序引、'书评'或者获什么奖之类
的名堂去衡量学术水准。这真是学者的最大悲哀。但无论如何，我

1　先生在《不仅是为了纪念》一文中曾说："在邓先生身边工作整整十年，虽然没有听过他一
　　堂课，但不知怎么的，一来二去，你就变成了一个真正的学者。我对专业人才的生成机制发
　　生了怀疑。"《宋辽金史论集》，第337页。

2　前揭邓小南《天然清流，不杂渭泾：忆刘浦江教授》。

的著作是决计不要名家作序的。于是我很坦然地写下了这篇自序。"
言辞中充满了对学术的自信和内心的坦荡，显露出未来辽金史研究
"舍我其谁的霸气"，[1] 这就是先生的个性。

其实，在先生身上还有许多优秀的品质，如治学严谨精益求
精、工作认真一丝不苟、处事公正严明、耿介不阿、淡泊名利等。
这些纯正的品格归根结底，大多源自他对学术的那份尊重。我想
说，他用自己的生命守护着学术的尊严，同时也为他自己赢得了应
有的尊重，有人称他为"真正学者的表率"，或许就有褒扬其学术
品格的含义。

五　学脉相传

如果一个学者仅仅为了个人的名山事业而不懈奋斗，那顶多
称得上是敬业，恐算不得什么"大师"。真正的"大师"除了将自
己的学术研究做到极致之外，更多考虑的则是学科的建设、人才
的培养和学术的传承，如傅斯年、邓广铭先生就属于这样的"大
师"。当然，刘浦江先生由于英年早逝，学术能力尚未完全施展，
自当不起"大师"之名，不过需要指出的是，他其实并不是一位普
通的学者，他把学术当作一门师徒相传的手艺，他在努力将其发扬
光大的同时，时刻思考的是它目前有什么问题、将来如何才能更好
地发展，以及他个人能否培养出合适的学生来传承这门手艺。他常
说"学术研究是一项薪火相传的事业"，所以他把自己仅仅看成是
学术脉络中的一环而已。谈到他的这条学脉，自然要从邓广铭先生
说起。

1　前揭李华瑞《畏友浦江》。

先生曾在《邓广铭先生与辽金史研究》一文中梳理过北大辽金史学的学统。目前北大的辽金史学是 20 世纪 80 年代以后，经邓先生一手扶植而创建起来的。虽然邓先生的学术专长主要是宋史，其辽金史的研究成果并不多，但他对辽金文献史料极为稔熟，曾探讨过《辽史·兵卫志》史源及《大金国志》与《南迁录》真伪等问题，并对《三朝北盟会编》做了系统整理和研究，这对新中国成立后北大辽金史学传统的恢复和光大具有开创性意义。1983 年，杨若薇投到邓先生门下主攻辽金史，她完成的博士论文《契丹王朝政治军事制度研究》，[1] 堪称 20 世纪中国辽金史领域第一流的研究成果之一。1988 年，邓先生又慧眼识珠，将浦江师调入北大中古史中心，从事辽金史研究，从而使北大的辽金史学统赓续不坠。这是邓先生对辽金史的最大贡献。

从邓先生手中接过辽金史学的火炬之后，先生通过不懈的努力，将北大的辽金史研究提升至世界一流的水平。不过，他始终认为辽金史学的全面振兴仅靠他个人的努力是远远不够的，必须得培养出几个优秀的学者来共同支撑，才能推动这个学科的整体发展，并把他手中的火炬接着传递下去，赓续不坠。因此，他将培育新一代的辽金史学人视为其学术事业的一部分，在指导学生方面极为用心，倾注了大量的时间和精力。

先生培养学生可以说是全方位的指导、手把手的教学。凡是他的学生只要研究生复试一通过，就会在第一时间找来面谈，讨论今后几年的学习计划，开列阅读书单，布置眼下任务，并指定旁听课程。正式入学之后，每个同学每学期选修哪些课程、有什么具体的学习任务、今后的主要研究方向是什么以及读书课的进度计划等，

---

1   杨若薇：《契丹王朝政治军事制度研究》，北京：中国社会科学出版社，1991 年。

先生都要一一交代。平日他也会针对同学们在学习过程中遇到的困难和疑惑进行单独辅导。

最能体现他教学风格的事情莫过于指导和修改论文。先生非常鼓励我们在平时阅读过程中发现并解决问题，撰写有含金量的学术论文。一旦某个研究题目被他认可之后，他就会让我们去穷尽相关史料和论著，列出详细提纲与他讨论，有时仅仅一个提纲就要讨论一整天，直至文章架构梳理清晰、解释论证圆满之后，他才会让我们开始动笔。待写出初稿后，他首先要仔细审阅一遍，指出有问题的地方让我们修改返工。当我们收到这个批阅本时，看到的都是密密麻麻的各种批注和涂黄显示，小到一个标点符号、错别字，大到史料理解、论述逻辑、文章结构等他都会逐一标识，极为细致，我们常常需要改上好几稿才能让他基本满意。等他觉得我们的修订稿具备进一步深度修改的基础之后，他就会找我们去办公室，两个人对着电脑从早到晚，逐字逐句地改定论文，其间如遇到问题还会随时讨论，一起绞尽脑汁地想恰当的文字表述，所以这样改文章的进度一般都比较缓慢，一篇文章短则五六日，长则十数日才能全部改完。印象中，改的时间最长的是某位师兄的毕业论文，前后共花了二十多天。有时如先生不来学校，还会把学生叫到家中继续修改文章，常常改至深夜才放归，其费心劳力的情状让我们都觉得于心不忍。不过，令先生感到欣慰的是，他这种手把手的指导模式可以说是卓有成效的。我们这些学生经过他的严格训练之后，写作能力都有大幅度的提升。仅以我个人为例，我记得当初第一篇文章写得十分幼稚，连最基本的论文写作规范都不清楚，初稿被改得面目全非，不忍直视，当面修改时也大多是先生口授，我唯有执笔而已，但在这一过程中我也收获了许多写论文的心得体悟。后来，我再撰写论文时，明显感到自己的写作能力正在不断进步，我的初稿文字可被采用的渐渐多了起来，当面讨论时我也逐渐能够主动提出解决问题的方案，获得了先生的赞许。直至先生去世前一个月，我将一篇新作呈请他审阅，他看后对我说："你现在的写作能力还可以，一般的文章写作应该可以应付了。"在我听来，这是对我最大的鼓励和认可，其实这些点滴的进步都要归功于先生的悉心指导和谆谆教诲。[1]

　　在先生看来，他培养学生最成功的一个机制就是《辽史》读书课。2007年，他承担了中华书局点校本"二十四史"修订工程之《辽史》修订项目，并坦言："我之所以接受这项任务，主要是想把这项工作用来作为培养学生的一个重要手段，对于学辽金史的学生来说，这是进入专业领域的一个最佳途径。"此后每周六上午九点至下午五点是我们固定的《辽史》读书课时间。同学们在课前要对自己认领的《辽史》各卷做重新点校和全面研究，必须穷尽所有文献、石刻史料及相关研究论著，在充分吸收前人研究成果的基础上发现问题，并通过自己的分析考辨加以解决，拟写出文字简练、表意清晰的校勘记以供课堂讨论。在课上，先生带领我们逐字逐句地研读《辽史》，讨论其中遇到的问题，共同改写校记。这样几年下来，经过一番严格的学术训练，我们学生都得到了丰厚的收获，打下了良好的文献基础，养成了实证研究的习惯和严谨的学风，在学术上非常顺利地入门，具备了独立的研究能力，还发表了不少高质量的研究成果，同时也将整个师门紧紧凝聚起来，加深了彼此之间

---

[1]　先生向来以写作能力见长，他认为我们这些学生经他训练之后，都能具备发现问题、解决问题的能力，但写作能力普遍较弱，这将成为我们学术发展的致命短板，所以他在这方面投入了大量时间和精力，希望我们能有所提高，弥补这一缺陷。而且尤为可贵的是，他所做的这一切完全都是无私的奉献，虽然他为修改学生论文付出了许多心血，但他从来不要求署名，反而帮学生推荐发表，令人十分感动。

的感情。[1] 看到这些学术成长的轨迹，先生感到由衷的高兴，他希望在《辽史》修订工作结束之后，我们仍能延续每周读书课这种有效的学习方式，即便他因病不能参加，也要让我们坚持。2014 年 11 月 18 日，当时先生刚做完干细胞移植治疗出舱，他得知我们的读书课最近因故暂停了一次，于是马上发邮件说："希望我们的读书课不要因为我的缺席而受到影响，希望这个读书课能够成为促进大家学术进步的一个最佳平台。"在他生病治疗期间，类似这样的邮件、短信还有不少，其反复强调的就是今后读书课的内容、形式和频率都可以灵活调整，但这一机制一定要保持下去，即便他不在了。由此可见，读书课对他培养学生而言是多么重要。

　　在接受了上述这一系列的学术训练之后，我们快速进入了辽金史学的大门，具备了独立发现并解决问题、撰写文章的能力，将来也能从事学术研究，这本已功德圆满。但对于先生而言，他培养学生的目标绝不仅限于此，而是有着更高的期许和更长远的学术规划。

　　一方面，上文提到"入于汉学，出于宋学"的治学主张不仅是先生个人的学术理想，也是对我们学生的基本要求。近年来，他日益感觉到我们学生目前所做的研究也明显呈现出"碎片化"的特点，尽是些微观考证，宏观思辨能力严重不足，故而在这三四年中，他指导学生时说得最多的话题就是要努力"上层次"、提高思辨能力，以至于到了耳提面命的程度。这也是先生对我们最为不满和揪心的一件事情，甚至病中他还群发短信训诫大家说："《近代史研究》2012 年第 4、5 期连续刊载关于中国近代史研究中的碎片化

1　详见邱靖嘉《一部倾注生命的〈辽史〉——记刘浦江教授的〈辽史〉修订工作》，《东方早报·上海书评》2015 年 2 月 8 日，第 9 版。

问题的笔谈，大家有兴趣的话可以翻一翻。虽然我本人的学术路子不存在这个问题，但我在反思，是否我培养学生的方法比较容易导致这种倾向？你们都应该警惕这一点。"可见这件事确实是他难以释怀的一块心病。我想在这世上，恐怕只有先生才会如此直言不讳地指陈我们的缺陷，他培养学生的方法当然没有什么问题，主要还是由于我们自身的学术视野不够广、人文关怀不够深、思辨能力不够强所导致的。言犹在耳，先生的这一番话会一直鞭策我们努力提升学术研究的层次，调整学术路子，最终成为先生所期望的那一类学者。

另一方面，先生对于学生的学术发展方向也有着深谋远虑的规划，他认为我们最理想的学术路径是，首先必须成为辽金史的专家学者，然后根据个人兴趣打通宋史或者蒙元史，最后再开辟一个能够贯通整个中国古代史的全新领域作为兼治对象。要培养出这样视野广博的学人，需从研究生阶段就开始为之全盘谋划，所以他在指导学生论文选题时，要求硕士生尽量做纯辽金史的题目以顺利入门，而博士生则应走出辽金史，开拓新的研究领域。因此，他命陈晓伟和目前在读的两位博士生，一定要选择能够打通辽、金、元三史的题目作为博士论文选题，其目的就是要让他们在三史兼治的学术道路上先行一步。而我因为花费了一年时间做《辽史·历象志》的研究，对中国古代天文历法有所涉猎，并发表了两篇与此有关的文章，所以先生觉得我可以趁热打铁，选择与科技史相关的题目作为博士论文选题。后来几经周折，最终确定天文分野这一研究主题，并给我定立了三个基本要求：其一，一定要从历史学的视角出发，利用尽可能丰富的各种文献材料；其二，做长时段的通代研究，但不要面面俱到，突出问题意识；其三，采用跨学科的研究方法，将科技史与历史地理、政治文化等相结合。他希望我通过做这篇博士论文，拓宽知识面，扩展学术视野，锻炼思辨能力，熟悉各个断代的基本文献史料，且在古代科技史领域站稳脚跟，将来作为自己长期的兼治对象。不过，他又建议我说，由于我此前主攻辽史，所以希望我毕业之后先花几年时间把金史做透，并伺机朝蒙元史方向发展，如能打开这一学术局面就十分理想了。先生就是这样一位令人肃然起敬的导师，他不但手把手地指导学生，而且还为我们描绘着未来的学术蓝图，为师之道尽乎此矣！

在外人看来，先生素以"严厉"著称，坊间多传为"名捕"，以至于不少本科生被吓得不敢选他的《中国史学史》课。然而在我们弟子眼中，先生可谓严师、慈父兼具一身，训练学生时固然严格，但在日常交往中却完全是一位尽职尽责的家长，他为学生考虑的事情真的很多很多。除了上面谈到的那些与学术相关的种种事迹之外，例如对家庭困难同学，他会想方设法给予接济；如有外地同学前来参加读书课，他会主动提出解决路费；等等。尤其是学生求职期间，他更是四处帮忙联系推荐，分析就业形势和去各个单位的利弊，去年我与陈晓伟毕业求职，先生就为此操碎了心。他患病之后，又面临一位即将毕业博士生的工作问题，此时他已自顾不暇，但仍时常念及此事，有一次他发邮件对我们说这位师弟的出路"一直是我萦绕于心的一个问题，常常令我不能入眠"。其实，不仅是先生自己的学生，其他老师的学生如果求职困难，他也会热心地给予帮助，大力推荐，有不少同学都因此受益，从而对先生更多了一份敬重和感激。他确实就是这样一位古道热肠、慈爱负责的老师，我们跟随先生多年，名为师徒，情同父子。我永远不会忘记博士论文答辩前一天收到的这封邮件：

靖嘉、晓伟：

　　明天你们就要进行博士论文答辩了，遗憾的是我无法参加。从七岁上小学，当了二十多年的学生，终于等到了这一天，你们即将获得博士学位，从学生变成教师，这是你们人生中的一大转折。

　　本来很想在你们举行毕业典礼那天，与身穿博士服的你们一起合影，可惜难以如愿了。如果那时候我在家，你们可以来我家合个影，不过我的头发也已经快掉光啦。

刘浦江

2014-5-27

当时我与陈晓伟正在上张帆老师的元史研究课，忽然看到这封邮件，顿时泪流满面，泣不成声，如今读来更是格外酸楚，不禁噙泪。我想我之所以能顺利地走上学术道路，取得一点点的成绩，完全是拜先生所赐，如果没有他的悉心栽培和倾力指导，这一切都无法实现，我很庆幸自己能有这样一位杰出的导师。

　　在先生的价值观中，他把培育学生、传承学脉看得比什么都重要。对他而言，其实，自己的学术研究计划没有完成并不是什么遗憾，他在病中曾说，到了他这个学术阶段多发一篇或少发一篇文章已经没有什么太大的意义，但如果自邓先生开创的学术事业因他的离去而中断，这才是他人生最大的遗憾。所以他把一门心思都放在培养学生上面，直至易箦之际，仍不忘向其他老师托付学生，希望我们将来能够顺利地接过他手中的火炬，继承他的学术事业，甚至超越自己。正如先生所言："我未竟的事业有人传承，是对我最大的安慰。"[1]

1　《犀利仁师　憾未竟功》，《新京报》2015 年 2 月 1 日，第 A09 版。

记得先生在评价邓广铭先生时称，邓先生属于"大师无师"的那一类学者。据他解释，所谓"大师无师"，"不是说没有师承，无师自通，而是说不囿于家法，没有一定不变的路数，亦即博采众家之所长，能得前贤之真谛，而不只是仿佛其形式"。[1] 其实，如果拿这个定义套用到先生自己身上恐怕也是恰如其分的。他虽在邓先生的引导下走上辽金史学道路，但他后来的学术成就和学术气局则完全是通过个人的悟性和努力而探索出来的，他的那些治学思想也来自其多年从事学术研究的心得体悟，再加上他对学脉传承的高度重视，为培育新一代辽金史学人的呕心沥血，所有的这一切作为即使称不上"大师"，恐也不无"大师"的风采。因此，我想在文章最后，以先生自己对"大师无师"的定义来概括他这一生的学术生涯，或许是对恩师最好的总结和追念。

记于 2015 年 2 月 11 日

改定于 2 月 28 日

原载邓小南、荣新江、张帆主编《大节落落　高文炳炳——刘浦江教授纪念文集》，北京：中华书局，2016 年；删节修订后改题为《刘浦江先生学术成就与思想述评》，刊于包伟民、刘后滨主编《唐宋历史评论》第 2 辑，北京：社会科学文献出版社，2016 年

1　刘浦江：《正视陈寅恪》，第 97—98 页。

一部倾注生命的《辽史》

——记刘浦江教授的《辽史》修订工作

北京大学中国古代史研究中心教授刘浦江先生于 2015 年 1 月 6 日 23 时 57 分因病辞世，学界一片痛悼之声。刘浦江教授是中华书局点校本"二十四史"及《清史稿》修订工程之《辽史》修订项目的主持人，在先生生命的最后几年中，他为《辽史》修订倾注了大量心血。作为受业弟子及项目组成员，我全程参与了这项任务，见证了先生学术生涯中的这段心路历程，谨将刘浦江教授主持修订《辽史》之目的、经过及其背后的故事记述于此，以志纪念。

一 以培养学生为宗旨的《辽史》修订

据先生生前回忆，因 2006 年中华书局点校本"二十四史"修订工程已在酝酿之中，并已邀请他承担修订《辽史》的任务，故在2007 年初，他已有让学生研读《辽史》的计划。至 2007 年 5 月中旬，中华书局在香山召开第一次修纂工作会议，整个修订工程正式启动,《辽史》修订工作亦随之全面展开。5 月 19 日，我们在北大中古史中心上了第一次读书课。时至今日，我还清楚记得当时的场景：先生与我们六个学生挤在中心办公室讨论他初拟的《〈辽史〉修订工作体例》，并围坐在一台电脑前开始研读《辽史》卷一《太祖纪上》。在那次课上，先生开宗明义地说："我之所以接受这项任务，主要是想把这项工作用来作为培养学生的一个重要手段，对于学辽金史的学生来说，这是进入专业领域的一个最佳途径。"这番话后来在很多场合又被先生反复强调，令我印象十分深刻。如今回首这些年我们所做的工作和得到的收获，愈发能体会到其中的深刻含义与先生的良苦用心。

与其他二十四史修订组不同，先生主持的《辽史》修订项目成员并没有什么"大腕"，都是我们这些普普通通的学生。整个修订工作由先生拟定体例，总揽全局，而由学生承担具体的点校工作。早在正式开始修订前，他已让时为硕士研究生的高宇全面搜集订正《辽史》阙讹的各类文章，汇编成《辽史勘误》，并附上各卷勘误索引以便检阅；又将保存于《永乐大典》残卷中的十五卷完整《辽史》及若干零散的残章断句统统汇集为《〈永乐大典〉引用〈辽史〉汇编》，以供版本校勘；此外又彻查各种金石文献及新刊布的考古资料，将《全辽文》《辽代石刻文编》没有收录的辽代碑刻全部整理出来，并尽量参照拓本核对录文，集为《辽代石刻新编》，供大家使用。这些前期准备工作不仅为《辽史》修订的全面展开提供了重要保障，而且对学生而言，这也是一种很好的文献学训练。

《辽史》共有一百一十六卷，我们的修订程序大致可以概括为十二个字——分头点校，集体研读，先生审定。首先，由先生将各卷陆续分配给学生，诸位同学先要仔细核对通校本和参校本，在校勘专用的大字本上，用不同颜色的铅笔标明版本差异。然后是对各卷内容的全面研究，包括文字错漏、标点断句、原校勘记的修改以及新校记、长编的撰写等诸多方面。在这个过程中，我们必须穷尽所有文献、石刻史料及相关研究论著，在充分吸收前人研究成果的基础上发现问题，并通过自己的分析考辨加以解决，拟写出文字简练、表意清晰的半文言体校勘记以供课堂讨论。自 2007 年 9 月以来，先生与我们长年坚持于每周六上午九点至下午五点，在中古史中心的计算机室一起研读《辽史》，同学们分头点校的各卷修订稿都要拿到读书课上集体通读讨论。所谓通读绝非一般的翻阅浏览，而是由各卷负责人对着投影，将本卷内容（包括标点符号）逐字逐句地念出声来，每念一段先生还要重新审读一遍，并就其中的标点修改、文字校勘及所拟校记、长编的内容与大家进行深入讨论，统一意见，最后再改定校记与长编的文字表述。有时遇到复杂的问题，我们常常会针对一条校勘记反复琢磨两三个小时之久，所以一卷《辽史》往往要几次课才能读完。故从 2007 年 5 月开始修订，至 2013 年 6 月所有分卷点校工作全部完成，一部篇幅不大的《辽史》我们竟读了整整六年。

在这六年时间里，先后有十二位学生参与了《辽史》修订点校工作，并从中得到了巨大的收获。据先生总结，这项任务对于培养学生主要有以下四点意义。其一，通过校订《辽史》，使大家对宋辽金元时期的传世文献和石刻材料有了较为全面的了解，具备了穷尽史料与追踪史源的能力，为今后的学术成长打下了坚实的文献基础。其二，在研读《辽史》的过程中，大家对各种史料仔细考辨，撰写校记时锱铢必较、反复斟酌，从而养成一个实证研究的路子和严谨求实的学风。其三，大家通过《辽史》研究，可以很快找到历史的感觉，顺利进入辽金史学领域，并迅速占据学术前沿。其四，借助《辽史》修订这个机会，大家掌握了古籍文献整理的基本路数和学术规范，接受了最严格的学术训练，以后遇到其他文献都可以从容处理。

先生向来淡泊名利，在他看来，《辽史》修订在培养学生方面所带来的这些意义才是这项工作的真正价值所在。仅以我个人为例，我本科所学并非历史专业，自研究生拜入师门，我能快速进入史学大门，最终走上学术道路，就完全得益于参加《辽史》点校所学得的本领。

需要指出的是，《辽史》修订组虽然没有豪华的团队阵容，但这并不意味着修订稿学术品质的降低。事实上，经过诸位同学的精心校订、读书课上的集体讨论以及先生的严格把关，修订稿的校勘质量较之陈述先生的点校本有大幅提升。不仅纠正了原点校本的许多错误，改写了原校勘记，推进了前人研究，而且还发现了不少新问题，增补了大量新校记。这些最新的研究成果，集中反映在修订组成员撰写的各种考证文章之中。据初步统计，我们目前已发表与《辽史》辨证相关的札记及专题论文有二十余篇，并出版一部专著林鹄《辽史百官志考订》（中华书局，2015 年）。这些研究作品既是《辽史》修订的直接产物，也是先生培育学生的重要成果。

二 呕心沥血：最后阶段的统稿及审订工作

整部《辽史》的分卷点校工作虽已于 2013 年 6 月全部完成，但由于这些修订稿成于众人之手，校记表述不尽统一，加之整个校订工作持续时间很长，前期撰写的校勘记相对比较粗糙，有待改进，且在后期研读时又时常会对前期所读各卷的校记内容进行增删修改，因此在正式交稿之前，还必须经历一个统稿的过程，即将各卷文字校勘、标点修正及每条校记、长编重新梳理一遍，统一体例，以求整齐划一。这项繁重的任务完全是由先生一人独自承担的。

恰在这时，先生的身体渐显病兆，每况愈下，终至 2014 年 4 月确诊淋巴瘤晚期。面对病痛的折磨和死亡的威胁，他并未因此消沉，而是毫无畏惧地接受现实，其所展现出来的豁达乐观令人敬佩。不过，始终萦绕于先生心头、难以释怀的一桩未竟之事就是《辽史》修订。病魔的侵袭反而使先生催生出加紧完成统稿工作的愿望。

在第一次化疗回家休养期间，先生高效地完成了约五十卷《辽史》的统稿。之后的两个化疗周期，先生虽体力渐渐不支，但仍继续勉力工作，遇到比较棘手或有疑惑的问题，他还会通过邮件或电话与我们学生进行讨论，反复斟酌校记文字，一丝不苟的态度丝毫未减。例如关于卷一六《圣宗纪七》太平二年的月日错乱问题，先生在 5 月 30 日至 31 日两天之内，先后给康鹏和我发了数封邮件再三商讨，最后才达成一致，定为校记，其工作之认真细致由此可见一斑。凭着先生惊人的意志，整个《辽史》统稿工作终于在 7 月全部完成，并于当月 22 日正式向中华书局交稿。

交稿之后，先生的修订工作并未结束，而是马上又着手编辑修订凡例、前言及引用文献三个文件。其中，引用文献由我代为整理，而凡例与前言则由先生亲自执笔。7 月 24 日，先生将其草拟的《修订凡例》发给大家征询意见，随后又根据我们提出的建议做了若干补充和调整。相比而言，修订前言的撰写任务更重，它需要对整部《辽史》的编纂过程、内容体例及流传情况有全面的研究和通盘的把握，其工作强度无异于写一篇专题论文。尽管先生病情有所反复，甚至一度出现肺损伤的症状，但他仍不畏繁难，利用化疗间隙坚持写作，并让学生代为核查材料，断断续续地花了两个月时间终于完成了一篇具有很高学术价值的修订前言。此后，先生又精益求精，征求我们意见对这篇前言做了一些补充修改。直至11月才最终将定稿后的前言、凡例及引用文献正式提交。

与此同时，先生又收到了第一批送审《辽史》样稿的反馈意见。当时他刚刚做完干细胞移植治疗，身体十分虚弱，但他对蔡美彪、刘凤翥两位先生指出的修订稿问题非常重视，很快就将两份审稿意见梳理了一遍，并将需要集体讨论的问题列出来，让大家发表意见。12月4日晚，他给大家发信说："各位，我把大家反馈的意见做了一个汇总，从中大致可以看出诸位的学力及学术判断力。从反馈的情况来看，意见比较纷歧，等中华书局把所有审稿意见发来之后，我们有必要在读书课上将有纷歧的意见讨论一下。"信中流露出先生对学生学术能力的关切和对《辽史》修订稿高度负责的态度。这时离先生去世仅有一个月，这封信竟是我收到的最后一封先生的邮件。

此后，先生病情反弹，肿瘤复发，身体状况急转直下，已无力继续伏案工作，但他仍对《辽史》审订念念不忘。就在离世的半个月前，他还打来电话，与我讨论耶律俨《皇朝实录》的流传过程及《辽史》的史源问题，并说道等来年春天做完第二次干细胞移植身体恢复后，要来参加读书课，跟大家一起讨论《辽史》审稿意见。可惜天不遂人愿，先生永远离开了我们，在我们心中留下了永远的遗憾！

在刚开始化疗时，先生曾说："我的学术研究计划只能暂时搁置了，但《辽史》的统稿工作不用去图书馆，我还可以在家接着做。"就这样，始终对学术事业难以割舍的他，将生命最后阶段的所有精力和心血都倾注在了这部《辽史》之上。乃至病危之际，他还不忘将《辽史》后续的审订及出版事宜托付给我们学生，并叮嘱我们将来还要把《辽史》修订长编及人名、地名索引也整理出版，以便学界利用。他为辽金史研究、为学术事业呕心沥血、鞠躬尽瘁的拳拳赤子之心实在令人动容感佩。

三 付出青春的六年，倾注生命的《辽史》

2013 年 6 月 14 日，我们收到先生的来信："各位，历时六年的《辽史》修订工作将于明日结束，今晚翻看这些年来的修订档案，感慨良多，把最早的两封邮件发给大家分享。"次日，我们读完最后一卷《辽史》，历经六年多的分卷修订工作暂告一段落。那天先生非常兴奋，在读书课上兴致勃勃地总结起过去六年的收获与感悟，当时的情景被我们用摄像机记录了下来，这也成为先生生前最后一段影像资料。

在那次总结会上，他回顾了这些年修订《辽史》的大致经过，清点了每一位参与同学所点校的卷数以及发表的文章，并再次重申他接下这项修订工作的首要目的就是培养学生。随后，他又谈到辽金史研究的现状，并指出辽史研究对于《辽史》这部史籍的依赖性达百分之七十以上，而我们通过这些年的研读，对《辽史》一书有了最全面彻底的了解，其学术价值是不言而喻的。他还着重分析了《辽史》读书课带给我们的收获和每个人的学术成长轨迹，大家经过《辽史》点校的严格训练，打下了良好的文献学基础，养成了实证研究的习惯和严谨的学风，在学术上非常顺利地入门，具备了独立的研究能力，这正是先生所希望看到的结果。不过同时，他也敏锐地指出了我们的局限与不足。因这些年我们大多浸淫于辽史，以致眼界过于狭窄，缺乏通史的训练与知识面的拓展，长期来看，这将严重制约我们的学术发展。先生就是这样一位令人敬佩的导师，他既为学生的进步与成长而欣喜不已，又能保持清醒的头脑，及时指正我们存在的问题，尽量不走弯路。在他看来，培育出能力全面、视野广博的新一代辽金史学人，才是训练学生的终极目标。

此次课后，陈晓伟博士给先生覆函，列出诸位同门参与《辽史》修订的起止时间，并称"这就是我们的青春"。很快，先生再次发函称："这是收获丰厚的青春，这是无怨无悔的青春！"诚如先生所言，对于我们学生来说，六年青春光阴的付出换来的是学术上的巨大收获。然而对于先生而言，这部《辽史》牵扯了他太多的精力，从起初拟定工作体例，到后来每周一天的研读讨论，再到最后阶段繁重的统稿与审订工作，先生为培养学生、为修订《辽史》一直倾注着大量心血，并最终燃尽了自己。不过，正如我们付出的青春是无怨无悔的那样，我想先生为学术事业所做的一切也是无怨无悔的。

如今回想那付出青春的六年，面对这部倾注生命的《辽史》，我等弟子唯有秉承先生遗志，传承先生学术，尽心尽力地完成余下的《辽史》修订工作，顺利出版，才不枉负我们逝去的青春，才能告慰恩师不朽的英灵！

记于 2015 年 1 月 23 日

改定于 1 月 25 日

原载《东方早报·上海书评》2015 年 2 月 8 日，第 9 版，收入邓小南、荣新江、张帆主编《大节落落 高文炳炳——刘浦江教授纪念文集》，北京：中华书局，2016 年

《辽史》修订本有哪些学术推进

　　由北京大学历史学系刘浦江教授主持的点校本"二十四史"修订工程之《辽史》修订工作，自 2007 年 5 月至 2014 年 7 月，前后历时七年告竣。此后,《辽史》修订稿又经过一年多的审订、修改和校阅，其间虽遭逢主持人刘浦江教授病逝之不幸，但并未影响整个校审出版进程，终于 2016 年 4 月正式推出《辽史》修订本。值此付梓之际，中华书局约请我们《辽史》修订组向读者大众介绍一下新修订本的主要学术贡献和突破。然而所谓"贡献""突破"之类的评价理应由辽史研究者在利用之后去加以论说，恐不容修订人员自卖自夸。作为刘浦江教授的弟子及修订组成员，笔者在此并不打算吹嘘这部修订本有多大的学术价值，而是拟从修订工作本身出发，交代一下它相对于原点校本有何改进提升之处，从而使读者了解我们的修订工作，并引起辽史学者对相关学术问题的注意。

中华书局点校本《辽史》是 20 世纪六七十年代由冯家昇、陈述先生相继整理完成的，其点校质量堪称上乘，从而为公众提供了一个可靠易读的通行版本。但随着近几十年来古籍整理规范的日益严格和辽史研究的不断深入，原来的《辽史》点校本逐渐显现出其所存在的缺憾，此次重新修订即要顺应时代的变化，进一步提升点校水平，为读者提供一个校勘更加精审且能反映学界最新研究成果的《辽史》升级版本。总的来说，较之原点校本，新修订本的学术推进大致可以归结为以下三个方面。

第一，严格以百衲本为底本，覆核全书文字，校改慎重，尽量恢复《辽史》的原始面貌。20 世纪初次点校"二十四史"，为了快速整理出可供民众阅读的通行本，诸史点校采用的是以某一版本为工作本，"不主一本、择善而从"的整理方式。这种做法对于文字校改主观性较强，且大多不出校勘记，从而抹杀了不同版本间的文字差异，其实并不可取。如《辽史》即以 1931 年商务印书馆选取数种明初翻刻本残本配补而成的百衲本为工作本，但在具体点校中，既有以百衲本为底本者，也有不少地方是以乾隆殿本为底本，甚至还有据理校径改者。根据我们这次修订的版本校，发现原点校本的许多文字校订是不妥当甚至是错误的，改得比较轻率。例如，卷四四《历象志·朔考》会同六年八月丁未朔下小注"俨、陈"，意谓辽耶律俨《皇朝实录》和金陈大任《辽史》是月皆作丁未朔，而原点校本却据殿本将"陈"径改为"晋"，指后晋朔日，与原文义不符。又卷四《太宗纪下》，会同元年"三月壬戌，将东幸，三克言农务方兴，请减辎重，促还期，从之。……癸酉，东幸"。"促还期"，诸本皆同，但原点校本却凭理校径改作"促还朝"。按此处记载是说三克以"农务方兴"，请求辽太宗此次东幸，减少辎重，并缩短还朝的日期，若改为"促还朝"，则意指催促太宗还朝，但三月壬戌日时太宗尚未东幸，至十日后癸酉方成行，何来"促还朝"一说，可知原点校本所改有误。诸如此类的情况还有不少，说明原点校本在校勘程序和方法上并不严谨，存在很大风险，不符合现行的古籍整理规范。

按照中华书局对于点校本"二十四史"修订工程的统一部署和要求，此次修订应摒弃原来的"工作本"做法，而采用严格的"底本式"整理方式，即选择一种版本为底本，通校、参校其他主要版本，凡涉文字校改一般均需出校说明。我们《辽史》修订组亦遵循这一基本原则，以百衲本为底本，重新覆核全书，用原内阁大库所藏明初内廷朱丝栏抄本及《永乐大典》残本进行通校，以南、北监本和乾隆殿本进行参校，并参考吸收文渊阁《四库全书》本和道光殿本的《考证》内容。对于底本文字的校正采取审慎的态度，除非有充分的理由和足够的证据，切忌擅改原文，凡是可改可不改者一律不改，尽量遵从底本，避免不同文本的同质化，严把校勘尺度，尽可能恢复《辽史》的本来面目。

第二，注重利用传世文献及出土石刻资料进行他校，并充分吸收今人的研究成果。原点校本主要是在陈汉章《辽史索隐》、冯家昇《辽史初校》、罗继祖《辽史校勘记》、张元济《百衲本辽史校勘记》等前人研究的基础之上进行的，这些校勘成果主要以本校见长，但在他校方面却做得并不充分。而此次修订的凡例之一则要"重点利用五代、辽、宋、金、元、高丽文献进行他校，同时注意利用出土文献进行参校，包括汉文及契丹大小字石刻资料"。浦江师要求我们修订人员在做具体的点校工作时，尽量穷尽史料，除了广泛挖掘和参阅传世五代、宋、元、高丽文献中的辽史资料之外，尤其要充分利用作为第一手材料的辽代石刻文献。为此他特命学生高宇彻查明清金石文献、地方志以及近几十年来新刊布的考古资料，将此前陈述《全辽文》、向南《辽代石刻文编》等书没有收录的辽代汉文石刻全部整理出来，并尽量参照拓本核对录文，编集为《辽代石刻新编》；同时，又让学生搜集整理契丹文字石刻，后编纂出版《契丹小字词汇索引》（中华书局，2014年）。这些资料汇编为《辽史》的他校工作提供了极大便利。

通过利用以上所述传世文献及出土石刻，可以解决《辽史》记载中的不少问题。譬如宋辽交聘使臣姓名，《辽史》所记多不准确，而在《续资治通鉴长编》等宋代文献中则保存有较为完整的记录，可为《辽史》纠谬补阙。

再举两个利用石刻文献的例子。此前学者早已指出，《辽史》所见杨皙、杨绩事迹系一人重出，但此人本名究竟是"杨皙"还是"杨绩"，则未能确定。按新出辽大安五年《梁颖墓志铭》提到的"故守太保中书令杨公皙"，[1] 即此人，知其本名当作"杨皙"，从而为这一问题的解决提供了一条关键证据。[2] 又据《辽史》卷六六《皇族表》记载，帖剌与匣马葛皆为懿祖庄敬皇帝之子，然钱大昕《廿二史考异》认定二者实为一人，但根据契丹小字《耶律迪烈墓志》《故耶律氏铭石》及汉文《耶律羽之墓志》等原始资料，匣马葛实为帖剌次子，[3]《辽史》记载恐误。从以上这些例子来看，利用宋元文献及出土石刻进行他校，对于《辽史》点校质量的提高是至关重要的。

---

1 该墓志刊布于杨卫东《辽朝梁颖墓志铭考释》，《文史》2011年第1辑，第171—181页。

2 参见陈晓伟《〈辽史〉复文再探——以〈杨皙传〉和〈杨绩传〉为例》，《中国史研究》2012年第2期，第105—113页。

3 参见爱新觉罗·乌拉熙春《匣马葛考》，《辽金史与契丹、女真文》，京都：东亚历史文化研究会，2004年，第39—48页。

另外，此次修订还充分吸收了近几十年辽史学界的研究成果。为此浦江师亦命学生在其所编《二十世纪辽金史论著目录》的基础上，广泛搜罗各种期刊、文集所见有关《辽史》校勘的论文、札记，复印后整理编订为《辽史勘误》，并且将各篇文章中涉及的诸校勘点按照《辽史》卷次的顺序一一标示出来，注明页码，统编为《〈辽史〉各卷勘误索引》。这样各卷修订者就可按图索骥，快速找到应参考的相关文献资料，避免遗漏和重复劳动，节省了很多时间，提高了工作效率，而且这一《勘误索引》还可随时增补，不断完善。这一做法得到了中华书局徐俊先生的赞赏，并在其他各史修订组大力推广。

第三，对书中涉及的某些校勘问题进行研究考察，从而使我们对元修《辽史》的编纂过程及其史源有了新的认识。众所周知，元末编修《辽史》成书仓促，甚为简漏，在"二十四史"中是公认编纂质量比较差的一部正史。在这次修订过程中，我们发现《辽史》纪、传部分的各卷题名原本较为混乱，如卷一、卷二为《太祖纪》上、下，卷三、卷四为《太宗纪》上、下，然卷六、卷七却又称《穆宗纪》一、二，卷八、卷九称《景宗纪》一、二（原点校本已统一改作《穆宗纪》上下、《景宗纪》上下）。列传大多题作"列传第××"，但有些类传题名却又与此不同，如卷七二原作"宗室传第二"、卷一〇五原作"列传能吏第三十五"、卷一〇六原作"卓行传第三十六"、卷一〇七原作"烈女传第三十七"、卷一〇八原作"方技传第三十八"、卷一〇九原作"伶宦传第三十九"，卷一一〇、卷一一一原作"奸臣传第四十""奸臣传第四十一"（以上原点校本均已统一改作"列传第××"，再说某某类传名）。这种情况说明，《辽史》可能最终没有经过元朝史官的统稿，以致产生各卷题名形式不一致的现象，这或可为其成书草率之新证。

　　一般认为，《辽史》的史源主要出自耶律俨《皇朝实录》和陈大任《辽史》。而通过此次修订，我们可以进一步深化这一认识。有迹象表明，元人所修《辽史》很可能是以陈大任《辽史》为蓝本，而参之以耶律俨《皇朝实录》。笔者在研究《辽史·朔考》中的月朔记录时发现，今本《辽史》本纪主要源自陈大任《辽史》。不仅是本纪如此，又如屡见于《辽史》纪、志、表、传中的道宗"寿隆"年号，本当作"寿昌"，今本《辽史》作"寿隆"者，系陈大任避金钦慈皇后"寿昌"讳而改。通检《辽史》，除《闰考》一处记作"寿昌"外，其余四十余处均作"寿隆"，这个例证尤能说明问题，可知元修《辽史》的主要史源是取自陈大任而非耶律俨。[1] 不过《辽史》八表，除《皇子表》《公主表》源自陈大任《辽史·皇族传》之外，其他六表实乃元人杂抄陈大任《辽史》和耶律俨《皇朝实录》诸纪传拼凑而成的（参见刘浦江《点校本〈辽史〉修订前言》）。此外，过去认为《辽史·天祚皇帝纪》所载辽末史事多采自《契丹国志》，但据修订组成员苗润博博士研究，其真实的史料来源状况恐怕要复杂得多，可能与多部宋代文献存在一定的渊源关系。[2] 上述这些考察结果都有助于我们加深对《辽史》史源的认识。

　　以上主要从修订工作的角度，简略介绍了我们认为《辽史》修订本相较于原点校本有所提高推进的三个方面。不过需要说明的是，尽管穷尽史料是我们的努力方向，但由于种种原因，仍难免会遗漏一些有校勘价值的文献史料及参考论著，以致某些问题未能发

1　参见邱靖嘉《辽道宗"寿隆"年号探源——金代避讳之新证》，《中华文史论丛》2014年第4期，第211—228页。
2　参见苗润博《〈辽史·天祚皇帝纪〉史源新说》，《唐宋历史评论》第7辑，北京：社会科学文献出版社，2020年，第75—105页。

现或予以彻底解决；同时，目前新修订本对于某些校勘问题的判断也未必完全正确，容有失误的可能，敬请海内外方家批评指正。

　　记得在点校本"二十四史"修订工程启动之初，学界或有质疑，以为当今学者的点校水平恐怕无法超越老一辈历史学家，担心新修订本的质量不升反降。尤其是我们《辽史》修订组，刘浦江教授出于培养学生的宗旨和目的，将具体的分卷点校工作全部交给我们这些研究生来承担，这更增添了大家对《辽史》修订本质量的疑虑。但事实上，在浦江师的周密部署和严格把关之下，凭借着缜密高效的校勘流程和工作方法，我们可以很有底气地说，《辽史》修订本的点校质量是有保障的。虽然它还有瑕疵，并不尽善尽美，但仍是研治辽金史者值得参考的一个《辽史》版本。

原载《东方早报·上海书评》2016 年 5 月 29 日，第 15 版

略谈"二十四史"修订的工作方法和校勘尺度
——以《辽史》修订为例

　　"二十四史"因其无与伦比的重要性，在古籍整理中最受世人瞩目。20世纪50—70年代，中华书局点校本"二十四史"相继问世，这是极具标志性意义的一项古籍整理成果。然而随着近几十年来学术研究的不断进步，点校本"二十四史"逐渐显现出其所存在的缺憾，亟须组织学术力量予以重新校订。在这种情况下，中华书局于2007年全面启动了点校本"二十四史"修订工程，希望充分吸收先贤时彦的研究成果，力图打造一套体例统一、标点准确、校勘精审的"二十四史"升级版本，[1] 其学术价值自不待言。

　　"二十四史"诸史篇幅不一，此次修订采取的方式是由中华书

---

1 参见中华书局编辑部《点校"二十四史"及〈清史稿〉修订缘起》，见《史记》修订本卷首，北京：中华书局，2014年，第1—4页。

局选聘全国各高校科研单位的相关专家学者担任各史修订项目主持人，再由各史主持人自行组织学术团队开展具体工作，共同承担修订任务，而非仅凭个人之力。综观各史修订组，其成员结构颇有不同，或以本单位科研人员为主，或兼用本单位科研人员与研究生，或跨单位调集成名学者参与。无论如何，作为一个集体项目，如何组织、运作这样一支研究队伍，定立怎样的工作流程和方法，可以说是决定修订工作成败的关键。正所谓事半而功倍，一套良好的激励机制和周密的工作程序不仅能够保证修订质量，还能充分调动参与者的积极性，确保修订工作的顺利推进。本文拟对"二十四史"修订工程之《辽史》项目组的人员结构、修订流程、工作方法以及校勘原则作一详细介绍，从而让外界了解修订稿背后的工作旨趣和细节，并希望通过这一范例，为"二十四史"修订及其他古籍整理项目提供一些有益的借鉴和思考。

一 《辽史》修订的根本宗旨和人员构成

在"二十四史"中，元末脱脱等奉敕纂修的《辽史》一百一十六卷是公认编纂质量比较差的一部正史，加之书中所记多为汉人比较陌生的契丹制度，且含有大量民族语译名，故点校难度较大。20 世纪 60 年代中期，冯家昇先生首先承担起《辽史》点校与整理工作，1970 年冯氏去世后，遂转由陈述先生接手，历时四年最终完成了全部点校工作，顺利出版。经读者近几十年来的验证，《辽史》的点校质量堪称上乘，从而为公众提供了一个可靠易读的通行版本。[1]

1　参见《辽史》"出版说明"，北京：中华书局，2003 年，第 5 页；刘浦江：《中华书局点校本〈辽史〉修订前言》，《唐宋历史评论》第 1 辑创刊号，北京：社会科学文献出版社，2015 年，第 168—169 页。

2005 年，中华书局开始筹备"二十四史"修订工作，经调研，确定由北京大学中国古代史研究中心刘浦江教授担任《辽史》修订主持人。刘浦江教授随即开始着手筹划和布局整个修订工作，从 2007 年 5 月《辽史》修订全面展开，至 2013 年 6 月完成全部分卷点校工作，再到 2014 年 7 月完成统稿后向中华书局正式交稿及此后的审订工作，无不倾注着他的大量心血。但不幸的是，刘浦江教授因罹患癌症于 2015 年 1 月 6 日与世长辞，无法亲眼见到《辽史》修订本的出版，殊为遗憾。笔者作为刘浦江先生的弟子及项目组成员，全程参与了《辽史》修订工作，对于先生在这一过程中所发挥的领导作用及其良苦用心有深切体会，故谨代表修订组记述于此，以志缅怀，并供其他古籍整理集体项目组参考。

凡事预则立，不预则废，一个科研项目如何才能使其发挥最大的效能和价值，取决于项目领导者的预先谋划和通盘考量。对于科研项目，先生从不盲目接手，他常跟我们说："项目一定要为学术研究而服务，绝不能被项目牵着鼻子走，为金钱利益所驱使。"因此先生对待项目申报十分冷静和谨慎，他考虑的首要因素总是这个项目能为他的学术事业带来哪些益处，先生应允接下《辽史》修订任务就是他深思熟虑的结果。

先生受此重任，当然不是为了争名攫利，而是有其深邃的思考和长远的目标。在 2007 年 5 月 19 日的第一次《辽史》修订读书课上，先生即开宗明义地说明了他承担此项目的根本原因："我之所以接受这项任务，主要是想把这项工作用来作为培养学生的一个重要手段，对于学辽金史的学生来说，这是进入专业领域的一个最佳途径。"这番话后来又被先生反复强调，令人印象深刻。于先生而言，培养学生是其学术事业的重要组成部分，为此长期以来他在指导学生方面可谓不遗余力，投入了大量时间和心力。他一直在寻找一种能够让学生接受全面扎实的学术训练、快速入门的有效途径，而《辽史》修订恰好提供了一个绝佳的契机。

《辽史》一书虽编纂不佳，但却仍是辽史研究最主要依赖的史籍，通过《辽史》修订，可以使学生对这部书及相关宋辽金元史基本文献有较全面深入的了解，并接受"二十四史"点校这样最严格、规范的古籍整理训练，其锻炼学生的价值是十分明显的。因此，本着培养学生的宗旨，先生主持的《辽史》修订，由他统筹领导，总揽全局，而将具体的分卷点校工作全部交由他的研究生来承担，这样的团队组织和人员结构在"二十四史"各修订组中是很少见的。

按照先生拟定的修订工作体例和流程（说详下文），学生在点校《辽史》各卷时，不仅要做版本校勘、本校、他校，还要穷尽相关文献及石刻资料，进行全面研究，撰写校记及校勘长编，并在读书课上接受大家检验，集体钻研讨论，最终由先生当场改定文字。经过这一番严格训练，每一个学生都得到了很大的收获，对个人学术成长大有裨益。据先生总结，这项《辽史》修订工作对于培养学生主要有以下四点意义。其一，通过校订《辽史》，使大家对宋辽金元时期的传世文献和石刻材料有了较为全面的了解，具备了穷尽史料与追踪史源的能力，为今后的学术发展打下了坚实的文献基础。其二，在研读《辽史》的过程中，大家对各种史料仔细考辨，撰写校记时锱铢必较、反复斟酌，从而养成一个实证研究的路子和严谨求实的学风。其三，大家通过《辽史》研究，可以很快找到历史的感觉，顺利进入辽金史学领域，并迅速占据学术前沿。其四，借助《辽史》修订这个机会，大家掌握了古籍文献整理的基本路数和学术规范，接受了最严格的学术训练，以后遇到其他文献都可以从容处理。在先生看来，《辽史》修订在培养学生方面所带来的这些意义才是这项工作的真正价值所在。[1]

确实如此，在这些年中，我们先后有十二名学生参与了《辽史》修订工作，可以说每个人都有丰厚的收获，基本达到了先生预期的上述目标。有的学生还在点校过程中，发现了若干有价值的研究议题，并努力加以解决，产出了不少高质量的研究作品。截止到2015 年，我们发表与《辽史》辨证相关的札记及专题论文已有二十余篇，并在《辽史》点校基础上衍生出两篇硕士学位论文，[2] 出版专著一部，[3] 这些既是《辽史》修订的直接产物，也是先生培育学生的重要成果。

刘浦江先生真正把科研项目与学生培养、学术研究充分结合起来，做到了三位一体。他领衔的《辽史》修订组完全由学生构成，并以培育新一代辽金史学人为根本宗旨和目标，而不是仅仅为了完成项目，这是《辽史》修订工作的一大特色。

二 修订工作的流程与方法

在确立基本目标之后，接下来需要考虑的问题就是定立什么样的工作流程与方法，既可保证《辽史》修订质量，同时也能达到充分训练学生的目的。为此，先生做了非常缜密的思考和细致的部署。

早在 2006 年中华书局初步选定由先生负责《辽史》修订之后，

1　邱靖嘉：《一部倾注生命的〈辽史〉——记刘浦江教授的〈辽史〉修订工作》，《东方早报·上海书评》2015 年 2 月 8 日，第 9 版。

2　邱靖嘉：《辽朝皇位继承制度研究》，北京大学硕士学位论文，2010 年；陈晓伟：《〈辽史〉复传研究——〈杨皙传〉、〈杨绩传〉探源》，北京师范大学硕士学位论文，2010 年。

3　林鹄：《辽史百官志考订》，北京：中华书局，2015 年。

他即已组织学生进行版本调查、资料收集等前期准备工作。他让时为硕士研究生的高宇编订了三份资料，这对以后修订工作的开展十分有用。一是《〈永乐大典〉引用〈辽史〉汇编》。《辽史》缺乏比较理想的善本，现存最早者皆为明初覆刻本，且多残缺不全，而《永乐大典》所引《辽史》系元至正初刻本，[1] 明显优于传世诸本，具有重要的文本校勘价值。今《永乐大典》残卷尚保存有十五卷完整的《辽史》本纪以及若干零散的残章断句，先生命高宇根据栾贵明《永乐大典索引》提供的线索，将现存《大典》影印本全部翻阅一过，摘出所有的《辽史》引文，单独复印汇集成册，并编制条目索引。这样《辽史》各卷哪些在《大典》中有相关引文就一目了然，易于查找，为后期版本校勘提供了极大便利。

　　二是《辽史勘误》。此次"二十四史"修订，中华书局的一个基本要求是充分吸收前人的研究成果，但如何才能在众多研究论著中尽量不遗漏地掌握各个校勘点予以吸收，则没有提出具体可行的做法，而先生却创制了一种简单有效的方法来解决这一问题。他让高宇在其所编《二十世纪辽金史论著目录》的基础上，广泛搜罗各种期刊、文集所见有关《辽史》校勘的论文、札记，复印后整理编订为《辽史勘误》，并且将各篇文章中涉及的诸校勘点按照《辽史》卷次的顺序一一标示出来，注明页码，统编为《〈辽史〉各卷勘误索引》。这样各卷点校者就可以按图索骥，快速找到应参考的相关文献资料，避免遗漏和重复劳动，节省了很多时间，提高了工作效率，而且这一《勘误索引》还可随时增补，不断完善。徐俊先生对《辽史》修订组的这一做法十分赞赏，并曾在其他各史修订组大力

1　参见刘浦江《中华书局点校本〈辽史〉修订前言》，第164—165页。

推广。[1]

三是《辽代石刻新编》。辽史研究传世文献匮乏，而各种金石文献著录以及不断发现出土的辽代石刻则为我们提供了大量一手材料，值得高度重视，此前已有如陈述《全辽文》、向南《辽代石刻文编》等著作对此多有搜集。这次利用《辽史》修订之机，先生又令高宇彻查明清金石文献、地方志以及近年新刊布的考古资料，将《全辽文》《辽代石刻文编》等书没有收录的辽代汉文石刻全部整理出来，并尽量参照拓本核对录文，编集为《辽代石刻新编》，并提供电子版，以便于大家检索查阅。

以上这三项前期准备工作，不仅为《辽史》修订的全面展开提供了重要保障，而且对学生而言，这本身就是一种很好的文献学训练。

2007 年 5 月，随着中华书局点校本"二十四史"修订工程的正式启动，《辽史》修订工作亦全面展开。此时，首先要商讨的就是工作体例问题。先生曾就此与我们学生多次发邮件讨论个中细节，并在第一次《辽史》读书课上当众宣布，要求各位参与点校的同学都要遵照商定后的工作体例执行。

《辽史》原点校本以百衲本为工作本，但在具体校勘时往往不主一本，择善而从。此次修订，中华书局明确要求采用"底本式"的整理方式，即选择一种版本为底本，通校、参校其他主要版本，不再采用原点校本以某一种版本为工作本的做法。[2] 因此，先生拟

1　参见徐俊《细微处见精神——追忆刘浦江与点校本〈辽史〉修订》，邓小南、荣新江、张帆主编《大节落落　高文炳炳——刘浦江教授纪念文集》，北京：中华书局，2016 年，第 197—204 页。

2　《点校本"二十四史"及〈清史稿〉修订工作总则》，《点校本"二十四史"及〈清史稿〉修订工程总则体例文件汇编》，北京：中华书局（内部印行），2008 年，第 4 页。

定的《辽史》修订工作体例，第一条即规定要以百衲本为底本，对《辽史》全文重新校勘，并选定《永乐大典》残本及此前较少关注的内阁大库藏明初内廷朱丝栏抄本为通校本，另以明嘉靖八年南京国子监刻本、万历三十四年北京国子监刻本及清乾隆四年武英殿校刊本为参校本。版本校统一在中华书局提供的大字本《辽史》上进行，使用不同颜色的铅笔代表各个版本，[1] 将诸本所有异文都一一标示在这个本子上，方便随时核查。

版本校之后，各卷点校者就要对本卷内容进行本校和他校工作。所谓本校即《辽史》内纪、志、表、传各部分之间的互证，辨明本书记载之异同，而他校则要广阅群籍，穷尽史料，将其他宋辽金元文献及汉文、契丹文石刻材料中的相关记载都拿来与本书参校，[2] 这实际上就是对点校内容进行全面研究的过程，也是对学生锻炼价值最大的一个环节。各卷点校修订者在研究中，不仅要对文字内容仔细审读，辨别诸本异文之正误，纠正标点断句，还要结合本校与他校，在充分吸收前人研究成果的基础上发现问题，并通过自己的分析考辨尽量解决，拟写出文字简练、表意清晰的半文言体校记或校勘长编。这项工作对于刚进入史学专业学习的研究生而言具有一定挑战性，但却又是培养学生史料搜寻、古文阅读、版本辨识、分析判断、文字表达等诸项能力的最佳手段。说到他校，传世典籍文献浩如烟海，新的出土资料更是不断刊布，要想做到穷尽史料其实是一件十分困难的事情。不过幸运的是，随着时代的进步，大量古籍文献得以影印出版，使我们能够看到过去难得一见的

1　据《辽史》修订工作体例，诸本版本校所用铅笔颜色为《大典》本（深红色）、明抄本（深蓝色）、南监本（橘黄色）、北监本（咖啡色）、乾隆殿本（深绿色）。

2　关于本校与他校的定义，参见陈垣《校勘学释例》卷六《校例·校法四例》，北京：中华书局，1959年，第145—147页。

珍贵典籍；此外，古籍文献及期刊出版物数据库建设蓬勃发展，网络检索技术突飞猛进，使我们足不出户就可搜索到各种相关的文献资料，有的甚至还是过去从未注意过的新材料，这对于现代学人的学术研究具有革命性的意义。利用这些前辈学者所不具备的新刊文献和新兴科技，可大大提升"二十四史"的点校质量，我们的《辽史》修订亦多得益于此。

由学生承担具体的点校修订工作显然有一定的风险，即各个不同阶段的研究生因学力水平参差不齐，每个人完成的修订稿或多或少都会存在文字校改有误、断句标点失当、校勘点遗漏、校记表述不周、体例不统一、案断错误等一系列问题，有的甚至还是很粗的初稿。因此，先生专门建立了一个《辽史》读书课的机制，由他带领学生集体研读每一卷修订稿，当场查漏补缺、纠谬正讹，改定校记文字，这对于保证《辽史》修订本的质量、规避风险具有极其关键的作用。自 2007 年 9 月以来，先生与我们长年坚持于每周六上午九点至下午五点，在北京大学中国古代史研究中心的计算机室一起研读《辽史》，学生们分头点校的各卷修订稿都要拿到读书课上集体通读讨论。所谓通读绝非一般的翻阅浏览，而是由各卷负责人对着投影，将本卷内容（包括标点符号）逐字逐句地念出声来，每念一段先生还要重新审读一遍，并就其中的标点修改、文字校勘及所拟校记的内容与大家进行深入讨论，统一意见，最后再改定校记的文字表述。有时遇到复杂的问题，我们常常会针对一条校勘记反复琢磨两三个小时之久，如一时无法解决，还要作为遗留问题，让点校者课后再去补充材料，下次课继续讨论，所以这样研读的进度比较缓慢，一卷《辽史》往往要几次课才能读完。故从 2007 年 5 月开始修订，至 2013 年 6 月所有分卷点校工作全部完成，一部篇幅不大的《辽史》我们竟读了整整六年。

在读书课上，先生以其深厚的文献学功底和敏锐的学术判断力，严格把关审定样稿，发挥着不可替代的核心作用。除了一般的校正文字标点、修改校记字句之外，在对某些复杂问题的判断上尤能体现先生的卓越学识。他往往能够从杂乱矛盾的材料和论说中理出头绪，最后一锤定音。在此不妨举一个我印象比较深的例子。《辽史·天祚皇帝纪》谓天庆九年（1119）九月，遣习泥烈、杨立忠使金。[1] 此处"杨立忠"，《裔夷谋夏录》卷一、《契丹国志·天祚皇帝》同，[2] 然《辽史·属国表》作"杨近忠"，《三朝北盟会编》卷三作"杨丘忠"。[3] 同一人有三种异名，一时让我们觉得无所适从，不知哪一种记载准确。而这时先生很快作出了反应，指出"立"与"近"之间字形差别相对较大，似不大容易互讹，而这两字却分别与"丘"字相近，所以他认为此人原名当作"杨丘忠"，作"杨立忠""杨近忠"者皆属记载讹误。后有学生果然在金代文献中查到，辽金之际确有一位"秘书少监杨丘忠"，[4] 此人很可能就是《辽史》记载的这位使者，从而印证了先生的精准判断。

此外，先生还敢于对前人成说提出质疑或追问，鼓励大家就某一问题做进一步的研究。例如，《太宗纪》明确记载天显五年（930）

1　《辽史》卷二八《天祚皇帝纪二》，第 338 页。

2　旧题刘忠恕《裔夷谋夏录》卷一，黄宝华整理点校，《全宋笔记》第五编，郑州：大象出版社，2012 年，第 1 册，第 87—88 页；旧题叶隆礼《契丹国志》卷一〇《天祚皇帝上》，贾敬颜、林荣贵点校，北京：中华书局，2014 年，第 127 页。

3　徐梦莘：《三朝北盟会编》卷三重和二年正月十日丁巳条记女真本末，《中华再造善本》影印国家图书馆藏明抄本，北京：国家图书馆出版社，2013 年，叶 13b。

4　佚名：《大金集礼》卷二〇《原庙上·奉安》天会四年十月条，《中华再造善本》影印清抄本，北京：国家图书馆出版社，2010 年，叶 2a；金大安三年《杨瀛神道碑》，梅宁华主编《北京辽金史迹图志》，北京：北京燕山出版社，2004 年，拓本见上册第 157 页，录文见下册第 42 页。

三月乙亥,"册皇弟李胡为寿昌皇太子",[1] 自元代以来学者们都认为此处"皇太子"必系"皇太弟"之误。笔者最初在修订此卷时亦沿袭前人之说,未予深究。但在读书课上,先生仔细阅读上下文后表示,"子"和"弟"二字字形迥异,且《太宗纪》另有四处亦称李胡为"(皇)太子",不应均有讹误,所以他怀疑这个问题恐怕没有前人想象的那么简单,其背后可能另有缘由,于是他命我对此做更深入的考察。果不出先生所料,后经笔者研究,李胡被封为"皇太子"一事并非史官之误记,而是反映了辽初契丹人对汉文化懵懂无知的真实状况,折射出辽代"沿名之风"的政治文化特征。[2] 又如自清代以来的前辈学者早已考证,《辽史》卷八九《杨皙传》和卷九七《杨绩传》系一人两传,而先生在课上则进一步追问杨皙、杨绩两名迥不相同,究竟孰是孰非,为何会出现这一歧异?后陈晓伟即在先生的指示下,考定此人本名当作"杨皙",并提出了导致一人二名的可能原因,从而大大推进了我们对此问题的认识。[3] 从以上这几个例子可以看出,正是仰仗先生的卓越学识和点拨提示,才使我们在某些具体问题的考证上能够发前人未发之覆,进而凸显出《辽史》修订稿的学术价值。

先生对于这个《辽史》读书课是格外看重的。在他看来,读书课集体研读的做法不仅解决了保障修订稿质量的问题,而且还可使大家充分切磋交流,共同思考研讨,所以他认为读书课是促进大家学术进步的一个最佳平台,也是培养学生最成功的一个有效机制。

---

1 《辽史》卷三《太宗纪上》,第 31 页。点校本已将此处"皇太子"改为"皇太弟"。

2 邱靖嘉:《辽太宗朝的"皇太子"名号问题——兼论辽代政治文化的特征》,《历史研究》2010 年第 6 期,第 177—187 页。

3 陈晓伟:《〈辽史〉复文再探——以〈杨皙传〉和〈杨绩传〉为例》,《中国史研究》2012 年第 2 期,第 105—113 页。

包括笔者在内的多位学生就是在《辽史》读书课的训练和激励下逐渐成长起来，最终走上学术道路的，故对先生的这番良苦用心有着深切的体会和感铭。

经过读书课的集体讨论和先生的严格审定，所修订的《辽史》各卷已基本定稿。但由于这些修订稿成于众人之手，校记撰写体例仍不尽统一，加之整个分卷点校工作持续时间很长，前期撰写的校勘记相对比较粗糙，有待改进，且在后期研读时又常常会对前期所读各卷的校记内容进行增删修改，因此在正式交稿之前，还需经"大手刊定"，[1] 即全书统稿环节，将各卷文字校勘、标点修正及每条校记、校勘长编重新梳理一遍，统一体例，以求整齐划一。这项繁重的任务则完全是由先生一人独自承担的。

然而不幸的是，2014 年 4 月先生确诊淋巴瘤晚期，身体每况愈下。面对病痛的折磨和死亡的威胁，他并未因此消沉，病魔的侵袭反而使他催生出加紧完成统稿工作的愿望。他利用化疗间隙回家休养的这段时间，坚持统稿，虽体力渐渐不支，但仍继续勉力工作，遇到比较棘手或有疑惑的问题，他还会通过邮件或电话与我们学生进行讨论，反复斟酌校记文字，一丝不苟的态度丝毫未减。例如关于卷一六《圣宗纪七》太平二年（1022）的月日错乱问题，先生在 5 月 30 日至 31 日两天之内，先后给康鹏和我发了数封邮件再三商讨，最后才达成一致，定为校记，其工作之认真细致由此可见一斑。凭着先生惊人的意志，整个《辽史》统稿工作终于在 7 月全部完成，22 日正式向中华书局交稿。

以上所述就是《辽史》修订从前期筹备到最终定稿的整个工作

1　语出辽天庆四年《王师儒墓志》，拓本见《北京图书馆藏中国历代石刻拓本汇编》，郑州：中州古籍出版社，1989 年，第 45 册，第 142 页。

流程。在这一过程中，具体的分卷点校工作虽由我们学生承担，但先生自始至终都发挥着领导核心的作用，掌控全局，全程严格把关，确保点校质量。无论是修订前的准备工作，还是分配任务、指导学生、读书课审定初稿，以及最后阶段的统稿工作，无不凝聚着他的大量心血。甚至交稿之后，先生又强撑病体，撰写了《辽史》修订前言、凡例，并及时处理审稿专家的反馈意见，毫不松懈，乃至病危之际，他仍不忘将后续的审订及出版事宜托付给我们学生。修订这部《辽史》，于我等学生而言，付出的是数年青春年华，而对先生来说，却是倾注了自己的生命。因此，笔者在此介绍《辽史》修订工作的流程与方法，同时也是对先生这段学术历程的回顾和追念。

三 分清校史与考史：适度校勘的基本原则

中华书局拟定的"二十四史"修订工作总则，其中有一条明确要求："修订本的校勘重点在文字校订，不在史实考证，要严格区分'校史文'与'考史实'的界限。"[1] 一般来说，古籍整理的目的是尽量恢复古籍的原貌，而非以他书校订史实，所以中华书局定立这样一条基本原则就是要修订者把握好校史与考史的区别，做到适度校勘。

所谓"校史"主要指校勘该书本身存在的文字正误问题，而"考史"则是对书中内容记载的辨析考订。对于古籍整理者而言，若是打算为某书作校注、笺释之类的本子，当重在考史，这是此类整理本最具学术价值之处；但如果只是作一般的点校本，尤其是像

---

1 《点校本"二十四史"及〈清史稿〉修订工作总则》，第4页。

"二十四史"这样提供给公众阅读的通行点校本，则应当以校史为主，考史的内容不宜过多，更不可以今人考证的结果去"改正"原书，即便原书所记确有讹误，至多只可出校不改，否则将破坏该书的本来面目，抹杀文献记载的多样性。在如何处理校史与考史的问题上，我们《辽史》修订组在工作中颇有一些心得体会，或亦可供借鉴参考。

第一，校史的分寸。由于《辽史》原点校本采用不主一本、择善而从的工作本概念，故大量的文字校勘乃是直接依据某一版本径改不出校，而此次修订则是严格的"底本式"整理，凡涉文字校勘，皆需出校，或留下校勘长编以备核查，异体字亦需保留，不可径自统一，所以校史的任务较为繁重。在具体工作中，需要注意区分以下几种不同情况，把握好分寸。

其一，在版本流传过程中出现诸如"己""已""巳"及"戊""戌""戍"这样非常明显的形讹字，可径改不出校；若是鲁鱼亥豕之类的常见版刻错误，记入校勘长编，正文亦可径改；其他讹、脱、衍、倒问题，则应出校订正。这些情况的处理都比较容易理解，毋庸举例赘言。

其二，底本与其他版本文字不同，若两者文义皆通或难以判定正误，则出校不改。如《穆宗纪》赞语有"朝政不视"句，[1]"视"《永乐大典》卷五二四八引《辽史》作"亲"，[2]此二字皆可通，当两存之。又如《营卫志》"辽内四部族"内有"国舅别部"，[3]"别部"明抄本、南监本、北监本、殿本皆作"部族"，虽《辽史》多见"国

1　《辽史》卷七《穆宗纪下》，第 87 页。
2　《永乐大典》卷五二四八萧字韵辽字目，北京：中华书局影印本，1986 年，第 3 册，第 2358 页。
3　《辽史》卷三三《营卫志下》，第 384 页。

舅别部",但此处称"部族"也不能算错,故亦应保存异文。

其三,底本文字有误,但无其他版本依据,则亦出校不改。譬如,《太祖纪》天显元年(926)二月,"以奚部长勃鲁恩、王郁自回鹘、新罗、吐蕃、党项、室韦、沙陀、乌古等从征有功,优加赏赉",[1] 此句语义不明。按本书《部族表》及《属国表》记此事,分别作"奚部长勃鲁恩、王郁从征有功,赏之"及"回鹘、新罗、吐蕃、党项、沙陀从征有功,赏之",[2] 知是年二月奚部长勃鲁恩、王郁及回鹘、新罗、吐蕃、党项、沙陀等部皆因从征有功而受赏,疑此处"自"当为"洎"字之误。但由于此条诸本皆同,故出校未改。

其四,底本用字较为生僻,但文义可通,则不论有无其他版本依据皆不改,可酌情出校。关于此类情况,可以举一个很典型的例子。《耶律庶成传》称"庶成尝谓林牙","谓"字诸本皆同,冯家昇认为此处"谓"当作"为",[3] 原点校本遂据以径改。[4] 但其实,"谓"字本与"为"字互通,[5] 此用法在唐以前文献中较多,宋元时虽已稀见,但仍有用例,这在《辽史》中即可求证。《国语解》云:"凡纳后,即族中选尊者一人当奥而坐,以主其礼,为之'奥姑'。"此处"为之"诸本皆同,原点校本径改为"谓之",[6] 但如知"为"可通"谓"则此处不应改,这一用例正可与《耶律庶成传》的例子互

---

1 《辽史》卷二《太祖纪下》,第22页。

2 《辽史》卷六九《部族表》,第1082页;卷七〇《属国表》,第1128页。

3 冯家昇:《辽史初校》,《辽史证误三种》,北京:中华书局,1964年,第296页。

4 《辽史》卷八九《耶律庶成传》,第1350页。

5 参见罗竹风主编《汉语大词典》"为""谓"字条,上海:汉语大词典出版社,1986年,第6册,第1107页;第11册,第343页。此条系由中华书局编辑刘彦捷老师审稿时指出,谨致谢忱!

6 《辽史》卷一一六《国语解》,第1539页。

相印证。今修订本遵从底本，此二处皆不改，不过考虑到对今人而言"为""谓"互通的用法相对比较生僻，故出校略加说明。

其五，无版本依据，凡据本校、他校或上下文义改订文字者，皆须出校说明。如《地理志》西京道云内州有"大同川"，[1] "川"原误作"州"，今据本卷下文天德军条及《新唐书》卷三七《地理志一》"丰州中受降城"条改。[2] 又如《乐志》"百官鼓吹、横吹乐，自四品以上，各有增损"，[3] "各"原误作"名"，诸本皆同，今据文义改。不过，对于此类情况需有十足把握方可校改，否则出校不改为宜。

以上总结了《辽史》文字校勘过程中需要注意区别处理的几类情形，这些都属于校史的范畴。其中，最重要的一点是对于底本文字的校正应慎之又慎，除非有充分的理由和足够的证据，切忌擅改原文，凡是可改可不改者一律不改，尽量遵从底本，避免不同文本的同质化，这是古籍整理者应掌握的一个基本校勘尺度。

第二，考史的处理方式。与"二十四史"其他诸史一样，《辽史》修订虽亦以校史为主，但也还是会有一些考史的内容，这就要合理地把握两者的比例，考史出校必须从严。不过，考证史实对于培养学生的问题意识和学术研究能力是大有裨益的，因鉴于此，刘浦江先生特意采用了一套"校勘长编法"来处理考史的问题。他要求学生在具体点校时，无论是校史还是考史，都要做全面细致的研究，尤其是要充分利用其他典籍文献及出土石刻材料深入考订《辽史》记载，发现问题，尽量加以解决，并全部拟写出校勘长编，至于这些长编哪些可以写入校勘记，则需经读书课集体讨论，最后由

1　《辽史》卷四一《地理志五》，第 509 页。
2　《新唐书》卷三七《地理志一》，北京：中华书局，1975 年，第 976 页。
3　《辽史》卷五四《乐志》，第 897 页。

先生把关决定。一般来说，这类考史性质的校勘长编大致有以下四种处理方式。

其一，出校。若校勘长编涉及辽金史上的重大问题，或关涉《辽史》原文记载正误者，可以考虑出校。如《道宗纪》谓道宗最后一个年号为"寿隆"，[1] 但辽代石刻及宋代文献皆作"寿昌"，自钱大昕以来学者们已判定《辽史》所载"寿隆"年号有误，当以"寿昌"为是，笔者又进一步考证，此系陈大任《辽史》避金钦慈皇后"寿昌"讳而改，后为元修《辽史》所承袭。[2] 这个问题牵涉到辽道宗朝年号，属于比较重要的史事，理应出校辨明。又如《兵卫志》云："大帐皮室军。太宗置，凡三十万骑。属珊军。地皇后置，二十万骑。"[3] 邓广铭先生已指正，这条记载本出自宋琪《平燕蓟十策》，原称契丹皮室军三万、属珊军二万，此处夸大作"三十万""二十万"，当误。[4] 诸如此类属以他校辨正《辽史》之误，也应写入校勘记。

其二，不出校。若《辽史》所记虽有疑问，但因史料缺乏无法彻底解决，以及其他体例性问题，可不出校。由于《辽史》本身十分简陋，如本朝地理沿革、职官迁转等制度记载多有阙略，以致纪、志、表、传所见行政建置、官员职衔常有不合，在此分别举一个例子加以说明。辽上京道有饶州，《圣宗纪》谓统和八年（990）七月庚辰罢省，[5] 但检本纪，统和十五年九月庚午、二十五年十二

1　《辽史》卷二六《道宗纪六》，第 307 页。

2　邱靖嘉：《辽道宗"寿隆"年号探源——金代避讳之新证》，《中华文史论丛》2014 年第 4 期，第 211—228 页。

3　《辽史》卷三五《兵卫志中》，第 401—402 页。

4　邓广铭：《〈辽史·兵卫志〉中"御帐亲军""大首领部族军"两事目考源辨误》，《邓广铭治史丛稿》，北京：北京大学出版社，2000 年，第 1—19 页。

5　《辽史》卷一三《圣宗纪四》，第 140 页。

月己酉，道宗咸雍七年（1071）十一月己丑、八年七月丙申，及天
祚帝天庆五年（1115）二月仍见饶州。[1] 出现这一状况或许有两种
可能，一是饶州省后复置，二是统和八年所罢省者为另一饶州，但
究竟是何原因，尚待今后新材料的发现才能探明。《萧孝忠传》谓
"子阿速，终南院枢密使"，[2] 然《道宗纪》清宁五年（1059）六月己
丑有"以南院枢密使萧阿速为北府宰相"的记载，[3] 似有矛盾，这或
许是萧孝忠本传所记不确，也可能是萧阿速一度官至北府宰相，后
终于南院枢密使任上，难以确考。类似以上两例的情况，今修订本
皆不出校。另外，如同名异译之类涉及全书体例性的问题，亦不出
校勘记，仅留存长编，以备将来编制《辽史人名索引》。

其三，部分内容出校。若校勘长编牵扯的问题过多，不宜全部
入校，则可摘取部分内容出校。如《圣宗纪》统和十七年十月，辽
军"次瀛州，与宋军战，擒其将康昭裔、宋顺"，[4] 修订稿此处有校
勘长编云：

> 按下文统和十九年六月又谓以康昭裔为昭顺军节度使。据
> 《冯从顺墓志》，统和十七年从顺与康保裔兵败被擒，陈述《全
> 辽文》卷六谓"宋顺"盖即"冯从顺"，"康昭裔"即"康保
> 裔"。宋代文献所记此事亦均作"康保裔"，《长编》卷四六咸
> 平三年正月甲申、《东都事略》卷一二三《附录一·辽》及《宋
> 史》卷六《真宗纪一》咸平三年正月、卷四四六《康保裔传》

1　《辽史》卷一三《圣宗纪四》，第 150 页；卷一四《圣宗纪五》，第 163 页；卷二二《道宗纪
　　二》，第 271 页；卷二三《道宗纪三》，第 274 页；卷二八《天祚皇帝纪二》，第 331 页。

2　《辽史》卷八一《萧孝忠传》，第 1285 页。

3　《辽史》卷二一《道宗纪一》，第 257 页。

4　《辽史》卷一四《圣宗纪五》，第 154 页。

> 均谓康保裔战殁,《冯从顺墓志》及《宋史》卷三〇九《谢德权传》、卷四四一《路振传》则言康保裔被擒。赵翼《陔余丛考》卷一三"辽宋二史相合处"、毕沅《续通鉴》卷二一咸平三年正月壬午考异皆以昭裔、保裔为一人。(不出校)[1]

这条长编涉及此处与辽代石刻、宋代文献记载的人名歧异,清代以来学者对此的解释,以及宋人有关康保裔生死的不同说法等多重问题,有的内容已超出《辽史》校勘的范围,而且也比较烦琐,显然不适合全都入校。我们最后拟定的校记是:

> 据《冯从顺墓志》,统和十七年宋将冯从顺、康保裔兵败瀛州,陈述《全辽文》卷六谓"宋顺"盖即"冯从顺","康昭裔"即"康保裔"。宋代文献所记此事亦均作"康保裔"。

校勘记仅指出,此处所记宋将"康昭裔""宋顺"在辽代石刻与宋代文献中的异名及陈述先生的观点,省去了长编中的其他枝节内容。这样问题突出,简洁明了,也符合校记的撰写要求和行文风格。

其四,校记简化,长编详赡。若某一问题的考证过程较为复杂,不宜在校勘记中全部展示出来,则出一简明校记,指出最主要的文献依据和考证结果,而在校勘长编中尽可能详细地论证这一问题。仍举一个《圣宗纪》中的例子,开泰二年(1013)六月辛酉,"遣中丞耶律资忠使高丽,取六州旧地",[2] 修订本此处有校勘记云:

---

1 以上校勘长编原于各征引文献后均括注版本、页码,今从略。李焘《续资治通鉴长编》简称为《长编》,毕沅《续资治通鉴》简称为《续通鉴》。

2 《辽史》卷一五《圣宗纪六》,第173页。

"'耶律资忠'，按《高丽史》卷四《显宗世家一》及《崔士威庙志》所记此事均作'耶律行平'。"[1] 这里只是很简单地指明"耶律资忠"在高丽文献中的异名而已，但实际上，要考证此"耶律资忠"与彼"耶律行平"系同一人却颇费一番口舌，请看这条校勘长编：

> 据《圣宗纪》及卷八八《耶律资忠传》，开泰三年二月甲子耶律资忠复使高丽取六州旧地，留弗遣，九年五月庚午高丽上表谢罪始送资忠还，资忠在高丽凡六年。又《高丽史》卷四《显宗世家一》，显宗四年（辽开泰二年）三月戊申耶律行平来责取兴化等六城，七月戊申复来索六城，六年（开泰四年）四月庚申又来索六城，拘留不遣，十一年（开泰九年）二月归所拘人只剌里，被留凡六年，三月癸丑归契丹使耶律行平。按耶律资忠，小字札剌，"只剌里"当为"札剌"之异译，"耶律行平"与"耶律资忠"事迹相合，知为一人。（不出校）[2]

从以上长编来看，欲证明"耶律资忠"与"耶律行平"为一人，需列出辽朝与高丽双方的记载，勘合事迹，并解释其中出现的契丹语名系同名异译，然后才能得出结论。这么一大段文字若都写入校勘记，则显得过于累赘，所以只好留作长编，校记相对简化。

通过以上归纳释例可以看出，《辽史》修订的校勘长编其实做了很扎实的文献普查和学术研究工作，但我们在区分校史和考史，尤

---

1   郑麟趾：《高丽史》卷四《显宗世家一》，平壤：朝鲜科学院古典研究室排印本，1957年，第56、57、63页；《崔士威庙志》，见许兴植编《韩国金石全文（中世上）》，首尔：亚细亚文化社，1984年，第504页。

2   关于此问题，可参见天放《〈辽史〉所记"耶律资忠"即"耶律行平"》，《东北地方史研究》1991年第1期，第93页；刘浦江《再谈"东丹国"国号问题》，《中国史研究》2008年第1期，第97页。

其是哪些考史内容可以出校的问题上，尺度把握得比较严格。从最后的修订本定稿来看，真正属于考史的校记其实占比并不大，大量的考证都留在了校勘长编之中，被标注以"不出校"。先生采用的这种"校勘长编法"主要有两大优点。一是把点校、研究《辽史》的成果通过校勘长编的形式详尽地呈现出来，作为修订工作的后台资料，使修订者、责任编辑及审稿专家都能全面清晰地了解《辽史》各卷都有些什么校勘点，每条校记是怎么来的，哪些部分没有出校，从而为之后校记数量及内容的调整修改提供了极大的便利，毕竟在原有长编基础上增改校勘记，操作起来比较简易，否则如要临时再去查材料做研究新拟校记，势必事倍功半。二是真正将点校工作与辽金史研究结合起来，学生检索文献、考辨史料、撰写长编其实就是学术研究的过程，一条条校勘长编犹如一则则短小的札记，虽不起眼，但却是学术成长的一个个基点，后来不少人发表的专题论文最初就源于其中某一条长编，这也达到了先生以《辽史》修订训练学生的目标。

《辽史》修订本交稿后，中华书局领导、责任编辑以及审稿专家都对我们的修订工作给予充分肯定。大家一致认为，《辽史》修订在尊重和继承原点校本的基础上，严格遵循适度校勘的基本原则，尤其是校勘长编的后台工作做得十分到位，但同时修订组又没有为了故意彰显自己的学术研究成果，而将过多的考史内容硬塞入校记，体现出良好的学术风范。不过，有多位先生也指出，《辽史》校勘长编有很大的学术价值，修订本限于体例，许多内容无法出校，确实比较遗憾，鉴于《辽史》的特殊性，建议可以适当放宽一些尺度，再多出一些校记，以便读者参阅，另外校勘长编也有单独整理出版的价值。这些评价可谓是对我们八年来《辽史》修订工作最大的鼓励和认可。后经与中华书局商量，决定采纳专家意见，稍稍放宽出校标准，增加一些校勘记，并准备在《辽史》修订本正式推出后，继续整理校勘长编，争取早日面世，以便学界利用。这种将后台长编资料一并出版的情况，在中华书局"二十四史"修订工作中尚属首次，无疑具有示范性的意义，这也可以说是《辽史》修订在古籍整理工作方法方面的一个贡献。

刘浦江先生曾对我们学生说，在学术起步阶段，最好能够参与至少一部古籍的点校整理，接受基本的文献学训练，掌握古籍整理规范，这对我们的学术成长大有好处。正是出于这一目的，先生借助《辽史》修订的契机锻炼学生，并在这个过程中摸索出一整套缜密高效的工作流程和方法，且严格掌握校勘尺度，既保证了修订本的点校质量，又使参与者获益匪浅。这种将科研项目与学生培养、学术研究紧密结合的成功实践，或许可为"二十四史"修订乃至其他古籍整理项目提供一些有益的经验和启迪。

原载《点校本"二十四史"及〈清史稿〉修订工程简报》
第 96 期，2017 年 6 月 30 日

北大中古史中心的计算机室与刘老师的读书课

一

今年是北京大学中国古代史研究中心（以下简称"中古史中心"）成立四十周年，近两个月来，先后拜读了诸多师友撰写有关中心的回忆纪念文章，并于 8 月 27—28 日亲身参与了中心的庆祝活动，十分感慨，同样也勾起了我的许多记忆。我于 2007 年考入北京大学历史学系攻读硕士研究生，师从刘浦江教授，直至 2014 年博士毕业。在这七年求学生涯中，可以说大部分的学习时光都是在中古史中心度过的。

刘老师的办公室就在中心前院的西厢房 210 室，他给我们在读学生每人配了一把钥匙，平时都可以来办公室取阅书架上的书籍，并在屋内自习，从而为我们提供了一个绝佳的学习空间。刘老师每次找学生谈话、指导论文，基本也都在办公室进行，在我脑海中至今还经常浮现出刘老师背着书包来到办公室，泡了包速溶咖啡，跷腿坐着侃侃而谈的场景。

　　中古史中心有着一座资料齐全的古代史研究专业图书馆，在这里读书学习实在是一件非常幸福的事情，研究所需的各种图书资料基本上都能在此找到，而且检索取阅都很便利，所以我平日经常待在中心图书馆，明显感到学习效率非常高。毕业工作后，我对中心图书馆仍十分怀念，如有研究需要还会回来查阅资料，这里没有门禁，毋须刷脸，正如朱玉麒老师在纪念文章中所说，这里是"北大校园里最自由、最开放的读书空间"。[1] 我想这也正是中古史中心的最可贵之处，在如今这个人与人之间充满猜疑、嫌隙乃至日趋疏远、封闭的世界，中心依然能够坚守源自纯学术的自由、开放、包容是多么不易。

　　此前发表推送的师友文章对中古史中心的成立经过、邓广铭先生等创建者的贡献、各位中心老师的风采和中心图书馆的魅力已有很多记述，似已被写得题无剩义。所以我尽管有心想为中心周年庆提供一些文字记录，但踌躇再三，未能下笔，直到 8 月底回北大参加了两天庆祝活动，与一众师友再次来到熟悉的中心小院，心中突然闪过一丝激动，不禁将目光盯视在中心一处不起眼的角落，脑海中迅速浮现出一幕幕场景。我想这个地方此前大家的文章中好像很少提到，但对我而言又意义非凡，于是暗自决定就写写中心这个容易"被遗忘的角落"——计算机室吧。

1　朱玉麒：《松月在庭邀朗润——中古史中心图书馆纪事》，澎湃新闻·上海书评，2022 年 8 月 27 日，见 https://www.thepaper.cn/newsDetail_forward_19632967。

二

　　说起计算机室，我们首先想到的自然就是电脑技术，在此不妨先讲讲这方面的轶事。事实上，中古史中心发展的四十年恰好经历了信息技术革命的时代潮流，对学术研究的直接影响就是使学者从翻书手写迈入了电子阅读、电脑写作的时代。中心的老师们与时俱进，在 20 世纪 90 年代就已开始学习电脑技术，并应用于教学科研。其中，最为精通的应该是阎步克老师。大家都知道，阎老师制作的课件十分精美，而且他很早就已习惯了电子阅读，收集了极其海量的各种电子文献，并将这些资料拷到中心图书馆的一台公用电脑上，分享给其他老师。

　　同时电脑写作也开始兴起，中心的老师们好像都学习使用过一种如今看来十分"古老"的中文输入法系统，名叫"自然码"。这是由早已过气了的软件大亨周志农发明于 20 世纪 80 年代中期的一款中文输入法，后经发展升级，在 90 年代广为流行。自然码支持全拼、双拼和五笔文字输入，其最有特点的是独家开发出的双拼编码系统，"以词为主，以字为基础，音形结合，智能处理"，入门容易，输入效率很高。然而进入 21 世纪，在更新到自然码 2003 版之后，由于经营不善，公司倒闭，自然码便悄然退出了市场，今天已经没什么人知道了。

　　我来北大读研时，邓小南老师、刘老师仍习惯使用自然码双拼输入法。当时新出的 Windows Vista 和 Win8 操作系统在安装自然码时出现了兼容性问题，我们师门之中康鹏师兄的电脑技术最好，后来他想法终于安装成功，方能在新系统中继续使用自然码。刘老师时常向我们说起自然码输入的各种好处，例如在拼音输入时可以加声调或偏旁部首以减少重码，其独特的切形功能可将不知读音的生僻字分解开来拼合切出；还有强大的造词和词库功能，除自带有扩充词库之外，亦可自主造词，将常用的词组、短语乃至长句保存到自己的词库中，下次再输入时最多打四个首字母就能调取出来，十分快捷。言下之意，就是要让我们这些学生也都用自然码，并且称用了自然码就是"归化"，不用就是"不归化"。于是在刘老师带有"半强迫"性质的大力推销下，当时我们师门几乎都在各自的电脑上安装了自然码，刘老师还把他的词库发给我们使用。

　　不过，大多数人用的是全拼输入，可能只有我自学了自然码双拼。我还记得当时专门买了自然码 2003 版的正版光盘，看里面的教学手册，并把双拼规则打印出来贴在书桌前，将上邓老师"宋代政治制度史专题"课的一份手写作业用自然码双拼输入电脑，一千多字打下来，基本也就掌握了这种输入法，加上有刘老师的词库，确实很好用。此后我便一直使用自然码双拼，尽管随着电脑操作系统的更新换代，自然码软件早已无法安装了，但所幸的是，目前通行的各种输入法软件中仍有自然码双拼可供选择，不过其原本附带的整句输入、字词加形、智能拼音、自造词等功能却已丧失，词库也不能使用了，比较遗憾。

三

　　言归正传，再说回中古史中心的计算机室。它是中心前院报告厅西边的穿堂廊屋，南北向各开一门连通前后院。实际上，所谓的计算机室算不上是一个标准的计算机教学教室，这里放置着中心的网络服务器，一度还曾堆放着一些报废电脑及其他杂物，当然屋内有桌椅和投影设备，可以用作教室，但设备比较老旧，平日利用率不高。中心老师上课或读书班活动大多还是在报告厅进行，只有刘老师的《辽史》读书课才长期以计算机室为据点。

2007年，中华书局点校本"二十四史"修订工程正式启动，刘老师承担的《辽史》修订工作随即展开。5月19日，我们师生一共七人在刘老师办公室上了第一次《辽史》修订读书课，当时先讨论了刘老师初拟的《〈辽史〉修订工作体例》，然后围坐在一台电脑前开始研读《辽史》卷一《太祖纪上》。由于七人挤在办公室过于逼仄，等到第二次读书课时便转移到了报告厅，但上了两次之后，又觉得报告厅地方太大，而且容易与其他老师的占用时间相冲突。于是刘老师便看中了计算机室，这间屋子就在刘老师办公室旁边，刚好适合十人左右上课，而且平时也没什么人用。因此，自2007年9月以后，《辽史》读书课的上课地点便固定在了中心计算机室，时间是每周六上午九点至下午五点，除寒暑假外，坚持每周研读，雷打不动，直至2013年6月《辽史》分卷点校工作全部结束。可以说，这间计算机室见证了我们这批学生在刘老师指导下的学术成长，具有特殊意义。如今回想起来，仍十分怀念那些年每周能够与刘老师及各位师兄弟共同读书研讨的日子。刘老师尽管在学术上要求严厉，作为学生免不了要经受他疾风骤雨般的批评，但在生活中对学生却古道热肠，平易近人，而且还有些八卦可爱，每次上读书课都会像哄小孩一样给我们带些零食，课间休息时大家有吃有笑，其乐融融，更增进了师生感情。

《辽史》读完之后，刘老师鉴于这些年来通过读书课培养学生的成功经验，遂决定将这一机制保持下去。从2013年9月开始研读《金史》，读书课的时间、地点不变，大家如有新写出的文章也都拿到课上来讨论。记得当时我和陈晓伟已是博士四年级，正面临毕业求职，为了帮助我们锻炼讲课能力，刘老师还特意安排我们俩在读书课上进行试讲，让大家提意见。我至今还保存着当时刘老师发送的两封邮件：

各位：

下周六（12月7日）读书课由靖嘉、晓伟第一次试讲，每人控制在半小时左右。下下周周六（12月14日）安排第二轮试讲。再往后将视情况做进一步安排。

刘浦江

2013-11-27

各位：

下周读书课靖嘉再试讲一次，最近随时有可能接到某个学校的试讲通知。晓伟的问题都很清楚了，主要是回去多练习，下周就不再讲了。

刘浦江

2014-2-22

于是我至少在中心计算机室做了三次试讲，刘老师及诸位同门从观众的角度，对我的内容安排、课件制作、讲课技巧、仪态站位进行全面点评，指出不少问题，给予了许多具体的改进意见，从而帮助我提高讲课水平。后来在正式的求职面试中，我的试讲取得了不错的效果，即得益于之前在读书课上的多次演练。刘老师对学生的这份细心和关爱，我始终感铭于心。

紧接着不久，2014年4月刘老师查出恶性肿瘤，接受治疗。尽管刘老师无法来校上课，但他仍不忘嘱咐我们将读书课坚持下去，并对研读内容和课程进度做了初步安排。到了秋季学期，刘老师对我们的读书课愈发挂念，在邮件中说：

各位：

　　因 10 月 11 日和 18 日两次读书课人都不齐（而且 18 日我也许已经入仓），我争取能够参加本周六上午的读书课。主要谈谈如何拓展诸位目前的治学领域、调整学术路子等问题，以及从赵宇南北选一文来谈谈如何上层次的问题（请大家提前看看南北选一文的思路）。到时候请润博打车来接我，我大约谈两个小时。

刘浦江
2014-9-24

于是 9 月 27 日周六上午，刘老师时隔半年之后重回中古史中心，来到计算机室给我们上了一堂读书课。正如信中所言，谈及我们每个人存在的问题和今后的治学方向，中午我们送刘老师到北大西门打车离开。未曾料想，这竟是刘老师最后一次给我们现场授课！此后，刘老师仍时刻关注我们读书课的情况，当得知出现问题时顿生怒气，马上发来邮件：

各位：

　　我这次住院一个月，读书课完全处于失控的状态。主要有两点，一是上周日讨论赵宇的文章，居然只讨论了三页，完全不理会本学期的读书课计划；二是 11 月 8 日的读书课，因为两位主持人都不参加，造成无故停课一次。

　　……

　　希望我们的读书课不因为我的缺席而受到影响，希望这个读书课能够成为促进大家学术进步的一个最佳平台。

刘浦江
2014-11-18
附件：本学期读书课进度

字里行间都流露出刘老师对读书课的深深寄托和期许，令我们感到无比惭愧，立刻按刘老师的要求整改，以保证读书课按计划进行。

然而天不假年，不久 2015 年 1 月初刘老师与世长辞，于是我们的读书课失去了主心骨。不过当年春季学期，师门读书课还是延续了下来，由我牵头组织，主要是讨论任文彪的博士毕业论文以及处理《辽史》修订稿的审稿意见。刘老师在生病治疗期间，凭借着惊人的意志，完成了《辽史》修订稿的统稿工作，于 2014 年 7 月 22 日向中华书局交稿，随后又亲自撰写了修订凡例、前言，整理引用文献，临终之前他将《辽史》修订本后续的审订及出版事宜托付给我们几个学生，所以讨论《辽史》修订稿的处理问题是当时读书课的重点任务。我将中华书局反馈回来的专家和编辑审稿意见汇总起来，拿到读书课上大家逐条商讨，再由我整理回复。8 月中华书局召开《辽史》修订定稿会，进入出版流程后，需要当面讨论的事务减少，加之师门的在校生只剩苗润博、赵宇、张良三人，读书课便难以维系了，只能在需要讨论文章时临时组织。

我们最后一次在中心计算机室上读书课，应该是 2016 年 2 月 21 日，当时是我召集大家一起讨论《辽史》修订本前言、凡例、后记、引用文献以及校样的修改处理问题。我们从上午九点一直工作奋战到次日凌晨一点多，终于全部处理完毕，在中心计算机室度过了令人终生难忘的一天。很快 4 月，《辽史》修订本正式出版，终于了却了刘老师的一桩遗愿。大概自此之后，中心计算机室便更少有人使用了。

这次回中古史中心参加周年庆活动，见到计算机室又变成了杂物堆放间，一看就知道已经许久无人问津了，心头不禁略过一阵凄凉。四十周年庆典过后，中古史中心百尺竿头再出发，希望能够重新收拾出这个"被遗忘的角落"，将它真正开辟成为中心培育新生代学人的另一片授业空间。我想这也是刘老师希望看到的吧。

记于 2022 年 9 月 10 日中秋

原载北京大学中国古代史研究中心微信公众号，2022 年 9 月 28 日，https://mp.weixin.qq.com/s/uQRit3EiOM5YiUjLrjedBw

图一　北大中古史中心计算机室

图二　《辽史》读书课课堂场景

图三　《辽史》修订总结会后合影

图四　2016 年 2 月 22 日凌晨《辽史》读书课后留影

燕归巢，学以思
——北大文研院驻访随感

　　北京大学人文社会科学研究院是我早就心向往之的学术园地，原本已获邀成为文研院第八期邀访学者，然因 2020 年初新冠疫情暴发而被迫取消。后经文研院的不懈努力，9 月重启邀访学者计划，我很荣幸地成为疫情之后首批回归燕园的驻访学者。文研院对于我而言，既有着母校的温情脉脉，又有作为学术高地的令人敬仰。在文研院学习交流的三个多月，忙碌而充实，度过了一段难得的美好时光，同时也使我对文研院的学术宗旨和氛围有了更深切的感受。如今回首这段经历，我想可以从个人情感、学术视野以及学界生态三个方面来谈谈我自己的一些体验和感悟。

一　情归燕园

我曾于 2007 年至 2014 年在北京大学历史学系连续攻读硕士、博士学位，师从刘浦江教授学习辽金史，静园二院就是当时历史学系的所在地。后来北大文、史、哲三系整体迁移至燕园东北角的李兆基人文学苑，静园二院经修葺，焕然一新，成为文研院的驻地。此次获邀驻访，重返静园二院，令我十分感慨。我还清晰地记得 2007 年 4 月，我来北大历史学系参加硕士研究生复试，刘老师时任系副主任，面试后他把我单独叫到二层办公室谈话，那是我第一次见到刘老师，也由此结下了影响我一生的师生情缘。然而不幸的是，2015 年初刘老师因罹患癌症，英年早逝，令人扼腕痛惜。此次我再回北大进修研习，虽置身于静园二院，却已物是人非，不能再当面聆听刘老师的教诲，不禁唏嘘潸然。在同期邀访学者中，还有多位北大毕业的老师，看到她们可以时常去蹭导师的课，与同门交流餐叙，令我感到十分羡慕，亦更觉本门学脉之冷清，唯有叹息和遗憾。

不过，稍感宽慰的是，我的博士学位论文《天地之间：天文分野的历史学研究》恰巧于去年年底出版（中华书局，2020 年），而拙著的校订工作就是在文研院驻访期间完成的。刘老师生前对我的博士论文选题和研究倾注了很大心血，反映了他对于中国古代史学者学术成长路径的长远规划和深邃思考（详见拙著"后记"）。如今我终于将博士学位论文修改增订完毕，新书付梓，可谓是对刘老师最好的纪念。而且从我 2010 年读博，到 2020 年出版博士学位论文，十年之功始于北大，又终于北大，因缘际会，算得上是给我的博士学业画上了一个圆满的句号。

当然，在燕园求学的日子里，我还曾得到过许多其他老师的指导和教诲。此次重返燕园，能够再次见到这些老师，每日早出晚归，往来于学生食堂、静园二院、图书馆以及中国古代史研究中心，仿佛又回到了以前在北大上学的时光。因此，这次来文研院驻访对我而言，第一感受就是"回家"，重新回到这个熟悉的环境，追念刘老师以及曾在燕园度过的青春岁月。

二 开拓视野

来到文研院学习工作的体验，可以用沉静踏实来形容。我们平日在本单位疲于完成繁重的教学科研任务，此外还有各种杂事纷至沓来，忙于各类考核、填表，压得人喘不过气来。这次来文研院，得以暂时脱离本单位的苦闷环境，一走进静园二院，似乎可以感受到自己与外界的喧嚣和浮躁隔绝开来，能够沉下心来做研究，平心静气谈学术，感觉十分愉悦，工作效率也比较高。原本在驻访之前，我制订了一个研究计划，想利用这段访学时间好好查查资料，做点具体研究，写两篇文章，但来了之后却发现计划难以实现。文研院为邀访学者提供了丰富多彩的学术交流活动，尤其是每周二、周四下午例行的邀访学者学术报告和分享，需要提前阅读一些相关材料，而且我们这次还专门策划组织了河西考察之旅，回来后还得撰写考察报告，所以其实并没有太多自主研究的时间，只能去古籍部搜集一些前期资料。但我并不感到遗憾，反而觉得在文研院闲聊胡侃、增广见闻、开拓视野才是这次访学的最大收获。

众所周知，青年学者是最为窘迫和焦灼的一类社会群体，现有的学术评价体制和晋升机制要求青年学者尽量多出成果、快出成果，这势必会导致学者们往往会深陷于自己熟悉擅长的某一研究领域，而忽略了扩充知识、拓展眼界、跨域交流的重要性。我们很容易在各自深耕的一亩三分地不能自拔，而忘了抬头看看周围广阔的田野，眺望远方秀美的山川，仰视浩瀚无际的苍穹。文研院本着"涵育学术、激活思想"的宗旨，提倡并推动跨学科的砥砺互鉴与交流融合，因此每一期都有来自人文社会科学各个领域的邀访学者参加。我们第九期邀访学者共十一人，分别来自历史学、考古学、社会学、宗教学等不同学科，以及中国古代史、自然科学史、艺术史、书法史、近现代史等不同领域。在聚会时，具有不同背景的学者济济一堂，胡聊闲扯，热烈讨论，使大家增进了对彼此学科和专业的了解，开拓视野，激发思考，有时就某些问题甚至脑洞大开，看似离谱实则颇具启发性。这种跨学科、跨专业的多元交流在当下学科体系越分越细的状况下，显得尤为难能可贵。

我印象比较深的场景，如在周二中午聚餐时，听渠敬东、孟庆延老师声情并茂地讲述社会学的学科发展史以及各种学界乱象，把我们逗得开怀大笑，不过在揶揄的同时，也加深了我们对社会学的了解。在学术报告和分享会上，陈志平、陆蓓容老师谈论书法绘画史的研究，引发了我们关于文人艺术"道"与"术"的热议，感知图像与文献世界的差异分合，体悟到美术史不仅仅是书画鉴赏，在书画作品背后蕴藏着深层的人情世故和社会百态，其实也是一种维度的历史研究，十分有趣，从而使我们对艺术史也有了新的认识。在河西考察途中，沉浸式地领略了佛教石窟艺术之美，韦正教授和丁得天老师对河西佛教史迹与石窟寺考古的讲解，使我们对中古佛教史产生了浓厚兴趣，大家七嘴八舌的讨论，从不同视角提出了许多奇思妙想，展现出多学科碰撞与融通的魅力。

在文研院，还要接受来自渠老师的灵魂拷问：你所研究的朝代或问题对于后世的中国文明具有什么影响和意义？对于这样一个大问题，猛地提出来，顿时令我觉得头脑发蒙，一时哑口无言，难以回答。我所研究的辽金王朝究竟对中国文明的形成有何贡献，这的确是一个值得深思的问题，而我以往的学术训练和研究专注于具体问题的考证，却忽略了在中国史脉络中去挖掘辽金史研究的独特价值。这提醒我不应一味埋头考证，还要抬头瞻前顾后，拓展研究视野，探索更广阔的问题空间。

三 学界标杆

如今在各大高校冠以人文社会科学高等研究院之类名目的机构甚多，而北大文研院无疑是办得最有声色、社会影响力最大的一个学术平台。除常规的邀访学者计划外，还有文研讲座、未名学者讲座、文研读书、文研纪念、文研考察、菊生学术论坛、工作坊等多种形式、多个系列的活动，建院五年来每学期持续不断，即使在疫情期间，也坚持线上举办，而且推出必为精品，堪称学界标杆。文研院之所以能办得如此成功，除了北京大学本身的资源优势和学术吸引力之外，离不开文研院领导者的精心规划和整个服务团队的全力保障，而且这种办院模式和力度恐怕是其他高校难以企及的。

在我所工作的单位前些年联合文、史、哲等人文学科，成立了一个有点类似于北大文研院的机构，每年也有一定的经费支持。但几年下来却毫无声息，连校内都没几个人知道这一机构的存在，更不用说校外人士了。有一次我向领导建议应该效仿北大文研院的模式来经营，但领导却回了一句："文研院做的事情学科评估用不上，填表填不进去。"我霎时就明白了什么是差距，以及北大文研院为何能够鹤立鸡群、独树一帜。

在当今的教育管理体制下，高校办学一切以教育部的学科评估为重，评估结果越好，学科排名越高，意味着可以获得更大的利益，乃至决定生死存亡。因此学科评估标准和填报表格就是一根明晃晃的指挥棒，凡是表格中占分的项目各高校皆趋之若鹜，不遗余力地去完成，而表格中没有纳入的内容则可弃之不顾，不必费力经营。出于这样的思路，各高校成立的诸多某某研究院，其工作重点大多是拉课题、搞经费、编著作、出成果，这些都是实实在在的业绩，将来学科评估填表都能用得上，至于它们是否有足够高的学术含量、能否体现真正的学术价值，则可不必计较。这种学界生态我们早已司空见惯，然而北大文研院却与众不同，它对邀访学者没有任何发表要求，也不用提交研究计划，来到文研院的目的就是纯粹的学术交流，既把自己的学术研究介绍给同道，也与不同领域的学者深入交流，砥砺切磋，充分践行"涵育学术、激活思想"的宗旨。文研院的其他各项活动也都抱持着这一初衷，坚守学术底线，探索前沿领域，推动学科交叉合作，促进海内外学界的深度交流，培育有竞争力的学术队伍，做真正有益于学者和学林的事情，而非哗众取宠，出于功利目的，体现出应有的学术担当。在短视者眼中，这些工作大多无法列入学科评估表格之中，派不上用场，似无价值；但若长远来看，学科的融合、学术的推进、学者的成长、学界的口碑难道不都是隐形的财富吗？将来在某个时候一定会回馈北大，产生巨大的效益和影响，绝非区区学科评估所能衡量。

　　我们不妨来打个比方。学术界犹如一个大集市，学者群体就是往来穿梭的商侣游子。绝大多数高校的某某研究院就好比是一家家专卖店，竞相兜售着各自的特产，看中的是经济效益。北大文研院开办的则是一座大茶楼，它并不贩卖什么特制商品，反而免费提供茶水，供各色行人进来歇脚休憩、交谈闲聊、互通信息，如有需要还可资助举办讲座分享知识、召开研讨会切磋学问，甚至邀人入驻以期深度交流，它所追求的是长期的社会效益和隐性价值。当商侣游子来到这个大集市，面对鳞次栉比的店铺，不见得会一一光顾，看到琳琅满目的商品或觉千篇一律，难免产生审美疲劳，但必定都想去茶楼里坐一坐、听一听、聊一聊，感受清新氛围，于是这里自然就成为人文荟萃、名士云集的园地，推动着学术的融通，孕育着新的思想，其巨大价值不言自明。在当今学界，并不缺少科研机构，而缺的恰恰就是像文研院这样自由开放的学术中转站和媒介平台，不受评估考核指标的羁绊，致力于学术之公益。我想大概也就北大这样的极个别高校能有如此决心和气魄，投入大量资源去做这一件看似"无用"的事情，其中当然也少不了邓小南老师、渠敬东老师等文研院领导者的笃定坚持和不懈努力，以及整个运营团队的齐心协作和一流服务。思虑及此，不由得对文研院产生由衷的敬意和倾慕。

总之，就我在文研院驻访的观感而言：北大文研院是一个能够让人沉心静气交流、思考学术的纯净园地，其宽松自由、多元包容的学术氛围正是人文社会科学活跃思想的保障，坚守学术、培育学者、推动跨学科交流是文研院孜孜以求的信念。衷心感谢文研院为人文学者开辟的精神家园，祝愿文研院秉承初心，在未来聚集更多的学人，成为学术进步的先驱典范。

记于 2021 年 5 月 21 日

原载北京大学人文社会科学研究院编《我在北大文研院》，2021 年

第四编　札记书评

《辽史·耶律鲁不古传》辨误

《辽史·耶律鲁不古传》云:"会同初,从讨党项。……天册中,拜于越。六年,为北院大王。"[1] 诸本皆同。冯家昇《辽史初校》指出:"按辽无'天册'纪元,上文初太祖,后太宗会同,此疑作'天禄中'也。"中华书局点校本《辽史》遂据冯校将"天册"径改为"天禄"。[2] 但问题在于,天禄五年(951)九月已改元应历,何来"六年"?故改"天册"为"天禄"显然是欠妥的。

按《太宗纪》会同五年(942)二月"诏以明王隈恩代于越信

---

1 百衲本《辽史》卷七六《耶律鲁不古传》,北京:国家图书馆出版社影印本,2014 年,第 410 页上栏。

2 《辽史》卷七六《耶律鲁不古传》,北京:中华书局,2003 年,第 1247 页。

恩为西南路招讨使"。[1] 所谓"于越信恩"即耶律鲁不古,《鲁不古传》谓其字信宁,[2] "信恩"乃"信宁"之异译。耶律鲁不古亦见于汉文《耶律习涅墓志铭》:"于越王兵马大元帅讳习宁,小字卢不姑,即公之六代祖也。"其契丹语名字全称见于同时出土的契丹大字墓志第 2 行: 序夰 伩平 (习宁·卢不姑)。该墓志又云:"节度使讳应恩,小字观音,即公之曾祖也。"此人的契丹语名字全称见于契丹大字墓志第 5 行: 夊夰 臭丂 (应恩·观音)。[3] "习宁"和"应恩"均为契丹语第二名,而两名的契丹大字词尾都是夰,因知"宁"和"恩"在译名中可以通用,可证"信恩"与"信宁"乃同名异译。

　　《耶律鲁不古传》谓其"为西南边大详稳,从伐党项有功",又云"会同初,从讨党项,俘获最诸将"。[4] "西南边大详稳"即"西南路招讨使"。《鲁不古传》的记载可以得到《太宗纪》的印证:天显十一年(936)七月,石敬瑭遣赵莹因西南路招讨卢不姑求救于契丹;会同元年四月,"西南边大详稳耶律鲁不古奏党项捷"。[5] 可见自天显末至会同五年,鲁不古一直担任西南路招讨使。

　　综上所述,耶律鲁不古拜于越不应晚于会同五年二月。由此推断,"天册"理应是"会同"之误。且"天册"与"天禄"后一字绝不相似,无由致误,而"會同"误为"天册"倒是有可能的。

原载《中国史研究》2009 年第 2 期

1　《辽史》卷四《太宗纪下》,第 51 页。

2　《辽史》卷七六《耶律鲁不古传》,第 1246 页。

3　汉文及契丹大字《耶律习涅墓志铭》均见金永田《契丹大字"耶律习涅墓志"考释》,《考古》1991 年第 4 期,第 372—379 页。参见刘浦江、康鹏《契丹名、字初释——文化人类学视野下的父子连名制》,《文史》2005 年第 3 辑,第 225—226 页。

4　《辽史》卷七六《耶律鲁不古传》,第 1247 页。

5　《辽史》卷三《太宗纪上》,第 39 页;卷四《太宗纪下》,第 43 页。

释《金史·太祖纪》所见之"品达鲁古"

　　《金史·太祖纪》天辅七年（1123）五月有"遣奚马和尚攻下品达鲁古并五院司诸部，执其节度乙列"的记载，[1] 由于此处所见部族名不太常见，前人对此均有误解。文渊阁《四库全书》本将此处"下品达鲁古"改译为"萨必达噜噶"，[2] 据《钦定金史语解》说，"达鲁古（达噜噶）"为部名，而"下品（萨必）"为人名。[3] 后李有棠编撰《金史纪事本末》卷二《太祖建国》亦袭用此说。[4] 张政烺先

1　《金史》卷二《太祖纪》，北京：中华书局，1997年，第41页。

2　《金史》卷二《太祖纪》，《景印文渊阁四库全书》，台北：台湾商务印书馆，1986年，第290册，第53页上栏。

3　《钦定金史语解》卷二"部族"、卷八"人名"，《景印文渊阁四库全书》第296册，第128页下栏、186页上栏。

4　李有棠：《金史纪事本末》卷二《太祖建国》，北京：中华书局，1980年，第54页。

生点校《金史》时，因本书屡见"达鲁古部"及"达鲁古城"，且《奚王回离保传》记此事称"达鲁古部节度使乙列已降复叛，奚马和尚讨达鲁古并五院司等诸部"，[1] 故以为《太祖纪》"品达鲁古"句之"品"字系衍文，遂将其删去（见中华书局1975年初印本）。然至1983年《金史》点校本重印时，出于审慎起见，仍保留"品"字，但校勘记又谓"'下品'未详其地。……疑'品'字或为衍文"云云，且于"下品"二字加专名线及顿号。按以上诸说或以"下品"为人名或地名，甚或以"品"字为衍文，皆误。《太祖纪》此处所记部名当为"品达鲁古"，这可以从部族源流及时空方位两个方面加以证实。

其实，《金史·太祖纪》所记"品达鲁古"实为一辽朝部族名，系辽太祖所建二十部之一，其建置始末见于《辽史·营卫志》："品达鲁虢部。太祖以所俘达鲁虢置。隶南府，节度使属西南路招讨司，戍黑山北。"[2] 此"品达鲁虢"，《辽史·圣宗纪》又作"品打鲁瑰"，[3] 皆系"品达鲁古"之异译。此部之形成是辽初整合部族制度的结果。辽太祖时，将被征服诸部族改隶于契丹八部之下，并在原部族名上冠以八部之名以表示其从属关系，如品达鲁古部、突吕不室韦部、乙室奥隗部、楮特奥隗部等，[4] "品达鲁古"即是将达鲁古部隶属于契丹品部而形成的一个新部族，故"品"字绝非衍文。不过，品达鲁古部有时亦可简称为达鲁古部，如《辽史·耶律适禄传》称其尝"为达鲁虢部节度使"，[5] 及上引《金史·奚王回离保传》

---

1 《金史》卷六七《奚王回离保传》，第1588页。

2 《辽史》卷三三《营卫志下》，北京：中华书局，2003年，第388页。

3 《辽史》卷一六《圣宗纪七》开泰七年六月，第184页。

4 参见赵卫邦《契丹国家的形成》，《四川大学学报》1958年第2期，第11—12页；蔡美彪《契丹的部落组织和国家的产生》，《历史研究》1964年第5、6期合刊，第190页。

5 《辽史》卷九五《耶律适禄传》，第1391页。

记作"达鲁古部",皆系省称。

另外,《金史》屡见之"达鲁古部""达鲁古城"皆在黄龙府（今吉林农安）附近,早在收国元年（1115）即已为金人所平定。而天辅七年五月马和尚所攻契丹诸部当在辽西京及中京地区,据上引《辽史·营卫志》可知,品达鲁古部属西南路招讨司,即位于西京道境内,据此亦可证《金史·太祖纪》所记"品达鲁古"不误。

原载《中国史研究》2019 年第 1 期

辽史研究的丰碑
——陈述《辽史补注》评介

近日，已故著名辽金史学家陈述先生倾尽毕生精力完成的史学巨作《辽史补注》由中华书局整理出版，此书是陈述先生数十年研治辽史的心血结晶，学界期盼已久，今终得以面世，值得庆贺。陈述先生是中国辽金断代史研究的开创者之一，早在20世纪30年代涉足辽史之初，他因鉴于今本《辽史》之"漏略不备"，遂发宏愿，欲穷尽所有传世文献订补《辽史》，并随即发凡起例，撰作《辽史补注序例》（初撰于1935年），开始了史料搜集与编纂工作。1942年，陈寅恪先生在仅见其《序例》的情况下，便预言"若使全书告成，殊可称契丹史事之总集"，且称"《补注》之于《辽史》，亦将如裴《注》之附陈《志》，并重于学术之林"（见书前《陈寅恪序》），评价甚高。1975 年，顾颉刚先生也称赞《辽史补注》"正是对《辽史》的全面订补，可称一代史料的总集"（见书前《顾颉刚序》），此书原本打算随《辽史》点校本一同刊布，但最终未能付印，延宕至今。在前辈学者看来，这部《辽史补注》无疑已达到了很高的学术成就，笔者作为晚辈后学亦十分敬仰。不过，此书出版距陈述先生离世已有二十余年，其间整体学术环境和研究条件都发生了很大变化，那么在新时代下我们应怎样认识此书的价值，如何更好地利用此书，便值得申说。笔者谨从一个专业读者的角度，略陈己见，试作评述。

一　订补《辽史》之集大成

元末编修的《辽史》阙漏殊甚，历来遭到史家诟病，自清代以来已有不少学者曾做过《辽史》校勘订补工作。清乾隆中，厉鹗撰《辽史拾遗》二十四卷，"有注有补，均摘录旧文为纲，而参考他书条列于下。凡有异同，悉分析考证，缀以按语"，体例完备，其"采摭群书至三百余种，均以旁见侧出之文，参考而求其端绪，年月事迹，一一钩稽"，[1] 为《辽史》补充了大量文献资料。后杨复吉利用新出《永乐大典》辑本《旧五代史》，又补以《契丹国志》和《宋元通鉴》的若干记载，附益他书，得四百余条，撰为《辽史拾遗补》五卷。[2] 除这两部拾遗专著之外，钱大昕《廿二史考异》、赵翼《廿二史札记》中的《辽史》部分以及其后陆续成书的李有棠《辽史纪事本末》、陈汉章《辽史索隐》、黄宝实《辽史校勘》、谭其

1　《四库全书总目》卷四六史部正史类二《辽史拾遗》提要，北京：中华书局影印浙江书局本，2008 年，第 413—414 页。

2　杨复吉：《辽史拾遗补》乾隆五十九年自序，《续修四库全书》影印清道光五年汪氏振绮堂刻本，上海：上海古籍出版社，2002 年，第 292 册，第 553 页下栏。

骧《辽史订补三种》、冯家昇《辽史初校》、罗继祖《辽史校勘记》等著述，以校订、考异为主，同时亦为《辽史》提供了许多相关资料，或有出于厉、杨二书之外者，它们都是前人订补《辽史》的重要学术成就。

　　陈述先生撰作《辽史补注》，充分吸收了上述这些学术成果，并在此基础上进一步拾遗补阙，自成一体，展现了学术的传承以及后出转精、集诸家之大成的特点。其自序云："述尝校辑各家所录辽文及新获者为《辽文汇》两编，又取宋人入辽的语录、纪行诗、行程录等，汇集一编，也都属于史料校订，未能附入《辽史》正文，读者不便，因不自量度，发愿勉为《辽史补注》，补者效褚少孙之补《史记》，注者效裴松之之注《三国》。广征后魏以来诸史、文集、笔记，包括钱大昕、厉鹗诸家所考订及晚近出土资料和研究成绩，全面网罗，证其合否，一一补入辽史。考证之学，譬如积薪，现在的工作，即就前人所积者，接力积累，对《辽史》作全面增补订正。"陈述先生以"考证之学，譬如积薪"一语自勉，[1] 十分重视前人的学术积累，并赓续《辽史》订补事业，更为全面地搜罗史料，为此他做了两项重要的前期资料编辑工作：一是将今见所有辽人著述（包括传世文献记载与出土辽代石刻）汇成一编，初集为《辽文汇》，后又增广为《全辽文》；[2] 二是将宋人出使辽朝的语录、行程录及纪行诗辑录出来，与宋人使金资料一并编为《辽金闻见汇录》（未出版）。[3] 陈述先生编订这两份资料也是对前人有

1　陈述《辽史补注·序例》谓此系陈寅恪之言，见陈寅恪《三论李唐氏族问题》"夫考证之业，譬诸积薪，后来者居上，自无胶守成见，一成不变之理"（《金明馆丛稿二编》，上海：上海古籍出版社，1980 年，第 304 页）。

2　陈述：《全辽文·序例》，北京：中华书局，1982 年，第 3 页。

3　参见景爱《陈述先生的学术成就和学术思想》，《辽金西夏研究（2011）》，北京：同心出版社，2013 年，第 147 页。景爱《建国以后陈述先生论著叙录》又称陈述有《辽金闻见录笺注》未刊稿（《辽金历史与考古》第 4 辑，沈阳：辽宁教育出版社，2013 年，第 429 页）。

关辽史资料搜集整理的继承与发扬。[1] 今《辽史补注》整理本皇皇二百四十万字，即是陈述先生的毕生积薪之作，在辽史研究的学术史上无疑占有举足轻重的地位。

　　值得一提的是，20 世纪除陈述先生着力编纂《辽史补注》外，另有一位史学家杨家骆先生也在从事类似工作。60 年代，迁居台湾的杨家骆先生受人委托点校《辽史》，为彻底整理此书，遂仿照吴士鉴《晋书斠注》的体例，策划编著《辽史长笺》，并由其弟子蒋杨侯、赵振绩协助整理。其书亦全面吸收前人已有的订补成果，采摭群书达四百余种，笺证成四百余万字，曾受到姚从吾先生和日本学者岛田正郎的赞誉。这部《辽史长笺》的正式出版也已在杨家骆先生去世多年以后，由赵振绩先生接续完成。[2] 乍一看来，《辽史长笺》的篇幅大于《辽史补注》，似乎品质更佳，但实际上却未必如此。翻检《辽史长笺》可知，其笺注乃是将文献所见相关记载以及上述诸家订补著述的内容分列于《辽史》正文之下，各种资料仅作简单的排比、胪列，很少有编者自己的辨析和按语，而且在编排资料时又多有重复，例如厉鹗《辽史拾遗》大量引述《册府元龟》《资治通鉴》中的相关记载，《辽史长笺》首先全文照搬《辽史拾遗》征引的内容，随后又引录《册府元龟》《资治通鉴》的原文，这样就造成了很多文字重复，以致其书篇幅较大。相对而言，《辽史补注》的编纂体例更为整饬，它征引史料仅列出原始的文献记载，对于前贤著述，主要征引他们对某个问题的判断和观点，一般不从中转引史料，而且由于陈述先生对辽史研究很深，所以补注中包含大

1　此前相关著作有周春辑《辽诗话》二卷、缪荃孙《辽文存》六卷、王仁俊《辽文萃》七卷、黄任恒《辽文补录》一卷、罗福颐《辽文续拾》二卷等。

2　赵振绩:《杨师家骆对辽史的贡献》，杨家骆、赵振绩编《辽史长笺》，台北：新文丰出版公司，2006 年，第 1 册，第 11—16 页。

量他本人的见解和案断，注释文字的写作也比较考究，与《辽史长笺》的纯粹资料汇编性质完全不同。尽管《辽史长笺》在资料搜集方面可能有个别优长之处（如引及《说郛》），但若从史著编纂角度来说，窃以为《辽史补注》更胜一筹。今这两部书均已出版，研究者自可取之对读，心中当有明判。

二 补注内容的性质分类及价值

陈述先生撰作《辽史补注》（以下简称《补注》），自序"补者效褚少孙之补《史记》，注者效裴松之之注《三国》"，[1] 其编纂宗旨仿司马光作《资治通鉴》之长编法，"宁失于繁，毋失于略"，[2] 且明言"余注是编，期为《长编》而已"。[3] 总的来看，此书补注之内容十分详尽丰富，《序例》自述包括正误、补阙、补歧异、存类事四大类，各类之下又可细分为若干子目，体系清晰。不过，从学者利用的角度来说，笔者认为可将补注内容另作区分为以下四种情况，各体现出不同层面的学术价值。

第一，《辽史》校勘，相当于《序例》所谓正误类之正驳文、订朔闰、辨重出、纠讹舛四目。我们知道，今中华书局点校本《辽史》是由陈述先生整理完成的，质量堪称上乘，他为点校《辽史》付出了很大心血，故其校勘成果十分重要，但点校本在出版时出于体例限制和审慎考虑，只采纳了一部分意见出校勘记，其余则均未能向读者刊布，甚为遗憾。而《补注》则吸收了陈述先生的大多数

1　陈述《辽史补注·序例》括注"二句援庵先生语"，则当出自陈垣。
2　司马光：《司马太师温国文正公传家集》卷六三《贻范梦得》，国家图书馆藏明万历十五年刻本，叶18a。
3　陈述：《辽史补注·序例》，第13页。

点校意见，我们可以借此了解他对《辽史》文本的理解辨析和订正勘误，具有较高的学术价值。书中此类校记俯拾即是，不妨略举数例。譬如，卷一《太祖纪上》太祖元年（907），刘仁恭子守光囚其父，自称幽州卢龙军节度使，七月乙酉"其兄平州刺史守奇率其众数千人来降"，《补注》根据《新五代史·赵凤传》和《资治通鉴》的记载，判断"按守奇为守光之弟"（见第 16 页注 4），指出《辽史》此处称"其兄平州刺史守奇"有误；卷一九《兴宗纪二》有一人名"邓延贞"，《补注》引《邓中举墓志》作"延正"（第 728 页注 7）。这些条目中华书局点校本并未出校，幸赖《辽史补注》得以保存。又如卷二一《道宗纪一》清宁四年（1058）十二月辛丑，"弛驼尼、水獭裘之禁"及卷二五《道宗纪五》大安五年（1089）三月，"诏谕学者，当穷经明道"，此两句中"弛""当"二字百衲本原作"详""常"，《补注》皆称"此从殿本"（第 869 页注 13、第 1059 页注 1）。今点校本这两处均径改，幸由《补注》可知其版本校择善而从的具体情况。又卷一二《圣宗纪三》统和六年（988）七月，"遣西南面招讨使韩德威讨河、湟诸蕃违命者"，"西"字原脱，《补注》据卷八二《韩德威传》补（第 431 页注 6），点校本则不补出校；卷一四《圣宗纪五》统和二十三年十一月遣"颁给库使韩橁"使宋，"库"字原缺、"橁"字原误"简"，《补注》据《韩橁墓志》增改，而点校本仅改正"橁"字，未补"库"字，这说明陈述先生校正《辽史》原本尺度较宽，后点校本正式出版时收紧。此类校注为我们修订《辽史》点校本提供了很多有价值的校勘信息。[1]

此外，笔者注意到，《补注》中还保存了一条张元济百衲本《辽

---

[1] 由北京大学刘浦江教授主持修订的《辽史》点校本已由中华书局出版（2016 年精装本，2017 年平装本），修订组已参据中华书局提供的陈述《辽史补注》样稿，吸收其中的大部分校勘意见。

史》校勘记的佚文。民国年间，张元济辑印《百衲本二十四史》，除《明史》外皆撰有校勘记。六七十年代中华书局点校《二十四史》，从商务印书馆借走张校稿本以资点校，然而至 90 年代归还时仅剩十六史校勘记，其余七史下落不明，百衲本《辽史》校勘记即为佚失之一种，¹ 如今只能于张元济《校史随笔》、百衲本《辽史》张元济跋以及点校本《辽史》校勘记引张校中略见一二。陈述先生点校《辽史》，以百衲本为工作本，故参考过张校，除点校本已提及者外，笔者目力所及，尚有一条张校佚文见于《补注》。卷六二《刑法志下》文末有"辽二百余年，骨肉屡相残灭"一句，《补注》引张元济《校记》："屡字仅存尸头，然细辨实为屡字。诸本改作自字，亦涉武断。"（见第 2520 页注 2）数量虽少，但一鳞半爪亦有裨于学林。

　　第二，文字训诂与附注说明。《序例》于补阙类下列有训诂子目，交代《补注》虽以增补史料为主，但因《辽史》多有文字晦涩之处，且充斥着很多民族语译名，一般读者不易理解，所以有必要作适当的文字训诂。例如卷一《太祖纪上》"迭剌部"条有注曰："按字书：迭与轶、逸通，又与佚通。唐写本《广韵》：'轶又音逸。'"（见第 6 页注 4）对于众多契丹人同名异译现象，《补注》也大多予以注明。除此之外，书中还有一些说明性的注释，这主要包括两种情况：一是对地理、名物的附注解释，如《辽史》所见地名，《补注》往往会引前人成说或据作者判断，指明为今何地（《地理志》尤详），这些说法虽不一定准确，但却可为我们了解相关地理方位提供一定参考；二是对史事记载的解读提示，如卷二《太祖

1　参见顾廷龙《百衲本二十四史校勘记序》，《顾廷龙全集·文集卷》，上海：上海辞书出版社，2015 年，上册，第 134—136 页。

纪下》神册六年（921）五月丙戌朔，"诏定法律，正班爵"，《补注》谓"按此是由部族管理进入国家体制"（见第 57 页注 2）；卷四七《百官志三·南面序》称"其始，汉人枢密院兼尚书省，吏、兵刑有承旨，户、工有主事，中书省兼礼部"，《补注》云："按前期虽因唐制有六部，但隶属权能，未尽与唐同。汉官入辽者，原是某官，即仍以某官称之，非辽当时已有此衙署。"（第 2148 页注 2）这样的按语有助于我们理解这些记载的历史意义，尤其是对不熟悉辽史的读者来说更加实用。正因为《补注》有此类文字训诂、附注说明的内容，从而使其不仅仅是一部资料汇总，而且具备辅助《辽史》阅读的工具书性质，也有其价值。

第三，补充相关辽史资料。这是《补注》最主要的一项工作，包括《序例》所谓补阙类之增事、加详二目以及补歧异、存类事两大类。陈述先生在前贤硕彦拾遗订补的基础上，全面爬梳历代文献，坚持数十年搜集辽史资料，终集腋成裘，蔚为大观，其所增补的史料已远远超过《辽史》正文。在传世文献史料方面，《补注》所采多有超出前人者，例如晚清徐松辑《宋会要》厉鹗、杨复吉等人皆无缘得见，后来的《辽史》校订者也利用不多，而《补注》则注意撷拾《宋会要辑稿》的相关记载，得出新见；又汪藻《裔夷谋夏录》一书仅见《辽史纪事本末》从《三朝北盟会编》中转引两条，而《补注》直接参据今传本，[1] 采录史料较多。即使是如《册府元龟》、《资治通鉴》、新旧《五代史》、《续资治通鉴长编》、《高丽史》等前人引述较多的史籍，《补注》也常能补其眉睫之失。尤需称道的是，《补注》充分吸收了当时所能见到的辽代石刻资料，上文提

1　今传本《裔夷谋夏录》皆题作刘忠恕撰，参见苗润博《有关〈裔夷谋夏录〉诸问题的新考索》，《文史》2016 年第 2 辑，第 125—147 页。

及，为此陈述先生专门编著《全辽文》，收录金石著录和发掘出土的辽代墓志碑刻，其中大多是前人未曾利用过的新资料，因此《补注》在陈述先生在世的年代可谓是相当前沿的一部著作。而且《补注》将各种资料散于《辽史》正文相关记载之下，纲目条理清晰，可随时翻检，参阅起来十分方便，可以说它应是辽史研究案头必备之书。

不过，如今数字人文飞速发展，历史文献数据库建设日益完备，计算机检索技术普遍推广，以致文史研究搜集史料并非难事，也许会有人质疑，在当今时代类似《补注》这样的资料汇编是否还有编纂出版的价值呢？这的确是一个需要检讨的问题。在笔者看来，尽管数字化检索技术已较成熟，但在具体研究中仍有一定的局限性：其一，电脑检索要求输入关键词的精准性，但很多情况下不同文献记载可能用词表述不同，仅靠检索难以将相关史料一网打尽，恐挂一漏万；其二，检索结果多呈片段状，容易忽略上下文的语境和逻辑联系，造成误解。而传统穷尽式的史料搜集则可以避免以上问题，在真正全面掌握资料的基础上开展研究。其实，技术手段的进步不能脱离传统的文史研究路径，唯将两者有效结合，相辅相成，才能推陈出新，真正提升学术研究的品质。从这个层面上来说，陈述先生二十多年前完成的《补注》虽然在今天看来仍可继续增补资料，尤其是新出辽代石刻为数不少，但若论穷尽史料式的学术追求和编纂方法，则至今仍有借鉴意义和价值。对于宋代以后的断代史研究而言，或许穷尽史料是不太现实的要求，然而在辽金史研究领域，穷尽史料不仅是有可能的，而且应是义不容辞的，[1] 在这

---

1   参见刘浦江《穷尽·旁通·预流：辽金史研究的困厄与出路》，《历史研究》2009 年第 6 期，第 26—27 页。

方面陈述先生树立了很好的典范。

第四，研究综论。《补注》不仅穷尽史料，而且还有意识地吸收学界的相关研究成果，列出学者的不同观点，并附以作者自己的考辨分析，这样的注释读起来犹如一篇札记或研究综述，体现出陈述先生对这些问题的研究深度。例如，卷一《太祖纪上》解释"契丹"之名，首先列举各种汉文和非汉文文献有关"契丹"之异译，其次为"契丹"释义，先举述德国学者 W. Schott 和日本白鸟库吉的观点，再是陈述先生的考证结论（见第 4、5 页注 3），这其实就是他所做相关研究的一个缩略版本。[1] 又如他对"女直（女真）"名称以及"蠙林""胡母思山"等地的辨析，也都颇有参考价值；卷三〇《天祚皇帝纪四》西辽部分记载，《补注》引用了不少中西交通史料、域外文献和外国学者论著，学术性很强。类似这样的研究性注释在全书中并不少见。尽管随着近二十多年来的学术发展，陈述先生的某些观点可能已经过时，并不正确，但仍有其学术史意义，特别是他将汇编资料与学术研究集于一体的古籍整理方式尤其值得后辈学人效仿。

三 补编志、表、传概况

以上分别从四个方面介绍了《补注》在校注订补《辽史》方面的价值，此书的另一大特色是，它还增补、重编了部分《辽史》志、表、传的正文内容，这大致相当于《序例》所谓正误类之移卷次和补阙类之补传、补志表三目。具体来说，陈述先生根据各种

1　关于"契丹"名称的异译与释义，详见陈述《契丹政治史稿》，北京：人民出版社，1986年，第 22—27 页。

传世文献和辽代石刻的记载，在《地理志》《百官志》《礼志》中分别补充了原本未载的州县建置、职官名称和礼节仪式，于卷六二《刑法志下》之后新增《选举志》和《艺文志》；于卷六五《公主表》后补记辽代公主十二人，外戚、游幸二表因讹脱较多，不便加注，予以重制；各卷列传共增补传记一百四十五人，卷一〇六《卓行传》、卷一〇八《方技传》后分别增补忠义、方外两个类传，原卷八二萧阳阿、萧常哥二传因与《辽史》列传编纂的时序不符，故移至卷九九；另外，还汇辑散见于各书的有关契丹语解释，于卷一一六《国语解》后增加《国语解补》一篇。尽管《补注》的总体卷帙仍维持《辽史》原样，但其实陈述先生已增补了大量内容，从而使此书不仅是一部拾遗校订的笺证著作，而且还称得上是一部《辽史》增订本，具有史学史的意义。

除研究辽史之外，实际上，陈述先生一直都有撰作辽史的学术计划，曾与朱子方先生合编过《辽会要》，[1] 补编《辽史》志、表、传也是他长期以来的志向。由于《辽史》本身十分简略，所以为其增补正文内容，从汇集资料的角度而言自有其价值。例如，《辽史》列传原记有三百零四人，《补注》新增一百四十五人，多出将近50%，可见其增幅之大。《百官志》末总汇各种文献记载所见辽代的文散官、勋官、爵、女封，便于我们系统了解辽朝官制，并与唐宋制度相比较。《选举志》乃是在厉鹗《辽史拾遗》所补《选举志》的基础上，增加条目、补充资料而成；《艺文志》则是依据李家祺《各家补辽艺文志研究》（《幼狮》第32卷第4期，1970年），将清代民国时期诸家补《辽史·艺文志》汇于一编，剔除重复，增补

---

1   陈述、朱子方主编《辽会要》，上海：上海古籍出版社，2009年。据陈述所撰《前言》，1985年此书初稿已成。

遗漏，这两篇新志对于相关研究均有一定用处。不过,《补注》的这些内容都是经过陈述先生加工改编的，只能当作一种资料索引，若要征引史料或深入研究，应根据它所提供的出处线索，查阅原始记载，不宜直接采用。另外，从史学编纂的角度来看,《补注》将凡文献所见《辽史·地理志》失载州名皆补入各五京道的做法，有欠妥当。《地理志》的编纂一般有一个比较明确的断限，其政区建置反映的是某一个历史时期的整体状况，而文献（包括石刻）偶见记载的州名，往往存废年代差异很大，若径直列入《地理志》中，不加区分，很可能会自乱体例，出现矛盾。而且辽代州的建置沿革情况十分复杂，或废而复立，或废而异地另立，或两地有同名之州，有的记载因材料不足不易判断其具体位置，若强行列入今本《辽史·地理志》，恐怕会产生许多问题。因此，对于《辽史·地理志》的增补应当采取更为审慎的态度。

总之，陈述先生的这部《辽史补注》在辽史研究的学术史上具有里程碑意义，它标志着全面汇编辽史资料所能达到的一个高峰。尽管在今天看来，它在史料搜集、文本校勘、史事解读、吸收研究成果等方面其实还有较大的提升空间，但我们不能以今人的眼光来苛责一部二十多年前完成的著作。笔者谨向陈述先生致以深深的敬意，并认为此书在当下出版绝不过时，它仍是一部值得辽史研究者备置案头时常翻阅的经典之作。

（陈述:《辽史补注》，北京：中华书局，2018 年）

原载澎湃新闻·上海书评，2018 年 6 月 19 日

文本批判与辽史研究再出发
——苗润博《〈辽史〉探源》读后

　　辽史研究素来以史料匮乏著称，据统计，"专记辽朝一代历史而幸存于今者，仅《辽史》和《契丹国志》两书而已"。[1] 其中，《契丹国志》题名南宋叶隆礼撰，但实为元代书贾抄撮宋代文献拼凑而成的伪书；而《辽史》乃是元朝官修的一部正史，渊源有自，长期以来，这部史书尽管简陋殊甚，但一直是我们系统了解契丹王朝历史与制度最基本、最重要乃至具有唯一性的文献。辽史研究在很大程度上其实是对《辽史》一书内容记载的考证研究，因此弄清楚此

1　刘浦江：《中华书局点校本〈辽史〉修订前言》，《唐宋历史评论》第 1 辑创刊号，北京：社会科学文献出版社，2015 年，第 164 页。

书的成书情况与史料来源就显得尤为重要，故近代辽史研究的开创者之一冯家昇先生即以此为研治辽史之门径。他在 20 世纪 30 年代发表的成名作《辽史源流考与辽史初校》，[1] 堪称经典，其所论元修《辽史》的主要史源为辽耶律俨《皇朝实录》、金陈大任《辽史》及《契丹国志》的"三源说"，影响很大，似乎早已成为颠扑不破的学界共识。经过 80 余年的学术发展，苗润博博士新近出版的专著《〈辽史〉探源》（以下简称《探源》），可谓继冯氏之后第二部系统探究《辽史》史源的力作，无论是其研究方法，还是考察结论，较之前人均已大幅深化，甚至具有某种颠覆性的学术意义，使我们对今本《辽史》产生了全新的认识，进而可从文献基础的层面将辽史研究推进到一个新的阶段，此外对其他断代的正史研究亦有参考价值。

一

作者自 2010 年起参与由北京大学刘浦江教授主持的中华书局点校本《辽史》修订项目，进入辽史研究领域。在刘老师强烈的史源意识驱使下，作者通过不懈追索，终于基本摸清了元修《辽史》的史料来源与编纂手法，撰成《探源》一书。

该书正文部分共有九章，几乎每一章节作者都提出了重要的学术创见，令人印象深刻。第一章论述"辽金两朝的辽史编纂与流传"，第一节在前人有关辽代修史制度及实录编纂情况的梳理研究基础上，重点探讨辽朝自身历史撰述的演变过程与制度特点，揭示

1　由《燕京学报》以专号形式出版，哈佛燕京学社，1933 年；后收入氏著《辽史证误三种》，北京：中华书局，1959 年。

出"辽朝当时应曾实行过一套契丹字与汉字双轨并行、彼此独立运转的史官制度"（第12—13页），但这种契汉双轨体制具有明显的过渡性、尝试性和不完备性，导致辽朝修史制度始终不大健全，尤其是汉文记史制度可能存在某些系统性缺陷，很少记言，且未利用私家碑传志状，这也是今本《辽史》"简陋"的原因之一。尽管如此，辽朝的这种契汉双轨体制是北方民族政权兼容"蕃"、汉两种修史制度的首次尝试，仍具有开创性意义，对此后女真、蒙古、满洲的记史制度皆有影响。第二节重新考辨金修《辽史》的过程，着重讨论陈大任《辽史》是否因南宋函韩侂胄首以求和、金朝转承北宋正统而罢修的问题，以凿实的史料辩驳了前人的某些说法，证明金修《辽史》之成书与南宋函首求和无关。第三节追踪元修《辽史》最为倚重的两部文献耶律俨《皇朝实录》与陈大任《辽史》在元代流传及进入元朝史馆的过程。

　　第二章是对元修《辽史》纪、志、表、传各部分史料来源状况的通论和概述。本纪部分，作者对冯家昇"以大任书为正，俨书为辅"的说法提出质疑，从本纪朔闰与《历象志》所记耶律俨、陈大任旧史朔闰之异同，以及本纪采用耶律俨、陈大任二书不同改元纪年方式两方面，说明今本《辽史》本纪当杂采耶律俨、陈大任二书旧纪，难分主次，此外还有少量内容出自五代、北宋以降的南朝文献系统。《辽史》十志的史源问题最为复杂，其中有七种志书该书下文均有专门的章节详细讨论，剩余三种《刑法志》《历象志》《百官志》的史源大体沿袭前人看法，[1] 具体观点有所损益。《辽史》八表，除《皇子表》《公主表》源自陈大任《辽史·皇族传》，《世表》

1　冯家昇：《辽史源流考》，氏著《辽史证误三种》，第31页；邱靖嘉：《〈辽史·历象志〉溯源——兼评晚清以来传统历谱的系统性缺陷》，《中华文史论丛》2012年第4期，第253—277页；林鹄：《〈辽史·百官志〉考订》，北京：中华书局，2015年。

抄撮前代正史《契丹传》之外，其余五表都是元朝史官根据耶律俨、陈大任二书纪、传直接改编或拼凑杂糅而成。列传部分的史源因缺乏参照文本，难以考实，根据有限的线索可大致推断其中多有源出耶律俨、陈大任二书旧有列传者，同时还应充分注意元朝史官对宋朝《国史》《亡辽录》《旧五代史》《契丹国志》等南朝文献的取材。

以下各章选取纪、志中元人编纂因素较多而前人研究不足的若干典型个案进行深入的专题研究。第三章分析《天祚皇帝纪》的多重史源。首先是辽末耶律俨《皇朝实录》成书后，又有史官在其本纪部分续补天祚朝编年记录，成为《天祚皇帝纪》最原始的资料来源；其次，金陈大任修《辽史》，除据辽方原有记载外，又援引金朝实录以补其阙；复次，元末修史时将辽、金旧纪合二为一，再度增入金实录的一些内容，又大段抄录史愿《亡辽录》（又名《北辽遗事》）以敷衍篇幅，最终形成了今天我们所看到的文本面貌。

第四章分别论证《营卫志》宫卫、行营、部族三门的文本来源问题。"宫卫"门记辽朝帝后的斡鲁朵制度，借助王士点《禁扁》所保存的同源记载，可大致推定其当以陈大任《辽史·兵志》所记宫卫骑军为蓝本，并根据旧史列传及宋代文献稍加改补而成。"行营"门记契丹捺钵制度，乃是元朝史官杂糅三种不同系统、不同性质史料的产物，即以赵至忠《阴山杂录》的相关记载为主干框架，具体的捺钵地点依据陈大任《辽史·地理志》，细节描摹采撷宋《国史·契丹传》所载宋人使辽语录。"部族"门分上、下两篇，乃元朝史官分两次修成。"部族上"记契丹建国前的部落发展史，系元人抄撮前代正史《契丹传》及耶律俨《皇朝实录·部族志》中有关契丹早期部落组织的记载而来；"部族下"专记辽朝的部族制度，其中主体的"太祖二十部"和"圣宗三十四部"出自《皇朝实录·部族志》，而"辽内四部族"及"辽国外十部"两条系元朝史官对契丹部族进行重新定义后所增加的内容，其实并不符合辽人的部族概念。

第五章讨论《兵卫志》三卷的编纂问题。其序文的叙述框架当脱胎于陈大任《辽史·兵志》旧序，元人稍加增纂。上卷"兵制"门除依据陈氏旧志外，还有相当一部分内容来自宋《国史·契丹传》、《新五代史·四夷附录》及《契丹国志·兵马制度》，可谓南北文献系统原始资料的大杂烩。而中、下两卷各门则完全是元朝史官就其所见南北文献记载巧立名目、充凑篇幅而成，错谬丛生，尤其"宫卫骑军"和"五京乡丁"两门所记兵丁数是元人据陈大任《辽史》之《兵志》及《地理志》所载户数按照"一户二丁"的比例折算出来的，存在很大问题，不足取信。

第六章考察《地理志》的史源。通过分析《百官志·南面方州官》所记同源文本以及今本《地理志》留存的某些隐伏线索，指出该志当以陈大任《辽史·地理志》为主体框架与核心蓝本，而陈氏旧志也构成了元人所记辽朝地理知识的最主要来源。此外，元朝史官还根据宋《国史·契丹传》《阴山杂录》《契丹国志》等南朝文献，增补了若干地理信息。

第七章依次论述《礼志》《乐志》《仪卫志》的文本性质与编纂过程。研究表明，它们亦为元朝史官抄撮拼凑而成的二手文献。《礼志》所载契丹礼部分当兼采耶律俨《皇朝实录》和陈大任《辽史》二书之《礼仪志》，而汉仪部分则主要依据金修《辽朝杂礼》，并按唐宋礼典中的五礼体系进行间架和排布。《乐志》开首"国乐""诸国乐"两条杂抄辽金旧史本纪、宋《国史·契丹传》、《亡辽录》、《契丹国志》等书所见音乐史料，自"雅乐"条以下皆以中原乐制为总体框架，每类皆溯其源流，稍缀以零星辽代史料（主要出自《辽朝杂礼》，偶用辽金旧史本纪），并大段照抄《新唐书·礼乐志》《隋书·音乐志》等前代现成文本以凑篇幅，仅凭主观揣测加以勾连。《仪卫志》"舆服"门按照国、汉之分采用两种不同的编排方式，国制部分主要摘录辽金旧史《礼仪志》、本纪及《契丹国志·衣服制度》的零散记载，加以简单编排；汉制部分以《辽朝杂礼》及旧纪所见少量辽代史事，牵强附会《旧唐书》、宋《国史·舆服志》的相关资料敷衍成篇。"符印"门主要依据《辽朝杂礼》，亦有采自辽金旧史本纪的内容。"仪仗"门除最后的"卤簿仪仗人数马匹"条集中抄录《辽朝杂礼》外，余皆源出旧史本纪。

第八章重新检讨《食货志》的史源问题。证明该志并无辽金时期的现成文本为据，元朝史官纂修时以辽金旧史本纪的编年记事构成主体骨架，以列传、诸志及南朝文献的相关记载为点缀填充，加以杂糅拼合而成，存在"系年错误，叙述混乱""杂糅史料，记事重出""拼合失误，贻误后人"等诸多问题。此外元人还对辽代社会经济史提出了一些框架性、脉络性的宏观判断，但不足信，其文献价值主要还是在保存辽金旧史本纪之佚文方面。

第九章探析《天祚皇帝纪》末所附"西辽事迹"的文本特征与史料来源。与前几章离析拆解文本、逐条钩稽史源的研究方法不同，本章旨在对这一"西辽事迹"文本进行整体考察，按照其文本结构与叙述逻辑的不同，可区分出耶律大石"开国本末"与西辽"大事简编"两部分。前者是一篇经过精细雕琢建构的开国君主传记，具有很强的文学性和传奇性，其来源很可能是耶律楚材在西域留居期间从西辽故老李世昌那里获得的某个文本；而后者则是相当粗粝的原始情报汇编，乃金哀宗时期于蒙古西征后由出使西域之金人所带回的信息，并进入了金朝文献系统，至元修《辽史》时将二者强行拼接、捏合在一起。作为正史中唯一一篇以汉文书写的中亚史，"西辽事迹"具有多元文化碰撞与融合的文本特质。

作者在绪论中提出该书的三个学术旨趣："其一，系统深入地考证《辽史》各部分的文本来源、生成过程、存在问题及史料价值，力图呈现《辽史》本身的生命历程，尤其注重对元朝史官编纂建构的叙述框架加以离析，开辟出全新的问题空间；其二，将《辽史》放置在整个中国古代正史文本生成、流变的大背景下，凸显其所具有的普遍性与特殊性意义，推动正史史源研究走向精耕细作；其三，透过《辽史》这一典型个案，对传统的史源学研究作方法论层面的反思，探索历史学视野下文本批判的可能路径。"（第4—5页）在结语部分，作者又进一步回应和阐述了以上三方面议题。

第一，"走出元人的辽史观"。以往的辽史研究基本是以元修《辽史》的文本内容为主要依据建立起来的。然而通过该书的考证研究可知，元人修史所能见到的原始资料耶律俨《皇朝实录》和陈大任《辽史》纪传简陋、志表残缺，不敷编纂，于是元朝史官在辽金旧史之外又杂采南北文献系统之诸书，采用稍加增补、改头换面、拼凑杂糅、巧立名目、生搬硬套等多种手段，填塞内容，充凑篇幅。由此生成的《辽史》文本已完全失去了辽金旧史的面貌，暴露出元末史官对辽朝历史的肆意曲解。元人这种错误的"辽史观"在志表部分表现得最为突出，存在"概念性、方向性的误导"，"将一时一地之记载拔高为有辽一代之通制"，"将原本复杂多元的图景归并为一元线性的历史叙述"以及"造成辽朝制度与中原典制的关联假象"等诸多普遍性问题。因此，该书探源的目的并不止于剖析文本，而是希望借此开辟出辽史研究的全新可能和问题空间。

第二，"正史的祛魅"。长期以来，历代正史被赋予了权威与经典的属性，人们往往先验地接受正史记载的历史叙述，缺乏对正史文本的质疑和批判。特别是在原始资料较为匮乏的断代史领域，这种情况表现得更为突出，元修《辽史》对于辽史研究超强的形塑作用无疑是最为典型乃至近乎极端的案例。该书通过离析文本，解构《辽史》，还原各部分文本的生成过程，从而窥探出史官编纂的个中细节，有助于破除人们对正史经典性的固有认识，并呼吁"将正史看作有机的生命体，其背景、来源、纂修、结构、抄刻、流传、被接受等每一个环节都须作为独立分析的对象，最终勾连出正史本身的历史"（第369页），这正是"推动正史史源研究走向精耕细作"的题中应有之义。

第三，"史源学研究的旧与新"。传统意义上的史源学从属于史料学，其研究实践倾向于对单一材料进行碎片式的溯源，不大关注文献的整体结构和内部缝隙，缺乏明确的方法论诉求。而作者希望对史源学研究重新加以定义，提出对待典籍从史料取向转变为文本取向，以史书为研究本体，关注整体的文献源流，探索史源学研究的新路径。该书以《辽史》的史源分析为例，对《辽史》文本做"减法"，尝试一种"史源学视野下的文本批判"，取得了很大的学术突破，不仅对传统史源学做了方法论层面的反思，亦是一次文本批判式研究的绝佳示范。

该书附录部分收录了与《辽史》史源问题密切相关的四篇专题文章。《有关〈裔夷谋夏录〉诸问题的新考索》考证今传题名刘忠恕撰《裔夷谋夏录》残本实乃南宋初史家汪藻之书，最初系汪藻奉敕为官修《日历》所备素材的一部分，成书于绍兴九年，原名《金人请盟背盟本末》，本为七卷。此书大量抄取史愿《亡辽录》等原始材料，具有很高的史料价值。在《辽史》的史源研究中，可将此书作为考察辽末天祚朝史事的参照文本。《辽代帝王简谥钩沉——以王士点〈禁扁〉为中心》分析元王士点《禁扁》所保存的一套以一字简谥指代辽朝皇帝的称谓系统，当出自金陈大任《辽史》，以此线索再去考察《辽史》的某些记载，可以明确分辨出那些源出陈氏旧史的部分。《〈说郛〉本王易〈燕北录〉名实问题发覆》论证今《说郛》本王易《燕北录》实皆为武珪《燕北杂录》的佚文，这一发现亦有助于判断《辽史》中若干雷同记载的史料来源。《〈辽史补注〉与史注传统》是为陈述《辽史补注》（中华书局，2018年）所作的书评，陈书可谓传统学人对辽史做"加法"的巅峰之作，而作者则提出时至今日新生代辽史学人应当尝试做"减法"，表达的即是结语所倡导之"立足于史源学的文本批判"（第466页）。

二

全书探索《辽史》史源，既有整体性的通论，又有深入的专题研究，问题意识十分突出，并充分吸收了前人的研究成果，文献功底极佳，能够娴熟运用内外双重证据法，一方面从书中寻找内证，另一方面又在宋元文献中搜讨相关的参照文本，考证绵密，内容厚实，文笔畅达，观点明晰，是近年来辽史研究领域中的一部上乘之作。尤需称道的是，诚如作者所言，该书贯穿着一种"始于《辽史》，而不止于《辽史》"（第5页）的学术追求，从而使该书在具体的考证研究之外，又生发出多方面的学术意义。在笔者看来，《探源》一书最重要的学术价值可以归结为以下两点。

第一，充分展现了以文本批判为导向的史源学研究的魅力。提起史源学研究，可能有人会认为它无非就是多翻检几部书、校勘核对文字之类简单的技术性工作，给学生当作一种学术训练尚可，然对于历史研究而言终难登大雅之堂。传统的史源学定义及其研究实践确实容易给人以这样的印象。但其实，高明的史源学研究绝不仅仅是核校文本那么简单，它要求对文献有很强的敏感性与洞察力，是一种独特的眼光和有效的研究手段。该书对传统史源学提出方法论层面的反思，倡导一种"史源学视野下的文本批判"，即既要有文本的整体意识，又要具备拆解离析文本的能力，重点在于追溯文本来源与生成过程，力图呈现文献本身的生命历程。这种新的取向使史源学研究不再是史料学或文献学的附庸，而是真正提升为基于文献的历史研究的一种方法。在面对成篇看似杂乱无章抑或内容整饬无懈可击的记载无处着手之时，或许经过这样的史源学梳理，即可变得条分缕析，给研究带来别开生面的效果，这在该书研究中表现得淋漓尽致。

例如，关于《天祚皇帝纪》的史源，虽然前人已有一些初步判断，但细审之下又疑点重重，不甚了然，而作者通过层层剥离，终于辨明辽末史官续补《皇朝实录》的原始记录、金朝实录的相关记载以及史愿《亡辽录》的内容构成了该本纪的三大史源，并还原出元人修史的编纂过程，这不仅没有让文本变得支离破碎，反而使文本形成的面貌愈益清晰。又如《营卫志》是《辽史》独有的专志，其宫卫、行营、部族三门的内容十分重要，其中除"部族上"所记契丹建国以前的部落组织外，研究者以往都倾向于认为应该有辽朝方面流传下来的独立史源，史料价值很高，但仔细研读却又发现存在很多问题，难以解释，然而经过作者的史源爬梳和文本分析，有些疑问即可迎刃而解，同时也弄清了元朝史官杂糅、拼接史料的具体编纂手法。从以上两个例子中，我们可以充分领略到以文本批判为导向的史源学研究所展现出来的十足魅力。这一新的研究取径相信对其他领域的学术探研亦有借鉴意义，特别是"正史史源研究"尤需引入文本批判的视角，洞悉正史文本生成及流传的各个环节，去除其经典性，然后在这一前提下去开展相关的历史学研究。

第二，辽史研究再出发。可以说自元修《辽史》成书刻印之后，这部正史就成为人们系统了解契丹王朝历史最主要的知识来源，近代以来的辽史研究在很大程度上就是依赖《辽史》一书而建立起整体架构的，其内容记载奠定了今人对辽朝政治进程与制度文化的基本认识。尽管如冯家昇等前辈学者很早就已关注到《辽史》史源研究的重要性，并作出了开创性的探索，然而在今天看来，其研究结论仍较粗疏，对元修《辽史》的文本性质与编纂问题认识不足。在这种情况下开展起来的辽史研究，虽赖数代学者的努力取得了丰硕可观的学术成果，但其基本框架脱离不了《辽史》已有的内容限定，大多是在《辽史》基础上的拾遗补阙，或局部修正，甚至不自觉地将"《辽史》的记载"等同于"辽时的记载"，不加分辨，径直引用。这种从今本《辽史》出发最终又回归《辽史》的研究模式，历经数十年的学术实践，其所能阐发的议题与论述的空间几乎已挖掘殆尽，从而使传统的辽史研究陷入了某种沉寂和困境。那么在资料极度匮乏的辽史研究领域中，应当如何破局呢？《探源》一书在这个意义上为我们开辟出了一条宽阔的道路。通过该书的实证研究，我们对元修《辽史》的文本内容有了全新的认识，原来那些看似整饬的卷帙其实大多是元朝史官杂抄诸书而建构起来的，除保存了部分耶律俨《皇朝实录》与陈大任《辽史》两部辽金旧史的记载之外，还大量充斥着抄撮自南朝文献系统的材料，经过元人的胡乱杂糅、拼榫，摇身一变成了"辽时的记载"，同时还植入了元人对契丹王朝似是而非的理解，撰作出一篇篇记录所谓辽朝制度的志、表。前人循着《辽史》的现有文本展开研究，难免陷入元人错误的辽史观而偏离历史的真相。因此，该书的最大贡献在于彻底颠覆了以往辽史研究立论的许多文献前提，釜底抽薪，从根本上撼动了已有的辽史认知。

不妨举两个具体的例子。如《营卫志·行营门》集中记载辽代的"四时捺钵"，既往有关契丹捺钵制度的研究皆以此为总纲，但事实上，这一文本并非出自辽金旧史，而是元朝史官糅合三种不同来源、不同性质的资料而成的二手文献，并不具有什么权威性，远不足以反映有辽一代捺钵制度之实态，明乎此，则前人的捺钵制度研究便亟待重审与反思了。又如《礼志》《乐志》《仪卫志》，此前的研究者亦对其文本性质与编纂过程关注不足，往往直接据以讨论辽朝的礼乐、舆服制度，但其实它们的文本来源较为复杂，包含大量元朝史官抄自中原王朝典制的二手文献，且其主体叙述框架皆出自元人之手，根本无法反映辽朝仪制的原貌，因此亦需对辽代礼乐、仪卫制度的研究进行检讨。诸如此类的研究发覆在该书各章中均有体现，这就从文献基础的层面将辽史研究推升到一个新的阶段，如今摆在我们面前的新命题是：如何在已被充分离析的《辽史》文本的基础上，重建有关契丹王朝的历史论述。是为辽史研究的新起点与新征程。[1]

上述两点学术意义可谓互为表里，前者是贯穿全书的研究方法，后者是最终呈现的震撼效果。这也说明作者并不止于埋头考证文献，而且具有方法论层面的审思和对辽史研究的展望。同时，该书的探索实践表明，尽管辽史研究史料极度匮乏，难度较大，但无论是研究《辽史》一书，还是契丹王朝历史，若能发掘新材料，转变新视角，引入新的分析方法和手段，仍然有很大的研究空间，这不仅可以深化已有的认识，而且还能提出新的议题。笔者注意到书中涉及的两个问题颇具启发性，很值得进一步探讨。

---

[1] 需要说明的是，立足于这一新的研究基础并不是要完全推翻前人的研究成果，事实上，前贤俊彦的学术贡献不容抹杀。我们对元修《辽史》的认识有一个由浅入深的过程，以往学者依据《辽史》记载开展辽史研究有其必然性，随着数十年来的学术积累，如今再重新考察《辽史》文本自然会产生新的认知。

其一，契汉双轨的史官修史制度。作者根据今藏于俄罗斯科学院东方写本研究所辽重熙十四年（1045）修成的《诸帝实录》契丹大字手抄本残卷，并结合其他相关线索，认为辽朝实行过一种契丹字与汉字双轨并行的记史 – 修史制度。这一发现意义十分重大，它可以较好地解释《辽史》中某些特异的文本现象（如所记外国使节的名字不准确问题等），同时也符合辽代蕃汉兼治的历史背景。不过，这套独特的修史制度究竟是如何建立起来的，在辽朝发生过怎样的演变，契汉双轨是否完全各自独立，尤其是辽后期汉化日渐加深，汉文记史系统是否得以完善，辽代史官如何记言，文书档案又如何保存？要想解开这些谜团，有赖于契丹文字资料的进一步解读和相关研究的持续跟进。

其二，元修三史的共通性问题。元至正三年（1343）三月末诏修三史，次年三月《辽史》即率先告成，十一月《金史》继成，五年十月《宋史》成书，耗时极短，其仓促草率可想而知。与修《宋史》所据原始资料较为丰富、史官删减绰有余裕的情况不同，修辽、金二史所能见到的原始记载颇为有限，且残缺不全，其中又以辽史简陋尤甚，元末史官遇到的问题是如何往里增补资料，填充内容，以拼凑出纪、志、表、传齐全的卷帙篇幅。该书指出，元修《辽史》除利用辽金旧史及其他相关私家著述之外，还抄撮来自金实录与宋《国史》、《会要》的记载，说明元修辽、金、宋三史虽"分史置局，纂修成书"，[1] 但在实际编纂过程中有关三史的文献典籍资料是共享互通的。这就提示我们应打破过去对《辽史》《金史》《宋史》三部史书各自进行孤立研究的格局，充分关注三史资料来源与编纂过程的多样性与复杂性，将元修三史作为编纂整体加以通

1　《辽史》附录《修三史诏》，北京：中华书局点校修订本，2016 年，第 1712 页。

贯考量。除文献典籍的共享互通之外，还应当考虑到三史的体例划
一与内容观照、各史局之间的人员流动与沟通协作、编纂史官的惯
用手法与总裁官的裁决审定等诸多因素。[1] 从《辽史》的情况来看，
元末史官在编纂过程中暴露出的种种问题极为严重，那么这批史官
在对金史、宋史资料进行剪裁取舍、糅合拼接时是否也会存有类似
的编纂问题，乃至植入元人的"金史观""宋史观"呢？故研究者
在利用这三部史书时应当高度警惕可能存在的文字陷阱。鉴于元修
三史在历代正史中最为粗劣，因此引入作者所倡导的文本批判视角
恐怕理应成为辽、金、宋史研究的一种学术自觉。[2]

三

《探源》一书系统考察《辽史》的史源问题，用力甚深，取得
了具有颠覆性的研究成果。不过，笔者以为书中的论述体系仍有一
些不完善或疏漏之处，尽管各章节的主要结论令人叹服，但涉及某
些具体问题的讨论亦仍可商榷。

关于《辽史》之源流，从清代学者的点滴思索到冯家昇的系

1　关于元末纂修三史具体环节的初步讨论，可参见邱靖嘉《〈金史〉纂修考》，北京：中华书
　　局，2017年，第118—147页。

2　关于《金史》的史源研究，已有不少学者做过一些初步的研究探索，但目前来看总体仍较
　　为粗疏，有待进一步深入（参见邱靖嘉《〈金史〉纂修考》第三章"《金史》史源研究"，第
　　149—224页）。而《宋史》史源研究方面，如邓广铭《宋史职官志考正》《宋史刑法志考正》
　　（北京：商务印书馆，2017年），梁太济、包伟民《宋史食货志补正》（北京：中华书局，
　　2008年），裴汝诚、顾宏义《〈宋史·道学传〉探源》（《新宋学》第2辑，上海：上海辞书
　　出版社，2003年，第76—89页），顾宏义《〈宋史·高丽传〉史源考》（《中国边疆史地研究》
　　2007年第4期，第122—129页），顾宏义《〈宋史〉的史源及其相关问题》（《唐宋历史评论》
　　第3辑，北京：社会科学文献出版社，2017年，第161—188页）等均分别有所研究，但对
　　于《宋史》的超大部头和传世的巨量宋史资料而言，既往研究仍显薄弱，尤其是对文本的编
　　纂生成过程关注不足。

统研究，再到此后陆续发表的零散成果，经历了一个长期的认识过程。而该书绪论仅称冯家昇提出的"《辽史》三源说"成为学界共识，后来的研究者大都不出冯书之框架（第2—3页），寥寥数语将这段学术史一笔带过。虽然在以下各章节的具体论证中，作者对相关的前人研究均有引述，但其实仍有必要在绪论中作一较为详细的学术史回顾，以便读者对《辽史》史源的认知过程和研究状况有一个整体性的了解，然后再谈作者个人的反思检讨和研究旨趣，这样更能凸显出该书研究在此学术脉络中的承续与突破。

　　该书有着强烈的问题导向意识，第三至九章均为分别考察《天祚皇帝纪》内文本及多种志书史源的专题研究，至于《辽史》其他各卷的史源情况作者没有展开讨论，仅在第二章通论中加以概述。这种写法本无可非议，不过，作为一部系统研究元修《辽史》的专著，似乎应更为全面地对各卷内容进行必要的深入探讨，即便有的部分可能作者个人的新见不多，或许仍可对前人已有的一些论断加以补充论证。例如《刑法志》，作者仅在第二章"《辽史》诸志史源简表"中指出其当"以陈大任旧志为主体，文末补以《亡辽录》"（第50页），其主体判断承袭自冯家昇，但其实冯氏原书只有一句很简单的案断之语，[1] 即使所言不误，也还需要经过更为周详的论证方可成立。另外关于人物列传，作者在第二章中比较简略地介绍了其采摭辽金旧史与南朝文献的大致情况。尽管列传的史源研究的确缺乏参照文本，多难以考实，但或许仍可对少数几篇资料相对翔实充足的文本进行具体的个案分析。根据笔者对《金史》列传的研究情况来看，元朝史官在修传时也同样存在各种杂糅、拼凑史料的编

---

[1]　冯家昇《辽史源流考》云："此志内容非仅抽取纪、传而已，纪、传不见者甚多，文称'雅里'则必大任书也。"（《辽史证误三种》，第31页）

篡问题，其文本亦需做精细解剖。此外，耶律俨《皇朝实录》与陈大任《辽史》是元朝史官纂修《辽史》最重要的原始资料，《进辽史表》所言"耶律俨语多避忌，陈大任辞乏精详"[1]是元人对于两书最为直接的描述和评论，该书研究既已对耶律俨、陈大任二书的情况有了更深入的认识，理应对元人的这句评语加以回应解释，但目前书中却不着一词。诸如这些该书尚不完善的未竟工作期待作者将来能够予以增补修订。

在文字论述方面，书中也有个别疏漏。如第38页举述冯家昇认为元修《辽史》以陈大任书为主要蓝本的例证，其一为"《太祖纪赞》记阿保机七世祖作'雅里'，且称'旧史扶余之变'云云"。此处作者没有说清此条记载与陈大任《辽史》的关系。按，《辽史·世表》记阿保机七世祖之名，谓"耶律俨《辽史》书为涅里，陈大任书为雅里"，[2]这是判断源出耶律俨、陈大任二书的重要证据，在该书论述中多有引用，此处为首见，却未予以说明，容易给读者造成困惑。

作者对某些具体问题的看法亦有可商之处，以下略举数例。第一章第二节提到金章宗泰和六年（1206）七月，敕令翰林直学士陈大任专修《辽史》，七年十二月成书，正统《道藏》本丘处机《磻溪集》卷首所题泰和八年闰四月陈大任序，末署"翰林学士、中顺大夫、知制诰兼国子司业，轻车都尉，颍川县开国伯，食邑七百户，赐紫金鱼袋"。[3]作者称"据《金史·百官志》，翰林学士为正三品，而翰林直学士为从四品，二者相差悬殊，不足两年内急剧

1 《辽史》附录《进辽史表》，第1714页。

2 《辽史》卷六三《世表》，第1057页。

3 丘处机：《磻溪集》卷首，正统《道藏》，北京：文物出版社、上海：上海书店出版社、天津：天津古籍出版社，1988年，第25册，第810页（《探源》第23页注5出处信息有误）。

升迁的可能性微乎其微"，而疑正统《道藏》本《磻溪集》抄脱一
"直"字（第23—24页）。按，在金代某人由于特殊原因而获超迁
的情况不乏其例，如郑子聃于海陵朝"进官三阶，除翰林修撰"，[1]
章宗明昌五年"特赐翰林待制温迪罕迪翰林学士承旨、中奉大夫"，[2]
更是从正五品的待制拔擢为正三品的翰林院长官承旨，进官四阶。
由此看来，陈大任因修成《辽史》有功而由翰林直学士升迁为翰林
学士，似乎亦不无可能。[3]

　　第四章末解释元朝史官为何对《营卫志》进行第二次篡修，并
于此时改弦更张，重构了对辽代"部族"的定义，将原指普通契
丹部落的"部族"概念改造为一个包括契丹早期部落及辽代宫帐
氏族、普通部落乃至周边外族在内时空不分的宽泛称法。其理由
是《营卫志》初次修成后"宫卫"、"行营"和"部族"三门篇幅不
均，"行营"一门过于单薄，不足以独立成卷，又不便与其他二门合
并，于是迫不得已进行增修。一方面杂抄旧史所载契丹建国前部落
组织，攒成"部族上"；另一方面又在耶律俨《皇朝实录·部族志》
所记"太祖二十部"和"圣宗三十四部"的基础上，加入了"辽内
四部族"和"辽国外十部"（第158—160页）。然"辽内四部族"
和"辽国外十部"两条内容十分单薄，加起来不足百字（如考虑到
留空提行，按版刻叶面算最多只占一叶），其实并不影响"部族下"
单独成卷的整体篇幅，元朝史官完全可以只新增"部族上"，以与
"行营"门凑成一卷，似无必要对"部族下"的内容构成进行改动。
是故元末史官改造辽朝的"部族"概念或许并不仅是充凑篇幅这么

1　《金史》卷一二五《郑子聃传》，北京：中华书局，1997年，第2726页。

2　《金史》卷一〇《章宗纪二》，第232页。

3　不过，《磻溪集》卷首的陈大任题衔，文散官中顺大夫为五品下，勋官轻车都尉为从四品，
　　品级较翰林学士似乎过低，姑且存疑。

简单，恐怕还应追索元人"部族"理解的思想来源，先有概念再进行有目的的增纂似乎更为合理。

第七章第一节指出："耶律固当与《辽朝杂礼》一书的编纂有密切关系，这也正是书中多次提及其名的缘由所在。该书或即耶律固为修《辽史》所准备之史料，只不过可能经过后人整理，在单独行世时佚去其名罢了。"（第268页）后文又径称"金初耶律固所著《辽朝杂礼》"（第275页）。按，耶律固是辽末契丹的礼乐大家，精通汉文化，辽亡仕金，《辽朝杂礼》成书于金代，所谓"多次提及"耶律固，其实是指《辽史·礼志二》"丧葬仪"条载"道宗崩，殡涂于游仙殿。有司奉丧服，天祚皇帝问礼于总知翰林院事耶律固，始服斩衰"，以及"宋使祭奠吊慰仪"条"道宗崩，天祚皇帝问礼于耶律固"。[1]据该书研究，"丧葬仪"条自"道宗崩"以下及"宋使祭奠吊慰仪"整条皆出自《辽朝杂礼》，上引文中后一条记载其实是对前者的概括，二者原本当同出一源。也就是说，这只是《辽朝杂礼》的撰者因内容需要将一条史料分述于两处而已，其实在最初的史源中仅出现耶律固一次，属于孤证，不能说明耶律固与《辽朝杂礼》的编纂有什么直接关系。况且天祚帝向耶律固求教礼仪，实属正常，其他人撰作辽朝礼书自然也会采录这一记载，不足为奇。此外，"丧葬仪"条其下记曰"灵柩升车，亲王推之，至食殽之次。盖辽国旧俗，于此刑殽羊以祭"，[2]作者怀疑"盖辽国旧俗"云云一句似出自元朝史官之手，此条前后两段乃元人杂糅旧史《礼仪志》与《辽朝杂礼》而成（第267页）。但若仔细审读整篇道宗丧葬仪的记载可知，此条前后两段均是在描述道宗安葬的完整流程，浑然

1　《辽史》卷五〇《礼志二》，第934、936页。

2　《辽史》卷五〇《礼志二》，第934页。

一体，文义并无滞碍，不像是由不同来源的文本拼接而成的。且据作者所述，旧史《礼仪志》主要记契丹本俗，而《辽朝杂礼》则"汉仪为多"，道宗葬仪全用汉礼，显然应是从《辽朝杂礼》中完整迻录而来，并非采自旧史《礼仪志》。如此则"盖辽国旧俗，于此刑杀羊以祭"句恐怕也不会是元人突兀插入之语，而当为《辽朝杂礼》之原文，若《辽朝杂礼》的撰者为通晓契汉礼制的耶律固，断不会有此等揣度之辞。因此，作者以《辽朝杂礼》为耶律固所著恐属武断，并不可信，且对某些史料的解释似有迁就预设观点之嫌。

第九章解析"西辽事迹"的文本结构时称，第一部分耶律大石"开国本末"将大石西迁、经营西域近二十年（1122—1141）的史事密集压缩在短短数年（1122—1126），并把大石称帝之年提前至离开天祚出走的保大四年（1124），从而使西辽建国与辽朝灭亡无缝对接。这一文本乃是耶律楚材从西域带回的，楚材为契丹皇室后裔，他将西辽视为大辽王朝国祚的延续与传承，其带有个人感情色彩的"辽史观"后来影响到元修《辽史》，甚至怀疑耶律楚材（或其后人）将这一"开国本末"部分抄录、添加进了其家藏耶律俨《皇朝实录》之中，后传入奎章阁，最终为元末纂修《辽史》所利用。作者整篇论述环环相扣，颇为精彩，不过笔者注意到耶律楚材《怀古一百韵寄张韵之》诗在"后辽兴大石，西域统龟兹。万里威声震，百年名教垂"两句下有自注云："大石林牙，辽之宗臣，挈众而亡，不满二十年，克西域数十国，幅员数万里。"[1] 说明楚材对耶律大石开辟西域几二十年的真实历史是十分清楚的。笔者认为耶律楚材很可能同时掌握了两套有关西辽的历史叙述：其一为耶律大

1　耶律楚材：《湛然居士文集》卷一二《怀古一百韵寄张韵之》，谢方点校，北京：中华书局，1986年，第260页。

石的英雄传记，其二则为大石开国的真实记录。在感情认同上，他青睐前者，将西辽视为大辽王朝的继承者，而在客观记述历史时则采纳后者的说法，是故这两种知识来源汇于楚材一身并不冲突。由此看来，耶律楚材对于文学传记与真实历史之间的界限应当有比较清醒的认识，恐怕不会有意将大石"开国本末"抄入《皇朝实录》，这篇传记更有可能是随同《皇朝实录》一并进入元朝内廷藏书，从而为元修《辽史》所取资。

那么，元末修史为何要附入"西辽事迹"呢？这大概与当时纂修三史的正统之争有关。元朝编修辽、金、宋三史，朝野间长期存在正统义例的争论，主要形成了两种对立观点：一是独尊宋统，仿《晋书》例，以辽、金为载记，附于《宋史》中；二是将宋与辽、金视为南北朝，仿南北史例，以辽、金为《北史》，北宋为《宋史》，宋室南渡以后为《南宋史》。两派意见争执不下，以致修史之事一再搁置延宕。至元顺帝朝再议修史，仍存争议。早在至正二年三月，中书右丞相脱脱等即已"奏命史臣纂修宋、辽、金三史"，且获顺帝恩准，[1] 但直至次年三月末才正式诏令编修。在这一年之中，史臣们争论的焦点就是三史正统问题。最后脱脱一锤定音，"独断曰：'三国各与正统，各系其年号。'议者遂息"。[2] 为配合这一最终裁定，时人应当会有一套比较详细的合理性阐述。元朝为三国修史，各自成书，其最堂而皇之的理由就是蒙元王朝曾先后灭亡此三国，故元修前朝胜国之史，正得其宜。至正三年《修三史诏》云："这三国为圣朝所取，制度、典章、治乱、兴亡之由，恐因岁久散失，合遴选文臣，分史置局，纂修成书，以见祖宗盛德得天

1　杨维桢：《正统辨》，载于陶宗仪《南村辍耕录》卷三，北京：中华书局，2008 年，第 32 页。
2　权衡：《庚申外史》卷上，《四库全书存目丛书》史部第 45 册，济南：齐鲁书社，1996 年，第 224 页。

下辽、金、宋三国之由，垂鉴后世，做一代盛典。"[1] 所传达的就是这一层意思。在这一指导思想之下，史官修《辽史》自然不能止于保大五年（1125）辽天祚帝被擒国亡，而需将耶律大石政权的西辽历史续补于后，以表明辽祚之延存，终为蒙元所取。因此，《天祚皇帝纪》末所附"西辽事迹"虽由两部分拼接而成，但经过元人的二次创作，却又形成了从大石开国至"直鲁古死，辽绝"的完整叙述文本。尽管以西辽为大辽王朝之统绪的"辽史观"确实始于耶律楚材，然楚材卒于公元 1244 年，距离元末修史年代过远，作者将这两者直接勾连起来恐有不妥，忽略了三史正统之争的因素。实际情况可能是耶律楚材之说后来流传渐广，为人所熟知，至元末议论修史正统义例问题时遂被人援引，以为脱脱之独断提供史实依据。

以上仅就笔者管见，对该书的若干具体论断提出一些商榷意见，以供讨论。另外，可能由于该书的编辑出版时间比较仓促，校对不细，故书中的文字错误较多，笔者所见如：第 19 页注 2 第 3 行括注《辽史》页码"（《第 1456~1457 页）"，衍半个书名号；第 30 页第 10—11 行"知时人多以陈氏之书人已经亡佚"句，后一"人"字当衍；第 34 页第 8 行"金朝古老"，当作"金朝故老"；第 71 页倒数第 6 行"已选取较为其中典型者"，"其中"似当作"集中"；第 157 页第 8 行"边防纠户"，"纠"当作"糺"；第 172 页第 3—4 行"这或许会从根本上影响和限制到研究的深度和准确度"，衍一"到"字；第 256 页独立引文，漏加下划线，以致其后分析时说"其中划线部分文辞"不明所指；第 271 页第 8 行"将此与上引《礼志》爇节仪可知"，语义不通，当漏"对照"二字；第 279 页倒数第 2—3 行"然此条所述并未名言是何乐种"，"名言"当作"明言"；第 342

1　《辽史》附录《修三史诏》，第 1712 页。

页倒数第 4 行"未可贸然可以信史视之",后一"可"字衍。不过,这些微小的瑕疵应该不会影响全书的整体品质,它仍是近年来辽史研究领域中难得一见的佳作。

（苗润博:《〈辽史〉探源》,北京:中华书局,2020 年）

原载包伟民、刘后滨主编《唐宋历史评论》第 8 辑,北京:社会科学文献出版社,2021 年

《金史》校订之大成

——陈晓伟《〈金史〉丛考》评议

  元修《金史》是我们系统了解金源一朝历史最基本、最重要的文献，历来为治史者所倚重。1975 年，中华书局点校本《金史》问世，随后便成为学界最通行的《金史》版本。2020 年，中华书局又推出了《金史》点校本的全新修订本，完善校勘体例，纠正原本讹误，并全面吸收学界的校订成果，[1] 从而给人以此本足称完备的印象。然而复旦大学历史学系陈晓伟教授的新著《〈金史〉丛考》（以下简称《丛考》），针对点校本和修订本《金史》中的种种问题，指

---

1 参见《点校本金史修订前言》，《金史》点校修订本，北京：中华书局，2020 年，第 20—21 页。

出前人《金史》校勘所存在的缺陷和不足，提出了对于《金史》整理工作的反思，在校勘学上亦有借鉴意义，值得评说。

一

在元修辽、金、宋三史中，一般认为《金史》的编纂质量"独为最善"，[1] 后又有清代学者施国祁精研《金史》，以毕生之力撰成《金史详校》十卷，对《金史》做了全面详赡的校订补正。20世纪70年代，中华书局委托张政烺先生整理点校《金史》，其主要依赖的就是施国祁《金史详校》，据陈晓伟估算，大约有七成的校勘记来源于施著。后来，由吉林大学程妮娜教授团队承担的修订本《金史》虽对原点校本校勘记多有删改，但仍有大量校勘意见因袭自施氏。陈晓伟自2017年入职复旦大学历史学系以后，便带领学生长期研读《金史》，并整理出版了施国祁《金史详校》（中华书局，2021年），对施氏《金史》校正的得与失有很深入的认识。陈晓伟还担任《金史》点校修订本的审稿专家，审读过多卷样稿，对整个修订工作也比较了解，提出过许多中肯的意见。这部《〈金史〉丛考》就是作者多年钻研《金史》的总结性成果，对于进一步提升《金史》的校勘水平具有重要学术价值。

具体来说，该书在《金史》校勘上的主要突破集中体现在以下两个方面。第一，彻底厘清了《金史》版本的传承关系和校勘价值。按元末至正四年（1344）十一月修成《金史》，共一百三十五卷，附《国语解》一卷，随即交江浙行省刻印，于至正八年刊行，[2]

1　《四库全书总目》卷四六史部正史类《金史》提要，北京：中华书局影印浙江书局本，2008年，第414页中栏。

2　参见邱靖嘉《〈金史〉纂修考》，北京：中华书局，2017年，第129—130页。

然这个最早的至正初刻本今已无全本，只有若干种残本存世。明洪武年间福建书坊覆刻至正刊本，二十三年（1390）刻成，是为洪武覆刻本，此本在多次印刷后陆续又有一些补版，故其先后印本文字有所差异。此后又见明嘉靖八年（1529）南京国子监刻本、万历三十三年至三十四年（1605—1606）北京国子监刻本以及清乾隆四年（1739）武英殿刻本、道光四年（1824）武英殿重刻本、同治十三年（1874）江苏书局翻刻道光殿本。[1] 民国时期商务印书馆张元济辑印《百衲本二十四史》，其中《金史》以北平图书馆藏元刻本七十九卷（含目录二卷）与涵芬楼藏明初覆刻本五十八卷为底本，又参校其他明清刻本，并吸收了施国祁《金史详校》的校勘成果，素以版本精善、校勘审慎著称。[2] 所以后来中华书局点校本及修订本《金史》皆选取百衲本为底本，但在具体校勘时却发现百衲本所据元刻本或覆刻本经常与明南监本以后的版本文字不同，对此整理者并未深究，而是单纯以文义优长判断正误，常会以后世诸本校改底本。对于这一做法，此前并没有引起研究者的警惕，未觉不妥。《丛考》第一章"版本再审"在任文彪所作《〈金史〉版本源流考》的基础上，全面论证了《金史》南监本的翻刻底本及版本价值问题，用大量例证说明南监本应该是根据含有若干补版叶的洪武覆刻本后印本翻刻的，这种洪武覆刻后印本本身讹误很多，或字迹不清，南监本在校刻时存在种种肆意妄改文字的情况，后来又为其他明清诸本所承袭，从而使得自南监本以后的版本校勘价值大大降低。《金史》版本这种单线传递形式（元至正初刻本→明洪武覆刻本→南监本→北监本→清乾隆殿本→道光殿本→江苏书局本），决

---

1 参见任文彪《〈金史〉版本源流考》，《"国家"图书馆馆刊》（台北）2016 年第 1 期，第
   147—176 页。

2 参见《点校本金史修订前言》，《金史》点校修订本，第 19 页。

定了要"充分尊重初刻本或最早期版本，而对后期诸本的利用务必谨慎"，"须最大力度遵从祖本原貌和纠正版本流传过程中产生的讹误，而关于各种衍生版本与初刻本间所见异文则要审慎对待"（第1页）。这为我们判断《金史》诸本之间的异文正误确立了一个基本准则，以此再来看《金史》点校修订本所出大量版本异文校（见所附《修订本引据南监本覆检表》，第41—77页），即可知很多明显属于南监本的讹误，不当出校。

此外，对于百衲本《金史》学界历来视为善本，但《丛考》提示我们百衲本所配补的洪武覆刻本中夹杂着八叶补版叶，其文字或有讹误，且百衲本在影印时有对文字漫漶不清者加以描润的工序，而这一人为操作也可能会产生一些错误，留下隐患。因此，《金史》校勘应当彻底认真地覆核现存至正初刻本与洪武覆刻本（第89页），不能迷信近代影印本，真正做到正本清源。

第二，对于《金史》内容记载的细致考订。陈晓伟多年研读《金史》，对《金史》纪、志、表、传各卷做了全盘梳理，不仅重视版本校勘，而且精于史事考订，主要针对中华书局原点校本和修订本《金史》校勘记进行逐条考辨补正，撰写札记，这也是《丛考》一书的重点内容。该书第二章"新本献疑"是对修订本《金史》校勘记提出的质疑和检讨，共有115条札记；第三章"史文辑证"是对原点校本和修订本《金史》校勘记的补充论证，共有31条札记；第四章"拾遗补阙"指出原点校本和修订本《金史》的漏校和失察之处，共有49条札记；第五章"旧本正误"则附录作者在整理施国祁《金史详校》和审读修订本《金史》样稿过程中提出的疑问，共有24条札记。作者的各条考索辨析往往能够穷尽相关史料，对许多前人悬而未决的问题给出明确判断，结论多令人信服，有不少条目的考证还相当精彩，兹不赘举。

　　尤为重要的是，作者表示"《金史》整理是一项综合立体工程，作为核心议题的史源、纂修、校勘相互联动，缺一不可"，原点校本和修订本《金史》之所以存在严重缺陷，就是由于"未充分关注整部书的纂修和史源问题，导致很多校勘将文献时间、层次扰乱、杂糅，而忽略制度变化的时代性"（第2页）。因此，作者在书中考证具体问题时，多次强调"《金史》校勘要牢固树立史源观念，尽最大努力探寻同源文献，考证史料源流及其编纂过程"，并在全书结语部分着重阐述了对"《金史》史源、纂修及校勘问题的检讨与反思"。提倡要把握元修《金史》的整体文献架构，摸清纪、志、表、传的史源构成情况以及诸文本之间内在的同源关系，了解元朝史官的编纂手法，这样才能进行有效校勘，而不是将各种不同来源的文献记载混杂在一起互校异同。

　　总的来说，《丛考》一书在《金史》版本源流梳理和内容校勘考订两个方面皆超越前辈学者，取得了许多新的认识，并总结出《金史》整理应当遵循的版本原则和"同源校勘"理念，从而将《金史》校勘的成就提升到一个新的高度。相较之下，中华书局原点校本和修订本《金史》则暴露出存在大量不必要的异文校以及案断失误、应校不校、误解文义等各种问题，实有必要按照新的标准重新整理。

二

　　《丛考》一书之所以在《金史》校勘上取得重要成果，一方面是作者下功夫仔细核校《金史》诸本，彻底摸清了各版本之间的传承关系；另一方面就是借鉴了近年来史源学的研究方法。"史源学"

最初是由陈垣先生提出的一个学术概念，¹ 主要是提示学生在初入史学研究时要注意寻考"史料"来源，不要只看二手、三手资料，而应查阅原始文献，探究史家所用各条史料的来源，评估其价值如何及详略得失，进而稽考史实、辨明正误，由此产生出一套关于历史考证的学术训练。² 然近些年来的学术发展赋予了"史源学"新的意义，史源学研究由过去专注于单纯"史料"的辨析，转向以"文献"为本体，从其内部史料源流和文本构成的角度，去探究文献本身的背景、来源、编纂、定型乃至抄刻、流传的全生命历程。³

这种新兴的史源学研究方法已逐渐在学界流行起来，《丛考》对《金史》的校勘考订亦深受其影响，故作者强调"《金史》校勘要牢固树立史源观念，尽最大努力探寻同源文献，考证史料源流及其编纂过程"，"把握《金史》的整体文献构架"（第572页）。在这一认识基础上，作者提出"同源校勘"的理念，即在对某个文献进行本校和他校时应当寻找同源文本来校勘。元朝史官纂修《金史》主要依据的是金朝诸帝实录，兼采其他金、宋文献。作者认为元人最初以金实录为蓝本，经过加工整合，分门别类，将编年体实录改作纪传体正史，由此分化出纪、志、表、传不同的支流，从而形成"同源文本"。《丛考》在各条考证札记中充分贯彻了这一理念，利用《金史》各卷中的"同源文本"勘误补缺，取得了很好的效果。对于非源出金实录的内容记载，作者亦尽可能地探查出相应的金、宋

---

1 这一学术概念来源于20世纪三四十年代陈垣先生先后在北平师范大学、辅仁大学、北京大学为本科高年级学生和研究生开设的"史源学实习"课程，相关论著参见陈智超编注《陈垣史源学杂文（增订本）》，北京：生活·读书·新知三联书店，2007年；陈垣著，陈智超编《史源学实习及清代史学考证法》，北京：商务印书馆，2014年。

2 参见刘开军《陈垣"史源学实习"教学的魅力与启示》，《学术研究》2015年第10期，第102—105页；史丽君《陈垣的史源学理论与实践》，北京：人民出版社，2016年。

3 参见苗润博《〈辽史〉探源》，北京：中华书局，2020年，第371—375页。

文献出处。这种新的校勘方法总体上是十分正确的，值得赞许，不过其中也存在一些需要注意的问题。

近年来，史源学研究之所以取得突破性进展，其背后有一个至关重要的技术前提，那就是古籍文献的电子化和全文检索功能。有赖于此，研究者通过电脑数据库去检寻史料、比对文字变得极为便利，查找史源的工作也相对容易许多，从而极大地推动了史源学研究的进步。《丛考》对于《金史》的校勘考订亦因此受益。

不过，检索的便利所带来的隐患是，我们常会因为不同文献记载同一事文字相近而轻易判定其源流传抄关系，忽略了其中可能存在的复杂环节。例如，《丛考》认为今本《金史》乃是元朝史官直接依据金实录改编而成的，通过某一记事的若干关键词进行检索，可以快速查出《金史》纪、志、表、传的所谓"同源文本"，它们都直接来源于金实录。但其实，元末修《金史》固然充分利用了当初张柔进献的金实录，然同时也参考了元初王鹗所修《金史稿》，[1] 甚至不排除某些卷即以王鹗旧稿为蓝本，元《进金史表》便提到"张柔归金史（指进金实录）于其先，王鹗辑金事（指修《金史稿》）于其后"，[2] 可见两者并为修史者所重。尽管《丛考》书中并未直接提及王鹗《金史稿》，但作者在出版后的采访及其他文章中均明确表示元修《金史》是否利用过王鹗《金史稿》有待验证，[3] 遂无视这一文本，将《金史》直接当作元朝史官据金实录改编的产物。殊不知，王鹗《金史稿》同样也是依据金实录编修而成的，若后为元

1　关于王鹗修金史，参见邱靖嘉《王鹗修金史及其〈金史稿〉探赜》，《史学史研究》2016年第4期，第106—115页。

2　《金史》附录《进金史表》，北京：中华书局点校修订本，2020年，第3058页。以下引《金史》皆据此本。

3　陈晓伟：《"金史"的读法》，《文汇报》2022年12月13日，第8版；陈晓伟：《〈金史〉列传探源》，《汉学研究》第40卷第2期，2022年，第41—77页。

修《金史》所采用，单纯通过作者所说的"同源文本"比较并不能否定王鹗《金史稿》的存在，因为它们取材的最初来源均为金实录。今本《金史》各卷的生成情况很复杂，有些卷可明确为元末新修，而有些卷则可能以王鹗《金史稿》为底本兼采金实录等其他资料，[1] 从金实录到今本《金史》其间存在一个中间文本，对于这个环节《丛考》作者在探源时没有注意，有可能会影响到对《金史》某些内容史源与编纂过程的判断。

对于那些非源出金实录的内容记载，其史源判定也可能存在同样的问题。例如《金史·地理志》中都路小注有一段关于燕京宫阙制度的记载，《丛考》作者认为是直接抄袭改编自范成大《揽辔录》（见第 17—18、181—184、600 页），此说便可商榷。据表一，《金史·地理志》（以下简称《金志》）详细记述了金中都宫城的门殿建筑及离宫苑囿，而范成大《揽辔录》看似有相雷同的内容（表中画线部分），实则两者明显有别。《金志》先是按方位整体叙述宫城内的建筑格局，再叙及各宫殿楼门的建置年代，自有条理；而《揽辔录》是范成大于南宋孝宗乾道六年（金大定十年，1170）出使金朝的行程录，其中记录了九月十一日戊子范成大进宫面见金世宗时所走的路线以及看到的沿途景观，[2] 其叙述方式与《金志》不同，且《金志》有许多内容乃《揽辔录》所无。因此，《金志》的记载应当有多重史料来源，范成大《揽辔录》或为其中之一，但绝非简单改编自《揽辔录》。

1　参见邱靖嘉《〈金史〉纂修考》，第 149—224 页。张良亦指出《金史·地理志》应沿袭了王鹗《金史稿》的成果（《〈金史·地理志〉抉原》，《历史地理研究》2021 年第 4 期，第 94—103 页）。

2　《金史》卷六一《交聘表中》载大定十年九月九日丙戌，"宋祈请使资政殿大学士范成大、崇信军节度使康湑至，求免起立接受国书，诏不许"（第 1519 页），盖范成大等于十一日戊子入见。

表一　三种文献所记燕京宫阙对照

《金史·地理志》	《析津志》	范成大《揽辔录》
应天门十一楹，左右有楼，门内有左、右翔龙门，及日华、月华门，前殿曰大安，左、右掖门，内殿东廊曰敷德门。大安殿之东北为宫，正北列三门，中曰□英（点校本补作"粹英"），为寿康宫，母后所居也。西曰会通门，门北曰承明门，又北曰昭庆门。东曰集禧门，尚书省在其外，其东西门左、右嘉会门也，门有二楼，大安殿旁门之后也。其北曰宣明门，则常朝后殿门也。北曰仁政门，傍为朵殿，朵殿上为两高楼，曰东、西上阁门，内有仁政殿，常朝之所也。	门殿记：应天门十一楹，左右有楼，门内有左、右翔龙门，及日华、月华门。前殿曰大安，左、右掖门。内殿东廊曰敷德门。大安殿之东北为宫（按当作"东宫"），正北列三门，中曰□英，为寿昌宫，母后所居也。西曰会通门，门北曰承明门，又北曰昭庆门。东曰集禧门，尚书省在东（按当作"其"）外，其东西门左、右嘉会门也，门有二楼，大安殿后门之后也。其北曰宣门（按当作"宣明门"），则常朝后殿门也。北曰仁政门，傍为朵楼。朵楼上有两高楼，曰东、西上阁（按当作"阁"）门，内有仁政殿，常朝之所也。	戊子，早入见。上马出馆，复循西御廊，至横道，至东御廊首，转北，循檐行，几二百间。廊分三节，每节一门，路东出第一门通街市，第二门通毬场，第三门通太庙。庙中有楼，将至宫城廊，即东转，又百许间，其西亦然，亦有三门，但不知所通何处，望之皆民居。东西廊之中，驰道甚阔，两旁有沟，沟上植柳，两廊屋脊皆覆以青琉璃瓦，宫阙门户，即纯用之，葱然翠黛。驰道之北，即端门十一间，曰应天之门，旧尝名通天，下亦开五门，两挟有楼，如左右升龙之制。东西两角楼，每楼次第攒三檐，与挟楼接，极工巧。端门之内有左右翔龙门、日华、月华门，前殿曰大安，使人入左掖门，直北，循大安殿东廊后壁行，入敷德门，自侧门入，又东北行直东，有殿宇，门曰东宫，墙内亭观甚多。直北面南列三门，中曰集英门，云是故寿康殿，母后所居；西曰会通门，自会通东小门，北入承明门，又北则昭庆门，东则集禧门，尚书省在门外。又西则右嘉会门，四门正相对。入右嘉会门，门有楼，与左嘉会门相对，即大安殿后门之后。至幕次，黑布拂庐，待班有顷，入宣明门，即常朝后殿门也。门内庭中列卫士二百许人，贴金双凤幞头，团花红锦衫，散手立。入仁政门，盖阁门也。至仁政殿下，大花氍可半庭，中团双凤。殿两旁各有朵殿。朵殿之上，有两高楼，曰东、西上阁门。
宫城之前廊，东西各二百余间，分为三节，节为一门。将至宫城，东西转各有廊百许间，驰道两傍植柳，廊脊覆碧瓦，宫阙殿门则纯用碧瓦。应天门旧名通天门，大定五年更。七年改福寿殿曰寿安宫。明昌五年复以隆庆宫为东宫，慈训殿为承华殿，承华殿者皇太子所居之东宫也。泰和殿，泰和二年更名庆宁殿。又有崇庆殿。	宫城之前廊，东西各二百余间，分为三节，（按当脱一"节"字）为一门。将至宫城，东西转角（按当作"各"字）有廊百许间，驰道两傍植柳，廊脊覆碧瓦，宫阙殿门则纯用碧瓦。应天门，旧名通天门，大定五年更。七年改福寿殿曰寿安宫。明昌五年复以隆庆宫为东宫，慈训殿为承华殿，（按当脱"承华殿"三字）者皇太子所居之东宫也。泰和殿，泰和二年更名庆宁殿。（按当脱去"又有崇庆殿"句。）	

续表

《金史·地理志》	《析津志》	范成大《揽辔录》
鱼藻池、瑶池殿位，贞元元年建。有神龙殿，又有观会亭。又有安仁殿、隆德殿、临芳殿。皇统元年有元和殿。	鱼藻池、瑶池殿位，贞元元年建。有神龙殿，又有会观亭。又有安仁殿、隆德殿、临芳殿。皇统元年，有元和殿。	
有常武殿，有广武殿，为击毬、习射之所。	有常武殿，有广武殿，为击毬、习射之所。	
京城北离宫有太宁宫，大定十九年建，后更为寿宁，又更为寿安，明昌二年更为万宁宫。琼林苑有横翠殿。宁德宫西园有瑶光台，又有琼华岛，又有瑶光楼。皇统元年有宣和门，正隆三年有宣华门，又有撒合门。	京城北有离宫，有大（按当作"太"）宁宫，大定十九年建，后更为寿宁，又更为寿安，明昌二年更为万宁宫。琼林苑有横翠殿。宁德宫西园有瑶光台，又有琼花岛，又有瑶光楼。皇统元年，有宣和门。正隆三年，有宣华门，又有撒和门。	

资料来源：《金史》卷二四《地理志上》，第 614 页。

熊梦祥：《析津志》，清末徐维则铸学斋原藏抄本，今藏于天津图书馆，索书号 S2803，第 2 册，叶 62a—63a。参见邱靖嘉《天津图书馆藏抄本〈析津志〉的四库学考察》，《文献》2017 年第 4 期，第 58—74 页。

范成大：《揽辔录》，孔凡礼点校《范成大笔记六种》，北京：中华书局，2008 年，第 14—15 页。据徐梦莘《三朝北盟会编》卷二四五引范成大《揽辔录》校补，《中华再造善本》影印国家图书馆藏明抄本，北京：国家图书馆出版社，2013 年，叶 1b—2b。

　　笔者发现，在元末熊梦祥所著《析津志》中有一段"门殿记"，与《金志》所记燕京宫阙除若干文字脱误外内容几近一致，特别是《金志》记东宫北三门"中曰□英"（《丛考》已论证当作"集英"），缺一字，《析津志》亦同。不过再仔细比对，可见这两个文本之间还是存在一些细微差别，如表一引文加着重号者，《金志》"寿康宫""朵殿""琼华岛""撒合门"，《析津志》分别作"寿昌宫""朵楼""琼花岛""撒和门"。按"寿康宫"是金海陵王完颜亮迁都燕京后给皇太后徒单氏居住的寝宫，在今本《金史》纪传中凡四见，[1]皆为记海陵朝事，当源出金世宗大定年间修成的《海陵实录》，[2]《揽辔录》记作"寿康殿"。而金大定元年（1161）世宗完颜褒即位后，追尊其嫡母蒲察氏为钦慈皇后，并下令避蒲察氏汉名"寿昌"讳，按照"二名不偏讳"的传统礼俗原则，"寿昌"二字连称时须避其中一字，[3]因此笔者颇怀疑海陵王为其母所建寝宫或本名"寿昌"，至世宗朝避讳改为"寿康"，[4]《析津志》所记为其原名。又"琼华岛"，金元时人亦写作"琼花岛"。[5]由此观之，上举《金志》与《析津志》的异文恐非互相传抄之讹，而是反映出两个文本之间的同源异流关系，它们应当同出自某一篇记燕京宫阙的文献，《金志》抄录或有个别文字改动。至于这篇文献的史料来源与文本构成较为复杂，容另文探讨，但可以肯定的是，它应是将范成大《揽辔录》等原始资料糅合在一起并最终进入《金史》的一个中间文本，元人修《金志》

---

1 《金史》卷五《海陵纪》贞元三年十月丙子，"皇太后至中都，居寿康宫"；十一月乙未，"上朝太后于寿康宫"；正隆四年正月，"上朝太后于寿康宫"，第117、118、122页。《金史》卷六三《后妃传上·海陵嫡母徒单氏》贞元三年"十月，太后至中都，海陵帅百官郊迎，入居寿康宫"，第1600页。

2 关于《海陵实录》的成书时间，参见邱靖嘉《〈金史〉纂修考》，第36—39页。

3 邱靖嘉：《辽道宗"寿隆"年号探源——金代避讳之新证》，《中华文史论丛》2014年第4期，第211—228页。

4 耶律铸：《双溪醉隐集》卷一《琼林园赋并序》有小注云："按海陵初起都宫图，后世宗朝多易其殿阁池馆名额，存其旧名者十无一二。"（《景印文渊阁四库全书》，台北：台湾商务印书馆，1986年，1199册，第368页上栏，"世宗朝"原作"世宗庙"，今据国家图书馆藏清乾隆翰林院抄本校正）

5 如陶宗仪《南村辍耕录》卷一谓"万岁山在大内西北太液池之阳，金人名琼花岛"（北京：中华书局，2008年，第15页）；元初郝经作有《琼花岛赋》，《郝文忠公陵川文集》卷一，《北京图书馆古籍珍本丛刊》影印明正德二年李瀚刻本，北京：书目文献出版社，1998年，91册，第497页上栏。

当非直接抄袭《揽辔录》。

实际上，元末修《金史》要求在短时间内完成（实际只用了一年半），最高效的做法就是尽量找已对原始资料做过初步加工的现成文本，然后以其为蓝本再进行内容的增删改编，而不是直接处理一条条零散的史料，这就需要我们充分考虑《金史》纂修过程中可能存在的"中间文本"。如今电子检索技术的应用固然为我们查找文献记载的史源提供了极大便利，但也要警惕，避免犯"只见树木不见森林"的毛病。不宜完全将文本碎片化，只顾比对一条条具体史料的异同，轻易判断源流关系，而忽略修史的常规程序和文本的整体演进。对于考察《金史》编纂与史源问题而言，无论是源出金实录系统的篇帙，还是出自其他金、宋文献的内容，都应常怀这样的文本意识，而《丛考》在这方面存在较为明显的缺陷。

三

如上所述，《丛考》对《金史》各卷的内容做了十分细致的考订，共写出 219 条研究札记，其大多数考证意见是令人信服的，有助于《金史》校勘。不过，也有部分条目存在一些问题需要指出，以下聊举数例加以说明。

第一，明显的笔误。例如第二章第 35 条札记，卷一八《哀宗纪下》天兴二年（1233）三月以"左右司郎中张天纲为户部侍郎"，修订本出异文校引卷一一九《张天纲传》记作"改吏部侍郎"，《丛考》考证本纪"户部侍郎"当误，遂谓"修订本本卷第十一条校勘记可删"（第 169 页），但揣度文义，本纪此处应当出校，故修订本校勘记应修改，指明其误，而不是删去。第 455 页倒数第 4 行，"贞元元年"当作"贞祐元年"。第 602—605 页，列出《金史》《宋史》

两书的《刘豫传》与《三朝北盟会编》引《伪豫传》进行文字比较，考察史源，但在解释时却把"伪豫传"写成了"伪齐录"。

第二，论述体例不一致。例如第三章"史文辑证"，作者交代本章提要："原点校本及修订本《金史》有些校勘记的判断尽管正确，但论证环节和史料引用尚不够完善，本章举证关键材料补充论述。"（第355页）故该章各条札记的撰述体例基本都是先列出原点校本及修订本《金史》的校勘记，再举史料补充论证，唯第12、15、17三条札记（第376—377、379—380、383—384页）却是在正文中径自考证，而将修订本校勘记意见置于文末"附识"。大概是由于作者的各条札记撰写时间不一，这三条在修订本《金史》出版之前已经写成，故此次整理只是附录了修订本校勘记。但作为一部严谨的学术著作，作者在结集出版时理应对以前的旧稿进行适当修改，统一体例。

第三，校勘意见取舍不当。例如第二章第2条札记（第94—98页），卷二《太祖纪》天辅四年（1120）九月，"烛隈水部实里古达等杀孛堇酬幹、仆忽得以叛"，卷一二一《忠义传·仆忽得》系此事于天辅五年九月。《丛考》正文解释《忠义传·仆忽得》记事乃元朝史官节取自所谓"旧本《幹鲁传》"而误系于天辅五年九月，然文末"附识"却称作者的最新研究思路，《幹鲁传》和《忠义传·仆忽得》共同取资于金《太祖实录》，实际上否定了作者此前的观点。对于这种情况，作者应该舍弃旧文，按新思路重新改写札记，以免旧稿误导读者。又第四章第2条札记（第410—411页），《丛考》谓卷二《太祖纪》"太峪仅得免"句，"太峪"当作"太祖"，按此条已有人指出，[1]《丛考》并无更多的材料增补，可删。

1　邱靖嘉：《〈金史〉纂修考》附录《〈金史〉卷二〈太祖纪〉校注》校勘记六，第292页。

第四，有若干条论证尚可商榷补正。如第二章第 1 条札记（第
91—94 页），卷二《太祖纪》云："咸雍四年戊申（1068）七月一
日，太祖生。幼时与群儿戏，力兼数辈，举止端重，世祖尤爱之。
世祖与腊醅、麻产战于野鹊水，世祖被四创，疾困，坐太祖于膝，
循其发而抚之，曰：'此儿长大，吾复何忧？' 十岁，好弓矢。甫成
童，即善射。"[1] 而卷一《世纪》则将世祖征腊醅、麻产受创事编排
在辽大安七年（1091）后。施国祁《金史详校》认为"世祖野鹊
被创，在辽道宗大安六年庚午"，金太祖阿骨打时年已二十三，不
当有"坐太祖于膝，循其发而抚之"云云之语，此当为辽咸雍十年
（1074）女真景祖甲寅年事。[2] 修订本《金史》校勘记取施氏之说，
称"疑此处记事有误"。《丛考》则根据《金史·世纪》及列传的相
关记载，指出世祖征腊醅、麻产受创事与辽大安七年无关，《太祖
纪》原文叙事无误，符合逻辑。

按从《太祖纪》的语义来看，"世祖与腊醅、麻产战于野鹊水，
世祖被四创，疾困，坐太祖于膝，循其发而抚之，曰：'此儿长大，
吾复何忧？'"事当在阿骨打十岁之前。然据《世纪》，女真世祖劾
里钵，辽重熙八年（1039）生，咸雍十年"袭节度使"，成为女真
部落联盟首领，其叔"跋黑遂诱桓赧、散达、乌春、窝谋罕为乱，
及间诸部，使贰于世祖。……间数年，乌春来攻"。[3]《腊醅附麻产传》
云："及乌春、窝谋罕等为难，故腊醅兄弟乘此际结陶温水之民，浸
不可制。……世祖自妵骨鲁津倍道兼行，马多乏，皆留之路傍，从

1　《金史》卷二《太祖纪》，第 21 页。

2　施国祁：《金史详校》卷一，陈晓伟点校，北京：中华书局，2021 年，第 17 页。

3　《金史》卷一《世纪》，第 7 页。卷六七《乌春传》亦谓"世祖初嗣节度使，叔父跋黑阴怀觊
觎，间诱桓赧、散达兄弟及乌春、窝谋罕等。乌春以跋黑居肘腋为变，信之，由是颇贰于世
祖，而虑用其部人。……后数年，乌春举兵来战"（第 1677—1678 页）。

五六十骑，遇腊醅于野鹊水。日已晡，腊醅兵众，世祖兵少，欢都鏖战，出入数四，马中创，死者十数。世祖突阵力战，中四创，不能军。"[1] 可知阿骨打七岁时，世祖出任女真首领，跋黑离间诸部，数年后乌春、窝谋罕等才开始作乱，而腊醅、麻产举兵响应攻击世祖又在乌春、窝谋罕为难之后。尽管《金史》记载此事的具体年代不详，但估计无论如何也得在阿骨打十岁以后了，《太祖纪》记事的时序仍有问题。至于世祖在野鹊水遭遇腊醅突袭身受重伤，危急之际让一个十几岁的少年坐于膝，"循其发而抚之"，从情理上来讲未尝不可，但其实此事的重点并不在年龄，而要置于《太祖纪》此段整体语境下去理解。《太祖纪》起首即谓阿骨打"幼时与群儿戏，力兼数辈，举止端重，世祖尤爱之"，又"善射"，屡从世祖征战，表现英勇。后"世祖寝疾。太祖以事如辽统军司。将行，世祖戒之曰：'汝速了此事，五月未半而归，则我犹及见汝也。'太祖往见曷鲁骚古统军，既毕事，前世祖没一日还至家。世祖见太祖来，所请事皆如志，喜甚，执太祖手，抱其颈而抚之，谓穆宗曰：'乌雅束柔善，惟此子足了契丹事。'"[2] 由此可见，整段叙述是在说明阿骨打从小就得到世祖的喜爱器重，被寄予厚望，是世祖指定的将来能够带领女真反抗契丹的领导人，所以世祖野鹊水受创病重时，"坐太祖于膝，循其发而抚之，曰：'此儿长大，吾复何忧？'"所要表达的就是世祖对太祖阿骨打的看重和认可。这条记事的史源当为金《太祖实录》，[3] 而非《丛考》认为的《祖宗实录》。《祖宗实录》记此战事

1　《金史》卷六七《腊醅附麻产传》，第 1681—1682 页。

2　《金史》卷二《太祖纪》，第 21—22 页。

3　《金史》卷八《世宗纪下》大定二十六年六月，世宗谓右丞相完颜璟曰："尔尝读《太祖实录》乎？太祖征麻产，袭之，至泥淖马不能进，太祖舍马而步，欢都射中麻产，遂擒之。创业之难如此，可不思乎。"（第 212 页）由此可窥知，《太祖实录》对于阿骨打称帝立国前的早期事迹当有详细记载，世祖被创爱抚阿骨打事即为其一。

虽详，但有关世祖爱抚阿骨打的记载当只见于《太祖实录》，其目的是说明阿骨打继承女真首领之位的合法性，甚至不排除史官修史伪造这一故事情节的可能。这才是理解这条记事的关键所在，而不是单纯考证其战事的发生时间。

又第二章第 71 条札记（第 255—256 页），卷六四《后妃传下·章宗元妃李氏》记云："钦怀后及妃姬尝有子，或二三岁或数月辄夭。承安五年，帝以继嗣未立，祷祀太庙、山陵。少府监张汝猷因转对，奏'皇嗣未立，乞圣主亲行祀事之后，遣近臣诣诸岳观庙祈祷'。诏司空襄往亳州祷太清宫，既而止之，遣刑部员外郎完颜匡往焉。"[1]《丛考》据《章宗纪》承安四年八月甲戌，"以皇嗣未立，命有司祈于太庙"，[2] 遂以《后妃传下》此条"承安五年"或有误。

按皇子夭折、皇嗣不立是章宗朝的一桩大事。本纪载承安四年（1199）八月"命有司祈于太庙"，或即《后妃传下》所记"帝以继嗣未立，祷祀太庙、山陵"。张汝猷乃是针对这一诏命进言，为求得皇子，只是派有司祈祷显得不够郑重，建议提高规格，由章宗亲自在中都举行祭祀仪式，然后派遣身边的近臣代表皇帝去各地"诸岳观庙祈祷"。这个建议被章宗采纳，遂有祷亳州太清宫之行。因此，"帝以继嗣未立，祷祀太庙、山陵"与张汝猷奏言乃是两码事，前者在承安四年八月，后者则在承安五年，并不矛盾。《后妃传下》提及"帝以继嗣未立，祷祀太庙、山陵"只是作为背景交代，其下应改为逗号，"承安五年"指张汝猷上奏事，不误，"少府监张汝猷因转对"一句中的"因"字即已道明了这层因果关系。

以上仅就笔者所见，指出《丛考》一书中的若干问题，但并不

---

1   《金史》卷六四《后妃传下·章宗元妃李氏》，第 1627 页。
2   《金史》卷一一《章宗纪三》，第 275 页。

影响该书的整体品质。作为一部全面校订《金史》的专著，作者需要处理的史实问题和相关文献数量众多，难免有所疏漏，有的考证意见也是见仁见智的，仍可继续探讨。总的来说，该书无论是在研究方法的总结提炼，还是在具体内容的校勘考订方面，都具有独到之处，可与中华书局原点校本和修订本《金史》一并备置案头，供研究者时常翻阅。

　　最后需要提醒的是，尽管《丛考》已指正了修订本《金史》校勘记的许多错误，但仍有遗留问题，尚未发现。在此姑举一例，卷一一〇《赵秉文传》载正大九年（1232）"三月，草《开兴改元诏》，闾巷间皆能传诵，洛阳人拜诏毕，举城痛哭，其感人如此"。据《金史·哀宗纪》，正大九年正月庚子"改元开兴"，四月甲子又"改元天兴"，[1] 修订本《金史》校勘记六谓"正月已改元'开兴'，断无三月始草《开兴改元诏》之理"，故判断此处"开兴"当为"天兴"之误。[2] 然而改元天兴乃是因四月蒙军退兵，汴京解严，不可能早在三月就已草拟了改元诏书。按《赵秉文传》提到正大九年正月汴京被围戒严，"上命秉文为赦文，以布宣悔悟哀痛之意。秉文指事陈义，辞情俱尽"，其史源为元好问撰《闲闲公墓铭》，而刘祁《归潜志》记此事称"京师大震，下诏罪己，改元开兴"。[3] 知哀宗命赵秉文所撰"赦文"其实就是《罪己诏》，故其主旨便是"以布宣悔悟哀痛之意"，且哀宗因悔过罪己而改元开兴，所以在《罪己诏》中应包含改元的内容，换言之，这道《罪己诏》同时也是《开

1　《金史》卷一七《哀宗纪上》，第416—419页。

2　《金史》卷一一〇《赵秉文传》校勘记六，第2566、2576页。

3　刘祁：《归潜志》卷一一《录大梁事》，崔文印点校，北京：中华书局，2007年，第122页。

兴改元诏》。[1] 由于赵秉文草拟的诏文"指事陈义，辞情俱尽"，读之不禁令人泣涕，所谓"三月，草《开兴改元诏》，闾巷间皆能传诵，洛阳人拜诏毕，举城痛哭，其感人如此"，实际描述的应是三月此诏书流传至京师以外市井闾巷之间感动百姓的情况，而不是说草拟诏书的时间，此处文字无误。[2] 因此，我们利用修订本《金史》需对其校勘记的案断保持警惕，小心求证。

俗语云"校书如扫落叶，旋扫旋生"。无论是古籍文献的传世本，还是后人的点校整理本，都难免有错，有待读者去揭发，《丛考》一书为我们树立了一个很好的样板。

（陈晓伟：《〈金史〉丛考》，北京：中华书局，2022 年）

原载包伟民、刘后滨主编《唐宋历史评论》第 13 辑，
北京：社会科学文献出版社，2024 年

1　王庆生教授即指出"《改元诏》与《罪己诏》或乃同一诏书"（《金代文学家年谱》卷五《赵秉文》，南京：凤凰出版社，2005 年，第 297 页）。

2　参见邱靖嘉《〈金史·赵秉文传〉的史源与史事发覆》，包伟民、刘后滨主编《唐宋历史评论》第 12 辑，北京：社会科学文献出版社，2023 年，第 189—211 页。

图书在版编目（CIP）数据

松漠跋涉：辽金史学步 / 邱靖嘉著 .-- 北京：社
会科学文献出版社，2024.12（2025.4 重印）.--（九色鹿）.--ISBN
978-7-5228-4876-1

Ⅰ . K246.07-53

中国国家版本馆 CIP 数据核字第 20241YN614 号

·九色鹿·

松漠跋涉：辽金史学步

著　　者 / 邱靖嘉

出 版 人 / 冀祥德
责任编辑 / 赵　晨
责任印制 / 岳　阳

出　　版 / 社会科学文献出版社 · 历史学分社（010）59367256
　　　　　　地址：北京市北三环中路甲29号院华龙大厦　邮编：100029
　　　　　　网址：www. ssap. com. cn
发　　行 / 社会科学文献出版社（010）59367028
印　　装 / 三河市东方印刷有限公司

规　　格 / 开本：787mm×1092mm　1/16
　　　　　　印张：31.25　字数：389千字
版　　次 / 2024年12月第1版　2025年4月第3次印刷
书　　号 / ISBN 978-7-5228-4876-1
定　　价 / 98. 80元

读者服务电话：4008918866